"十四五"职业教育国家规划教材

本教材第 5 版曾获首届全国教材建设奖
全国优秀教材二等奖

电子商务类专业
创新型人才培养系列教材

U0734525

电子商务 基础

第 6 版

万守付 秦军昌/主编

邓之宏 金珞欣/副主编

ELECTRONIC
COMMERCE

人民邮电出版社
北 京

图书在版编目（CIP）数据

电子商务基础 / 万守付，秦军昌主编. -- 6 版.
北京 : 人民邮电出版社，2024. --（电子商务类专业创
新型人才培养系列教材）. -- ISBN 978-7-115-65145-7

Ⅰ. F713.36

中国国家版本馆 CIP 数据核字第 2024F1V369 号

内 容 提 要

本书系统地介绍了电子商务的基本概念、基本理论和方法，以及初级业务操作流程。全书共 9 个课题，包括电子商务概述、电子商务系统、电子商务安全、电子商务支付、电子商务物流、网上贸易、网络零售、网络营销和客户关系管理，每个课题都包含案例与分析、课题学习引导及课题实践 3 个部分。本书提供配套电子课件、实训组织方案、实训操作指导等资源，同时还在国家精品资源共享课程网站和课程教学群提供了免费的相关教学资源。本书及时更新了电子商务发展的数据资料，对国内电子商务行业的现状也做了相关介绍。考虑到理论和实训教学"教、学、做"一体化的要求，推荐采用数字化教学手段组织实践教学，准确把握电子商务专业职业教育课程改革的方向，满足职业院校培养复合型、技术应用型人才或高素质技术技能人才的要求。

本书注重理论与实践相结合，内容新颖、重点突出、图文并茂、实例丰富，可作为高等院校及高等职业院校电子商务相关专业电子商务基础课程的教材，也可作为从事电子商务相关工作人员的参考书。

◆ 主　　编　万守付　秦军昌
　　副 主 编　邓之宏　金珞欣
　　责任编辑　白　雨
　　责任印制　王　郁　彭志环
◆ 人民邮电出版社出版发行　　北京市丰台区成寿寺路 11 号
　　邮编　100164　电子邮件　315@ptpress.com.cn
　　网址　https://www.ptpress.com.cn
　　北京鑫丰华彩印有限公司印刷
◆ 开本：787×1092　1/16
　　印张：15.25　　　　　　2024 年 11 月第 6 版
　　字数：400 千字　　　　2025 年 9 月北京第 5 次印刷

定价：59.80 元

读者服务热线：(010)81055256　印装质量热线：(010)81055316
反盗版热线：(010)81055315

互联网在现代社会经济发展中发挥着越来越重要的作用。电子商务迅猛发展带来的商贸环境的深刻变革，给社会和企业带来了巨大而深远的影响。电子商务已成为21世纪重要的商贸活动方式和推动全球经济增长的重要动力。

电子商务是数字经济的重要组成部分，是数字经济较活跃、集中的表现形式之一；是我国企业降低成本、提高效率、拓展市场和创新经营模式的有效手段；是满足和提升消费需求、提高产业和资源的组织化程度、转变经济发展方式的重要途径，对优化产业结构、支撑战略性新兴产业发展和形成新的经济增长点具有重要作用。

近年来，我国以习近平新时代中国特色社会主义思想为指导，贯彻新发展理念，着力推进高质量发展，推动构建新发展格局，实施供给侧结构性改革，制定了一系列具有全局性意义的重大战略，经济实力实现历史性跃升，进入了创新型国家行列。

党的二十大报告提出："构建优质高效的服务业新体系，推动现代服务业同先进制造业、现代农业深度融合。加快发展物联网，建设高效顺畅的流通体系，降低物流成本。加快发展数字经济，促进数字经济和实体经济深度融合，打造具有国际竞争力的数字产业集群。"

近年来，在各级政府的支持推动下，我国电子商务高速发展，整个互联网商务环境和商务模式都趋于成熟。各行各业数量众多的传统企业也逐渐成为电子商务应用的主角，重组业务流程迎接新时代的挑战已成为必然趋势，这就要求企业从事商务活动的人员必须更新知识和提高能力，掌握互联网电子商务新技能。但是，目前各类企业普遍遇到电子商务人才短缺的难题，尤其缺少高素质的电子商务运营技能人才。

培养造就大批德才兼备的高素质人才是国家和民族长远发展大计。本书坚持贯彻党的教育方针，落实高等院校立德树人的根本任务，贯彻党和国家对高校教材建设和管理的要求，将社会主义核心价值观融入教材内容体系，致力于培养德智体美劳全面发展的社会主义建设者和接班人。本书考虑了职业教育作为一种类型教育的要求，吸收了近年来课程教学改革的成果，采用行动导向的结构化、模块化内容体系设计，便于因材施教；既有教材数字化的资源及开放的立体化课程平台支撑，又顺应了建设全民终身学习的学习型社会、学习型大国的时代要求。

本书是为高等院校、高等职业院校电子商务及相关专业的学生学习电子商务知识而编写的基础入门教材，力求在系统介绍基本理论知识的同时，兼顾素质培养与技能训练，并提供相应的应用案例。考虑到高中毕业生已具有一定的计算机应用能力，本书以互联网的主流应用为入门训练的起点，首先把学生培养成合格的网上消费者，进而将学生向电子商务从业者方向引导，为学生后续学习电子商务运营方向的专业课程打下扎实的基础。本书实训项目的内容经过系统性优化设计，学生可以便捷地利用互联网免费资源进行实训以提升实践能力。同时，本书内容跨度较大，不仅涉及计算机技术、网络通信技术和信息安全技术，还涉及经济学、管理学、营销学、物流管理、国际贸易及法律等领域的内容，因此这是一本学科综合、文理渗透、理论与实践相结合的教材，可以作为文科类、理工科类专业学生学习电子商务基础知识和技能的入门教材，也可以作为社会各界人士自学电子商务知识的参考书。

本书编写组成员都是多年从事电子商务课程教学的一线教师，对电子商务理论和实践有着较深入的研究，具有丰富的课堂教学组织和课程教改经验，多次参与企业的电子商务合作项目，多数人员曾作为骨干力量参与过国家骨干高职院校电子商务重点专业的建设，参加过2016

前言

年教育部公布的第一批"国家级精品资源共享课"——"电子商务基础与实操"的建设。

本书也是深圳信息职业技术学院国家精品课程、国家级精品资源共享课建设的成果之一。自2004年第1版出版以来，经过5轮内容体系修改完善，在全国各类院校师生和读者的大力支持下，本书荣获3轮国家规划教材和全国优秀教材二等奖，取得了良好的市场推广效果和社会效益，编者会继续努力编写出更加优秀的精品教材回馈广大读者。本书由万守付、秦军昌担任主编，邓之宏、金珞欣担任副主编。本书内容增补与修订工作分工如下：课题一、课题二及辅文部分由万守付教授负责，课题三、课题四由秦军昌副教授（博士）负责，课题五由邓之宏教授负责，课题六由符静波副教授负责，课题七由吴月瑞博士负责，课题八由纪幼玲副教授负责，课题九由金珞欣博士负责。本书体系策划、统稿等工作由各位正副主编分工完成。同时，编者也邀请了一些学生参加文稿的校对和实训项目验证的工作。

为了提高学生对电子商务课程的学习兴趣并提升教学效果，建议有条件的院校尽可能利用自己所拥有的互联网资源或数字化模拟教学系统组织教学。对于本书的课堂教学建议安排64～72学时，尽可能采用理论与实训相结合的"教、学、做"一体化教学组织形式，注重实效，实施过程性考核，以增强学生的学习兴趣和能力，全面客观地评价学生的学习效果。各开课院校的授课教师可以根据自身实际情况选择课堂教学与实训的组合比例，实训课时至少要达到总学时的50%；同时安排好学生的课后自主学习和开放性的实践任务，提高学生的实践应用能力。本书相关教学资源可在人邮教育社区（www.ryjiaoyu.com）获取。教师也可以加入课程教学QQ群（201336664），编者会及时更新相关教学资源，为教材使用单位的课程教学活动提供支持和帮助。

本书在编写与修订过程中得到了深圳信息职业技术学院、深圳市电子商务协会和广东头狼教育科技有限公司等单位的大力支持，在此对上述单位表示衷心的感谢！编者在写作过程中参考了国内外大量的专业研究报告、图书杂志等资料，在此向有关作者表达诚挚的谢意！

由于编者水平有限，本书尚有许多不足之处，恳请广大读者批评指正；也恳请各院校授课教师在教学过程中参照本书提供的数据资源链接及时更新、补充相关信息。

编　者
2024年10月

CONTENTS

目录

目录

目录

课题一
电子商务概述

➢ 理解电子商务的基本概念
➢ 了解电子商务的分类
➢ 了解电子商务的功能、特征与优势
➢ 了解电子商务的发展
➢ 了解电子商务产生的影响

技能目标

➢ 掌握搜索引擎应用技能
➢ 掌握商业信息检索技能
➢ 掌握 POP3/SMTP/IMAP 应用技能
➢ 掌握各类二维码的制作技能

建议学时

8 学时

第一部分 案例与分析

案例　携程网利用互联网技术改造传统旅游业

携程旅行网（以下简称携程网）由总部设在上海的携程计算机技术（上海）有限公司于 1999 年创建。作为全球领先的一站式旅行服务平台，携程网可面向全球客户提供完整的、差异化的旅行产品，能够提供超过 120 万种全球住宿服务、480 多家国际航空公司出行服务以及超过 31 万项目的地活动，满足客户不断变化的需求。携程集团在全国 17 个城市设立分公司，员工超过 2.5 万人。携程于 2003 年在美国纳斯达克交易所上市，2021 年在香港联合交易所上市。2019 年，携程集团总交易额突破 8 650 亿元，实现净利润超过 65 亿元。近几年，携程先后上榜"2021 年中国互联网综合实力前百家企业"（第 18 位）、"2022 中国数字经济 100 强"（第 28 位）等，现已成为具有全球影响力和受人尊敬的在线旅游企业。

案例分析

1. 瞄准市场需求，创新商业模式

在携程网诞生之前，我国自助出行的商务、休闲旅客在获取住宿与机票预订信息方面具有很大的局限性，旅客要了解遥远而陌生的城市中的酒店的档次、区位、价格、服务质量等信息非常困难。当时，全国一万多家旅行社所提供的酒店预订服务都是区域性的，它们不能提供全国性的酒店预订服务。同时，国内机票票务公司也不能提供全国性的、统一处理各地机票的服务。传统机票市场的运作基本都是先由大批发商转给零售商，再由零售商通过柜台形式销售给各地区的客户。供需双方信息的不对称导致区域分散性的住宿与机票服务效率低，且难以保证质量。

针对这种市场状况，携程网将互联网与旅游业结合，通过在线预订平台将全国酒店、机票预订市场信息（上游信息）和旅游消费者需求信息（下游信息）进行整合，为供应商提供了更多的消费者，也为消费者提供了更多的供应商，极大地增加了市场信息的透明度和市场竞争的充分性。作为预订信息资源整合者，携程网一方面拥有会员客户，另一方面与全国的酒店及航空公司紧密相连。通过在线预订平台，携程网建立了旅游需求方和酒店、旅行社、航空公司等供给方的数据库。携程网利用自己拥有的庞大的会员客户群体与酒店、航空公司进行对接，获得更低的折扣，从中获取佣金。携程网扮演着航空公司和酒店的渠道角色，其业务核心是机票、酒店预订，利用电话呼叫中心提供预订服务，吸纳商务客户。

2. 围绕旅客体验，打造核心竞争力

作为旅游信息资源的整合者和一站式预订平台服务的提供者，携程网在规模化经营、现代化服务系统建设和精益服务体系建设方面构建了其核心竞争力，并实施了平台开放策略。

（1）实现规模化经营。早在2014年7月，携程网建立的电话呼叫中心就拥有1.2万个座席，员工超过1万名，支撑起在全球190个国家和地区超过50万家酒店的合作业务，其机票预订网络已覆盖国际国内绝大多数航线。规模化经营不仅为会员提供了更多优质的旅行选择，还保障了服务的标准化，确保了服务质量，并降低了运营成本。

（2）建设现代化服务系统。携程网建设的现代化服务系统包括海外酒店预订新平台、国际机票预订平台、客户管理系统、房量管理系统、呼叫排队系统、订单处理系统、E-Booking机票预订系统等。携程网依靠这些服务和管理系统力求为会员提供更加便捷和高效的服务。近年来，携程网不断加大在人工智能、云计算等方面的研发和投入力度。携程网在全球的客户服务人员约1万名，配备深度神经网络客服机器人及21种语言的全球化服务能力，通过全天候、标准化、快捷性的服务做好全方位保障，充分满足消费者需求。

（3）建设精益服务体系。在内部服务质量保证方面，携程网注重细节，尽量减少服务中的各种差错与失误。例如，携程网的酒店预订流程有15个环节、60个关键绩效指标和114个可以完善的缺陷点。每个预订流程都有上百名员工在各个环节核查，确保不出差错。在如此严密的细节控制下，携程网将其服务产品的合格率控制在99.9%以上。在客户风险控制方面，携程网先后建立了"六重旅游保障""先行赔付""全球旅行SOS应急机制""阶梯退改"等创新举措，服务标准处于行业领先水平。近年来，携程又启动了多项举措保护客户和合作伙伴的权益，发起"旅行复兴V计划""BOSS直播"，履行社会责任，推动行业复苏。携程网多样化的产品及服务组合涵盖经济、高端、定制化、精品等选择，吸引了国内外规模日益增长的旅游消费者群体。

（4）实施平台开放策略。为引入更多的供应商，扩大市场份额，携程网于2013年年底

实施了旅游平台开放策略。所谓平台开放，就是携程网向旅行社开放旅游 B2C 服务体系，提供包括产品代理、技术支持和营销推广等在内的一站式旅游电商开放平台，推动传统旅游行业的数字化和移动化。一方面，携程网对开发者提供较为丰富的开放信息，包括酒店、机票、度假、团购和支付等内容，开发者可以调用酒店基本信息、房型信息和房间价格信息等，这些信息涵盖了旅行社的大部分需求。另一方面，携程网推出"T+7"结算政策，即客户预订后 7 天付款给旅行社等代理商，缩短了传统的结算周期。携程网实施平台开放策略后很快便吸引了各大中小型旅行社及其代理商加入，迅速提高了市场占有率。

第二部分　课题学习引导

　　电子商务作为一种新的沟通方式和商贸方式，是人们不断追求效率的产物。电子商务给整个社会经济带来了一场史无前例的变革，形成新的经济形态，对社会经济发展、人民生活和就业、政府职能和法律制度、文化教育等都产生了巨大的影响。

1.1　什么是电子商务

1.1.1　日常生活中的电子商务

　　随着信息技术的进步和互联网在全球的迅猛发展，电子商务已经成为当今社会经济发展中最强劲的潮流之一。一些新的商务活动形态受到人们越来越多的关注，互联网商务活动已经走进人们的日常生活。

　　很多人可能会认为电子商务就是消费者在互联网上购物。实际上，电子商务的业务领域并非局限于此，它还包括其他类型的商务活动。那么，究竟什么是电子商务呢？

1.1.2　电子商务的概念

　　一些国际组织、政府、公司根据自身的理解和需要及其在电子商务发展中所处的地位和参与程度的不同，从不同的角度对电子商务的概念作出了不同表述和解释。

实例1-1　大学生的网购和网上创业热潮

实例1-2　移动商务时代的旅行新体验

- 欧洲议会对电子商务的定义是："电子商务是通过电子方式进行的商务活动。"它通过电子方式处理和传递数据，包括文本、声音和图像。它涉及许多商务活动，包括货物电子贸易和服务、在线数据传递、电子资金划拨、电子证券交易、货运单证传送、商业在线拍卖、在线资料和公共产品获得等。
- 国际商会1997年11月在法国巴黎举行的世界电子商务会议上对电子商务的定义是："电子商务（Electronic-commerce，EC）是指使整个贸易活动实现电子化。"电子商务从外延方面可以定义为交易各方以电子交易方式而不是通过当面交换或直接面谈方式进行的任何形式的商业交易。它使用的技术是一种多技术的集合体，包括交换数据（如电子数据交换等）、获得数据以及自动捕获数据等。
- 美国政府在其《全球电子商务纲要》中，对电子商务进行了比较笼统的定义："电子商务是通过互联网进行的各种商务活动，包括广告、交易、支付、服务等活动。"
- IBM公司认为，"电子商务（Electronic Business，EB）是在互联网的广阔联系与

传统信息技术系统的丰富资源相互结合的背景下应运而生的一种相互关联的动态商务活动"。此概念包括内联网（Intranet）、外联网（Extranet）和电子商务（EC）3个部分，更强调网络环境下的商业化应用。它同时强调这3个部分是有层次的：只有先建立良好的内联网，建立比较完善的标准和各种信息基础设施，才能顺利扩展到外联网，最后扩展到电子商务。

- 英特尔（Intel）公司认为，"电子商务是基于网络连接的不同计算机之间建立的商业运作体系，是利用互联网/内联网来使商务运作电子化"。电子商务等于电子化市场、电子化交易和电子化服务的总和。
- 根据《中华人民共和国电子商务法》（以下简称《电子商务法》，电子商务是指通过互联网等信息网络销售商品或者提供服务的经营活动。

电子商务是网络时代的一种新型商务模式，人们对它的认识还存在着狭义和广义之分。狭义的电子商务（EC）也称为电子交易，主要是利用计算机网络进行的交易活动，包括电子商情、电子广告、电子合同、电子交易、电子支付与结算等。而广义的电子商务（EB）是指利用各种信息技术手段进行的全部商业经营管理活动。

电子商务是一个动态发展的概念，简称为电商，它将随着人们认识的深化和电子商务应用的发展而变化。

1.1.3　对电子商务内涵的认识

对电子商务内涵的认识有以下几点需要深化。

（1）电子商务本身并不是高科技，它只是高科技在商务领域的应用。

（2）电子商务的本质是商务，而不是技术。尽管先进的技术手段在电子商务活动的开展过程中非常重要，但更重要的应该是技术的应用及其效果。电子商务的价值核心是商务应用。手段与目的的关系是不能颠倒的。

（3）电子商务是传统商务的改良而不是革命。企业所提供的商品仍要能满足消费者的需求，要具有价格竞争力，企业仍要进行强有力的广告宣传促销，并提供完善的售后服务等。衡量电子商务企业价值高低的标准仍和传统企业一样，即盈利能力。

（4）电子商务不仅被应用于在网上销售商品，还被应用于企业内部管理、企业形象宣传、售后服务支持、企业间联合开发商品等多方面。事实上，许多著名公司的网站都没有开展在线销售业务，重点还是在于企业形象和商品宣传、提供在线信息服务等。

1.1.4　电子商务人才类型、职业及工种

1. 电子商务的人才类型

电子商务人才的从业范围不仅包括互联网与电子商务企业，而且覆盖了第一、二、三产业的传统企业，包括农业、工业、国际贸易、金融业、交通运输业、咨询服务业、政府及各类企事业单位等，从业范围十分广泛。

企业电子商务岗位群需要不同类型的电子商务人才。电子商务人才可以根据企业电子商务业务分工及岗位技能要求分成以下3类。

（1）事务型初级电子商务人才，主要从事商务信息采集、信息初步加工和信息发布等相关工作。

（2）实施型电子商务人才，主要从事企业商务系统建设、技术支持和商务业务流程处理等工作，主要就业岗位具体细分为技术支持类岗位、商务运营类岗位和综合管理类岗位3个方向。

① 技术支持类岗位人才，主要从事商务网站或网店系统的技术实现和支持等工作，如软件 / 平台的设计与开发、数据分析、算法设计、数据库建设、软件测试与运维等相关的技术工作等。

② 商务运营类岗位人才，主要从事企业网络营销推广、内容运营、平台运营、客户服务、产品运营、新媒体运营、供应链服务、法律服务等平台与店铺运营类工作。一般而言，大多数企业对商务运营类岗位人才的需求量较大。

③ 综合管理类岗位人才，主要从事企业内部的规划、咨询、组织、协调、监督等工作，包括综合管理、项目经理、产品经理等岗位。这类人才需要具备扎实的专业知识、较强的沟通协调能力和一定的工作经验。

（3）企业规划型高端电子商务人才，主要从事企业电子商务战略规划、人事和资本运作等工作，能够从战略上分析和把握企业电子商务的发展趋势，具有前瞻性思维。

2. 电子商务职业及工种

根据《中华人民共和国职业分类大典（2022 年版）》，电子商务服务人员可以分为电子商务师和互联网营销师两类职业。在"第四大类 社会生产服务和生活服务人员"部分的"4-01 批发与零售服务人员"下面有"4-01-06 电子商务服务人员"的相关分类说明，其将电子商务服务人员明确定义为"在互联网平台上从事网络销售服务的人员"，且该小类下包括两类职业。

（1）4-01-06-01 电子商务师，定义为"在互联网及现代信息技术平台上，从事商务活动的人员"。本职业包含但不限于下列工种：网商、跨境电子商务师和电商咨询师。电子商务师的主要工作任务包括：①运用互联网的相关工具和技术，进行企业产品网络推广；②运用相关工具和技术，进行企业商务网站（店）编辑、装修及内容维护；③进行企业商务网站（店）网上交易及运营管理；④采集相关数据，进行企业网络经营状况和销售数据分析；⑤分析企业业务需求，规划设计商务网站。

（2）4-01-06-02 互联网营销师，定义为"在数字化信息平台上，运用网络的交互性与传播公信力，对企业产品进行营销推广的人员"。本职业包含但不限于下列工种：直播销售员、商品选品员、视频创推员和平台管理员。互联网营销师的主要工作任务包括：①研究数字化信息平台的用户定位和运营方式；②接受企业委托，对企业资质和产品质量等信息进行审核；③选定相关产品，设计策划营销方案，制订佣金结算方式；④搭建数字化营销场景，通过直播或短视频等形式对产品进行多平台营销推广；⑤签订销售订单，结算销售货款；⑥协调销售产品的售后服务；⑦采集分析销售数据，对企业或产品提出优化性建议。

1.2 电子商务的分类

电子商务在不同地区和行业发展不平衡，因此电子商务系统的实现不可能一步到位，而是有一个逐渐成熟的过程。对企业和消费者来说，不同种类、不同层次的电子商务，蕴含着不同的发展机遇。电子商务可按照多种方式来分类。

1.2.1 按照商业活动的运作方式分类

按照商业活动的运作方式，电子商务可以分为完全电子商务和非完全电子商务。

（1）完全电子商务。这是指完全通过计算机网络完成商品或服务的整个交易过程。完全电子商务使交易双方跨越地理空间，充分挖掘全球市场的潜力，主要适合那些能在计算机网络上直接传输的无形商品或服务的交易，如计算机软件、数码音乐、电子报刊、电子图书、数字化的市场信息和各种咨询服务等的交易。

（2）非完全电子商务。这是指一些有形货物或服务无法完全依靠电子方式完成整个交易过程，还要依靠一些传统渠道（如运输配送系统等）才能完成交易。现在国内大部分开展电子商务的公司所采用的运作方式基本上属于非完全电子商务。

1.2.2　按照交易范围分类

电子商务从交易范围角度可分为本地电子商务、国内电子商务和全球电子商务。

（1）本地电子商务。这是指利用本地区或本城市内的计算机网络实现的电子商务活动。其交易范围较小，利用互联网（Internet）、内联网（Intranet）或者专用增值网络（Value Added Network，VAN）将交易各方、金融机构、保险公司、商品检验部门、税务部门、货物运输公司和本地区的电子数据交换（Electronic Data Interchange，EDI）中心等单位的信息系统连在一起。本地电子商务系统是开展国内电子商务和全球电子商务的基础系统。

（2）国内电子商务。这是指在本国范围内进行的电子交易活动。其交易的地域范围较大，对软硬件的要求较高，要求在全国范围内实现商业电子化、自动化，实现金融电子化。交易各方需要具备一定的电子商务知识、经济能力和技术能力，并具备一定的管理能力。

（3）全球电子商务。这是指交易各方在全世界范围内通过计算机网络进行电子交易活动。它涉及交易各方的相关系统，如买卖双方国家进出口公司、金融机构、海关、税务和保险公司的计算机系统。这种业务内容繁杂，数据来往频繁，要求电子商务系统严格、准确、安全和可靠。全球电子商务的顺利开展需要制定全球统一的电子商务标准和电子商务（贸易）协议。

1.2.3　按照所用网络类型分类

从所用网络类型的角度，电子商务主要可以分为基于 EDI 专用网络的电子商务、基于互联网的电子商务、基于内联网的电子商务、基于外联网的电子商务。

（1）基于 EDI 专用网络的电子商务。这是指利用 EDI 网络进行的电子交易活动。简单地说，EDI 就是按照标准协议，将商业文件标准化和格式化，并通过网络在贸易伙伴的计算机网络系统之间进行数据传输和自动处理。EDI 主要用于企业与企业、企业与政府之间的单证等商业文件传递，具有安全、可靠等特点。商业文件包括订单、发票、货运单、报关单以及进出口凭证等。

（2）基于互联网的电子商务。这是指利用互联网进行的电子交易活动。根据美国互联网协会的定义，互联网是一种"组织松散、国际合作的互联网络"，是一种根据 TCP/IP 组织起来的国际互联网络。互联网实际上是一个由众多不同网络通过现代通信手段，在遵守共同协议的情况下互联而成的全球开放性网络。它强调的是网站之间以及网络之间的连接，具有全球性、开放性和平等性的特点。接入互联网的通信实体共同遵守的通信协议是 TCP/IP。TCP/IP 是一种网络通信协议，它规范了网络上的所有通信设备之间的数据往来格式以及传送方式，是计算机数据打包和寻址的标准方法。

基于互联网的电子商务是现代商业的最新形式。它以计算机、通信、多媒体和数据库技术为基础，通过互联网提供营销、购物服务，突破了传统商业生产、批发、零售及进销存调的流转程序与营销模式，真正实现了少投入、低成本、零库存和高效率。

（3）基于内联网的电子商务。这是指利用企业内部网络进行的电子交易活动。如果把万维网（World Wide Web，WWW）的诞生看作互联网发展的第一次浪潮和快速普及的原动力，那么内联网的诞生就是互联网发展的第二次浪潮和企业计算机应用的里程碑。内联网是企业为实现内部业务处理、管理和通信的目的，用互联网技术和协议架构发展起来的内部专用的相对封闭的网络，具有集成性、外向性和兼容性的特点。它在原有局域网上附加一些特定的软件，将局域网与互联网连接起来，从而构成统一和便利的信息交换平台。内联网和互联网很容易沟通，很容易使用共同的 Web 等技术实现电子商务的重要应用。为了保证企业内部信息的安全，内联网和互联网之间常常设置防火墙一类的软件或硬件，以对出入的信息进行严格的过滤。内联网强调的是企业内部各个部门之间的连接，能通过网络连通大中型企业分布在各地的分支机构及企业内部各部门的各种信息，这使企业各级管理人员能够通过网络获取自己所需的信息，有效地降低了业务处理成本，提高了工作效率。

（4）基于外联网的电子商务。这是指利用企业外联网进行的电子交易活动，可实现企业间项目合作，提高商务运作效率，降低交易成本。外联网是为了实现相关企业间的信息交换，遵循相同的网络协议和技术标准而建立起来的广域网，是将内联网的构建技术应用于多个企业之间的网络系统。这是一个受控的外联网络，强调的是企业与企业之间的连接。外联网通过添加外部连接把客户和相关企业接入内联网，并通过内联网和互联网更新数据库，在数据库中保存客户和相关企业的信息。

1.2.4　按照交易主体分类

电子商务按照交易主体可分为 B2B 电子商务、B2C 电子商务、B2G 电子商务、C2C 电子商务和 C2B 电子商务等。其中，B2B、B2C、B2G 和 C2C 这 4 种电子商务模式在最近 10 多年来发展迅速。电子商务的相关术语及英文翻译参照了国家市场监督管理总局、国家标准化管理委员会于 2020 年发布实施的《电子商务业务术语》（GB/T 38652—2020）。

（1）B2B 电子商务。其英文是 Business to Business E-commerce，这是企业卖家对企业买家的电子商务模式。B2B 电子商务是指以企业为主体，在企业间通过互联网进行的商品、服务及信息的交换，这是电子商务的主流类型。这种类型的电子商务已经存在多年，早期以企业通过专用网或增值网实施 EDI 进行的商务活动为典型。企业之间利用现有的分销渠道和网络，通过供应链的集中采购、配送系统提高效率，使大宗交易能够更大限度地发挥电子商务的潜在效益，B2B 电子商务发展潜力巨大。

（2）B2C 电子商务。其英文是 Business to Customer E-commerce，这是企业卖家对个人买家的电子商务模式。B2C 电子商务是网络零售的主要类型。它主要借助于互联网中新型的购物平台——网上商店开展在线销售活动。近年来，网上商店成为企业与消费者之间交易的新平台，B2C 电子商务得到了较快的发展。从长远发展来看，B2C 电子商务将是网络零售中最活跃的部分，将会成为今后电子商务发展的主要推动力之一。

（3）B2G 电子商务。其英文是 Business to Government E-commerce，这是企业卖家对政府机构买家的电子商务模式。企业与政府之间的各项事务可以涵盖其中，包括在线进行的政府采购、电子报关、电子报税、商检、行政事务管理和管理条例发布等业务。

（4）C2C 电子商务。其英文是 Customer to Customer E-commerce，这是个人卖家对个人买家的电子商务模式。C2C 电子商务主要是通过互联网进行的个人之间的财物交易活动。个人的收藏品、二手商品或其他财物等均可以通过网络交易实现其最高价值。

（5）C2B 电子商务。其英文是 Customer to Business E-commerce，这是基于个人买家的需求，企业卖家设计生产产品或服务的电子商务模式。其通常情况为消费者根据自身需求定制产品和价格，或主动参与产品设计、生产和定价，产品、价格等彰显消费者的个性化需求，生产企业进行定制化生产。在 C2B 电子商务中，先有消费者提出需求，后有生产企业按需求组织生产。

1.2.5　其他类型提法

（1）O2O 电子商务。O2O 即 Online to Offline 的缩写。O2O 电子商务是指通过线上营销和线上购买的方式带动线下经营和线下消费的电子商务模式。线上订购、线下消费是它的主要模式，即消费者在线上订购商品或筛选服务，再到线下实体店进行消费。这种电子商务模式是 B2C 电子商务的一种特殊形式。目前大多数开展 O2O 电子商务的商家都有线下实体店，这种电子商务模式能够吸引更多热衷于在实体店购物的消费者，有利于消除消费者对网购不信任的心理。O2O 模式的核心是在线预付，商家通常会推出比线下支付更优惠的手段吸引消费者在线支付，因此该模式具有价格低、购买方便且折扣信息能及时获知等优势。

（2）B2T 电子商务。B2T 即 Business to Team 的缩写，这类网络团购模式是指通过互联网聚合分散分布但数量庞大的消费者，形成较大的采购团体，以此增强消费者与商家的谈判能力，改变个人消费者的弱势地位，使之享受大批量团购的利益。B2T 电子商务有消费者自行组团、专业团购网、商家组织团购等多种形式。

（3）垂直电子商务。垂直电子商务（Vertical E-commerce）是指在某一个行业或细分市场深化运营的电子商务模式。与其相对的则是综合电子商务，代表平台有天猫、京东等。垂直电子商务网站多经营同一类型商品的 B2B 或 B2C 业务，如中国化工网等。其优势在于专注和专业，能够提供更加符合特定人群需求的消费商品，满足某一领域用户的特定习惯，因此能够取得用户信任，形成独特的品牌价值。在我国电子商务起步阶段，出现了很多综合性的电子商务网站，它们提供统一的服务，但随着产业的成熟，垂直化的电子商务服务开始受到重视，其为用户提供了个性化的体验。垂直电子商务在国外已发展得比较成熟。美国最大的购物网站亚马逊虽然经营的商品种类众多，但各个商品大类都由专业团队独立运营，以满足不同用户的需求。

（4）B2B2C 电子商务。B2B2C 电子商务是一种新型的网络购物商业模式。第一个 B 指的是商品或服务的供应商；第二个 B 指的是帮助买卖双方进行联系和交易，同时提供优质附加服务的电子商务企业；C 则是指消费者或客户。B2B2C 模式来源于目前的 B2B、B2C 模式的演变和完善，把 B2B、B2C 模式完美地结合了起来。供应商通过电子商务企业构建自己的物流供应链系统，为消费者或客户提供统一的服务。B2B2C 电子商务把"供应商→生产商→经销商→消费者"等各个环节紧密连接在一起。其整个供应链是一个从创造增值到价值变现的过程，能对从生产、分销到终端零售的资源进行全面整合，这不仅大大增强了网店的服务能力，更有利于客户获得增加价值的机会。处于 B2B2C 模式中间环节的电子商务企业通常没有库存，其具有更完善的物流体系，可以根据客户需求选择合适的物流公司，并通过与物流公司协作形成整套的物流解决方案，从而为客户节约成本（包括时间、资金和风险等众多成本）。

1.3　电子商务的功能、特征与优势

商务是以盈利为目的的市场经济主体通过商品或服务交换获取经济资源的各种经济行为的总称。在过去几千年的商贸实践中，人们总是及时地将新的工具和技术应用于商务活动。如帆船的出现为买卖双方的交易开辟了一个新的渠道；印刷术、蒸汽机和电话等的出现，也都显著地改变了人们的交易方式；在过去的几十年里，企业使用了多种电子通信工具来完成各种交易活动，如银行使用电子资金转账（Electronic Funds Transfer，EFT）技术在全球范围内转移客户的资金，企业使用电子数据交换（EDI）技术传递订单，零售商利用电视直销广告来吸引顾客进行电话订货。而电子商务则是现代信息技术（Information Technology，IT）或信息通信技术（Information and Communications Technology，ICT）在商务活动中的应用。作为一种新的沟通方式和交易方式，它是人类不断追求效率的结果。

1.3.1 传统商务及其劣势

在传统的商务活动中，买方的业务活动包括：①确定自身需求；②选择满足此需求的商品或服务；③选择供应商；④进行商务谈判；⑤成交签约并支付货款；⑥要求售后服务。

针对买方的每一项业务活动，卖方也都有相对应的业务活动。卖方的主要业务活动包括：①进行市场调研，分析客户需求；②设计制造满足此需求的产品或服务；③进行促销活动；④进行商务谈判；⑤成交签约；⑥接收货款并交付产品；⑦提供售后服务。

买卖双方整个商务过程一般会涉及大量的不同类型的业务流程。在传统的商务环境下，商务谈判、广告宣传、部门业务协同、资金转账、发出订单、寄送发票、运输产品、报关报税、售后服务等业务流程都要耗费大量的人、财、物和时间资源。因此，传统商务具有成本高、易出错、处理速度慢等缺点，极大地制约了商务活动的效率和规模。

1.3.2 电子商务的功能

电子商务可提供网上交易和管理的全过程的服务。也就是说，它具有对企业和商品的广告宣传、交易的咨询洽谈、客户的网上订购和网上支付、物流服务、客户的意见征询和对交易过程的管理等各项具体功能。

（1）广告宣传。电子商务企业可以通过自己的网络服务器、主页和电子邮件做广告宣传，在网上宣传企业形象和发布各种商品服务信息。客户可以通过网络迅速找到自己所需的商品信息。网络广告与其他广告形式相比，具有成本低及信息量丰富等特点。

（2）咨询洽谈。电子商务提供多种便利的咨询和洽谈手段，突破了人们面对面交流的限制。电子商务企业与客户可借助非实时通信工具（如电子邮件等）和即时通信工具（如QQ、微信等）了解市场和商品信息，相互咨询沟通，洽谈交易事务，还可利用网络会议工具进行更为方便的信息沟通。

（3）网上订购。一些网站具有在线订购功能，在商品介绍页面提供订购提示信息和订购交互表格。

（4）网上支付。网上支付是电子商务不可缺少的重要环节。采用网上银行、第三方支付等方式进行网上安全支付，可以缩短交易过程，节省交易费用。

（5）物流服务。物流配送系统可以将客户购买的商品高效地送到客户手中。对于有形商品，物流快递业可以从本地或异地仓库中进行调配并高效地送达；在线提供给用户。

（6）意见征询。电子商务企业通过网站上的意见反馈表可以及时地收集客户对商品和销售服务的意见，从而改进商品和服务，提高售后服务水平，发现新的市场机会。

（7）交易管理。企业的交易管理涉及人、财、物，以及企业与企业、企业与消费者、企业与政府、企业内部各部门等各方面的协调与管理，还涉及商务活动全过程的管理。

电子商务的上述功能为企业的网上商务活动提供了一个良好的交易服务和管理环境，使电子商务得以顺利进行。

1.3.3 电子商务的特征

电子商务具有以下特征。

（1）商业性。电子商务最本质的特征在于商业性，即提供买卖交易的服务手段和机会。

（2）高效性。电子商务为买卖双方的交易提供了一种高效率的服务方式。传统商务方式使用信件、电话和传真传递信息，各个环节都必须有人的参与，企业有时会因时间延误而失去商业机会；而电子商务系统可以在互联网上瞬间完成商业数据的传递与处理，克服传统商务费用高、易出错、处理速度慢等缺点，极大地缩短交易时间，提高商务活动的效率。企业还可以记录客户的每次访问、购买情况以及对商品的偏爱信息，通过统计分析来寻求潜在的市场机会，提高营销效率。

（3）服务性。电子商务作为一种新的交易方式，必须有更完善的服务做支撑。互联网提高了企业的服务能力，企业可以为客户提供更完善的服务。网上商店不需要实体店铺，可以提供全天候的服务，从而提高客户的满意度。

（4）安全性。交易安全对电子商务的发展极其重要。缺乏安全性的电子商务无法吸引客户，也将限制企业运用计算机网络传递各种商业信息的能力。互联网上大量存在的欺诈、窃听、病毒和黑客等都威胁着电子商务活动的安全，企业必须通过一系列安全技术保证电子商务活动的安全。现有安全技术包括加密机制、签名机制、分布式安全管理、存取控制、防火墙、安全服务器、防病毒保护以及符合国际标准的安全电子交易协议等，科学合理地运用这些技术可以营造一个安全可靠的电子商务环境。

（5）协调性。企业通过计算机网络协调企业内部、企业与客户之间的关系，形成对客户需求的快速响应，既能迅速满足客户的个性化需求，又能减少商品积压和资金占用。

（6）集成性。电子商务的集成性在于事务处理的整体性和统一性，它能规范事务处理的工作流程，将人工操作和电子信息处理集成为一个不可分割的整体。这样不仅可以提高人力和物力的利用率，还可以提高系统运行的严密性。技术集成是事务集成的基础。

（7）可扩展性。电子商务系统的可扩展性关系到企业能否跟上电子商务时代快速发展的步伐。新技术的应用、客户群需求的变化以及企业网上业务量的增长都对电子商务系统提出了扩展性要求。

1.3.4 电子商务的优势

电子商务之所以在世界范围内蓬勃发展，吸引了众多企业加入，是因为基于互联网的电子商务具有非常明显的优势，它可以低成本、高效率地完成商务活动，提升企业经济效益。

电子商务的优势具体表现在以下几个方面。

（1）高速高效，发展潜力巨大。互联网使得全球商务信息交流更加快捷高效，大大提高了业务的处理效率。商务人员除了使用电子邮件、网站主页，还越来越多地使用互联网即时通信软件，如 QQ、微信等，进行实时的文字通信、语音通信、文件传输和视频会议等。信息技术的变革使越来越多的新工具产生，每一种工具几乎都具有一定的商业价值，可以给企业带来经济效益。

（2）显著降低运营成本。电子商务使买卖双方的交易成本大幅度降低，这是它吸引中小企业的一个重要原因，具体表现在以下6个方面：①距离越远，使用互联网进行信息传递的成本相对于使用传统的信件、电话、传真的成本就越低，同时缩短交流时间及减少重复的数据录入也降低了信息成本；②买卖双方通过互联网进行商务活动，无须中介机构参与，减少了交易环节，也降低了交易成本；③通过互联网进行商品介绍、宣传，节省了传统方式下做广告、发印刷品等的费用；④电子商务实行"无纸贸易"，可节省90%的文件处理费用；⑤互联网有利于买卖双方及时沟通供需信息，使低库存生产和销售成为可能，从而使库存成本大大降低；⑥企业在销售商品和处理订单时，使用互联网子商务可以降低询价、提供报价和确定存货等活动的处理成本。

011

（3）覆盖全球市场。互联网几乎遍及全球的各个角落。卖方通过互联网可以方便地在世界各地寻找市场机会，增加商品的销量；买方也有了更多的选择，可以找到更多的供应商。电子商务可以使企业更加经济地经营地理上极为分散、规模狭小的目标市场。

（4）功能更齐全，服务更周到。电子商务可以支持不同类型的企业实现不同层次的商务目标，如发布电子商情、在线洽谈、建立虚拟商场等。网上发布的各类商业信息内容丰富，信息的检索查询极为便捷。企业使用电子商务还可以根据不同客户的个性化需求，提供有针对性的服务，提高客户的满意度。

（5）增加更多的商机。传统商务摆脱不了营业时间、地区时差及地域距离的局限，而电子商务可以提供24小时在线服务，使企业获得更多的商业机会。

（6）使用更灵活，交易更方便。基于互联网的电子商务可以不受特殊数据交换协议的限制，对于任何单证都可以直接通过填写与现行的纸面单证格式一致的电子单证来完成，不再需要进行人工翻译，任何人都能通过在线翻译看懂并直接使用，其他商业文件也是如此。

（7）全面增强企业的竞争力。电子商务拓宽了企业的竞争领域，同时，商务活动成本和费用的降低、工作效率的提高使各种类型和规模的企业变得更有竞争力。

当然，电子商务在一定的领域和一定的时期内还不能完全取代传统商务。例如，易腐烂的食品相对而言不便进行远距离递送，珠宝、古董等贵重商品无法进行远距离检验等。不过，一些商品开展电子商务的局限性大部分是因为关键技术不成熟，这一情况会随着技术的进步和配送体系的完善而有所改变。近年来，生鲜类商品实现电子商务销售便是典型的例子。

一般来说，标准化的并为消费者所熟知的商品或服务更适合采用电子商务的在线业务流程来处理。如果个人推销技巧在交易中非常重要或商品的状况只有通过亲自接触才能确定，那么这种商品就比较适合传统商务，如古董的买卖等。如果商品具有标准化的特征和规范的业务流程，但又需要消费者亲自接触，这种业务就要求采用电子商务和传统商务相结合的方式。但是，随着O2O等电子商务模式的出现，以往认为不太适合网上销售的一些商品或服务如今也可以实现线上订购、线下消费。

实例1-3　通用电气公司的网上采购系统

1.4　电子商务的发展

1.4.1　电子商务产生的基础

回顾全球电子商务的发展历程，我们认为电子商务（尤其是基于互联网的电子商务）产生和发展需要具备下列重要条件。

（1）计算机的广泛应用。从1971年英特尔公司推出全球第一块微处理器4004算起，处理器的性能在30年间提高了1 000多倍，价格也大幅下降。本世纪初，个人计算机的性能相当于30年前价值数百万美元的大型计算机，这为计算机的广泛应用提供了条件。

（2）互联网的普及和成熟。随着互联网成为全球通信与交易的媒体，上网用户人数呈几何级数增长，快捷、安全、低成本的互联网为电子商务的发展提供了应用条件。

（3）信用卡的普及应用。信用卡以其方便、快捷、安全等优点而成为人们消费支付的重要手段，并由此形成了完善的全球信用卡计算机网络支付与结算系统，这为电子商务的在线支付提供了重要的手段。

（4）安全电子交易协议的制定。1997年5月，由美国VISA和万事达国际组织等联合制定的安全电子交易（Secure Electronic Transaction，SET）协议出台，该协议得到了大多数厂商的认可和支持，这为开放网络上的电子商务活动提供了一个安全的支付环境。

（5）政府的支持与推动。1997年7月，美国发布了《全球电子商务纲要》，电子商务逐渐受到了各国政府的重视，许多国家的政府开始尝试网上采购并采用各种优惠政策推进企业电子商务应用，有力地推动了电子商务的发展。

1.4.2　电子商务的发展历程

电子商务在上个世纪是一个新名词，但并非新的事物。从更广泛的意义上讲，自从有了电子通信手段就有了电子商务活动。早在1839年电报刚出现的时候，人们就开始使用它进行商务活动的实践。在西方发达国家广泛流行了几十年的电话购物和信用卡支付等商务活动也都属于电子商务的最初表现形式。但是，真正意义上的电子商务研究和应用经历了两个重要的发展阶段，即开始于20世纪70年代末期的基于电子数据交换网络的电子商务和开始于20世纪90年代初期的基于互联网的电子商务。现在人们所讲的电子商务主要是指在计算机网络环境（特别是互联网环境）下所进行的商务活动。

第一阶段：基于电子数据交换网络的电子商务

早在20世纪60年代以前，人们就已经在用电报发送商务文件。在20世纪70年代，人们又普遍采用方便、快捷的传真机来替代电报，但由于传真文件是通过纸面打印来传递和管理信息的，不能将信息直接转入计算机信息管理系统，因此数据的重复录入量较大。在20世纪70年代末，应用于企业间的电子数据交换（EDI）技术和应用于银行间的电子资金转账（EFT）技术作为电子商务应用系统的雏形出现了。

根据国际标准化组织（International Organization for Standardization，ISO）的定义，"EDI是将商务或行政事务按照一个公认的标准，形成结构化的事务处理或信息数据格式，从计算机到计算机的数据传输方法"。简单地说，EDI就是将标准的、协议规范化和格式规范化的经济信息通过电子数据网络，在贸易伙伴企业的计算机系统之间进行自动交换和处理的数据传输方法，俗称"无纸贸易"。

有关EDI的最初想法来自美国运输业，原因是运输业信息流通量大，货物和单证的交接次数多，而单证的交接速度常常赶不上货物的运输速度。当时的人们还发现，由人工输入一台计算机中的数据有70%来源于另一台计算机输出的文件。过多的人为因素影响了数据的准确性和工作效率，这就促成了1975年第一个EDI标准的发布。EDI可以使各种单据以标准格式在双方的计算机系统中进行端对端的数据传送和自动处理，减少了文字工作并提高了自动化水平，从而使企业实现"无纸贸易"；简化了业务流程，减少了由于人工操作失误带来的损失，大大提高了工作效率；降低了交易成本，加强了贸易伙伴之间的合作关系。因此，EDI在20世纪80年代得到了较快的发展，并在国际贸易、金融、海关业务、航空公司、连锁店及制造业等领域得到广泛的应用。EDI作为一项高级信息技术应用，是未来世界经济发展中的一个重要基础设施。它不仅是一种先进的通信技术和传递方式，而且是连接国际生产和国际商务活动的一个重要桥梁。

多年来，EDI已经演进出了多种不同的技术。在20世纪90年代之前，出于安全的考虑，EDI和EFT是通过租用计算机专线来实现的，这类专线网络使用成本较高，对技术、设备和人员都有较高的要求。尽管如此，大型企业仍将EDI看作开展商务活动的必备条件之一，因此，早期基于专线网络的EDI电子商务在发达国家和地区的大型企业中得到成功推广。美国《财富》杂志统计，当时全球排名前1000的大型公司中，有95%使用了EDI系统。

在互联网时代，随着虚拟专用网络（Virtual Private Network，VPN）等信息技术的应用，使用基于低成本的互联网的 EDI 技术已成发展趋势。今天，建立在互联网基础上的 EDI 技术已经成熟，众多中小企业借助基于互联网的 EDI 平台开展电子商务活动。可以说，EDI 技术仍是开展 B2B 电子商务的基础。

第二阶段：基于互联网的电子商务

20 世纪 90 年代以来，互联网逐步从大学、科研机构走向企业和家庭，从单纯的信息共享载体演变为一种大众信息传播工具与商业传递方式。基于互联网的电子商务（或称互联网电子商务）活动是以遍及全球的互联网为架构，以交易双方为主体，以网上支付和结算为手段，以客户信息数据库为依托的一种现代商务形式。

互联网的普及和信息技术的成熟推动了互联网电子商务的发展。1991 年，美国政府宣布互联网向社会公众开放，允许企业或公众利用互联网开发商业应用系统。一直被排斥在互联网之外的商贸活动正式进入这个王国，依托于互联网的电子商务应运而生。1993 年，万维网出现，这是一种具有处理数据、图文、声像、超文本对象能力的网络技术，它使互联网具备支持多媒体应用的功能。1993 年，第一家网络公司在纳斯达克交易所上市，随后大批网络科技公司跟进入市，掀起了网络概念股的热潮。1995 年，互联网中的商业业务信息量首次超过了科教业务信息量，这既是互联网开始爆炸性发展的标志，又是互联网商务大规模起步发展的标志。1996 年，网景（Netscape）公司开发出安全套接层（Secure Socket Layer，SSL）协议。SSL 协议能够对 TCP/IP 中的网络应用协议数据流加密，在通信双方的计算机之间建立一个秘密信道，实现端到端的安全连接，保证通信在信息传输过程中不被窃取、篡改。后来，加拿大 Entrust 公司也开发出了公钥基础设施（Public Key Infrastructure，PKI）技术，支持 SSL 协议、数字证书和数字签名等。

互联网在全球各地迅速普及。联合国经济和社会事务部发布的数据显示，截至 2023 年年底，全球人口达到 80 亿。国际电联估计同期全球约有 54 亿人（占世界人口的 67.5%）正在使用互联网。这表明了人们对相互间进行方便快捷通信联系的强烈愿望及共享利用网络信息资源的强烈渴求，同时这也为互联网电子商务的普及奠定了良好的基础。电子商务所需的在全球范围方便而快速的商务通信和网上资源利用正是互联网的优势，全球数十亿网民都有可能成为企业的潜在客户和合作伙伴。同时，低廉的使用成本也使互联网电子商务比早期的电子商务具有更大的发展潜力，各种规模的企业都能平等地获得商业机会和发展空间，这是推动电子商务高速发展的重要动力。

1.4.3　电子商务在中国的发展

中国已成为互联网人口大国，电子商务市场得到迅猛发展。电子商务作为战略性新兴产业对转变经济方式、推动产业升级、促进流通现代化发挥了重要作用，已经成为我国扩大内需、促进就业的重要途径之一。

1. 中国互联网基础环境

1994 年，中国建成 64K 国际专线，实现了与国际互联网的全功能连接，开启了我国互联网及数字经济的发展之路。经过近 30 年的发展，我国开展电子商务所需的基础设施条件已基本成熟。

我国用网环境持续改善，互联网正从接入普及向高质量发展迈进。"宽带中国"战略的实施使我国信息基础设施的建设取得了突出成就。中国互联网络信息中心（China Internet Network Information Center，CNNIC）发布的《第 54 次中国互联网络发展状况统计报告》显示，截至 2024 年 6 月，我国互联网宽带接入端口达到 11.69 亿个。其中，光纤接入（FTTH/O）

端口达到 11.30 亿个，占互联网宽带接入端口的 96.6%；具备千兆网络服务能力的 10G PON 端口达 2 597 万个。光缆线路总长度稳步增加，达到 6 712 万千米。5G 移动网络建设保持全球领先，移动电话基站总数达 1 188 万个。其中，建成并开通 5G 基站 391.7 万个，占移动基站总数的 33%。我国域名总数为 3 187 万个，其中 ".CN" 域名数量为 1 956 万。这些新型基础设施有力地保障了我国互联网应用的稳步发展。

我国网民规模位居世界第一。网民人数达到 11 亿，普及率达到 78%。其中，手机网民规模达 10.96 亿人，占整体网民的 99.7%；农村网民规模达 3.04 亿人，占整体网民的 27.7%，农村地区互联网普及率为 63.8%；城镇网民规模达 7.95 亿人，占整体网民的 72.3%，城镇地区互联网普及率为 85.3%。

我国网民数字素养与技能整体水平持续提升。数字素养与技能是数字社会公民学习工作生活应具备的数字获取、制作、使用、评价、交互、分享、创新、安全保障、伦理道德等一系列素质与能力的集合。截至 2024 年 6 月，至少掌握一种数字素养与技能的网民占比为 90.1%，至少熟练掌握一种数字素养与技能的网民占比为 57.8%，近六成网民达到了数字素养与技能初级水平。

我国各类互联网个人应用持续发展。网上购物是互联网作为商务平台工具的重要体现，而网上购物行为与网上支付等活动又息息相关。我国网民在网络购物和网上支付等方面的应用持续增长。截至 2024 年 6 月，我国网络购物用户规模达 9.05 亿人，占网民整体规模的 82.3%；网络支付用户规模达 9.69 亿人，占网民整体规模的 88.1%。其他各类网络应用的用户规模及网民使用率依次为即时通信 10.78 亿人、98%，网络视频含短视频 10.68 亿人、97.1%，搜索引擎 8.24 亿人、75%，网络直播 7.77 亿人、70.6%，网络新闻 7.64 亿人、69.5%，网络音乐 7.29 亿人、66.3%，网上外卖 5.53 亿人、50.3%，网络文学 5.16 亿人、46.9%，网约车 5.03 亿人、45.7%，在线旅行预订 4.97 亿人、45.2% 和互联网医疗 3.65 亿人、33.2% 等。

2. 中国电子商务市场现状

1999 年，我国电子商务交易额仅为 200 亿元。20 多年来，我国电子商务保持了持续快速发展的势头。自 2016 年以来，我国加快数字产业化和产业数字化步伐，电子商务市场从高速增长期进入稳定发展期。商务部 2023 年 4 月发布的《中国电子商务报告（2022）》数据显示，2022 年全国电子商务交易额达到了 43.83 万亿元，按可比口径计算，比上年增长 3.5%。

（1）B2B 电子商务模式持续深化

传统产业大型企业深度涉足 B2B 电子商务。信息技术已广泛应用于传统产业的改造升级。汽车、机床、煤炭、电力、石油、冶金、机械、采矿、建材等行业信息技术应用深入，工艺技术和装备水平明显提高。国家重点企业基本普及计算机辅助设计与制造系统，绝大部分企业实现了办公自动化，一些企业开始实施企业资源计划（ERP）和客户关系管理（CRM）等系统。中小企业信息化发展迅速，部分行业和地区建立面向中小企业的共用信息技术服务平台。部分大中型企业集团如宝钢、中国石化、联想、方正和海尔等，在 ERP 系统的基础上开展网络营销和网上采购，带动了上下游企业的电子商务应用。汽车、粮油、食糖和煤炭等行业也都建立起行业网站，开展商品信息发布、网上洽谈签约等活动。

大型港口和外贸运输企业普遍采用 EDI 技术，先后建立了 EDI 中心，进行电子提单、商业文件和数据的传递，提高了工作水平和运输效率。10 多种电子报文在集装箱运输业务系统中进行实质性运作，取得了良好的经济和社会效益，为交通运输行业开展电子商务打下了坚实的基础。

B2B 电子商务行业正在向垂直细分、平台合作共享等趋势发展，打造产业链闭环生态圈和地方特色产业链集群。当前，我国 B2B 电子商务持续发力打造数字供应链，由商品交易信息及撮合服务向产业链上游的生产制造环节渗透，通过在线协同配置原材料、资本、设备等生产资源，对工厂进行数字化改造和赋能，强化资源共享能力和协同能力。建立 B2B 数字供应链，可以实现产销一体化协同，快速响应客户需求和市场变化，推动共享产能、协同制造的新业态涌现。

（2）网络零售持续稳定增长

直播电商、即时零售等新业态新模式创新不断激发消费活力，带动网络零售提质升级。国家统计局数据显示，2023 年我国网络零售持续促进消费平稳增长。①从网络零售规模角度看，2023 年全国网络零售交易总额达到 15.4 万亿元，按可比口径计算，比上年增长 11.0%。其中，实物商品网络零售额为 13.0 万亿元，年增长 8.4%，占社会消费品零售总额的比重为 27.6%。②从市场主体角度看，网络零售平台店铺达 2 500 多万家，同比增长 2.1%。其中，实物商品网店达 1 358.2 万家，占比 54.2%；个人网店占 39.2%，企业网店占 60.8%；主营服装鞋帽针纺织品、日用品、粮油食品、五金与电料、化妆品的网店数排名前五，分别占实物商品网店总数的 25.3%、22.0%、7.0%、6.6% 和 6.3%；分布在东部、中部、西部和东北地区的网店比例分别为 61.1%、17.6%、15.8% 和 5.4%。③从商品品类角度看，实物商品网上零售额中，吃类、穿类和用类商品分别增长 11.2%、10.8% 和 7.1%；金银珠宝、电子出版物及音像制品、通信器材增速较快，同比增速分别为 40.3%、26.6% 和 20.2%；服装鞋帽针纺织品、日用品、家用电器和音像器材网络零售排前三，分别占实物商品网络零售额的 22.0%、14.5% 和 10.6%。④从地区分布情况看，中部地区增速领先。东部、中部、西部和东北地区网络零售额占比分别为 83.3%、9.4%、5.9% 和 1.4%，同比增速分别为 10.1%、16.5%、15.7% 和 4.7%。

现阶段我国网络零售已经转变为以 B2C 业务为主。2022 年和 2023 年，我国 B2C 网络零售额分别增长了 5.6% 和 13.0%，占全国网络零售总额的占比也由 79.4% 增长到 81.3%；而 C2C 网络零售额占全国网络零售总额的占比则由 20.6% 下降到 18.7%。

3．中国电子商务应用情况

电子商务是企业降低成本、提高效率、拓展市场和创新经营模式的有效手段，是满足和提升消费需求、提高产业和资源的组织化程度、转变经济发展方式的重要途径，对优化产业结构、支撑战略性新兴产业发展和形成新的经济增长点具有重要作用。

（1）发挥国家顶层战略规划的引领作用

党中央高度重视发展数字经济，并将其上升为国家战略，提出要不断做强做优做大我国数字经济，为我们在"换道超车"中行稳致远提供了根本依据，指明了前进方向。近几年，为了充分发挥电子商务联通生产消费、线上线下、城市乡村和国内国外的四重优势，打通国内大循环和国内国际双循环，各级人民政府纷纷出台和实施了一系列政策举措促进电子商务规范健康持续发展，推动创新，深化改革，全面优化电子商务发展环境。我国先后出台了《促进电子商务发展三年行动实施方案（2016—2018 年）》《电子商务法》《"十四五"数字经济发展规划》《"十四五"电子商务发展规划》等一系列政策、法律文件及行动方案，为我国电子商务的发展找准了定位，作出了顶层设计。

《"十四五"电子商务发展规划》是 2021 年 10 月由商务部、中央网信办和国家发展改革委 3 部门联合发布的。该规划立足新发展阶段、贯彻新发展理念、构建新发展格局，聚焦电子商务，连接线上线下、衔接供需两端、对接国内国外市场的重要定位，明确了电子商务发展的指导思想、基本原则和发展目标，形成了明确的政策导向，对指导我国电子商务高质量发展具有重要意义。该规划提出了我国电子商务发展的 7 个主要任务、23 个专项行动和 6 条保障措施，赋予电子商务服务经济增长和社会发展的双重目标；计划到 2025 年，我国电子商务高质量发展要取得显著成效，电子商务新业态新模式蓬勃发展，企业核心竞争力大幅增强，网络零售持续引领消费增长，高品质的数字化生活方式基本形成；要实现电子商务交易额 46 万亿元、网络零售总额 17 万亿元和相关从业者 7 000 万人的发展目标；要将电子商务打造成经济社会全面数字化转型的重要引擎，使其成为就业创业的重要渠道，成为居民收入增长的重要来源，在满足人民美好生活方面发挥重要作用。

创建国家电子商务示范城市。2009 年 9 月，国家发展改革委和商务部批准深圳创建首个国家电子商务示范城市。此后，经过 3 批、累计公布 70 个城市为"国家电子商务示范城市"。国家电子商务示范城市创建的目的在于：以科学发展观为指导，围绕促进电子商务健康快速发展这一核心目标，充分发挥中央和地方的积极性，着力解决电子商务发展中面临的突出矛盾和问题，努力营造电子商务发展的良好环境，推动电子商务在重点区域和特色领域的创新应用，推广典型成功经验，形成示范效应，带动电子商务的健康发展。

建设国家级电子商务示范基地。建设国家级电子商务示范基地主要是为了充分发挥电子商务产业聚集优势，支撑城市、区域现代市场体系建设，整合社会服务资源、创新公共服务模式，促进新业态新模式应用，促进电商企业做大做强，带动创业就业，促进乡村振兴和消费升级等。自 2012 年以来，商务部分 6 次、累计公布了此类国家级电子商务示范基地 158 个（有 3 个已退出）。开展定期评估，实行优胜劣汰，可进一步优化示范基地发展布局，提高示范基地建设水平，充分发挥其示范作用。截至 2022 年 9 月，155 家国家级电子商务示范基地共入驻电子商务及相关企业近 10 万家，孵化电商企业超过 1.38 万个，电子商务从业人员超过 170 万人，2021 年电子商务交易额超过 7 万亿元。

（2）东部沿海地区电子商务应用最为活跃

我国东部沿海地区主要经济大省和城市的电子商务发展迅速。广东、浙江、北京、上海和江苏 5 个省市有稳定的发展优势，其电子商务发展指数较高，组成第一梯队，其他省区市构成了电子商务发展的中坚力量。目前国内电子商务服务企业主要分布在长三角、珠三角一带以及北京等经济较为发达的地区。

杭州是"中国电子商务之都"，坐拥电子商务网站集群。杭州最先以财政补贴这一最直接的方式扶持了电子商务的发展，诞生了阿里巴巴和中国电动车网等国内外知名电商平台企业。杭州基础设施完善，政府扶持力度大，有一个良好的电子商务发展环境。

上海、广州、深圳等城市也推出了多项电子商务扶持政策。上海有大众点评网和携程网等电商平台。广州有唯品会等电商平台。南京有苏宁易购、中国制造网等电商平台。近年来，南京、重庆和武汉等地的地方政府将电子商务列为推动企业转型升级的重要措施。除出台各项扶持政策外，各地方政府也加大了基础设施、支付环境和物流配送等方面的建设。

北京堪称"门户网站之都"，以央视网、人民网、新华网、新浪网和搜狐网等为主的门户网站在全国具有不可动摇的地位。北京同时也具有良好的政策和经济环境，基础设施完善，零售业发达，培育了如京东、亚马逊中国和当当网等知名商务网站。北京具有电子商务创业所需的良好的配套环境，电子商务也提升了北京的城市综合竞争力。

（3）网络零售与快递物流业协同发展

网络零售强劲增长提高了对快递服务的需求，而快递公司的网点拓展和基础设施升级使网络零售商可接触更多买家、提供更好的购物体验，因此，快递量增长与网络零售销量增长的趋势基本上一致，且该同步趋势将持续。

中国已经成为全球最大的快递市场。我国的快递业成形于 1980 年，最早由中国邮政提供快递服务。1993 年后我国的快递业因贸易兴起出现了第一次繁荣，许多私营快递公司开始为贸易公司递送商业文件。随着中国网络零售的蓬勃发展，快递业又掀起了新的一轮强劲增长浪潮。我国快递业在过去 20 多年中的蓬勃发展得益于网络零售业（网络零售额约占社会零售总额的 1/4 以上）的快速发展。全国快递业务量（包裹数量）从 2009 年的 19 亿件猛增到 2023 年的 1 320.7 亿件，全国快递业务收入从 2009 年的 480 亿元增至 2023 年的 12 074.0 亿元。我国快递业伴随着网络零售的发展形成了菜鸟、顺丰和京东三大生态系统。国家邮政总局统计，2023 年，全国快递服务企业总业务量（不包含邮政集团包裹业务）达到 1 320.7 亿件，年增长 19.4%，日均处理快件超 3.6 亿件；业务总收入达到 12 074.0 亿元，年增长 14.3%，快递业务收入占邮政行业业务收入的 78.95%。其中，境内同城业务总量为 136.4 亿件，同比增长 6.6%，占全部快递业务量的 10.3%；境内异地业务总量为 1 153.6 亿件，同比增长 20.5%，占全部快递业务量的 87.4%；港澳台及国际的境外业务总量为 30.7 亿件，同比增长 52.0%，占全部快递业务量的 2.3%。据测算，我国快递业每年配送的电商件在快递业务量中的占比超过 80%。我国经济向消费驱动转型，主流消费者行为也从线下购物转向网上购物新消费模式，网络零售依然有巨大的增长潜力。

快递业对中国经济的重要性上升。快递业帮助和促进消费以及在农业、制造业、物流和线上零售等众多行业创造就业机会。快递业地位日益提高促使政府出台了一系列的支持政策和举措。2018 年，国务院办公厅印发的《关于推进电子商务与快递物流协同发展的意见》和《快递暂行条例》为该行业的发展奠定了坚实的法律法规基础，促进政企合作，确保大型分拣中心的建设土地供应，并消除"最后一公里"派件、通关和海外扩张中的障碍。

我国农村网络零售与物流快递的协同发展就是一个极为成功的例子。随着快递下乡进程的加快，曾经制约农村电商发展的"最后一公里"物流问题得到明显缓解，实现"网货能寄进来、山货能卖出去"。①我国农村邮政业基础设施不断完善，邮政营业网点实现了乡镇全覆盖，建制村全部通邮。②农村电商公共服务基础设施建设不断加强。商务部把农村物流配送体系作为建设农村现代商贸流通体系的重要内容，持续加大建设力度。截至 2022 年 12 月，电子商务进农村综合示范项目累计支持 1 489 个县建设县级电商公共服务中心和物流配送中心超过 2 700 个。③冷链流通基础设施建设不断推进。截至 2021 年年底，我国超过 70% 农产品批发市场建有冷链设施。④快递服务不断向乡村基层延伸。截至 2022 年年底，商务部联合邮政局在农村布局了 42 万个"邮乐购"电子商务服务站点和 15.8 万个村级电子商务物流服务站点。行政村快递服务覆盖率达 95%。农村地区每天有超过 1 亿多件包裹进出。

（4）移动电子商务蓬勃发展

移动互联网和智能手机的普及为移动电子商务的发展奠定了良好的基础。移动电子商务快速增长的原因包括：手机购物打破了时间和地域的限制，使得用户可以充分利用碎片化时间，使得网络购物和网上支付能够随时随地地发生；智能手机及平板电脑的普及、无线宽带资费的下调、网页视觉效果的优化、手机上网用户数的攀升和手机网络购物体验的提升，使用户对移动电子商务的接受度和认可度与日俱增；二维码、条形码和比价搜索等丰富的移动应用和完善的手机支付功能大大缩短了移动购物的时间和进程，提升了用户购买兴趣，带来了手机购物新的增长点。

移动电子商务正从粗放式增长转向精细化运营。传统的发展方式已不能为商家带来大量的订单和利润，正由粗放式增长时代逐步过渡到品牌、服务和精确人群定位的细分市场时代。

移动端小程序助力移动电子商务的快速发展。企业基于小程序和微信生态打造直接面对用户的营销模式，提升用户体验，建立良好的用户关系。商务部综合全国服务企业和服务外包企业数测算，截至 2021 年年底，我国电子商务类 App 数量达 24.8 万款，在各类别 App 数量中排名第三。另据有关机构研究，2021 年我国微信小程序开发者已经突破 300 万人，日活跃用户数量（Daily Active User，DAU）超过 4.5 亿；日均使用次数同比增长 32%，活跃小程序数量增长 41%。零售、旅游和餐饮类小程序交易额同比增长超 100%，有交易的小程序数量同比增长 28%，小程序促进流量变现的规模同比增长超 90%。微信小程序与公众号、视频号和企业微信的互联互通带动营销场景和营销方法不断创新，推动了我国电商平台的生态化建设。

（5）跨境电商成为外贸新的增长点

跨境电商已经成为外贸发展的重要驱动力，是推动外贸转型升级和高质量发展的重要力量，推动着全球贸易大变革。近几年，我国跨境电商的发展远远领先于全球其他国家和地区。跨境网络零售出口快速增长，已成为国际贸易的新方式和新手段，对于扩大海外营销渠道、提升品牌竞争力、实现外贸转型升级有重要而深远的意义。与传统贸易相比，跨境电商具有碎片化、小额化、高频次的特征。跨境电商企业通过资源整合，推动制造型企业转型，缩短购买流程，减少中间商参与环节，从而将参与贸易的双方利益最大化。

我国跨境电商规模迅速扩大。我国跨境电商在 B2B、B2C 等多个方向呈现出活跃发展态势，产业规模和辐射影响领域不断扩大。我国海关总署统计，2022 年我国跨境电商进出口总额（含 B2B 跨境电商）约 2.11 万亿元，同比增长 9.8%，占我国全年货物进出口总额的 5%。其中，出口总额约 1.55 万亿元，同比增长 11.7%；进口总额约 0.56 万亿元，同比增长 4.9%。

跨境电商物流服务能力不断增强。我国海外仓服务和管理能力持续提升，逐步实现精细化管理助力跨境电商高质量发展。截至 2022 年，我国海外仓超过 2 400 个，面积超过 2 500 万平方米，其中，跨境电商海外仓超过 1 500 个，面积约 1 900 万平方米。北美、欧洲、亚洲等地区海外仓数量占比近 90%。某跨境电商企业在美国的海外仓部署近 300 台智能拣选机器人，使得仓库拣选效率提高 2 倍以上，存储力提升 1 倍，拣选准确率达到 99.995%。外贸综合服务企业超过 1 500 家。此外，中欧班列和"丝路海运"电商快线加快跨境电商企业和制造企业"走出去"步伐。在跨境电商平台、航空公司、海运公司、仓储公司、零售商等多主体共同推动下，我国跨境电商物流的核心业务能力不断增强，向综合物流与供应链服务发展，正从欧美成熟的电子商务市场向中东、南美、非洲等新兴市场拓展。

我国跨境电商正向着合规化、品牌化、精细化和数字化等方向发展。①跨境电商扶持政策持续优化。国家高度支持跨境电商等新业态的发展，从政策、资金、税收、技术和人才等方面都加大了支持力度。②跨境电商行业逐步走向"精耕细作"和合规经营。2021 年以来，各国政府对跨境电商监管趋严，跨境电商发展面临贸易规则完善、平台规则完善、全球消费市场治理和知识产权治理等多重挑战。国外一些大型电商零售平台和支付平台也纷纷加大对商家违规行为的治理力度。我国独立站 SaaS、海外营销和知识产权类企业不断加入跨境电商行列，完善了跨境电商生态，其运营方式也更趋向合规化。③跨境电商独立站助力"品牌出海"。企业自建的具有独立域名的跨境电商独立站逐渐受到行业青睐。目前我国企业已建有独立站 20 万个，独立站的搭建成本也在不断下降，用户购买率和复购率大幅提高，用户黏性进一步增强。头部企业加大自主研发和品牌建设力度，带动行业转型升级。④大数据时代跨境电商向精细化和数字化方向发展。随着数字贸易的快速发展，跨境电商生态链将持续优化升级，我国跨境电商服务类产品交易规模将持续增大。我国产业数字化进程加快，推动工业品加速进入跨境电商出口领域，将持续扩大跨境电商 B2B 交易规模。

（6）电子商务助力乡村振兴

电子商务助力农村数字经济快速发展。近年来，政府有关部门围绕农商协作、农产品电商和物流配送等领域出台了一系列政策，通过电子商务进农村综合示范项目继续扩大农村电商的覆盖面。"数商兴农"深入推进，农村电商"新基建"不断完善。2021年，商务部推出"数商兴农"行动计划，聚焦"三农"，推进电子商务进乡村；打造农产品品牌，培育直播新农人；运用数字化手段，弥补农业农村短板，畅通城乡经济循环。随着工业品下乡、农产品进城的农村电商双向流通格局得到巩固提升，直播电商和社区电商等新型电商模式不断创新发展。社交电商、直播电商和内容电商等通过内容制作、分享和分销等方式，实现对传统电商模式的迭代，已成为农村电商市场重要新业态，并保持高速增长。直播带货的风口已从线上刮到了线下，从城市延伸到了乡村。通过直播和短视频，消费者可以体验到农村的山水草木、生产生活场景和原生态农产品，在真实的场景中产生信任和购买欲望。直播带货让农产品销售方式发生变革，成为乡村振兴的助推器。电子商务已成为农村地区创新创业的重要选择，为农村剩余劳动力、返乡创业青年、退伍军人和城乡残疾人开辟了新的就业道路。2021年，全国各类返乡入乡创业人员（包括企业家、农民工、大学生、退役军人和科技人员等）超过1 020万人，有80%以上的创业项目是第一、二、三产业融合项目，利用信息技术开办网店和直播直销等，积极打造"网红产品"，带动农事体验和电商直播蓬勃兴起。

电子商务有效助力乡村振兴。电子商务带动资源要素向乡村地区流动，促进资源的配置优化，推动农业供给侧的结构性改革，有效带动现代农业、果蔬加工、仓储物流、彩印包装和创意设计等相关产业的崛起，催生了电商企业、网店微商、农民专业合作社、种植大户、农产品加工企业、网络经纪人和物流配送等行业及其就业岗位。越来越多的农村卖家通过短视频和直播带货宣传优质农产品，手机成为"新农具"，直播成为"新农活"，农民成为"新网红"。很多地方通过电商平台、社交网络媒体等渠道，宣传本地的特色商品、自然风光和文化旅游资源，带动了乡村旅游、餐饮及民宿等服务业的发展。电子商务正深刻改变着中国乡村的生产方式和生活方式，乡村生活和商业服务走向数字化和智能化，促进产业的深度融合和升级，从而实现乡村振兴目标。

我国农村电商继续保持良好的发展势头。根据商务大数据监测，2023年我国农村网络零售总额达2.49万亿元，占全国网络零售总额的16.17%，同比增长12.9%。其中，农村实物商品网络零售额达2.27万亿元，占全国农村网络零售总额的91.16%，同比增长12.1%；全国农产品网络零售额达到5 870.3亿元，同比增长12.5%。农村网络零售的商品品类中，服装鞋帽针纺织品、日用品和粮油食品的网络零售额排名居前三，分别占农村实物商品网络零售额的27.9%、18.4%和8.7%。农产品网络零售额排名前三的品类分别为休闲食品、滋补食品和粮油，分别占全国农产品网络零售额的17.1%、13.3%和13.3%。

（7）电子商务创造大量社会就业机会

电子商务成为创新创业和灵活就业的新渠道。各类电子商务平台的快速发展进一步降低了个体经营者线上创业就业的门槛，微商、网商和社区团购组织数量快速增长，支撑了中小企业的发展。电子商务创造了大量的就业机会，直播带货、社区团购和外卖配送等新业态快速发展带动更多人从事电子商务相关行业。例如，网约配送员、快递员、网络主播和网约车司机等灵活就业岗位显著增加。电子商务的发展导致传统企业的经营模式转型和网上业务增加，为信息技术人才和电子商务人才增加了大量的就业机会。那些既懂经营管理又懂电子商务技术的复合型人才成了劳动力市场上的"香饽饽"。

电子商务等新经济形态创造大量就业机会，改善了社会就业状况，已成为我国创新创业最活跃的领域之一。据电子商务交易技术国家工程实验室、中央财经大学中国互联网经济研究院和中国国际电子商务中心测算，截至2022年12月，我国电子商务从业人数达6 937.18

020 万人，同比增长 3.11%。随着大数据和人工智能等信息技术的发展，以数据驱动、平台支撑和线上线下协同的新经济形态呈现爆发式增长，电子商务等新经济形态在吸纳未充分就业劳动力（特别是转移农村剩余劳动力及去产能转岗职工等）方面发挥了重要作用。2019 年以来，人力资源和社会保障部等部门已发布 4 批新职业名录，涉及 56 个新职业。青年人思维活跃，易于接受新鲜事物，可以在新技术和新业态中找到更多灵活就业的机会。以网约配送员为例，2019 年，通过美团平台获得收入的网约配送员总数达到了 398.7 万人，其中年龄为 20～40 岁的就占 83.7%。

（8）新业态新模式驱动零售电商持续增长

短视频和流媒体直播带货逐步成为常态化的电商营销渠道。网络消费渠道多元化，内容驱动型电商成为拉动市场规模增长的重要动力。越来越多的平台通过图文、直播和短视频等优质的内容激发用户购买兴趣，提高流量转化率，增强用户黏性。线上消费渠道逐步从淘宝、京东等传统电商平台向短视频、社区团购和社交平台扩散。企查查平台数据显示，截至 2021 年 12 月，我国共有 1.6 万家直播电商相关企业，其中 2020 年新注册的有 4 113 家，年增长 191.1%。商务大数据监测显示，2021 年重点监测电商平台累计直播场次超 2 400 万，观看人次超 1 200 亿，直播商品超 5 000 万个，活跃主播超 55 万人。中国互联网络信息中心发布的《第 54 次中国互联网络发展状况统计报告》显示，截至 2024 年 6 月，我国网络直播用户规模达到 7.77 亿人，占网民总数的 70.6%。

即时零售助推零售业全渠道供给优化。消费场景加速向线上转移的步伐，门店到家的即时零售业务迎来发展新机遇。各大电商平台纷纷布局即时零售，京东、阿里巴巴和美团等平台纷纷加速布局，外卖生鲜、社区团购和即时买药等即时零售模式快速发展，夯实了全渠道零售生态。例如，京东到家等即时零售平台前端连接消费者，后端连接线下实体零售商或自有前置仓；通过美团等团购或外卖业务的高效配送体系满足消费者的即时性需求。即时零售业务推动了传统商场超市的数字化，盘活了本地零售业态，带动了服务线上化，加速了电商本地化发展步伐。即时零售发挥出本地化业务模式的末端配送效率优势，随着本地化业务模式向上下游延伸，有助于打通全领域数字化通道，提升消费品供给效率。即时零售需要数字化平台、前置仓和物流配送等技术基础设施，企业需要具备极强的履约、供应链整合、数字可视化及配送能力，目前大部分消费品牌和传统零售企业仅将其作为渠道补充。

（9）高校已成为电商人才培养的主力军

我国各类学校电商专业结构优化和人才培养体系完善正在为电子商务高质量发展提供有力的支撑。教育部对电子商务人才培养相关的专业目录不断优化。2019 年，教育部在本科和高职（专科）电子商务类专业目录中都增设了跨境电子商务专业。2021 年，教育部又在高职（专科）电子商务类专业目录中增设了农村电子商务专业，并且将网络营销更名为网络营销与直播电商专业。

教育部公布的专业目录（2021 年修订版）中涉及电子商务类的情况如下。

（1）在《普通高等学校本科专业目录（2021 年修订版）》中，在管理学学科门类下设置了"1208 电子商务类"，下设"120801 电子商务""120802T 电子商务及法律""120803T 跨境电子商务"3 个本科专业。

（2）在《职业教育专业目录（2021 年）》中，专业目录分 3 个办学层次：①在高等职业教育本科专业目录"33 财经商贸大类"下设置了"3307 电子商务类"，其下又设"330701 电子商务""330702 跨境电子商务""330703 全媒体电商运营"3 个职业本科专业；②在高等职业教育专科专业目录"53 财经商贸大类"下设置了"5307 电子商务类"，其下又设"530701 电子商务""530702 跨境电子商务""530703 移动商务""530704 网络营销与直播电商""530705 农村电子商务""530706 商务数据分析与应用"6 个高职专科专业；③在中等职业教育专业目录"73 财经商贸大类"下设置了"7307 电子商务类"，下设了"730701 电子商务""730702 跨境电子商务""730703 移动商务""730704 网络营销""730705 直播电商服务"5 个中职专业。

高等学校为我国电子商务的蓬勃发展提供了人力资源保障。高校电子商务类专业培育了大量的电子商务专业人才。教育部网站公布信息显示，截至 2023 年 6 月 15 日，中国大陆地区共有高等学校 3 072 所，其中普通高等学校 2 820 所，成人高等学校 252 所。2023 年年初，在全国本科院校中，有 612 所院校开设了 662 个电子商务类专业；其中，开设电子商务专业的高校有 563 所，开设电子商务及法律专业的有 21 所，开设跨境电子商务专业的有 78 所。在全国高等职业院校中，高职专科电子商务类专业全国布点数量为 2 352 个，1 546 所高职（专科）院校开设了电子商务专业，372 所开设跨境电子商务专业，221 所开设网络营销与直播电商专业，104 所开设商务数据分析与应用专业，72 所开设移动商务专业，37 所开设农村电子商务专业。（注：上述高校数量统计未包含港澳台地区高等学校。）

1.5　电子商务产生的影响

1.5.1　电子商务对社会经济的影响

1. 促进世界贸易和经济发展

电子商务已经成为推动全球经济一体化和经济增长的主要动力。电子商务可以使企业构筑覆盖全球的营销体系，实施全球性经营战略，加强全球范围内的经贸合作，推动贸易量的大幅度增加，进而促进世界经济的发展。全球跨境电商的蓬勃发展正成为外贸发展的重要驱动力。2017 年 12 月，世界贸易组织（WTO）通过《电子商务联合声明》，重申全球电子商务的重要性及其包容性为贸易和发展所创造的机会，特别强调了电子商务为"发展中国家，尤其是那些最不发达国家，以及中小微企业"带来机会。2019 年 1 月，76 个 WTO 成员签署《关于电子商务的联合声明》，强调将充分认识并考虑 WTO 成员在电子商务领域面临的独特机遇和挑战，鼓励所有 WTO 成员参加谈判，以便使电子商务为企业、消费者和全球经济带来更大利益。

电子商务能够提高业务流程处理效率，降低贸易成本，改善世界贸易的环境，促进世界经济的发展。传统贸易过程的复杂性使成本和效率成为外贸企业关注的焦点问题。例如，一个中等规模的贸易口岸每年要处理 15 万宗进出口业务，每宗业务所用单证平均为 15 种，而整个进出口活动的信息流和效率将受到贸易主管部门、生产部门、运输部门、海关、商检部门、银行、税务部门、外汇管理部门、保险部门和贸促会等多个职能机构的影响。这种程序上的低效率运转会造成巨大的浪费，已成为世界贸易的一大障碍。联合国贸易和发展会议（United Nations Conference on Trade and Development，UNCTAD）调查分析，世界贸易成本（仅直接成本和文书成本）占国际贸易总值的 10% 左右。网上贸易可以大幅度地降低贸易成本，提高企业经济效益。企业利用互联网发布商品信息，进行在线交易，可以大大减少因信息传输不畅造成的商品积压，提高商品的产销率，促进经济发展。

2. 引领数字经济发展

世界经济正在向数字化转型，大力发展数字经济成为全球共识。电子商务是通过互联网等信息网络销售商品或提供服务的经营活动，是数字经济的重要组成部分，也是数字经济最活跃的、最集中的表现形式，是催生数字产业化、拉动产业数字化和推进治理数字化的重要引擎。发展电子商务是发展数字经济的重要抓手，是驱动数字经济发展的重要引擎。电子商务以网络化、数字化和智能化为主要特征，具有开放、低成本和高效率等优势，代表着新的生产力发展方向，带动了我国经济供给侧结构性改革和消费升级，为经济贸易注入了新动能。

电子商务在我国数字经济发展中发挥着引领作用。中国信息通信研究院发布的《中国数字经济发展报告（2023 年）》显示，2022 年，我国数字经济规模已达到 50.2 万亿元，同比名义增长 10.3%，已连续 11 年高于同期 GDP 名义增速；数字经济占 GDP 比重达到 41.5%，相当于第二产业占国民经济的比重。2022 年，我国数字产业化规模达到 9.2 万亿元，产业数字化规模为 41 万亿元，占数字经济的比重分别为 18.3% 和 81.7%。我国数字产业化正经历着由量的扩张到质的提升的发展转变，而产业数字化也转型持续向纵深加速发展。

3. 催生商业新业态新模式

电子商务促使经济贸易大规模增长，意味着更为激烈的竞争，而竞争使创新成为企业成功的关键因素。在电子商务环境下，传统的商务模式发生了根本性的改变，许多业务过程由原来的集中管理变为分散管理，社会分工逐步变细，因而会产生许多新兴行业和新的职业岗位。

数字技术驱动电子商务产业创新，不断催生新业态新模式。大数据、人工智能、云计算和虚拟现实等数字技术为电子商务创造了丰富的应用场景，正驱动着新一轮商业模式创新。

零售企业依托数字技术进行商业模式创新，对线上服务、线下体验及现代物流进行深度融合，推动零售业向智能化、多场景化等方向发展，打造数字化零售新业态。

生产制造企业依托工业互联网平台，进行在线化、柔性化和协同化改造，逐步形成以"寄售""自营"和"撮合"为代表的 B2B 电商交易模式，探索出供应链金融、服务佣金、大数据信息费等盈利模式。

1.5.2 电子商务对政府的影响

政府对电子商务的支持态度将直接影响电子商务的营商环境，电子商务的发展也将在一定程度上影响政府的职能。

1. 政府的政策导向

企业在电子商务发展初期离不开政府的政策支持和推动。在开放的互联网上进行电子商务活动必然带来贸易环境的开放。电子商务的在线交易、网上支付和安全等方面都需要政府制定相应的法律加以规范，以保证电子商务健康发展。

2. 政府的业务转型

政府承担着对商务活动进行管理并提供服务的职能，在调节市场经济运行、防止市场失效方面发挥着重要的作用。在电子商务时代，政府必须进行相应的业务转型，加入电子商务活动中开展工作，才能顺利实施管理职能。电子政府或网上政府将随着电子商务的发展成为重要的社会角色。

3. 政府在安全认证中的作用

在传统的商务活动中，企业或个人的信誉对交易的成功进行是至关重要的。在电子商务活动中，网上交易的双方也需要确认对方的真实身份，以取得对方的信任和保证电子交易的安全，这是电子商务成功实施的关键之一。一般由第三方认证权威机构（Certificate Authority，CA）来提供交易主体的网络身份证明。在我国，这一角色由政府的职能部门或政府指定机构来承担，其具备法律效力和权威性，提供电子商务活动的仲裁和各方信誉的保证。

1.5.3　电子商务对企业的影响

1. 电子商务对企业营销活动的影响

电子商务对企业营销活动的影响主要表现在以下方面。

（1）网络营销组合变得更为现实和必要。传统营销组合中的渠道和促销策略被赋予了新的内涵，批发、零售等中间商环节将逐步由网络中介所代替，消费者和采购商可以从网上直接采购。人员推销的作用变得越来越小。国内外市场开发费用大幅度降低。网络广告将以低成本、大信息量和长时间性等显著优点而逐步成为企业进行广告宣传的重要方式。企业通过设计界面友好、便于操作的主页方便消费者表达购买欲望和需求，通过建立网上支付途径及完善的配送体系方便消费者购买，通过电子邮件、网上讨论等途径与消费者进行方便、快捷和有效的沟通。

（2）企业之间的市场竞争将会变得空前激烈。国内竞争与国际竞争不再有明显的区别，不同国家和地区的同类商品在互联网上将展开极其激烈的竞争，商品的质量、价格和服务等各种信息会毫无保留地展现给消费者。

2. 电子商务对企业组织结构的影响

传统的企业组织是金字塔式、自上而下控制的等级组织结构形式，这种过多的组织层次影响了信息传递的速度和效率，同时信息传递失真降低了决策的准确性。森严的等级和臃肿的结构不利于企业创新、协调与合作，从而影响了企业员工的积极性、主动性和创造性的发挥。复杂的管理层次和分散割裂的业务流程导致了企业的市场适应能力变弱，使企业不能及时满足客户的需求，从而阻碍了企业的生存和发展。

电子商务对企业组织结构的影响主要表现在如下方面。①企业组织结构扁平化，大量减少管理层次和管理人员，依靠网络进行信息传递和沟通，具有高效率、高速度的优点，有利于提高企业的管理水平，降低管理费用；②组织决策分散化改变了企业过去高度集中的决策中心组织，加强了员工的参与感和责任感，提高了决策的科学性和可操作性；③企业运作虚拟化打破了时间和空间的限制，提高了企业的运作效率，增强了企业的竞争优势。

3. 电子商务对企业生产方式的影响

电子商务可以改变企业生产方式，实现生产过程的现代化、低库存生产和数字化定制生产。

企业可在管理信息系统（Management Information System，MIS）的基础上，采用计算机辅助设计与制造（CAD/CAM），建立计算机集成制造系统（Computer Integrated Manufacturing System，CIMS）；可在开发决策支持系统（Decision Support System，DSS）的基础上，通过人机对话实施计划与控制，从物料需求计划（Material Requirement Planning，MRP）发展到制造资源计划（Manufacturing Resource Planning，MRPⅡ）和企业资源计划（ERP）。这些新的生产方式把信息技术和生产技术紧密地融为一体，使传统的生产方式升级换代。

电子商务可以实现产销一体化协同，快速响应客户需求和市场变化，推动产能共享和协同制造，实现低库存生产。企业通过互联网与客户进行实时信息交流，掌握客户的最新需求动向；通过数据库记录客户数据，对客户的反馈做出快速反应，从而改进企业的产品与服务。企业在获得销售订单后，由计算机系统高效率地组织起整个生产过程的各个环节，以减少不必要的等待时间，优化生产过程，实现高效率的制造，这使得及时生产（Just In Time，JIT）成为可能，使库存降到最低限度。

电子商务也使个性化、数字化定制生产变得可行。C2M 个性化定制模式可以让企业面对客户多品种、小批量和更加个性化的需求，利用人工智能、云计算和大数据等技术，建立起以客户为中心的营销服务体系，将多样化数据转化为适用于产品全生命周期的标准化数据，对客户群体、客户行为进行深度分析；构建可定制的、柔性化的生产制造系统，进行生产组织和资源优化配置。企业得到个性化需求订单后，计算机系统即可准确、快速地把定制生产任务发送到企业的设计、供应、生产和配送等各环节，及时准确地对订单做出反应。借助数字化定制模式，企业可以实现产销动态平衡，推动企业向数字化、网络化、智能化转型。

实例1-4 思科公司的电子商务应用

4. 电子商务对企业采购管理的影响

与传统的采购模式相比，网上采购在采购要求的提出、订单的产生、商品运输及存货管理等方面都有了重大的改变。企业可以获得更多的采购主动权，取得更多供应商的供货信息，找到合适的合作伙伴，购买到更加物美价廉的原材料和零部件，有效地降低采购成本，优化存货管理，提高采购效率，提升企业的经济效益。企业的采购方式发生相应的变化后，会影响到企业与供应链上的厂商之间战略联盟关系的建立。

5. 电子商务对企业财务管理的影响

传统财务管理最基本的特点是对财务信息的事后处理，并且财务信息的处理方式是单机的、封闭的。即使是会计电算化，也只不过用计算机处理代替了手工处理而已，并没有改变信息处理的方式。电子商务的最新发展要求企业财务管理从静态的事后核算向实时动态的、参与经营过程的智能财务管理方向发展。基于人工智能的智能财务平台，企业可以实现财务与业务的协同以及报表提交、报账、查账、审计等远程管理，实现动态会计核算与在线财务管理，实现集团型企业对分支机构的集中式财务管理，改变财务信息的获取与利用方式，使财务数据从传统的纸质页面数据、电算化初期的磁盘数据发展到网页数据。

依托智能财务平台，企业可以利用互联网电商平台实现与供应商、客户之间的无缝连接，并借助发票电子化打通税务数据与交易的关联，回归以交易管理为核心的企业运营本质，重构传统财务处理流程，对员工消费及企业采购的在线下单、支付进行统一对账结算。基于财务数据中心的大量实时数据，企业可以实现交易透明化、流程自动化和数据真实化，从而对管理者的决策过程提供智能化支撑。

6. 电子商务对企业人力资源管理的影响

网上人才招聘已被越来越多的企业所重视。与传统的人才招聘录用方式相比，网上人才招聘具有十分明显的优势。企业可通过网站全天候发布用人信息，随时等待合适人选应聘，降低了人才招聘的开支，提高了人才招聘的效率；人才招聘的范围将不再受到地域的限制。企业内部员工之间的直接交流和沟通比过去更加方便，信息资源实现共享，员工之间相互信任、相互学习、相互交流的氛围更加浓厚，企业将成为员工学习知识、发展自我和实现人生价值的地方。

人才问题是企业开展电子商务面临的最大压力。2024 年 9 月发布的《2023 年度中国电子商务人才状况调查报告》显示，团队人才问题已连续多年成为被调查电商企业面临的第一大挑战。2023 年，在困扰被调查企业人力资源部门的问题中，员工招聘压力占 51%，员工流失压力占 34%，员工培训与开发压力占 29%，薪酬增长压力占 29%，绩效管理压力占 26%，企业文化与员工关系压力占 21.78%。电商卖家员工年流失率 10% 以下的企业占 26%，10%～20% 的企业占 40%，20%～30% 的企业占 22%，30%～40% 的企业占 8%，50% 及以上的企业占 4%。被调查企业员工离职率高的岗位依次是客服岗位（30%）、直播岗位（20%）、自媒体营销岗位（11%）、地推／分销岗位（10%）。

大多数企业在直播电商方面人才储备不足。近些年，直播和短视频已成为电商企业流量的巨大入口，但多数电商企业在这方面存在人才不足的问题。主播（助理）、"网红"、达人等方向的人才需求迅速增长。2023 年，被调查企业电商团队中从事短视频、直播等新媒体营销工作的员工，人数超过 30% 的企业占企业总数的 39%，10% ～ 20% 的占 25%，10% 以下的占 36%。同时，平台运营、复合型高级人才仍有较大的需求。调查发现，33% 的企业急需平台运营方向人才，27% 的企业急需复合型方向人才，16% 的企业急需业务客服方向人才；8% 的企业急需产品策划与研发方向人才，6% 的企业急需美工视频方向人才，4% 的企业需要物流仓储和数据分析人才。

互联网已经成为企业招聘人才的重要途径。艾瑞咨询 2024 年 1 月发布的《2024 年中国网络招聘行业市场发展研究报告》显示，2023 年，我国网络招聘市场规模为 175 亿元，年增长 9.2%。网络招聘行业内的大企业主要有前程无忧、智联招聘、猎聘、BOSS 直聘等。

7. 电子商务对企业研究和开发管理的影响

电子商务改变了技术交易的形态，大大增加了企业从外部获取技术信息的途径，拓宽了企业技术开发的视野，也拓宽了企业委托开发的范围。便利的信息沟通、网络资源共享和工作协同大大缩短了产品技术的研发周期，降低了研发成本，提高了工作效率，也必然会改变企业研发队伍的组织形态。

1.5.4　电子商务对消费者的影响

电子商务改变了人们的消费方式和生活方式。网上搜索功能方便消费者货比多家。网店提供的丰富的商品为消费者节省了大量的购物时间，提高了消费者对服务的满意度。网店利用多媒体技术进行商品展示可以使消费者有身临其境的视觉听觉感受，产生强烈的消费欲望。网上购物给那些工作繁忙或者不喜欢逛商店的人带来了便利。网上支付改变了消费者的传统支付习惯，渗透到消费者购物、出行、就餐和就医等应用场景，使网上购物逐步成为消费者的主要消费模式。

以线上与线下、业态与场景融合发展为主要特征的新型消费正构筑出全方位的数字化生活方式，网上购物、网上订餐、在线教育、线上文化生活、远程医疗、无人零售等新消费模式迅速成为百姓日常生活的主要方式，大大提高了人们的生活质量，保障了社会生产生活的稳定。

第三部分　课题实践

一、实训

实训1-1　电子邮箱系统设置与操作

电子邮件已经成为企业级商务应用中不可缺少的网络通信工具之一。普通用户涉及电子邮件的最简单的初级应用就是 WebMail。WebMail 是指利用网络浏览器通过互联网访问邮件服务器的方式来收发电子邮件的服务或技术。用户不需借助邮件客户端工具，只要能上网就能使用 WebMail，这极大地方便了用户收发邮件。对于不熟练或者不方便使用邮件客户端软件的用户来说，WebMail 更是必不可少的选择。电子邮件之所以能成为在当今互联网广泛应用的工具，WebMail 功不可没。

电子邮件是在互联网上应用广泛的通信工具和重要的企业级网络营销工具，多数企业把

026 它作为电子商务业务的入门应用，用以简化并理顺企业内外关系。但是，WebMail也存在收发邮件效率低、不便于邮件管理等问题。

1. 实训目的和内容

①掌握免费邮箱的申请方法；②掌握新建组群和联系人的操作方法；③掌握邮件的基本收发和群发方法；④掌握邮箱系统选项的设置方法；⑤掌握客户端授权码的申请要求；⑥掌握 POP3/SMTP/IMAP 启用方法。

2. 实训操作指导

（1）申请免费邮箱。这里以 163 网易免费邮箱为例。已拥有该邮箱账号的同学可以省略该步骤。

① 注册邮箱账号。在浏览器地址栏中输入 163 网易免费邮箱网址，进入 163 网易免费邮箱页面，注册新的电子邮箱账号。可以选择手机号码快速注册（格式为手机号码@163.com），方便好记；也可以选择普通注册（以字母开头，支持字母、数字组合）。

② 登录进入邮箱。在邮箱的登录页面输入账号和密码，进入图 1-1 页面。

图1-1　163网易免费邮箱首页

（2）在通信录中建立组群和联系人。在"通讯录"页面单击左侧"联系组"右侧的加号，新建一个组群；在"分组名称"栏目中输入具体内容并保存；然后新建几位联系人，并将其复制到组群中去。

（3）登录邮箱收发邮件。登录 163 网易免费邮箱，单击"收件箱"并查看邮件，单击"回复"按钮回复发件人；单击"转发"按钮将邮件转发给其他人；单击"写信"按钮写一封新邮件，填写收件人邮箱地址和邮件主题，撰写邮件正文内容，还可以选择添加邮件附件，单击"发送"按钮完成邮件发送。

（4）群发邮件。可以单击 163 网易免费邮箱首页的"写信"按钮撰写新邮件，在写好邮件主题和内容后，从"收件人"链接地址簿的联系人中添加组群，向多个联系人的邮箱发送电子邮件。

（5）邮件系统选项设置。单击 163 网易免费邮箱上方工具栏中的"设置"按钮，下拉菜单显示的内容包括常规设置、邮箱密码修改、账号与邮箱中心、POP3/SMTP/IMAP 等内容。

（6）申请客户端授权码。为了支持后续高效率的电子邮件客户端工具（如 Outlook、Foxmail 等）的操作，需要申请客户端授权密码，并开通 POP3/SMTP/IMAP 功能服务。客户端授权码是提供给第三方邮件客户端工具（如 Outlook、Foxmail 等）访问邮件服务器的专用码。在图 1-2 中，选择"开启"单选项，然后通过邮箱预留的用户手机号获取短信验证码，填写并确认；在图 1-3 中设置由 6 ～ 16 位的字母和数字组合而成的客户端授权码。完成客户端授权码设置后，系统会自动开启 POP3/IMAP/SMTP 服务。

图1-2　开启"设置客户端授权码"

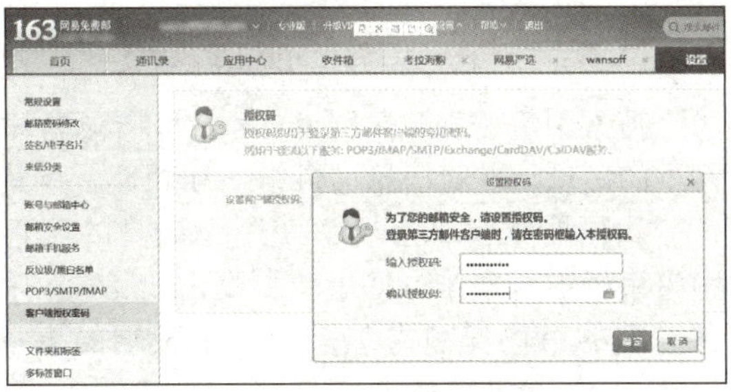

图1-3　设置客户端授权码

（7）检查 POP3/SMTP/IMAP 服务功能开启情况。登录 163 网易免费邮箱，单击页面右上角的"设置"按钮，从下拉菜单中选择"POP3/SMTP/IMAP"选项，检查其中的"POP3/SMTP服务""IMAP/SMTP服务"的勾选情况，如图 1-4 所示；设置完成后，一定要单击"保存"按钮。

163 网易免费邮箱的 POP3 服务器地址是 pop.163.com，SMTP 服务器地址是 smtp.163.com，IMAP 服务器地址是 imap.163.com。

图1-4　开启POP3/SMTP/IMAP服务

小贴士

POP3（Post Office Protocol 3）即邮局协议的第 3 个版本，是 TCP/IP 协议族中的一员，主要用于支持使用客户端远程管理服务器上的电子邮件。它是电子邮件的第一个离线协议，允许用户从服务器上把电子邮件存储到本地主机上，同时可以通过客户端的操作删除或保存邮件服务器上的电子邮件。而 POP3 服务器则是遵循 POP3 的接收邮件服务器，用来接收电子邮件。

SMTP（Simple Mail Transfer Protocol）即简单邮件传输协议，是一种 TCP 支持的提供可靠且有效电子邮件传输的应用层协议。用户通过 SMTP 指定的服务器可以把电子邮件传输到收信人的服务器上。SMTP 服务器则是遵循 SMTP 的发送邮件服务器，用来发送或中转电子邮件。

IMAP（Internet Message Access Protocol）即互联网邮件访问协议，用户通过这种协议可以从邮件服务器获取邮件的信息、下载邮件。IMAP 与 POP3 类似，都是一种邮件获取协议。二者的区别在于：POP3 允许通过电子邮件客户端下载服务器上的邮件，但是电子邮件客户端的操作（如删除、标记已读或移动到新的文件夹等）不会反馈到服务器上同步进行；而 IMAP 是"双向"的，电子邮件客户端的操作都会反馈到服务器上，服务器也会做相应的动作，对邮件进行同步的操作。同时，用户通过 IMAP 可以只下载邮件的主题，只有在真正需要的时候再下载邮件的所有内容。

实训1-2　搜索引擎的使用技巧

搜索引擎（Search Engine），是指根据一定的策略，运用特定的计算机程序，搜集互联网上的信息，在对信息进行组织和处理后将其显示给用户，为用户提供检索服务的系统。

我国搜索引擎市场中使用率最高的搜索引擎是百度。截至2023年2月，在我国搜索引擎市场占有率排行榜中，百度占55.8%，排名第一。百度在PC端的市场份额为31.45%，移动端的市场份额为77.11%，平板端的市场份额为72.02%，均排名第一。（数据来源：StatCounter全球统计）

百度是全球最大的中文搜索引擎，拥有数万名研发工程师，掌握着先进的搜索引擎技术。百度互联网搜索产品及服务包括以网络搜索为主的功能性搜索、以贴吧为主的社区搜索、针对各区域和行业所需的垂直搜索、MP3搜索及门户频道等，全面覆盖了中文网络世界所有的搜索需求。同时，百度也是最受中国企业青睐的互联网营销推广平台。

关键词检索是搜索引擎的基本检索功能。关键词属于自然语言，灵活、不受词表控制，但简单的关键词检索方法命中过多，查准率很低。为提高关键词检索的查准率，搜索引擎提供了按相关度排列结果、布尔逻辑检索、短语或句子检索、加权检索和限制检索等措施。

利用搜索引擎进行专题信息检索，要想提高查准率，需认真分析课题，选择恰当的关键词，掌握和运用搜索引擎检索语法规则，准确设计表达需求的检索式，反复调整检索策略。

1. 实训目的和内容

①了解搜索引擎的用途；②掌握主流搜索引擎的基本搜索方法；③掌握关键词的强制搜索方法；④掌握高级搜索方法。

2. 实训操作指导

（1）基本搜索操作方法

①简单专题信息检索。

打开百度首页，在搜索框内输入一个关键词，然后按回车（Enter）键，或单击"百度一下"按钮即可得到所有包含查询字或词的结果。如输入查询内容"电子商务基础"6个字，查看检索结果情况，如图1-5所示。

②多关键字的复杂专题信息检索。

检索复杂专题信息时依靠单个关键词的查准率很低。要提高查准率，需进行详细的主题分析，选择多个关键词。各种类型的检索专题对检索的查全率和查准率有着不同的要求。要正确选择关键词，针对不同的专题，制定相应的检索策略。对于文献量较大或属于成熟学科的专题，应优先考虑查准率，从众多的相关文献中选取针对性较强的文献；对于文献量较少或新兴学科的专题，可适当放宽检索范围来保证查全率，以免遗漏重要的参考文献。选择正确的关键词后，就要运用检索语法规则构建检索式。

百度用英文字符的"+"表示逻辑"与"操作，关键词之间也可用空格代替"+"。因为百度只搜索包含全部查询内容的网页，所以缩小搜索范围的简单方法就是添加搜索词。添加搜索词后，查询结果的范围就会比原来的"过于宽泛"的查询小得多。在输入多个关键词时，要求在各关键词之间增加一个空格。如输入"电子商务基础"和"人民邮电出版社"两个关键词进行查询，中间增加一个空格，搜索范围会进一步缩小，如图1-6所示。

图1-5　百度简单查询

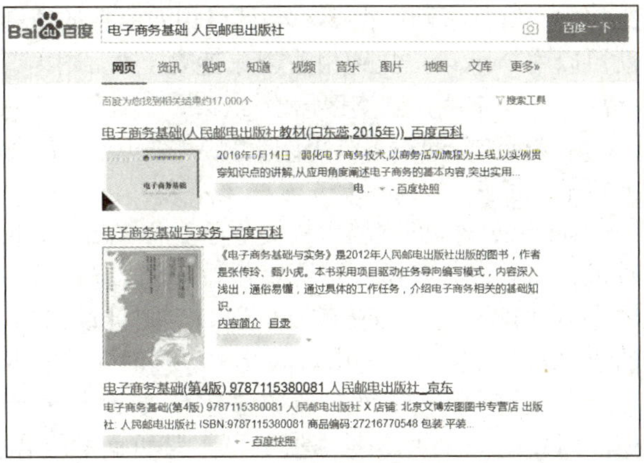

图1-6　多个关键词查询

③ 多关键词逻辑"非"和"或"检索。

百度用减号"-"表示逻辑"非"操作。如果要避免搜索某个词语，可以在这个词前面加上一个减号（英文字符"-"）。减号与其作用的关键词之间不能有空格，但在减号之前必须增加一个空格。

（2）强制搜索操作指导

可以通过给关键词添加中文或英文双引号来搜索那些包含与关键词完全一致内容的网页。双引号中的词语（如"电子商务基础"）在查询到的网页中将作为一个整体出现，这一方法在查找名言警句或专有名词时格外有用。例如，为两个关键词加上双引号进行强制搜索，可进一步缩小结果范围，如图1-7所示。

（3）高级搜索操作指导

① 设置高级搜索条件查询。在高级搜索界面中，可以设置多项搜索条件进行筛选查询。

图1-7　强制搜索包含与关键词完全一致内容的网页

② 使用搜索引擎的高级搜索语法。有一些词后面加上英文冒号可对搜索词赋予特殊的含义。在百度搜索引擎中，高级搜索语法包括 site、link、inurl、allinurl、allintitle、intitle 等，我们可以使用这些高级语法函数进行搜索尝试。

"site:"可以在指定的网站或者域名内部搜索。如果搜索结果要求局限于某个具体网站或者网站频道，就可以在百度搜索框中输入"关键词 + 空格 +site:+ 网址（或某个域名）"，如"电子商务基础（第 5 版）site:www.ryjiaoyu.com"。注意：site 后的冒号为英文字符，而且冒号后不能有空格，否则"site:"将被作为一个搜索的关键词。此外，网站频道则只局限于"频道名 . 域名"方式。

"link:"可以搜索互联网上所有链接到某个网址的网页。注意："link"不能与其他语法混合操作，所以"link:"后面即使有空格，也将被搜索引擎忽略。如搜索互联网上所有链接到"深圳信息职业技术学院"网站的网页，使用的检索式是："link:www.sziit.edu.cn"。

"inurl:"的检索结果网页中包含第一个关键词，后面的关键词则出现在网页链接或网页文档中。有很多网站把某一类具有相同属性的资源名称显示在目录名称或网页链接中，这时就可以用 inurl 语法找到相关资源链接，然后用第二个关键词确定其是否包含某项具体资料。inurl 语法通常能比基本搜索语法提供更为精确的专题资料。

"allinurl:"的检索结果网页链接中包含所有查询关键词，其查询对象只限于网页的链接字符串。

allintitle 和 intitle 的用法类似于上面的 inurl 和 allinurl，只是前者是对网页的标题栏进行查询，而后者是对统一资源定位符（Uniform Resource Locator，URL）进行查询。网页标题就是 HTML 标记语言中的 title 部分。网页设计的一个原则就是要把主页的关键内容用简洁的语言表示在网页标题中。因此，只查询标题栏也可以找到高相关度的专题页面。

其他较少用的高级搜索语法还有 related、cache、info。related 用来搜索结构内容方面相似的网页；cache 用来搜索服务器上某页面的缓存，通常用于查找某些已经被删除的死链接网页，相当于普通搜索结果页面中的"网页快照"功能；info 用来显示与某链接相关的一系列搜索结果，提供 link、related、cache 和完全包含该链接的网页的功能。

实训1-3　多用途二维码制作训练

二维码是近几年移动设备上广为流行的一种编码方式，它能比传统的一维条形码存储更多的信息，也能表示更多的数据类型。最早的 QR Code 码，是由日本 DW 公司于 1994 年发明的。每种码制有其特定的字符集，每个字符占有一定的宽度，具有一定的校验功能和对不同行的信息进行自动识别的功能，还具有处理图形旋转变化等功能。

矩阵式二维码又称棋盘式二维码，它是在一个矩形空间通过黑白像素在矩阵中的不同分布进行编码。在矩阵相应元素位置上，用点（方点、圆点或其他形状）的出现表示二进制"1"，点的不出现表示二进制的"0"，以点的排列组合确定矩阵式二维码所代表的意义。"它是建立在计算机图像处理技术和组合编码原理等基础上的一种新型图形符号自动识读处理码制，通过图像输入设备或光电扫描设备自动识读以实现信息自动处理。

二维码常见的功能主要包括信息获取（获取名片、地图、Wi-Fi 密码和资料等）、网站跳转（跳转到微博或其他网站）、广告推送（推送视频或音频广告）、移动电商（直接下单购物）、防伪溯源（查看生产地或最终消费地）、优惠促销（下载电子优惠券或参加抽奖）、会员管理（获取电子会员信息或享受 VIP 服务）、手机支付（通过银行或第三方支付提供的手机端 App 通道完成支付）等。

中国对二维码技术的研究开始于 1993 年。中国经济和信息技术的迅速发展使用户对二维码这一新技术的需求与日俱增。

1.　实训目的和内容

① 了解二维码的功能；② 掌握多种用途二维码的制作方法。

2.　实训操作指导

（1）注册二维码网站账号

① 访问草料二维码网站。草料二维码首页如图 1-8 所示。手机端访问可通过扫描首页的二维码进行。

② 注册会员账号。单击右上角的"登录 / 注册"按钮，然后用微信扫描的方式快速注册；也可以单击"没有账号，立即注册"链接，输入手机号，获取验证码，设置 8 ～ 20 位数字字母组合密码，完成注册。

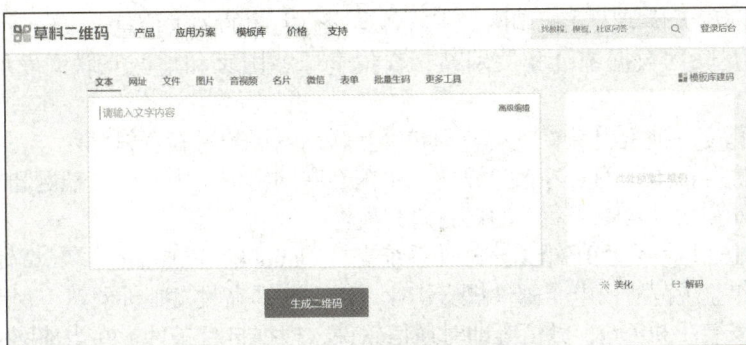

图1-8　草料二维码首页

（2）多用途二维码制作操作指导

① 制作文本二维码。在"文本"页面的文本框中输入不超过 150 个汉字的内容，单击"生成二维码"按钮，页面右侧出现二维码图片，可以用手机扫描该二维码来验证内容的正确性，将其下载保存为"二维码图片 1"。

② 制作网址二维码。在"网址"页面输入网址，单击"生成二维码"按钮，页面右侧出现二维码图片，可以用手机扫描该二维码来验证网址的正确性，将其下载保存为"二维码图片 2"。

③ 制作文件二维码。在"文件"页面选择上传文件，单击"生成文件码"按钮，页面右侧出现二维码图片，可以用手机扫描该二维码来验证文件的正确性，将其下载保存为"二维码图片 3"。

④ 制作图片二维码。在"图片"页面选择上传图片文件，单击"生成图文码"按钮，页面右侧出现二维码图片，可以用手机扫描该二维码来验证图片的正确性，将其下载保存为"二维码图片 4"。

⑤ 制作个人名片二维码。在"名片"页面填写姓名、手机、邮箱等信息，单击"生成二维码"按钮，页面右侧出现二维码图片，可以用手机扫描该二维码来验证个人名片信息的正确性，将其下载保存为"二维码图片 5"。

二、思考练习题

阅读教材，思考如下问题，组织小组讨论，分小组分享观点。

（1）如何理解电子商务的概念？

（2）电子商务的主要分类方式有哪些？

（3）电子商务的功能和特征有哪些？

（4）电子商务与传统商务相比具有哪些优缺点？

（5）电子商务产生和发展的条件有哪些？

（6）电子商务对社会经济的影响体现在哪些方面？

三、实践练习题

（1）在 PC 端访问携程网，或者在手机端安装携程旅行 App 或关注携程网微信公众号，了解网上电子客票的订购流程。

（2）访问前程无忧等人才招聘网，查看各类岗位人才的需求信息。

（3）访问互联网数据统计相关网站，查找全球各国家和地区互联网发展的最新数据资料。

（4）访问百度等搜索引擎，收集整理我国互联网发展的最新资料。

（5）访问商务部电子商务和信息化司、中国互联网络信息中心、艾瑞网和赛迪顾问等网站，阅读国内外互联网及电子商务的最新研究报告。

（6）申请163网易免费邮箱（该邮件系统支持Outlook、Foxmail等客户端软件），尽可能按照统一的作业规范使用电子邮件提交作业，以不断提高收发邮件的熟练程度。

（7）下载安装手机QQ、微信等即时通信软件，根据自身条件，在当地网络环境下进行文字通信、语音通信、文件传输、视频通话、多方通话、文件共享等项目的比较测试，写出功能比较分析报告，同时分析手机QQ和微信的市场定位和功能差别。

（8）访问通信流量监测机构StatCounter的官方网站，了解各类互联网应用的全球市场份额情况。

（9）熟练使用百度百科和百度翻译等在线学习工具；同时在智能手机上下载安装相应软件的App，以便进行查询，解决学习过程中遇到的概念和术语等疑难问题，提升自主学习能力。

（10）通过百度百科了解C2M电子商务模式，并进行讨论；注册百度账号，参与百度百科词条的完善工作。

2

课题二
电子商务系统

知识目标

➢ 了解电子商务系统框架
➢ 了解电子商务服务业的分类
➢ 了解主要电子商务法律法规

技能目标

➢ 掌握电商案例分析技能
➢ 掌握邮件客户端初步操作

建议学时

6 学时

第一部分　案例与分析

案例　阿里巴巴打造的商业生态体系

在 2021 年之前的 10 年间，中国电子商务生态处于高速扩张期，阿里巴巴（以下简称阿里）用高强度的投资打造出超过 10 万亿元市值的商业生态。在全球 586 家独角兽公司中，阿里系（阿里、云锋等）投资了 44 家。2020 年 10 月，中国 A 股总市值终于站上 10 万亿美元的历史高点。阿里当时自身市值 5.6 万亿元，参控股的上市公司总市值 4 万亿元（阿里平均持股比例约为 25%），投资的独角兽公司总估值 1.2 万亿元，合计高达 10.8 万亿元，相当于中国 A 股 1/7 的体量。

案例分析

1. 阿里的五大投资领域与布局

（1）阿里投资的五大领域

为了实现宏伟的战略目标，阿里主要投资了电商新零售、媒体娱乐、物流、生活服务及健康这五大领域，尽可能多地掌控了信息流、物流和资金流。据其历年年报披露信息，其投资的五大领域包括：①电商新零售领域投入 1 367.7 亿元，代表性的项目包括银泰、苏宁、居然之家、红星美凯龙、Lazada、考拉海购和 Trendyol 等；②媒体娱乐领域投入 586.8 亿元，代表性的项目包括新浪微博、优酷土豆、分众传媒、阿里影业、万达电影、CMC 控股和南华早报等；③物流领域投入 571.6 亿元，代表性的项目包括菜鸟、中通、申通、百世、圆通和新加坡邮政等；④生活服务领域投入 481.7 亿元，代表性的项目包括口碑网、饿了么等；⑤健康领域投入 286.9 亿元，代表性的项目包括阿里健康、美年大健康等。

（2）主要投资项目与金额

阿里 2014—2020 年间年报披露的重大股权投资合计金额为 3 958 亿元。2014 年，阿里在重大项目上投资 460 亿元，重头戏是私有化高德（82 亿元），投资优酷土豆（67 亿元、16.5% 股权）、新浪微博（64 亿元、30% 股权）等；2015 年，总投资金额为 464 亿元，重头戏是投资苏宁（282 亿元）、魅族（36 亿元）、口碑网（30 亿元）和 Magic Leap（VR 行业，27.75 亿元）等；2016 年，总投资金额为 483 亿元，重头戏是私有化优酷土豆（284 亿元），投资饿了么（82.7 亿元）和滴滴（40 亿元）等；2017 年，总投资金额为 327 亿元，重头戏是私有化银泰（111 亿元），投资联通（43 亿元）等；2018 年总投资金额为 1 193 亿元，重头戏是私有化饿了么（349 亿元），投资分众传媒（150 亿元）、东南亚电商平台 Lazada（105 亿元）、阿里健康（93 亿元）和中通（71 亿元）等；2019 年，总投资金额为 775 亿元，重头戏是投资菜鸟（244 亿元），全资收购网易考拉（133 亿元），投资美年大健康（67 亿元）等；2020 年，总投资金额为 289 亿元，重头戏是继续投资 Lazada（160 亿元），继续注资阿里健康（71 亿元）等。

（3）投资的主要特点

阿里的投资有着自身的特点。①偏向于追求绝对的控股权，通过对核心标的企业的多轮投资，最终对其进行私有化。例如对高德、银泰、优酷土豆、UC Web、饿了么等实现私有化，2019 年 100% 收购网易考拉等。②在电子商务领域，对充满潜力的人口大国或区域比较感兴趣。例如，对于总部设于新加坡的 Lazada，业务覆盖东南亚，区域人口超过 5.7 亿，阿里投资超过 300 亿元入股，获得将近 100% 的股权。此外，阿里对土耳其的 Trendyol 时尚零售平台也投资了 9.5 亿美元等。③重视科技研发与数据中心建设。2020 年 4 月，阿里宣布未来 3 年再投 2 000 亿元于云操作系统、服务器、芯片等重大核心技术研发攻坚和面向未来的数据中心建设。④高度重视电商新零售。2015 年以来，在线上流量之争进入尾声之际，阿里与竞争对手又正面打响了从线上延伸到线下的新零售之争，将战线从线上电商平台转到了线下支付场景丰富的百货商场和超市。阿里在行业选择上对电商新零售的投入最高，以维护其核心领域的优势地位。电商新零售已经成为阿里的核心领域和对外投资的重中之重。截至 2020 年，中国排名前十的商业企业中，已有 4 家为阿里股权所控制。在中国连锁经营协会发布的 2019 年中国超市百强榜中，阿里通过股权控制了大润发（第二名）、联华超市（第五名）、盒马鲜生（第六名）等。阿里与竞争对手对不同商场超市的争夺从交易场景扩展到资金流，再扩展到云服务之场景，为金融科技、云服务等后期企业服务创造了价值空间。⑤高度关注移动生活应用。阿里关注中国 10 亿网民使用的移动生活应用。按活跃用户数量排名，在中国手机 App 前 10 名中，阿里系占据了 3 席（支付宝、手机淘宝、高德地图）；在前 30 名中，阿里系占据了 7 席。在人们最常用的 5 款手机 App 中，天猫和微博属于阿里系。⑥在物流领域的投入明显更胜一筹。物流平台菜鸟网络科技有限公司（简称菜鸟）估值 1 900 亿元，超过了通达系。

（4）阿里在快递业的战略布局

菜鸟的优势不仅仅体现在统领通达系快递企业方面，像拼多多、顺丰等竞争者也受其格局的制衡。在电商物流领域，经过多年的布局，阿里以天猫 / 淘宝平台的流量为依托，以菜鸟为引领，成功控制了物流快递业的"三通一达"等企业，形成了中国最大的快递业生态体系，能支持国内约 70% 的快递业务。在快速爆发又渗透率极高的快递行业中，在市场份额排名前 6 家企业中，阿里投资了 5 家，由一群浙江桐庐快递业创始人所创立的"三通一达"最后统统归于阿里股权控制之下。百世物流是阿里联合鸿海共同创立的，阿里多年来一直追加投资成为其第一大股东。百世物流一直实施较低的价格策略，它的存在使得通达系快递难以大幅提价。顺丰虽自成生态体系，亦被钳制，其 2016—2019 年间的市场份额从 8.2% 降到了 7.6%，而阿里系的总市场份额则从 56.3% 上升到 72.7%。此外，阿里在境内还投资了服务农村市场的汇通达和海尔的日日顺物流平台等，在境外则投资了新加坡邮政等。阿里成立菜鸟的愿景是"全国 24 小时、全球 72 小时必达"。菜鸟针对物流业做了 3 项改革：①开发电子面单，统一快递面单数据格式；②开发智能仓储和智能配送系统，提高快递公司后台运营分拣效率；③搭建仓储和末端网络，解决"最后 1 公里"痛点问题。当菜鸟成为整个快递业的前仓、数据中心及末端时，阿里自然也就掌控了快递合作方的命脉。

2. 倾力打造阿里电商服务生态体系

阿里系近几年的业务板块包括电子商务服务、菜鸟物流服务、大数据云计算服务、广告服务和跨境贸易服务等。阿里旗下电子商务业务主要包括国内零售平台、跨境零售平台和全球批发平台等。国内零售平台包括天猫（综合性购物网站）、淘宝网（综合零售电商平台）等；跨境零售平台包括全球速卖通（跨境零售电商平台）、天猫国际（进口零售电商平台）、Lazada（东南亚在线购物平台）等；全球批发平台包括阿里巴巴国际站（B2B 跨境贸易平台）、1688（原阿里巴巴中国交易市场的采购批发网）等。除信息服务外，阿里以平台数据、资金为基础，将服务延伸至营销、金融和物流等领域，致力于构建一个开放、协同、繁荣的电子商务服务生态体系。

（1）基于大数据的营销服务

阿里系平台每天都会产生海量的用户数据。这些数据主要包括商家店铺内操作和营销信息、物流配送信息以及消费者的浏览和交易信息。阿里基于数据分析推出实时竞价（Real Time Bidding，RTB）广告、数据魔方等大数据营销服务。

RTB 广告是指广告主根据广告交易平台所提供的数据，包括到访者来自的网站及地区等来决定是否竞投该广告展示位及设定出价。利用 RTB 广告服务，商家可实现互联网广告精准投放。阿里已与包括新浪、网易和凤凰网等在内的 2 000 多家媒体型网站建立深度合作关系，阿里系平台上的企业可通过 RTB 系统投放广告覆盖上述网站，获得阿里站内外的多渠道的广告服务。

与 RTB 广告服务不同，淘宝网推出的数据魔方可向商家提供开放全网所有交易数据的应用服务。通过这一服务，商家可以了解淘宝平台上的行业分析、自己品类的市场分析和消费者行为分析等，并可据此进行生产管理、库存管理和营销决策等。

（2）基于信用的金融服务

阿里系 B2B 业务平台的买家和卖家均可通过诚信通系统评价对方的交易信用情况。淘宝网的买卖双方也可以根据信用评价体系的历史信用数据决定是否与对方开展交易。

阿里系 B2B 业务平台以诚信通信用体系的数据为支撑，开展包括小微信用贷款、余额宝在内的一系列金融创新服务，并利用这些数据进行金融风险控制。阿里采用量化模型自动分析企业信用等级并进行贷后管理，利用大数据云计算服务得到动态的风险定价和违约概率

036 分析结果，从而将信贷风险管理的成本降至最低。

（3）基于智能物流骨干网的物流服务

2013年5月，阿里在全国多地启动仓储系统的"中国智能物流骨干网"项目建设，同时组建菜鸟网络科技有限公司。菜鸟的建设目标是支撑日均300亿元网络零售额的智能物流骨干网络。菜鸟采用的是协同线上线下的立体结构，包括前端快递网络、物流园与运输干线整合、可视化供应链运营平台以及基于大数据的物流供应链数据服务，连接电商、仓储、物流等产业链企业，形成资源整合与共享的"大物流圈"。

菜鸟利用天猫、淘宝订单包裹的物流跟踪数据和重要节点的揽货、分拣、派送等数据资源，开发了物流"雷达预警系统"，将商家备货信息、订单信息与物流快递公司系统对接。物流快递公司可以进行线路规划、网店预测，并可以直接监控全国主要快件中转中心的情况。2013年，菜鸟与中国气象局合作建立"雷达预警系统"，该系统可以将各地最新气象动态信息共享给使用菜鸟的物流快递公司，缩短了物流快递公司对配送目的地天气变化的获知时间，提高了其反应速度，增强了其应变能力。

菜鸟坚持把物流产业的运营、场景、设施和互联网技术进行有机融合，定位于"社会化物流协同、以数据为驱动力的平台"，并且明确快递、仓配、跨境、农村和驿站五大战略，初步完成物流基础设施布局和底层能力建设。菜鸟全球运营地网设施面积超过1000万平方米，日均处理跨境包裹量已超过500万件，可实现全球Top20城市5日达。菜鸟数智物流设施和供应链已服务商家品牌数万个，80%从菜鸟产地仓库发出的包裹可隔日送达。菜鸟驿站已覆盖全国200多个城市、3000多所高校和4万多个乡村，菜鸟裹裹为3亿多名消费者提供寄件服务。在城市，4万多个菜鸟驿站已经构成菜鸟的城市末端网络。

目前，菜鸟已形成全球物流、智慧供应链、城乡社区服务、物流地网和物流科技五大核心服务板块，其全球化和数字化是其区别于其他物流快递公司的显著优势。菜鸟在为消费者和商家提供服务的同时，也在服务实体经济，助力双循环、乡村振兴、践行绿色发展理念等方面发挥着重要作用。

（案例素材来源：凤凰网财经文章、商务部电子商务示范企业案例）

第二部分　课题学习引导

为了顺利参与电子商务活动，电子商务从业者需要深入了解电子商务的系统框架、电子商务服务业，以及电子商务法律法规等知识。

2.1　电子商务系统框架

电子商务系统是通过现代信息技术进行商务活动的计算机、通信网络、有关人员与组织机构，以及与有关法律、制度、标准和规范相结合的统一体。它是一种以互联网为基础、以交易双方为主体、以银行电子支付和结算为手段、以客户数据为依托的全新商务模式，是一个庞大的、复杂的商业生态系统。因此，首先应该建立一种面向系统工程管理和社会管理的电子商务框架，以此作为综合分析和研究电子商务的重要基础。

2.1.1　电子商务框架

电子商务框架是指实现电子商务的技术保证和电子商务应用所涉及的领域。电子商务框架可分为 3 个层次和 2 个支柱。电子商务从最基础的技术层次到应用层次之间分为网络层、消息/信息发布层、一般业务服务层 3 个层次；2 个支柱是公共政策及法律和各种技术标准及其安全网络协议，如图 2-1 所示。这些都是电子商务特定的应用环境，在此基础上才能开展正常的电子商务活动。

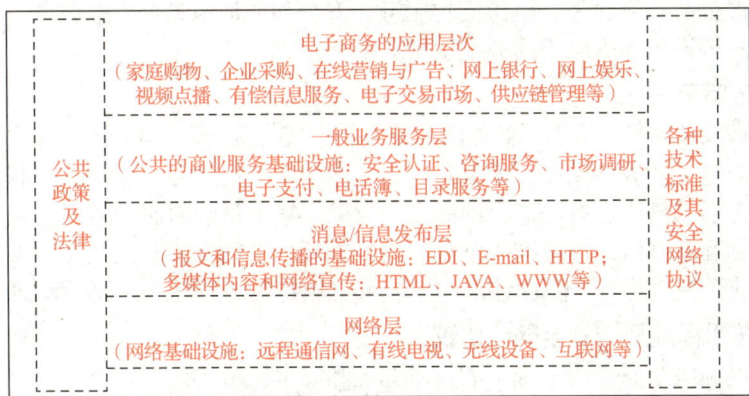

图2-1　电子商务的一般框架

1. 网络层

网络层是电子商务的网络硬件基础设施，是信息传输系统。它以国际互联网为基础，还包括远程通信网（Telecom）、有线电视（Cable Modem）、无线通信网（Wireless）互联网等。远程通信网包括公用交换电话网（Public Switched Telephone Network，PSTN）、公用数据网（Public Data Network，PDN）、综合业务数字网（Integated Services Digital Network，ISDN）等。无线通信网包括移动通信网、微波通信网和卫星通信网。互联网是计算机网络，由骨干网、城域网和局域网等层层搭建而成，它使得任何一台联网的计算机能够随时同整个世界的计算机联为一体。

这些不同的网络都提供了电子商务的信息传输线路，但是大部分电子商务的应用还是基于互联网。早些年，互联网接入方法有公共电话网接入（Modem 拨号上网）、综合业务数字网（窄带 ISDN）上网，后来逐步普及了非对称数字用户线路（Asymmetric Digital Subscriber Line，ADSL）上网、有线电视网线路上网、数字数据网（Digital Data Network，DDN）上网、卫星接入上网和光纤宽带接入等。目前，光纤宽带接入（FTTH/O）已经成为我国中小企业和家庭接入互联网的主要方式。

2. 消息/信息发布层

网络层提供了信息传输的线路——信息高速公路。信息高速公路只是使通过网络传递信息成为可能，但"跑什么样的车"和干什么样的事还要看用户的具体做法。网络上传输的内容包括文本、数字、图片、声音和视频等，所有的内容都是 0 和 1 的组合，对这些组合的解释、格式编码及还原是由一些用于信息传递的硬件和软件来共同实现的。以超文本标记语言（HTML）或可扩展标记语言（XML）等形式发布的多媒体内容，易于检索和富于表现力。应用 Java 或 XML 等技术能跨不同的系统平台发布信息。

数据有非格式化（非结构化）数据和格式化（结构化）数据两种形式。非格式化数据的传送方法有传真（FAX）、电子邮件（E-mail）和文件传输服务（FTP），主要是面向人的。格式化数据的传送，如电子数据交换等，主要是面向计算机系统的，无须人的干预，其信息的传送和处理可以实现自动化，比较适合于商贸活动中标准化程度较高的采购订单、发票、运输通知单等数据的传送。超文本传输协议（HTTP）是互联网上通用的消息传播工具，它以统一的显示方式在多种环境下显示非格式化的多媒体信息。

3. 一般业务服务层

这是企业和个人在网上开展电子商务活动时都离不开的，包括电子商务的交易平台服务、信息技术服务、物流服务、电子支付服务、安全和认证服务等支撑服务，以及代运营服务、营销服务、咨询服务等电子商务衍生服务。

4. 公共政策及法律

公共政策涉及各国与从事电子商务活动相关的税收制度、信息访问权、隐私保护等事务。法律法规维系着电子商务活动的正常运行，违规电子商务活动必须受到法律制裁。公共政策是保证电子商务活动健康、有序进行的制度性保障，它是指政府制定的促进电子商务发展的宏观政策，包括互联网络的市场准入管理、内容管理、电信及互联网收费标准的制定，以及围绕电子商务的税收制度、信息的定价、信息访问的收费、信息传输成本和隐私问题等。

5. 各种技术标准及其安全网络协议

全球互联网和电子商务要求统一的技术标准和安全网络协议，以保证信息的兼容性和安全性，因此，国际组织和企业致力于联合开发统一的国际技术标准。技术标准一般要定义用户接口、传输协议、信息发布标准和应用技术标准等。我国电子商务技术应用标准包含 EDI 标准、商品编码标准（如 HS 编码）、通信网络标准和其他相关的标准。安全网络协议为电子商务活动营造了安全的网络环境。

2.1.2 电子商务的实现阶段和应用层次

电子商务的实现是一个循序渐进的过程。企业从传统经营方式向电子商务模式转型时，应根据内部条件和外部环境循序渐进地实现。从企业经营和实现技术的角度看，电子商务走过了一个从简单到复杂的、不断完善的过程。

1. 电子商务的实现阶段

从电子商务的发展历史来看，B2B 电子商务的发展大致分为 4 个阶段。

第一阶段：利用互联网进行商情发布。这个阶段的企业首先会选择适当的互联网接入方法，使用电子邮件和电子公告板发布信息或搜索客户信息，使用网络浏览器浏览和查询网上信息。电子邮件是互联网上使用最为广泛的通信工具，也是从事电子商务最简单、最省钱的途径。大多数企业最初都组建营销网站，进行静态和动态的信息发布，把企业产品和服务信息发布到互联网上，以获取更多的市场机会，增强自身的竞争力。这是企业走近电子商务的第一步。

第二阶段：企业内联网上的交流和协同工作。这是企业内联网建设和实现办公自动化（Office Automation，OA）阶段。企业利用内联网可以开展信息交流、开发网上论坛、举行网上会议、收发电子邮件、实现信息共享和办公自动化等，使企业内部的工作流程和业务流程逐步实现自动化，从而提高工作效率，降低经营运作成本。建立 MIS 或实施 ERP，把企业内部与外部结合起来，从而形成互联网与内联网相结合的信息网络。

第三阶段：企业外联网上的商务交流合作。实施供应链管理和客户关系管理，把企业内部与外部结合起来，初步形成内联网和外联网相结合的信息网络，使企业内部各部门之间、企业与合作伙伴之间建立顺畅的业务网络，进行商务交流与合作。

第四阶段：完整的电子商务应用。这是电子商务的成熟阶段或最高阶段，通过具有高度集成性、扩展性、安全性的全面电子商务解决方案，把买方与卖方、企业与合作伙伴等在互联网、企业内联网和外联网上结合起来，进行完整的电子商务应用，如图 2-2 所示。

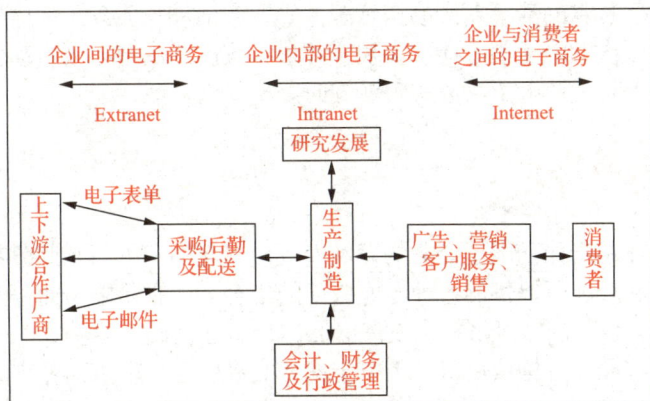

图2-2 企业完整的电子商务应用

目前，绝大多数企业的电子商务业务流程都参照传统的商务流程设计，这使电子商务业务流程与传统的商务系统能很好地结合在一起。在上述网络设施应用发展的同时，企业也循序渐进地推进了不同层次的电子商务应用。

2. 电子商务的应用层次

从电子商务应用的功能和技术要求方面看，电子商务大致可分为3个应用层次。

（1）初级层次——建立易于实施的可操作系统

初级层次是指企业将计算机网络信息处理与交换引入一部分传统商务活动，代替企业传统的信息储存和传递方式。这一层次的主要应用包括：企业建立内联网进行信息共享，储存和处理一般的商务资料；通过互联网传递电子邮件；在互联网上建立网站，进行信息发布，宣传企业形象；在互联网上收集客户信息，进行初级的网络营销等。初级层次的电子商务投资成本低，易操作，不涉及复杂的技术和法律问题，但所做的一切还不能构成交易达成的有效条件，或者说还不能构成商务合同履行的一部分。

（2）中级层次——维系牢固的商业链

中级层次是指企业利用计算机网络进行信息传递，部分代替了某些合同成立的有效条件，或者构成履行商务合同的部分义务。这一层次的主要应用包括：企业构建在线交易系统，开展网上交易与在线支付；与贸易伙伴之间使用EDI系统进行部分业务数据（订单等商业文件）的传输；建立和网页链接的动态客户数据库，积累客户数据资料；以供应链管理与客户关系管理为基础，实现中级经营服务信息化。中级层次的电子商务应用使企业走上建立外联网的道路。沃尔玛等大型企业与供货商之间的电子商务应用大多属于此层次。

中级层次的电子商务涉及一些复杂的技术和法律问题。虽然通信网络传输的信息并不十分复杂，操作难度一般，但它还需要不同程度的人工干预，如在线销售环节与产品供应不能有效衔接，特别是涉及交易成立的实质条件或已构成商务合同履行的一部分义务仍需要部分传统方式的操作。

实例2-1 沃尔玛的信息化与EDI系统

（3）高级层次——实现全方位的数字自动化

高级层次是电子商务发展的理想阶段：企业使用EDI等计算机应用系统进行信息的自动处理与传输，以代替企业商务活动的大部分或全部业务流程，最大限度地减少人工干预；一笔交易所涉及的信息由相关人员一次性录入，由电子商务系统自动处理后，按照交易的业务流程自动生成供内部或外部处理的相关单据或文件，从交易的达成到产品的生产、贸易伙

电子商务基础（第6版）

040

伴之间单据的传输、货款的清算、产品送货服务等业务活动均实现了一体化的网络信息传输和信息处理。高级层次的电子商务能够实现企业最大程度的内部办公自动化、外部交易电子化和信息技术应用，是企业电子商务的发展方向。

2.2 电子商务服务业

电子商务服务业是指伴随电子商务的发展而逐渐兴起的一种新兴服务行业，是为促进电子商务各项活动顺利开展所提供的各种专业服务的集合体。它是电子商务发展的基础，是电子商务生态的保障，也是国家经济社会发展必需的战略性基础产业。

电子商务服务按照业务构成可以分为电子商务交易服务、电子商务支撑服务和电子商务衍生服务这3类。

电子商务服务业的主体是电子商务平台服务商和专业服务提供商，主要以电子商务平台为核心，以支撑服务为基础，整合多种衍生服务。电子商务生态中不仅包括硬件和软件等技术支持服务，还包括营销推广、认证、电子支付、应用集成、信用担保、物流配送和信息咨询等全方位的商务服务。

近年来，我国电子商务服务业在稳就业、保民生方面发挥出突出作用。依托人工智能、大数据分析、虚拟现实等新技术而涌现出的新型电子商务服务业务促进了电子商务应用的快速发展，同时也为传统服务业升级改造提供了服务支持。它推动了数字技术创新、供应链资源整合和服务升级，推动了数字化转型，提升了消费者的体验和生活品质，促进了新业态新模式发展，为推动经济复苏和高质量发展、促进国内国际双循环做出了巨大的贡献。

我国电子商务服务业进入稳步增长阶段，正向着专业化和精细化运营方向发展。商务部发布的《中国电子商务报告（2022）》显示，2022年，我国电子商务服务业总营业收入达6.79万亿元，同比增长6.1%。从2016年的2.45万亿元增长至2022年的6.79万亿元，年复合增长率达18.52%。其中，2022年，电商交易平台服务业营收规模达1.54万亿元，同比增长10.7%；电子支付、电子商务物流、信息技术服务等支撑服务业市场营收规模达2.5万亿元，同比增长3.7%；而电子商务代运营、营销、咨询、培训等衍生服务领域营收规模达2.75万亿元，同比增长5.8%。中国服务外包研究中心据商务部发布的服务外包企业数、服务外包从业人员数综合测算出2022年我国有电子商务服务企业达到10.27万家，吸纳直接就业人数1 206万人。

2.2.1 电子商务交易服务

电子商务交易服务是指以促进网上交易为目的的电子商务交易平台服务。它是电子商务服务业的核心内容，主体是电子商务交易服务平台企业。

电子商务交易服务平台是指在互联网通信技术和其他电子化通信技术的基础上，通过一组动态的Web应用程序和其他应用程序把买卖双方集中在一起的虚拟市场交易环境。它不仅连通了买卖双方的网上交易渠道，大幅度降低了交易成本，还开辟了电子商务服务业的一个新的领域，这对于加强电子商务交易平台的服务规范，维护交易秩序，促进电子商务健康发展，都具有非常重要的意义。

电子商务交易服务平台是电子商务服务业的核心和重要表现形式，已成为促进电子商务应用、创新和发展的重要力量，从而促成价值链改善、新业务模式创新和新技术渗透，也改变了电子商务应用的方式和形态。企业电子商务因此正在从"网站时代"进入"平台时代"，并趋向于基于电子商务平台的商业"生态时代"。

电子商务平台经营者是指在电子商务活动中为交易双方或者多方提供网络经营场所、交易撮合、信息发布等服务，供交易双方或者多方独立开展交易活动的法人或者非法人组织。2019年1月1日起施行的《电子商务法》规定："电子商务平台经营者应当遵循公开、公平、公正的原则，制定平台服务协议和交易规则，明确进入和退出平台、商品和服务质量保障、消费者权益保护、个人信息保护等方面的权利和义务。""电子商务平台经营者应当要求申请进入平台销售商品或者提供服务的经营者提交其身份、地址、联系方式、行政许可等真实信息，进行核验、登记，建立登记档案，并定期核验更新。""电子商务平台经营者应当记录、保存平台上发布的商品和服务信息、交易信息，并确保信息的完整性、保密性、可用性。商品和服务信息、交易信息保存时间自交易完成之日起不少于3年……""电子商务平台经营者应当采取技术措施和其他必要措施保证其网络安全、稳定运行，防范网络违法犯罪活动，有效应对网络安全事件，保障电子商务交易安全。"

电子商务交易服务主要分为B2B交易服务、B2C交易服务和C2C交易服务三大业务类型，涵盖了企业间交易服务（B2B）和网络零售交易服务（B2C和C2C），主要是由电子商务平台企业提供交易撮合或直营交易服务为主。商务部《中国电子商务报告（2022）》显示，2022年，我国电子商务交易服务营业收入规模达15 381.5亿元，其中，B2B、B2C、C2C平台服务营业收入规模分别为2 174.5亿元、7 889.9亿元和5 317.1亿元，同比增长11.3%、1.9%和27.6%。这里的电子商务交易服务营业收入主要是指电子商务交易平台所提供交易服务而产生的收入，包括平台交易服务费和相关增值服务费，但不包括平台自营商品所赚取的差价部分及其他投资收益等。

1. B2B交易服务

B2B交易服务是指为企业双方在网上买卖提供平台交易的服务。它包括中小企业B2B交易服务和大企业B2B交易服务。2022年，虽然企业间交易服务营业收入的占比较小，但增速更快；中小企业活跃度较高，B2B服务平台营收同比增长12.8%，规模以上企业B2B服务平台营收增长速度为9.8%。这类交易服务平台包括第三方平台和大型企业的自建平台。国内面向中小企业提供B2B交易服务的第三方平台有阿里巴巴国际站、1688、化工网、钢银电商等。大型行业龙头企业（如海尔、宝钢等）自建电子商务服务平台。这些平台的功能以采购和分销为主，其关键优势在于企业对其关键业务的熟练掌握。

现阶段，我国B2B交易服务的发展具有如下特征。①B2B电商平台由PC端向移动端发展。②综合B2B电商开始布局垂直B2B电商平台。③B2B电商平台不断拓展服务领域。除了传统的在线交易服务，B2B电商平台加快进入大数据应用、供应链金融等增值服务领域。

在企业数字化转型和国家政策的推动下，我国企业采购电商迎来机遇期，服务场景多元化，有效赋能中小企业数字化转型。我国企业采购电商平台的典型代表主要有京东企业购、1688企业采购及海尔企业购等。

实例2-2：钢银电商以寄售为核心打造钢铁产业链服务体系

实例2-3　京东企业购以四大板块构筑智慧采购之路

2. 网络零售交易服务

网络零售交易服务是指为网上零售商品或服务提供平台交易的服务。它涵盖B2C交易服务和C2C交易服务，但不包括平台自营部分。2022年，我国B2C和C2C平台的交易服务营业收入规模分别为7 889.9亿元和5 317.1亿元；B2C和C2C平台的交易服务营收分别占网络零售平台营收总额的59.74%和40.26%。商务大数据监测显示，2022年，我国C2C交易服务平台营收增速较快，C2C网络零售平台入驻

042 店铺数量达到 979.2 万家，占 B2C 和 C2C 入驻店铺总量的比重由 2021 年的 37% 上升至 40%。

现阶段，我国网络零售交易服务发展具有如下特征。①移动电商平台网购规模占比提升，移动网购已成为消费者主要的网购方式。②消费者精选商品，更加注重有质量担保的电商平台。③电商平台成为品牌商进行商务活动的首选渠道。④电商平台的物流、支付体系逐步由封闭转向开放。电商平台以第三方服务运营商的角色向业内提供专业服务，如京东物流除服务京东商家外，也向其他电商平台提供物流配送服务。

实例2-4 阿里巴巴主要平台的市场定位

2.2.2 电子商务支撑服务

电子商务支撑服务是指围绕电子商务的物流、资金流及信息流等方面开展的服务。它是确保电子商务活动顺利完成的基础支撑。目前，它主要包括电子支付服务、电子商务物流服务、电子商务信息技术服务和电子认证服务等业务类型。

1. 电子支付服务

电子支付是指通过网络直接或间接地向银行等金融机构发出付款指令，实现货币支付与资金转移的行为。而电子支付服务是指支付服务企业为交易双方提供在线支付交易功能的相关服务，并向商家收取一定服务费的行为。

我国电子支付的发展始于网上银行业务。网上支付、移动支付和电话支付等多种支付形式的出现使得网上支付环境迅速改善，电子支付交易额开始高速增长。互联网支付、移动支付等新兴支付业务仍继续保持高速发展的势头，产品和服务朝着更加快捷、高效、便利的方向发展。中国人民银行发布的《2022 年支付体系运行总体情况》数据显示，2022 年，我国银行共处理电子支付业务 2 789.65 亿笔，金额为 3 110.13 万亿元。其中，网上支付业务 1 021.26 亿笔，同比下降 0.15%，金额为 2 527.95 万亿元，同比增长 7.39%；移动支付业务 1 585.07 亿笔，同比增长 4.81%，金额为 499.62 万亿元，同比下降 5.19%。此外，非银行支付机构处理网络支付业务 10 241.81 亿笔，金额为 337.87 万亿元，同比下降 0.4% 和 4.95%。

现阶段，我国电子支付服务发展具有如下特征。①移动支付业务快速增长。移动支付业务增长较快，线下消费成为移动支付业务增长新动力。②电子支付服务走向海外。中国电子支付服务企业加大海外扩张力度，支付宝、微信支付、银联"云闪付"等都在加速拓展海外支付市场。③支付行业进一步规范。政府部门出台了有关条码支付等一系列电子支付规范，一方面促进了电子支付创新，推动了电子支付服务市场健康发展，另一方面也加强了监管，维护了电子支付服务市场的公平竞争秩序。

2. 电子商务物流服务

电子商务物流服务是指为电子商务活动提供的运输、存储、装卸搬运、包装、流通加工、配送、信息处理等服务，特指由第三方专业物流服务商提供的服务。快递服务是中国零售电子商务最主要的物流服务方式。

现阶段，我国电子商务物流服务的发展具有如下特征。①电子商务与物流协同发展。部分城市在管理制度创新、快递网络规划、配送车辆管理规范、末端服务能力提升和信息协同等方面开展了电子商务与物流协同发展，提高了企业的协同效率。同时，随着农村电商、快递下乡，以及农村电商基础设施，特别是网络与物流设施建设的发展，双向流通格局加速形成。②新技术、新模式的应用不断提高电子商务物流服务水平。京东、阿里等电商平台纷纷利用大数据、物联网和人工智能等技术对物流平台进行整合，无人机、无人仓和无人车等技术的应用提高了电子商务物流服务的效率和满意度。

3. 电子商务信息技术服务

电子商务信息技术服务是指为客户搭建电子商务平台并提供技术支持，或为已有的电子商务平台提供平台规划、开发、测试、维护及运营等服务。

随着信息技术的快速发展，基于互联网和现代信息技术的专业化生产组织方式迅速推广，信息技术服务外包与电子商务的深度融合正在加快。工业和信息化部运行监测协调局发布的《2022 年软件和信息技术服务业统计公报》数据显示，2022 年，我国软件和信息技术服务业运行稳步发展，信息技术服务收入达 70 128 亿元，同比增长 11.7%，占全行业收入的 64.9%。其中，云服务、大数据服务收入总和为 10 427 亿元，同比增长 8.7%，占信息技术服务收入的 14.9%；电子商务平台技术服务收入为 11 044 亿元，同比增长 18.5%；信息安全产品和服务收入为 2 038 亿元，同比增长 10.4%。商务部统计数据显示，2022 年，我国电子商务平台服务外包合同执行额达到 40 亿美元，同比增长 25.4%。随着人工智能、区块链等技术与实体经济的融合加深，电子商务信息技术服务业与数字经济融合发展，成为我国数字商务基础设施的重要组成部分，有力推动实体经济数字化转型，也为中小企业带来新的发展机遇。

现阶段，我国电子商务信息技术服务的发展具有如下特征。①新技术的应用不断提升电子商务信息技术服务水平。如利用人工智能、云计算及大数据技术为传统企业提供新零售解决方案，能够提供全渠道融合、个性化推荐、智能语音、客服机器人及大数据运营等服务，对电商行业产生积极影响。②法律法规不断完善，推动网络安全建设进入新阶段。

4. 电子认证服务

电子认证服务是指为电子签名相关各方提供真实性、可靠性验证的服务。电子认证服务包括数字证书签发、证书资料库访问、网络身份认证、可靠电子签名认证、可信数据电文认证、电子数据保全、电子举证、网上仲裁等服务。电子签名利用数字签名、数字认证等实现物理印签电子化，是产业数字化的基础，是实现企业业务全面数字化的"最后一公里"。

中国电子签名市场规模将持续增长。艾媒咨询数据显示，2021 年，中国电子签名的用户使用率达 36.8%；电子签名市场规模为 152.8 亿元，年增长 41.2%；电子签名企业共有 152 家。2022 年，行业市场规模增长到 217.1 亿元，年增长 42.1%。其中，e 签宝以 32% 的市场占有率稳居行业第一。2022 年，中国企业使用电子签名较高比例的场景是人力资源场景（59.8%）、商务合作场景（56.7%）、金融业务场景（40.5%）和服务委托场景（34.5%）。电子商务环境下的电子签名应用场景日益丰富，电子签名使用率达到 22.3%，它在客户入驻、平台交易、金融服务、分销代理和合同签订等环节均有广泛应用，部分 B2B 电商交易环节对电子签名存在刚需，电子签名将深入各种应用场景。企业生态融入能力增强，电子签名渗透率不断提高，行业整体步入快速发展阶段，预计 2025 年行业市场规模有望达到 486.6 亿元。

2.2.3　电子商务衍生服务

电子商务衍生服务是指伴随电子商务应用的深入发展而出现的各类专业服务。它主要包括电子商务代运营服务、电子商务营销服务、电子商务咨询服务、电子商务教育培训服务等业务类型。

1. 电子商务代运营服务

电子商务代运营服务是指为企业提供全托式电子商务服务的一种服务模式。它指传统企业以签订合同的方式委托专业电商服务商为其提供部分或全部的电商运营服务，主要包括电商平台运营、网站推广、视觉服务、仓储配送和客户服务等电商运营托管服务。中国服务外包研究中心测算，2022 年，我国电商代运营市场营业收入规模达 13 740.11 亿元，年增速约 0.21%。

随着我国网络购物用户规模扩大、网上零售交易额不断增长和消费者线上消费习惯养成，电子商务及电子商务代运营行业快速发展。2008年以来，大批传统企业纷纷以自建网上商城或在第三方电商平台上开设官方旗舰店等形式搭建网络销售渠道。这些企业也受到了电商人才缺乏、投入成本高、线上经验不足、国内国际市场差异较大、运营精力有限和自营性价比低等因素制约，因此开始购买代运营服务。在此背景下，电子商务代运营服务应运而生。电子商务代运营服务不仅可以弥补传统企业的电商人才短板和经验缺失，更能够帮助其快速构建包含电商店铺运营、线上互动营销和客户综合服务等在内的一体化互联网销售体系，提升其网络品牌形象，降低其自主开展电商的风险和成本，满足其拓展线上业务的迫切需求。

我国电子商务代运营行业经历过无序化发展、品牌化成长和精细化运营3个发展阶段。①无序化发展阶段。早期电子商务代运营以服务C2C电商平台上分散的淘宝卖家为主。②品牌化成长阶段。随着B2C电商的高速发展，电子商务代运营行业进入加速成长期，出现较大的品牌服务商，主要服务于B2C电商平台上的品牌商家。③精细化运营阶段。随着社交电商、短视频电商的兴起，网上直播和私域流量等多元化运营方式不断产生，品牌商对电商服务的要求越来越细，电子商务代运营内容更加多元化，从最初的运营服务、客户服务等基础服务，逐步拓展到IT服务、营销服务和仓储物流服务等电商核心业务服务，再进一步拓展到数据分析等增值服务，推动了电子商务代运营业务的精细化运营。

电子商务代运营产业链包括上游的电商品牌商、中游的电商代运营商和下游的天猫、京东等电商平台及电商消费者。我国电商代运营商主要采用的业务模式为代运营、经销和分销。代运营模式更适合有完整电商团队的品牌，代运营商仅提供运营服务。经销和分销模式需要代运营商买断货品直接销售，但经销模式更适合新进入中国市场的海外品牌，而分销模式更适合对线上渠道控制能力较弱的品牌。电商代运营商采用的业务模式按服务品类可分为垂直品类模式和综合品类模式，按服务环节又可分为全链条服务模式和专业服务模式。电商代运营商的核心服务包括策划、营销、运营、支持四大板块，它凭借专业优势为品牌商提升销售和营销效果。

现阶段，我国电子商务代运营服务的发展具有如下特征。①电子商务代运营行业处于精细化运营阶段。②逐渐向全链条服务模式发展。全链条服务基本涵盖了品牌电子商务代运营服务的全部流程，从网站建立、营销推广和店铺运营等前端服务到仓储物流、IT技术等后端服务，为品牌商提供快捷便利的全链条整套服务。③行业市场规模持续扩大。品牌电子商务代运营服务起步于天猫平台的代运营服务，头部代运营公司均重点布局天猫和京东，拓展多样的服务产品品类，品牌电子商务代运营服务进入快速发展阶段。天猫旗舰店成为天猫服务商主要平台。④向多元化渠道发展。移动视频、社交平台等新兴渠道日益扩大，其影响力驱动品牌商布局多元化渠道，电商代运营商向提升多元化渠道运营能力方向发展。

2. 电子商务营销服务

电子商务营销服务是指借助互联网等信息网络完成一系列营销环节、辅助客户实现营销计划的一种新型营销服务。其内容主要包括营销方案设计、互联网媒体筛选和传播内容策划及效果监测等。商务部统计，2022年，我国服务外包行业互联网营销推广服务的外包合同签约额和执行金额分别为78.2亿美元和50.1亿美元，同比增长28.7%和32.8%。

电子商务营销服务主要是基于电商平台各类广告及营销方法，利用电商搜索广告、展示广告、信息流广告、直播广告与导购营销等具体展示模式，加强商品推广，帮助品牌主和商户实现商品曝光量和销量的提高。

电子商务营销产业链需要在B2C和C2C电商市场中的品牌主和商户、广告主代理商、营销服务商、投放平台、电商平台和各类媒体平台等各方深度参与合作下高效运转，通过电商平台实现品牌曝光量和销售额提高的目的。其中，电商平台在该产业链运作流程中起核心作用。2016 年以来，电商平台的广告收入超越搜索引擎广告。

电商平台开始逐步自建营销平台或联合外部投放平台，加深与营销服务商的合作。如阿里、京东等头部电商平台相继建成了阿里妈妈、京准通等营销平台，这些平台能够有效协助品牌主或商户开展营销活动。数据的积累与技术的升级使电子商务营销的精准度不断提高，不仅为品牌主或商户提高了投资回报率（Return on Investment，ROI），还为平台消费者提供了合适的商品，减少了平台消费者寻找商品的时间成本，并提升了其平台使用体验。

现阶段，我国电子商务营销服务的发展具有如下特征。①品牌营销服务日渐成为电子商务营销服务的新热点。电商平台以内容为核心的品牌营销成为常态，不断提高营销效率，提升客户体验。②新技术助推电子商务营销精准化。虚拟现实（Virtual Reality，VR）营销技术、基于位置的服务（Location Based Service，LBS）场景数字化营销及大数据营销快速发展，助推 B2C 电商实现线上线下融合发展。大数据营销技术的应用不断提高线上营销的效率，提升线上品牌商品的定位。③ 电子商务营销朝着智能化、全域化和内容化 3 个方向发展。借助数据和技术将营销流程的各环节进行智能化升级，提高品牌主和商户在电商营销过程中的操作便捷度和资金使用效率。通过广告联盟实现数据整合与全域触达，多平台全域触达消费者。电商平台自建内容体系的重要性凸显，有助于增强平台黏性、提高用户触达效率。社交媒体、短视频和直播广告异军突起，成为广告主最为青睐的广告投放对象，极具营销价值，其通过分享图文、短视频和直播等内容模式，更牢固地绑定消费者。电商平台的营销类型从搜索、展示为主的局面逐渐扩展出由图文、短视频、直播构成的多元营销模式。

3. 电子商务咨询服务

电子商务咨询服务是指咨询服务机构对已从事电子商务工作或即将从事电子商务工作的企事业单位或政府，进行有关电子商务相关业务的咨询工作，并从中收取一定的服务费的行为。它是伴随电子商务的广泛应用而衍生出来的服务业务，是咨询服务业的新兴领域。商务部统计，2022 年，我国电子商务咨询相关的服务外包合同签约额和执行额分别为 41.1 亿美元和 28.7 亿美元，同比增长 24.5% 和 26.7%。

在电子商务环境中，电子商务咨询主要是充分利用现代信息技术对互联网上大量的商务信息情报进行综合、统计分析、调查研究和策略建议。这种层次的信息服务以出售知识和信息产品为主，应该具有全面性、权威性、全球性、客观性、准确性和先进性，不参与买方和卖方的任何市场活动，保持信息服务和咨询服务机构的声誉和中立态度。这类信息咨询商有艾瑞咨询等。

现阶段，我国电子商务咨询业的发展具有如下特征。①电子商务咨询服务领域不断扩展。随着大数据、VR/AR 技术、人工智能在电子商务领域的实践和应用，电商企业越来越依赖新技术提升客户体验。利用人工智能、数字化等技术，电子商务咨询服务提供商融合线上线下平台提供数字化咨询，包括从市场营销、客户服务到供应链管理、仓储物流的咨询，从大数据应用、VR/AR 及人工智能应用到企业电商整体战略规划等方面的咨询。②电子商务综合解决方案服务模式快速发展。互联网及电商企业加大力度向提供综合解决方案及生态系统构建服务方向转变，电子商务咨询服务也由单一咨询服务向提供综合解决方案转变。电子商务咨询业也深度融入电商生态系统，电子商务咨询服务提供商逐渐成为电商生态系统的重要组成部分。基于数字化的整体咨询解决方案及运营对推进传统企业数字化和电商化都起着越来越重要的作用。

4. 电子商务教育培训服务

电子商务教育培训服务是指专业的教育培训机构（包括高校等教育机构）为电子商务从业人员、企业人员、在校学生等相关人员和机构提供电子商务理论实务、实践操作等教育培训服务。

随着电子商务的技术创新、模式创新、业态创新，产业和行业对电子商务从业人员的职业素养、知识结构、实践能力和专业化程度都提出了更高要求。为此，国家出台了一系列政策持续推动电子商务人才教育与培训。

开展大规模的电子商务职业技能培训是提升劳动者就业创业能力、缓解结构性就业矛盾、促进扩大就业的重要举措，是推动电子商务高质量发展的重要支撑。电子商务教育培训服务带动和影响了全国数百万名电子商务从业人员，有力推动了地方电子商务人才体系建设和产业转型升级。电子商务人才的学历教育受到政府和高校的重视，为电商市场的快速发展提供了有力保障，同时也为新业态新模式提供了有力的支撑。2021 年，商务部办公厅印发《关于加快数字商务建设 服务构建新发展格局的通知》，提出要做强数字商务人才培养，建设数字商务人才培养体系，打造面向市场的数字商务精品云课堂，培育数字商务专业师资，组织线上线下相结合的多层次、多形式数字商务培训，提升数字商务从业人员职业能力；推动校企合作，实现产学研用联动，培养专业化、复合型数字商务人才。

2.3　电子商务法律法规

电子商务是无纸贸易，涉及数字签名、电子发票和电子合同的法律地位和效力问题，还涉及信息安全、隐私权保护、交易程序规范及数据标准，以及税收等问题。无论是网上消费者还是电子商务从业人员，都要重视相关法律法规。

2.3.1　全球电子商务立法

电子商务推动了全球经济发展，但要想在全球开展电子商务，必须制定一套完整的、普遍适用的电子商务准则。自 1996 年联合国国际贸易法委员会颁布《电子商务示范法》以来，世界各国电子商务立法如火如荼。发达国家从本国战略发展和维护本国经济利益的角度来规范和建立电子商务相关的法律法规，抢占电商领域的制高点。越来越多的发展中国家也认识到发展电子商务的重要性，纷纷制定法律法规引导本国电子商务发展。有的国家颁布了电子商务法或交易法，有的国家颁布了电子签名或数字签名法，也有的国家同时颁布了这两方面的法律法规。

国际上电子商务立法主要集中在市场准入、税收、电子合同的订立、安全与保密、知识产权、隐私权保护、电子支付等方面。整体来看，世界各国在电子交易、消费者权益保护、数据安全和隐私保护等方面加大了立法力度。发达国家大多健全了电子商务的相关法律，但欠发达地区与之差距较大。

① 在电子交易方面，全世界至少有 143 个国家（地区）制定了电子交易法，其中 102 个是发展中国家。另外还有 23 个国家（地区）起草了相关法律草案。

② 在电子签名方面，世界多数国家（地区）有电子签名相关法律法规，实行协调统一的电子签名和电子合同法。

③ 在消费者权益保护方面，全世界至少有 119 个国家（地区）通过了与电子商务有关的消费者权益保护法，其中 56 个为发展中经济体或转型经济体。

④ 在数据安全和隐私保护方面，全世界至少有 105 个国家（地区）完成了相关的数据和隐私安全立法，其中 65 个为发展中国家。

⑤ 在网络犯罪治理方面，全世界至少有 117 个国家（地区）颁布了此类法律，其中 82 个是发展中经济体或转型经济体。

2.3.2　中国电子商务立法

我国原有的商务法律框架是基于传统的有纸贸易而制定的。随着我国电子商务的发展，电子交易纠纷案件逐渐增多，虚假广告、网络欺诈、域名争议等案件时有发生，制定电子交易相关法律法规显得十分必要和紧迫。

2005年4月1日起正式实施《中华人民共和国电子签名法》（以后简称《电子签名法》），这是我国第一部真正意义上的电子商务法。该法首次赋予可靠的电子签名与手写签名或盖章同等的法律效力，并明确规定了电子认证服务的市场准入制度。该法是我国电子商务发展的里程碑。10多年来，我国政府加大力度推进电子商务立法工作，先后颁布了一系列相关的法律法规（见表2-1），为我国电子商务的持续健康发展提供了强有力的制度保障。

表2-1　电子商务相关法律法规

生效日期	文件名称	相关机关
2014-03-15	《中华人民共和国消费者权益保护法》（2013修正）	全国人民代表大会常务委员会
2016-01-08	《关于促进网络服务交易健康发展规范网络服务交易行为的指导意见（暂行）》	国家市场监督管理总局
2016-02-02	《关于深化电子商务领域专利执法维权协作机制的通知》	国家知识产权局
2016-02-05	《质量技术监督电子商务产品执法协查工作规范》	国家市场监督管理总局
2016-03-10	《网络出版服务管理规定》	国家广播电视总局
2016-05-20	《关于推动电子商务发展有关工作的通知》	国家发展改革委办公厅等
2016-06-25	《互联网信息搜索服务管理规定》	国家互联网信息办公室
2016-07-01	《非银行支付机构网络支付业务管理办法》	中国人民银行
2016-07-04	《互联网广告管理暂行办法》	国家市场监督管理总局
2016-08-24	《网络借贷信息中介机构业务活动管理暂行办法》	国家金融监督管理总局
2016-09-07	《互联网信息安全管理系统使用及运行维护管理办法（试行）》	工业和信息化部办公厅
2016-10-19	《关于加强互联网领域消费者权益保护工作的意见》	国家市场监督管理总局
2016-10-28	《关于推进电子商务进社区　促进居民便利消费的意见》	商务部等
2016-12-27	《国家网络空间安全战略》	国家互联网信息办公室
2017-01-01	《关于促进移动互联网健康有序发展的意见》	中共中央办公厅等
2017-01-01	《网络交易价格举报管辖规定（试行）》	国家发展改革委
2017-04-11	《工商总局关于全面推进企业电子营业执照工作的意见》	国家市场监督管理总局
2017-05-03	《关于开展2017年电子商务进农村综合示范工作的通知》	财政部办公等
2017-06-01	《中华人民共和国网络安全法》	全国人民代表大会常务委员会
2017-06-30	《关于对互联网平台与各类交易场所合作从事违法违规业务开展清理整顿的通知》	互联网金融风险专项整治工作领导小组办公室
2017-07-26	《关于推动中小企业公共服务平台网络有效运营的指导意见》	工业和信息化部、财政部
2017-09-11	《工业电子商务发展三年行动计划的通知》	工业和信息化部
2017-09-21	《关于简化海关税费电子支付作业流程的公告》	海关总署
2017-10-01	《电子商务商品验收规范》	商务部
2017-10-08	《互联网群组信息服务管理规定》	国家互联网信息办公室
2017-11-01	《互联网域名管理办法》	工业和信息化部
2017-11-17	《互联网药品信息服务管理办法》	国家市场监督管理总局
2017-11-21	《网络零售标准化建设工作指引》	商务部办公厅等
2018-01-01	《关于规范互联网信息服务使用域名的通知》	工业和信息化部

续表

生效日期	文件名称	相关机关
2018-01-01	《网络餐饮服务食品安全监督管理办法》	国家市场监督管理总局
2018-01-01	《公共互联网网络安全威胁监测与处置办法》	工业和信息化部
2018-01-23	《关于推进电子商务与快递物流协同发展的意见》	国务院办公厅
2018-03-01	《医疗器械网络销售监督管理办法》	国家市场监督管理总局
2019-01-01	《关于完善跨境电子商务零售进口税收政策的通知》	财政部等
2019-01-01	《中华人民共和国电子商务法》	全国人民代表大会常务委员会
2019-04-08	《加强网购和进出口领域知识产权执法实施办法》	国家市场监督管理总局、国家知识产权局等
2019-04-23	《中华人民共和国反不正当竞争法》（2019 修正）	全国人民代表大会常务委员会
2019-04-23	《中华人民共和国电子签名法》（2019 修正）	全国人民代表大会常务委员会
2019-06-30	《企业自建和第三方电子发票服务平台建设标准规范》	国家税务总局
2019-08-01	《国务院办公厅关于促进平台经济规范健康发展的指导意见》	国务院办公厅
2019-10-01	《智能快件箱寄递服务管理办法》	交通运输部
2020-10-23	《网络购买商品七日无理由退货暂行办法》（2020 修订）	国家市场监督管理总局
2021-01-01	《中华人民共和国民法典》	全国人民代表大会
2021-01-28	《关于加快数字商务建设 服务构建新发展格局的通知》	商务部办公厅
2021-02-07	《关于平台经济领域的反垄断指南》	国务院反垄断反不正当竞争委员会
2021-02-09	《关于加强网络直播规范管理工作的指导意见》	国家互联网信息办公室等
2021-02-22	《互联网用户公众账号信息服务管理规定》	国家互联网信息办公室
2021-03-12	《邮件快件包装管理办法》	交通运输部
2021-04-29	《中华人民共和国广告法》（2021 修正）	全国人民代表大会常务委员会
2021-05-01	《网络交易监督管理办法》	国家市场监督管理总局
2021-05-25	《网络直播营销管理办法（试行）》	国家互联网信息办公室等
2021-06-01	《电子商务平台知识产权保护管理》	全国知识管理标准化技术委员会
2021-06-01	《中华人民共和国著作权法》（2020 修正）	全国人民代表大会常务委员会
2021-06-01	《网络食品安全违法行为查处办法》（2021 修改）	国家市场监督管理总局
2021-10-09	《"十四五"电子商务发展规划》	商务部、中央网信办和国家发展改革委
2022-01-19	《关于推动平台经济规范健康持续发展的若干意见》	国家发展改革委等
2022-02-15	《网络安全审查办法》	国家互联网信息办公室等
2022-05-01	《中华人民共和国进出口商品检验法实施条例》（2022 修正）	国务院
2022-05-01	《互联网上网服务营业场所管理条例》（2022 修订）	国务院
2022-07-01	《网络预约出租车汽车监管信息交互平台运行管理办法》（2022 修订）	交通运输部
2022-08-01	《中华人民共和国反垄断法》（2022 修正）	全国人民代表大会常务委员会
2022-08-01	《移动互联网应用程序信息服务管理规定》	国家互联网信息办公室
2022-11-01	《促进个体工商户发展条例》	国务院
2022-12-30	《中华人民共和国对外贸易法》（2022 修正）	全国人民代表大会常务委员会
2023-05-01	《互联网广告管理办法》	国家市场监督管理总局
2024-09-01	《网络反不正当竞争暂行规定》	国家市场监督管理总局

注：电子商务相关法律法规可以访问政府部门相关网站查阅。

第三部分　课题实践

一、实训

实训2-1　Outlook 2016的初级配置使用

　　企业商务人员应该熟练掌握企业级电子邮件客户端工具的使用方法，以及规范而高效的电子邮件收发技能。Outlook 是微软 Office 套装软件的组件之一，也是企业商务人员常用的高效率的电子邮件客户端工具。它实现了全球范围的联机通信，是企业商务人员交换电子邮件进行信息沟通的得力助手。Outlook 具有收发电子邮件、管理联系人信息、安排日程、分配任务和发布会议通知等事务集成功能。Outlook 与 WebMail 等在线邮件浏览工具相比，具有邮件收发效率高、支持离线浏览和保护邮件安全等优点。该软件可以随微软公司的 Office 系列产品持续升级换代，是企业商务人员可以长期使用的得力工具。

1.　实训目的和内容

　　①掌握在 Outlook 2016 中添加或更改电子邮箱账户的操作方法；②掌握 Outlook 2016 选项的配置方法；③掌握联系人及联系人组的维护管理；④掌握使用 Outlook 简单收发电子邮件的群发操作。

2.　实训操作指导

　　（1）Outlook 电子邮箱基本设置指导

　　① 添加电子邮箱账户的途径。单击左上角"文件"菜单中的"信息"选项，显示"账户信息"界面，如图 2-3 所示。可以通过"+添加账户"或"账户设置"两个途径增加电子邮箱账户。

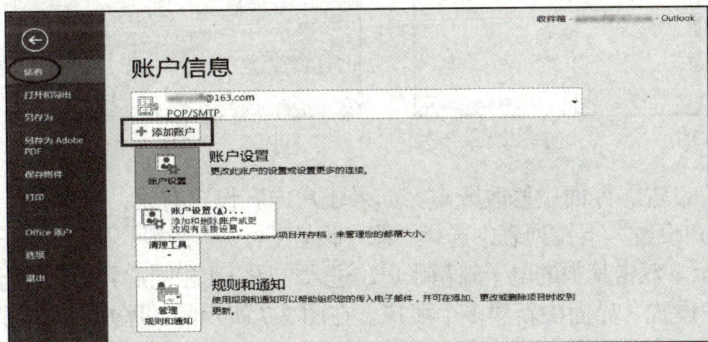

图2-3　添加电子邮箱账户

　　② 通过"+添加账户"添加电子邮箱账户。单击"+添加账户"按钮；在"添加账户"→"选择服务"界面中选择"电子邮件账户 (E)"选项，单击"下一步"按钮；在"自动账户设置"界面中选择"手动设置或其他服务器类型 (M)"选项，单击"下一步"按钮；在"选择服务"界面中选择"POP 或 IMAP(P)"选项，单击"下一步"按钮；进入"POP 和 IMAP 账户设置"界面。在"添加账户"界面左侧输入发件人姓名、电子邮件地址、接收邮件和发送邮件的服务器地址、电子邮箱用户名和客户端授权密码等信息，如图 2-4 所示。提醒：为了防止误删邮件，初学者也可以先练习 POP3/SMTP 服务；待操作熟练后再逐步掌握 IMAP/SMTP 服务；也可以在老师的指导下直接学习、熟练掌握 IMAP/SMTP 服务。

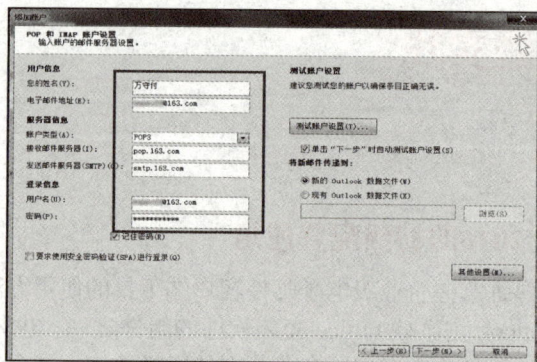

图2-4 "添加账户"界面

③ 其他设置。单击"添加账户"界面右下角的"其他设置 (M)…"按钮，在弹出的界面中选择"发送服务器"选项卡，勾选"我的发送服务器（SMTP）要求验证 (O)"，其他内容保持默认设置，如图 2-5 所示。如果不勾选"我的发送服务器（SMTP）要求验证 (O)"，则电子邮件无法正常发送。在"高级"选项卡中勾选"在服务器上保留邮件副本"，便于安全保存电子邮件。

④ 测试账户设置。单击"添加账户"界面右侧的"测试账户设置 (T)…"按钮，或者单击"下一步 (N)"按钮测试账户设置。如果一切正常，则任务状态都显示为已完成，且任务前面会有绿色的"勾"标志，如图 2-6 所示。单击"关闭 (C)"按钮，完成测试账户设置。

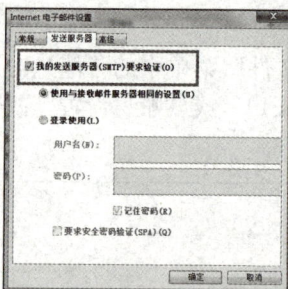

图2-5 "发送服务器"选项卡

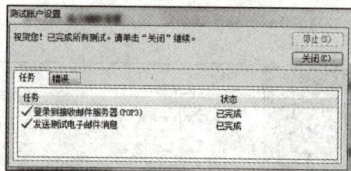

图2-6 测试账户状态

⑤ 在"账户设置"界面中修改账户。如果账户内容设置有误，可以进行修改。从图 2-3 中间位置的"账户设置"下拉列表中选择"账户设置 (A)…"选项，显示"电子邮件账户"界面，如图 2-7 所示。双击其中的电子邮箱账户，进入与图 2-4 相同的界面，进行信息修改。

⑥ 在"账户设置"界面中新建多个账户。在图 2-7 所示的"账户设置"界面中单击"新建 (N)…"按钮，重复前面的操作，就可以新建多个账户。

（2）发送 / 接收所有文件夹

在 Outlook 2016 的顶端选择"发送 / 接收"菜单，界面左侧会显示邮箱文件夹和下载的邮件，如图 2-8 所示。

（3）联系人管理

① 新建或者添加联系人。可以在"联系人"界面新建联系人，也可以在图 2-8 中查看现有邮件的发件人，通过在发件人电子邮箱等信息上单击鼠标右键，选择"添加到 Outlook 联系人 (D)"选项添加联系人。重复操作，添加多个联系人。最后单击"保存并关闭"按钮。

② 新建联系人组。在"联系人"界面中，选择左上角的"建立联系人组"选项，并确定组群名称，为联系人组添加多名成员，最后单击"保存并关闭"按钮，如图 2-9 所示。

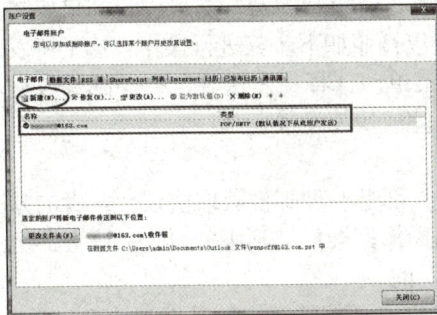

图2-7　更改和新建电子邮箱账户

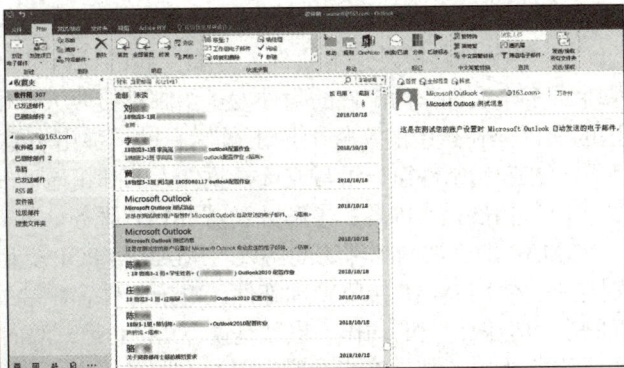

图2-8　邮箱文件夹和下载邮件

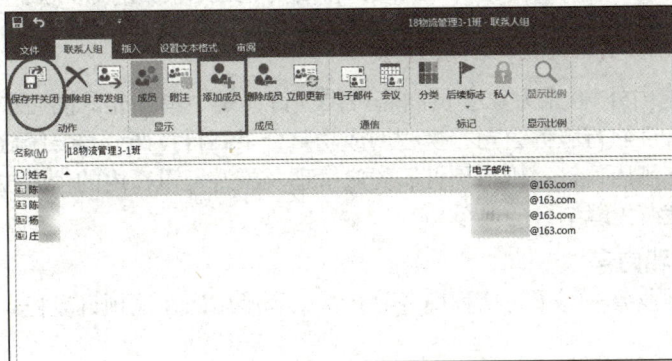

图2-9　新建联系人组

（4）使用 Outlook 发送邮件

① 发送新邮件。在 Outlook 2016 主界面的左上角单击"新建电子邮件"按钮，输入收件人电子邮箱地址和规范的主题，填写邮件正文内容，添加附件（可选），然后单击左侧的"发送 (S)"按钮即可发送邮件。

② 请求回执。在待发邮件窗口，在"选项"菜单中勾选"请求送达回执"和"请求已读回执"，如图 2-10 所示。"请求送达回执"是在邮件送达收件人邮箱后，发件人邮箱会收到邮件送达回执。"请求已读回执"则是在收件人打开邮件后，发件人邮箱会收到已读回执。

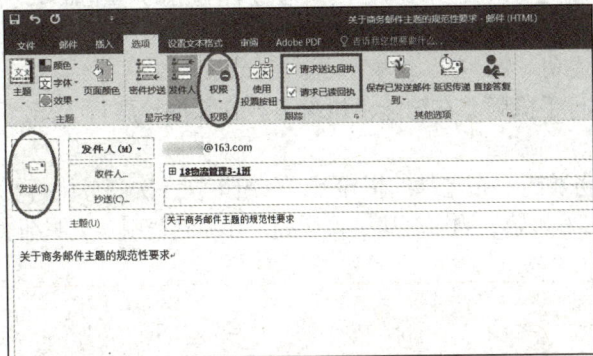

图2-10　请求回执的设置

③ 邮件群发操作。在"新建电子邮件"界面中单击"收件人…"按钮，选择联系人组并添加至收件人地址栏；填写相关的主题和邮件正文后，单击左侧的"发送 (S)"按钮即可

群发邮件。

④ 将文件直接发送给收件人。在"我的计算机"或"资源管理器"窗口中，如果要将一个或多个文件作为邮件的附件发送给邮件接收人，可以按照如下步骤进行操作：选中待发送的文件→在选中的文件上单击鼠标右键，弹出右键菜单→选择"发送到"→"邮件收件人"→在发送邮件窗口填写或选择收件人的邮箱地址→完成快速发送。

（5）拓展操作内容：了解并尝试 IMAP 服务

IMAP 即互联网邮件访问协议。IMAP 与 POP 类似，都是一种邮件获取协议。两者的差别在于：使用 IMAP 接收管理邮件，电子邮件客户端的操作都会反馈到服务器上，服务器上的邮件也会做相应的动作，也就是说，IMAP 是"双向"的。

要想为电子邮件客户端配置 IMAP 服务，需要先确定电子邮件客户端是否支持 IMAP，目前支持 IMAP 的电子邮件客户端有 Foxmail 和微软 Office 家族的 Outlook 等。

实训2-2　携程商务旅行预订新体验

携程网拥有国内外 60 余万家会员酒店可供预订，是中国领先的酒店预订服务中心。作为中国领先的综合性旅行服务公司，携程网成功整合了高科技产业与传统旅游行业，向会员提供集无线应用、酒店预订、机票预订、商旅管理及旅游资讯在内的全方位旅行服务，被誉为互联网和传统旅游无缝结合的典范。

1. 实训目的和内容

①了解携程网业务；②了解携程商务旅行机票和酒店的在线预订流程；③加强网络道德观念。

2. 实训操作指导

（1）了解携程网业务。通过 PC 端访问携程网（多语种平台），该网站包括酒店（国内酒店、海外酒店预订）、机票（境内、境外机票预订）、火车票（境内、境外火车站预订）、旅游（周末游、跟团游、自由行、邮轮、定制旅游、游学、签证、保险等预订）、汽车·船票（汽车票、船票预订）、门票（境内旅游景点门票、境外景点门票、出境 Wi-Fi 和电话卡等预订）、用车（境内境外租车、接送、包车等业务预订）、全球购（名店购、银联特惠、外币兑换等）、攻略（境内外景点吃喝玩乐相关攻略）、礼品卡（企业采购等）、企业商旅（企业差旅平台、会议旅游等）等栏目以及更多的功能菜单。

（2）会员注册。通过 PC 端访问携程网，通过右上角的"注册"链接，进行会员注册。注册流程：同意携程用户注册协议和隐私政策；填写个人手机号，并通过手机验证码验证；设置登录密码；注册成功。

（3）了解携程旅行手机版。在智能手机端下载安装携程旅行 App，了解并分析携程旅行手机版界面功能布局。

（4）策划一次商务旅行。在老师的指导下，分组策划一次商务旅行。小组成员要在携程网上模拟规划旅程，安排好机票、酒店客房、日程等，并编制费用开支明细表、人员分工表等。

注意

学生在携程网相关页面查询并截图做好旅程方案，无须真正提交订单。学生在练习中要遵守互联网道德规范，避免在高峰期练习网上订票业务，不影响航空公司及旅游业的正常业务运作。老师布置作业任务时要有这方面的考核要求。

实训2-3　企业名录及经营状况查询

掌握企业或客户的一手资料是企业销售人员进行网络营销、开拓市场、查找新客户的必备利器。企业查询系统可以为高职院校毕业生求职提供重要线索。

企业名录及经营状况查询可以使用户快速可靠地了解企业工商信息、法院判决信息、关联企业信息、法律诉讼信息、失信信息、被执行人信息、知识产权信息、企业新闻和年报等。各类企业名录及信用查询工具及网站系统基本上都支持定义多个条件来采集数据，其个性化的搜索方式使采集的数据非常精准有效，采集的数据字段众多，有多种导出格式，便于进行数据管理，形成高效准确的客户资源。

天眼查是北京金堤科技有限公司旗下产品。该公司成立于2014年10月，主要从事技术开发、技术咨询与服务、技术推广与转让等业务。天眼查的核心功能为查公司、查老板、查关系。天眼查基于政府公开数据等，在线提供全国2.8亿家社会实体、300余种数据维度的信息，涵盖企业背景、实际控制人、对外投资、融资历史、股权结构、法律诉讼等方面的内容，还可以实时监控所关注企业的变更，实现从洞察风险到预警风险的全方位把控，针对个人、企业、政府都有相应的解决方案。

其他类似的网站还有企查查、全国企业信用信息公共服务平台等。

1. 实训目的和内容

①了解企业信息与信用查询系统的常见功能；②掌握查公司、查老板、查关系的多关键词查询功能；③掌握企业基本工商注册信息的查询方法；④掌握检索结果的保存方法；⑤调研了解企业的招聘需求及薪资水平；⑥掌握企业数据的简单分析能力。

2. 实训操作指导

（1）在线访问天眼查官方网站。天眼查企业信息及信用查询界面如图2-11所示。

图2-11　天眼查企业信息及信用查询界面

（2）注册与登录。可以下载安装手机端App，免费注册并登录；也可以在PC端通过浏览器输入网址，然后借助手机端App扫码登录，在PC端进行操作。

（3）简单的多关键词查询。在查询界面的输入栏中输入公司名称、老板姓名、品牌名称等，多关键词用空格隔开，如输入关键词"京东"，单击"天眼一下"按钮，或按回车（Enter）键，即可查询。查询结果如图2-12所示。

可以设置筛选条件（如省份地区、注册资本、成立时间、行业分类、企业描述、VIP筛选和企业状态等），进一步缩小查询结果的范围。

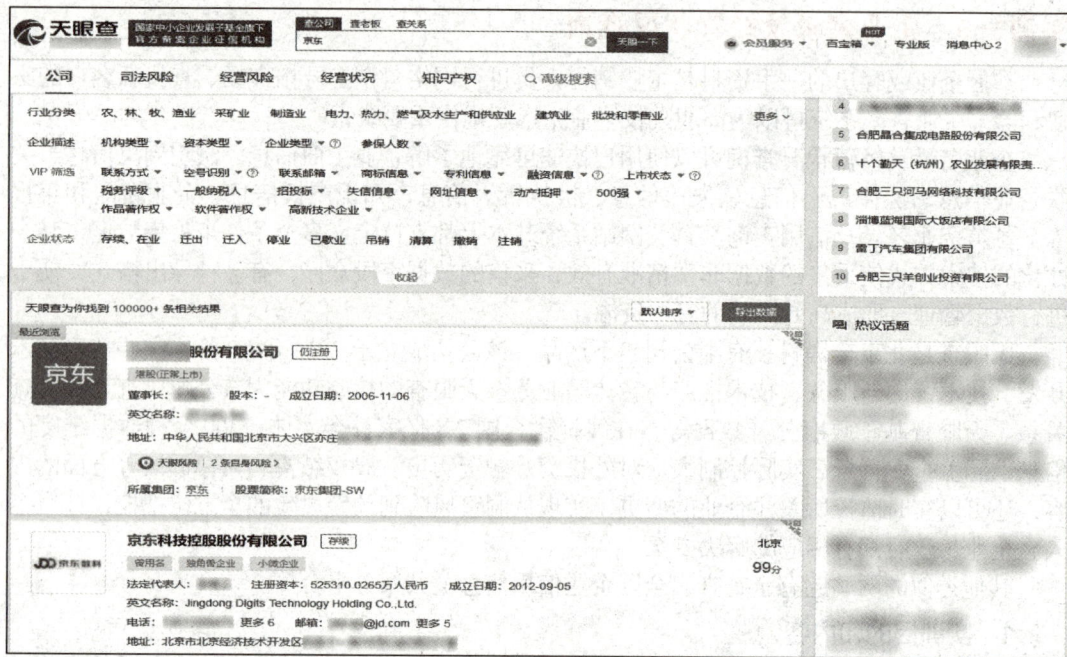

图2-12　关键词查询结果示例

（4）查看企业信息。单击查询结果中的公司名称链接，详细查看公司信息。数据列表显示搜索的数据信息，包括公司名称、法定代表人、电话、邮箱、地址和简介等详细信息，如图2-13所示。

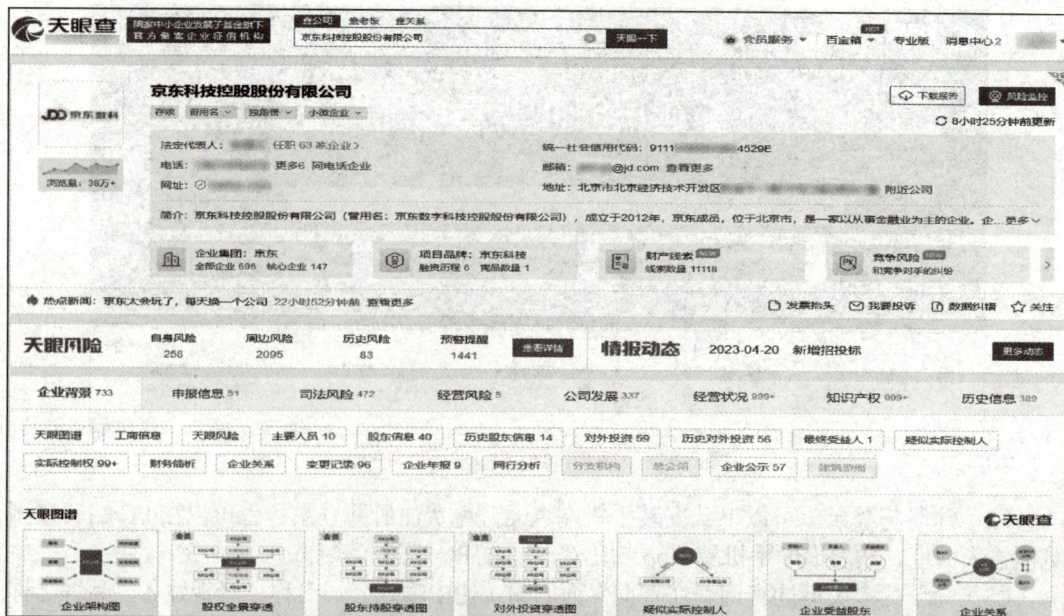

图2-13　查看企业信息

（5）查询企业工商注册信息。在线查询该企业的基本信息，以及司法风险、经营风险、经营状况等信息。

（6）保存检索结果。选中"导出数据"按钮，选择保存文件的位置，单击"确定"按钮　**055**
另存为 .xlsx 等格式的文件。

（7）查询企业的招聘需求及薪资水平。在"经营状况"菜单下选择"招聘信息"选项，
可以了解企业的招聘需求和薪资水平，如图 2-14 所示。

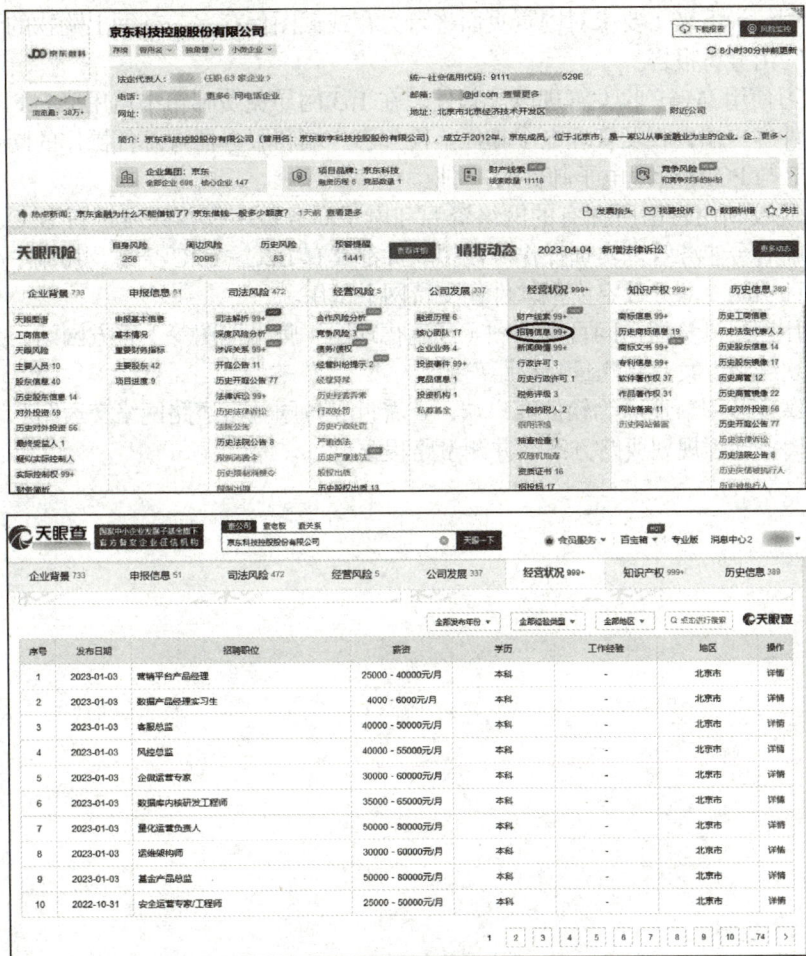

图2-14　查询企业的招聘需求与薪资水平

（8）关于高级检索。高级检索是 VIP 专属功能，支持多条件查询企业。

（9）尝试查询一家感兴趣的企业，全面了解该企业的工商注册信息、资本规模、股权结构、司法风险、经营风险、经营状况等信息。

二、思考练习题

思考如下问题并组织小组讨论，分小组分享观点。
（1）了解电子商务框架的 4 个层次和 2 个支柱。
（2）了解电子商务的实现阶段和应用层次的对应关系。
（3）了解我国的电子商务法律法规。
（4）了解 POP3、SMTP 和 IMAP 等协议的用途。

三、实践练习题

（1）浏览 1688 官方网站，了解其交易商品分类、最新发展状况及平台特色。

（2）访问天猫、京东等官方网站，了解其商品分类和业务流程；进行网上购物实践，将购物的全过程记录下来（要求对网页页面进行另存或截图保存），就网上购物的流程、商品配送等情况写出分析报告。

（3）练习使用 IMAP 收发管理电子邮件。在 163 网易免费邮箱中启用 IMAP 功能后，配置好电子邮件客户端，收发管理电子邮件。检查客户端和服务器端邮件操作的同步情况，分析使用 IMAP 与 POP3 管理电子邮件的差别。

（4）各院校利用自己所拥有的网络资源和电子商务数字模拟系统进行 B2C、C2C 交易及物流中心前后台业务管理实训操作。模拟软件都具有 B2C、C2C 交易及物流中心前后台业务管理的实训功能，部分数字模拟软件还支持网上试用。

（5）使用网络浏览器访问百度地图（或高德地图、腾讯地图等）官方网站，为某项国内商务旅程规划线路方案，并测量路程距离。

（6）下载安装图新地球等软件客户端，查看世界各国城市道路网络交通图和卫星地图，为某项国际商务旅程规划线路方案，并测量路程距离。

课题三
电子商务安全

3

知识目标

➤ 了解电子商务安全的要求
➤ 了解加密算法与演变
➤ 了解身份认证与信息认证
➤ 了解数字证书和数字签名

技能目标

➤ 掌握数字证书申请技能
➤ 掌握在线身份验证技能
➤ 掌握数字签名操作技能
➤ 掌握安全邮件操作技能

建议学时

8 学时

第一部分　案例与分析

案例　2022年我国发生的部分网络安全事件

2022 年，我国连续发生多起严重的网络安全事件。

2 月，北京某科技公司窃取 2.1 亿余条求职者简历数据。该公司组建专门的爬虫技术团队，在未取得求职者和招聘平台直接授权的情况下，秘密爬取国内主流招聘平台上的求职者简历数据，获取 2.1 亿余条个人信息。

8 月，国内多家医院数据被窃。北京市朝阳区人民检察院裁定，2020—2021 年，刘某等 3 人多次通过技术手段秘密接入多家医院内网数据库，获取大量药品编码、数量、金额、单位等药品数据后出售，违法所得 200 余万元。

9 月，国内 40 多家金融机构数据被窃。黑客利用木马病毒非法控制国内逾 2 000 台计算机，入侵 40 多家国内金融机构的内网交易数据库，非法获取交易指令和多条内幕信息，进行相关股票交易牟利，非法所得 183.57 万元。

10月，国内某医疗机构10万条数据遭窃取。经中国网警侦破，犯罪嫌疑人麻某利用黑客技术侵入国内某医疗机构微信公众号系统窃取数据，半年多时间非法获取该系统数据10万余条并在境外黑客论坛兜售，非法获利1 500美元。

案例分析

2022年，我国网络安全事件发生率加速攀升，其严峻复杂程度异常突出。勒索软件、数据泄露和安全漏洞等传统网络安全问题也并未有所好转，反而呈现恶化趋势，因此我们要对网络安全事件有清晰的认识。

1. 网络攻击无孔不入

境外网络攻击是我国网络安全面临的严重威胁。其威胁性主要体现在两个方面：一是境外网络攻击呈现出无差别化特征，二是网络攻击目标锁定我国科研重点单位。

2. 信息泄露事件不断

随着云计算、大数据和物联网的普及，信息泄露事件数量呈现高速增长势态。重要数据被窃的发生率居高不下是我国网络安全治理中的急难险重问题。个人身份资料、银行账户等重要信息被不法分子用于非法交易，从而导致了数目惊人的欺诈消费、身份盗用等大案。

3. 电子邮件成网络安全重灾区

电子邮件仍是企业沟通和信息传递的重要手段。国际上的企业中80%以上的办公文档、95%以上的业务数据与机密文件通过电子邮件传递和交流。从个人敏感信息到重要商业机密，再到知识产权，电子邮件都是主要的数据传输工具，机密信息一旦泄露后患无穷。电子邮件是非常普遍的沟通形式，也是网络攻击的主要目标之一。所有网络攻击中有90%以上将电子邮件作为攻击入口。"蠕虫式"勒索病毒肆虐全球，而钓鱼邮件则是传播手段。网络钓鱼和垃圾电子邮件是黑客侵入企业网络的常用手段。垃圾电子邮件是一个非常严重的社会问题，全球日发送量估计高达64亿封，我们需要警惕其中混杂的网络钓鱼和商业欺诈邮件。欺诈攻击包含商业电子邮件诈骗（Business Email Compromise，BEC），即通过冒充决策者或盗用决策者的邮箱，下达与资金、利益相关的指令，诱骗企业进行支付。信息泄露的威胁不仅来自外部黑客，还源于企业内部管理不善。近年来发生的重大信息泄露事件有不少是由企业自身引发的。例如，有些企业员工操作电子邮件不规范，邮件未经加密以明文形式传送或存储而导致信息泄露。同时，合作伙伴或供应商引起的第三方风险也已经成为当今网络安全领域的一个普遍性问题。虽然邮件安全网关等信息技术手段可以在一定程度上防范垃圾电子邮件和电子邮件诈骗，但企业建立起网络安全教育机制，实施有效的安全管理制度，企业员工养成良好的安全意识和树立良好的操作规范，才是更为有效的办法。

4. 数据安全治理刻不容缓

近年来，我国已加大了对数据安全的治理力度，进一步夯实数字经济的基石。《中华人民共和国数据安全法》（以后简称《数据安全法》提出"建立健全数据安全治理体系"，各地区各部门均在探索和建立数据分类分级、重要数据识别与重点保护制度。为应对数据安全风险带来的严峻威胁，2022年我国又进一步强化了相关法规的纵深推进与落地实施。2022年2月，由国家网信办等部门联合修订发布的《网络安全审查办法》正式施行，其将网络平台运营者开展影响或者可能影响国家安全的数据处理活动纳入网络安全审查范畴，并明确要求掌握超过100万用户个人信息的网络平台运营者赴国外上市必须申报网络安全审查，这有力夯实了国家数据安全保障基石，引导赴国外上市的企业坚守国家安全底线。2022年7月，国家网信办又发布了《数据出境安全评估办法》，明确提出数据处理者向境外提供在中华人民共和国境内运营中收集和产生的重要数据和个人信息的安全评估适用本办法，规定了应当申报数据出境安全评估的情形，提出了数据出境安全评估的具体要求，并明确了数据出境安全评估程序、监督管理制度、法律责任以及合规整改要求等。国家通过规范数据出境进一步促进数据跨境安全、自由流动，进而实现保护个人信息权益、维护国家安全和社会公共利益的目的。与此同时，依据《中华人民共和国网络安全法》《数据安全法》《中华人民共和国个人信息保护法》《关键信息基础设施安全保护条例》《网络安全审查办法》《数据出境安全评估办法》等相关法律法规，国家网信办等相关主管部门通过执法约谈、责令整改、通报批评、暂停业务、处理相关责任人等处罚方式，对危害国家网络安全、数据安全和侵害公民个人隐私信息等违法行为进行严厉打击。

第二部分　课题学习引导

　　电子商务发展的核心和关键问题是交易的安全性，这是网上交易的基础，也是电子商务技术的难点所在。互联网具有良好的开放性，但因此也衍生了新型的破坏者和盗窃者。近年来，计算机病毒入侵、黑客盗取信用卡账号、网络钓鱼欺诈等犯罪行为正成为新型高科技犯罪热点，严重威胁电子商务实施的正常秩序。网上交易的风险成为电子商务实施的最大阻力，也由此产生了相应的安全控制要求。

3.1　电子商务安全的要求

3.1.1　电子商务面临的安全威胁

　　面对面的传统交易使交易双方容易建立信任关系，保证交易过程的安全性。而电子商务活动是通过互联网进行的，交易双方可能素未谋面，因而缺乏传统交易中的信任感和安全感。多数企业的电子商务系统面临严峻的安全问题。电子商务交易系统要求企业网站与后端数据库系统相连，通过互联网向客户提供诸如产品库存、发货情况及支付状况等实时在线信息，这使得电子商务系统面临互联网黑客与病毒侵袭的严峻挑战。

　　在网络交易过程中，交易双方都可能面临的安全威胁主要有以下4种。

　　（1）信息泄露。电子商务中的商业机密的泄露主要包括两个方面：一是交易双方进行交易的内容被第三方窃取，二是交易一方提供给另一方使用的文件被第三方非法使用。

　　（2）信息篡改。这是指商务信息在网络传输的过程中被第三方获悉并进行非法篡改，或者黑客非法入侵电子商务系统非法篡改商务信息，从而使商务信息失去真实性和完整性。

　　（3）信息破坏。信息破坏要从两个方面来考虑。一方面是非人为因素，如网络硬件和软件等计算机系统故障可能会使商务信息丢失或发生错误等，对交易过程和商业信息安全造成破坏；另一方面则是人为因素，主要指计算机网络遭遇一些恶意行为（如计算机病毒、黑客等）的攻击，从而使商务信息遭到破坏。

　　（4）抵赖行为。传统商务活动是建立在商业信用基础上才顺利进行的，而网上交易的双方通过计算机的虚拟网络环境进行谈判、签约、结账，当一方发现交易对自己不利时，可能会产生抵赖行为，从而给另一方带来损失。

060　3.1.2　电子商务的安全性要求

参与电子商务活动的各方通过互联网来传递信息，这对网络传输过程中数据的安全保密提出了很高的要求，尤其是电子支付中涉及的敏感数据，须确保万无一失。

具体来说，电子商务的安全性要求如下。

（1）信息的保密性。这是指在存储、传输和处理过程中对信息实施加密保护，使他人无法窃取或破解。对于如信用卡信息等重要的商务机密要先经过加密处理再进行网络传输。

（2）信息的完整性。这是指信息接收者能够确认所获得的信息在传输或存储过程中没有被篡改、延迟和替换，确保收到的信息与原发送信息保持一致。

（3）信息的不可否认性。这是指当事人无法抵赖自己的交易行为，如信息的发送方不可否认发送过信息的事实，接收方不可否认收到信息的事实等。不可否认性包括源点不可抵赖、接收不可抵赖和回执不可抵赖等特点。

（4）身份的真实性。这是指能确认通信双方的真实身份。

（5）访问的可控性。这是指拒绝非法用户访问资源；合法用户只能访问系统授权和指定的资源。

在电子商务的几种安全性要求中，以保密性、完整性和不可否认性最为关键。电子商务安全性要求的实现涉及多种安全技术措施，如表 3-1 所示。

表3-1　电子商务的安全要求及技术措施

要求	定义	技术措施
信息的保密性	保证信息不被他人非法窃取或破解	对称加密算法、非对称加密算法
信息的完整性	保证信息不被篡改	数字摘要
信息的不可否认性	当事人无法抵赖交易行为	数字签名
身份的真实性	确认通信双方的真实身份	身份认证、数字证书
访问的可控性	保证系统、数据等由合法人员访问	专用网络、防火墙等

3.1.3　电子商务的安全交易体系

为了增强电子商务活动的安全性，除了采用先进的安全技术，还必须有一套有效的信息安全机制作为保证，以实现电子商务交易数据的保密性、完整性和不可否认性等安全功能，这就是电子商务的安全交易体系。概括起来，该安全交易体系包括信息加密算法、安全认证技术和安全交易协议等几个技术层次，如图 3-1 所示。

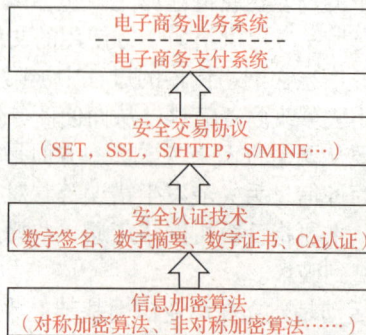

电子商务业务系统

电子商务支付系统

↑

安全交易协议
（SET、SSL、S/HTTP、S/MINE…）

↑

安全认证技术
（数字签名、数字摘要、数字证书、CA认证）

↑

信息加密算法
（对称加密算法、非对称加密算法……）

图3-1　电子商务的安全交易体系

3.2　数据加密技术

加密技术是保证网络信息安全的核心技术。加密技术与密码学紧密相连。密码学这门古老而又充满活力的科学包含丰富的内容，具体包括密码编码学和密码分析学。密码体制的设计是密码编码学的主要内容，密码体制的破译是密码分析学的主要内容。

将明文数据进行某种变换，使其成为不可理解的形式，这个过程就是加密，这种不可理解的形式的数据被称为密文。解密是加密的逆过程，即将密文还原成明文。加密和解密必须依赖两个要素：算法和密钥。算法是加密和解密的计算方法；密钥是加密所需的一串数字。

一般的数据加密模型如图 3-2 所示。

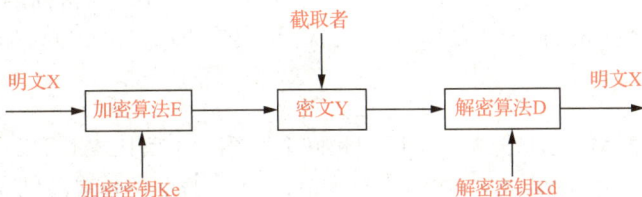

图3-2　一般的数据加密模型

不论截取者获得多少密文，如果他没有足够的信息来确定对应的明文，那么这种密码体制就被认为是理论上不可破的。但在无成本限制的条件下，目前几乎所有的密码体制都是可破的，因此，密码编码专家要研制出在现有的计算资源或成本条件下不可破解的密码体制。如果一个密码体制不能在现有的计算资源条件下被破解，那么它在计算上可以说是安全的。在加密算法公开的情况下，非法解密者就要设法破获密钥。为了使黑客难以破获密钥，就要增加密钥的长度，使黑客无法用穷举法测试破解密钥。

3.2.1　传统的代换密码

早在几千年前，人类就已经有了通信保密的思想和方法。如在代换密码（Substitution Cipher）中，一个字母或一组字母被另一个字母或另一组字母所代替——隐藏明文，这就是最古老的凯撒密码（Caesar Cipher）。在这种方法中，当允许密文字母移动 3 个位置时，明文 a 就变成密文 D，b 变成 E，c 变成 F，……z 变成 C。例如，english 变成 HWJOLK。通常，明文用小写字母，密文用大写字母。

若允许密文字母表移动 k 个位置而不总是 3 个位置，那么就可以形成移动字母表通用密钥。

再进一步改善，将明文中的符号，例如 26 个字母，简单地映射到其他字母上，出现了映射代换密码。例如明文 abcdefghijklmnopqrstuvwxyz 的密文是 QWERTYUIOPASDFGHJKLZXCVBMN。这个通用系统叫作"单一字母表代换"，密钥是 26 个字母与整个字母表的对应关系。应用上面的密钥，english 变成了 TFUSOLI。

这个系统使用的是字母与字母的代换，密码分析员试遍各个字母代换的可能性几乎是没有的，但如果利用很少一部分密文，应用自然语言的统计规律，还是有可能破译密码的。例如，在英语中，字母 e 是用得最多的，其次为 t、o、a、h、i 等；最常用的 2 个字母组合依次是 th、in、er、re、an，最常用的 3 个字母组合是 the、ing、and、ion。因此，破译时可以从计算密文中所有字母出现的相对频率开始，试着设定出现最多的字母为 e 等，接着计算 2 个字母组合及 3 个字母组合。如发现 txeq 形式，那么 x 很可能是字母 h；同样，在 thyt 中 y 很可能为字母 a。如果猜测出更多的字母，就可组织出一组实验性的明文。阿拉伯的密码破译专家在公元 9 世纪就已经娴熟地掌握了用统计字母出现的频率破解简单代换密码的方法。第一次世界大战期间，大量可以翻译古代文献的语言专家参与密码的破译工作。第二次世界大战期间，德国使用的恩尼格玛密码机（Enigma）和洛仑兹密码机（Lorenz Cipher，盟军代号为"金枪鱼"）将传统代换密码技术发展到极致，频率分析法在这里失去了用武之地，德国获得了有史以来最为可靠的加密系统。英国等国的数学家先后参与了密码破解工作。英国的艾伦•图灵（Alan Turing）等人都曾成功破解过恩尼格玛密码，比尔•图特（William T.Tutte）等人曾成功破译过洛仑兹密码，他们为缩短战争的进程做出了杰出的贡献。

1949 年，信息论创始人 C.E. 香农（C.E.Shannon）论证了使用一般经典加密方法得到的密文几乎都是可破的，这引起了密码学研究的危机。但是从 20 世纪 60 年代起，随着电子技术、计算机技术、结构代数、可计算性技术的发展产生的数据加密标准（Data Encryption Standard，DES）和公开密钥密码体系，成为近代密码学发展史上两个重要的里程碑。

3.2.2 对称加密算法

对称加密算法是指信息加密和解密使用相同的密钥，主要代表有 DES、3DES、高级加密标准（Advanced Encryption Standard，AES）。对称加密算法的计算速度非常快，因此，它被广泛应用于对大量数据的加密过程。

对称加密技术的早期代表是 DES。这是 IBM 公司在 1977 年为美国政府研制的一种加密算法。DES 是以 56 位（bits）密钥为基础的密码块加密技术，它的基本思想来自分组密码（Block Cipher），即将明文划分成固定的 n 比特的数据组，然后以组为单位，在密钥的控制下进行一系列的线性或非线性的变换而得到密文，这就是分组密码体制。分组密码一次变换一组数据，当给定一个密钥后，数据分组变换成同样长度的一个密文分组。若明文分组相同，那么密文分组也相同。1979 年，美国银行家协会批准使用 DES。1980 年，它又成为美国国家标准协会（American National Standards Institute，ANSI）的标准。此后，DES 逐步成为当时商用保密通信的主要加密算法。DES 在密码学发展过程中具有重要意义。

20 世纪 90 年代以来，DES 的保密性在实际应用中受到很大的挑战。为此，美国推出了 DES 的改进版本——3DES，即在使用过程中，收发双方都用 3 把密钥进行加密解密。这种 3×56 式的加密方法大大提升了密码的安全性，增加了破解难度，但同时也需要使用者花费更多时间来对信息进行 3 次加密和解密。使用这种密钥的双方都必须拥有 3 个密钥，如果丢失了其中一把，其余两把就成了无用的密钥，这样密钥的数量就会大幅增加，这显然加大了管理难度。于是，1997 年，美国国家标准与技术研究所（National Institute of Standards and Technology，NIST）又开始公开征集 AES。

经过 5 年的甄选，比利时密码学家 Joan Daeman 和 Vincent Rijmen 提交的 Rijndael 算法被提议为 AES 的最终算法，并于 2002 年 5 月成为有效标准。到了 2006 年，AES 就已成为对称密钥加密中最流行的算法之一。AES 有更简洁精确的数学算法，而加密数据只需一次通过；设计有 3 个密钥长度，分别是 128 位、192 位和 256 位；有很好的抵抗差分密码分析及线性密码分析的能力。相对而言，AES 的 128 位密钥比 DES 的 56 位密钥强 1 021 倍。总的来说，AES 作为新一代的数据加密标准，具有速度快、安全可靠、高性能、易用和灵活等优点，系统资源消耗较低，能够支持各种小型设备。如今，AES 已经被广泛应用于各个领域。

在对称加密算法中，发送者和接收者拥有相同的密钥虽然解决了信息的保密问题，但又引出了新的问题。设想发送者用对称密钥对明文加密后发送给接收者，接收者必须有相同的密钥才能解密，但是发送者如何将密钥传送给接收者呢？显然不能通过网络传送。因此，对称加密技术在实际应用中存在以下问题。①在首次通信前，双方必须通过网络以外的途径传递统一的密钥。②当网络用户数很多时，对称密钥的管理十分烦琐。例如，一家拥有100个贸易伙伴的企业，必须有100个密钥，这就使密钥管理和使用的难度增大。③对称加密是建立在共同保守秘密的基础上的，在管理和分发密钥的过程中，任何一方泄密都会造成密钥失效，存在着潜在的风险和较大的管理难度。

3.2.3　非对称加密算法

为了解决对称加密算法存在的密钥管理和分发上的问题，1976年，产生了密钥管理更为简化的非对称加密算法，也称公开密钥密码体系（Public Key Crypto-system，简称为公钥密码体系），它对近代密码学的发展具有重要影响。自公钥密码体系问世以来，学者们提出了多种公钥加密算法，其安全性都基于复杂的数学难题。根据所基于的数学难题，公钥加密算法可分为大整数因子分解系统（代表性的算法有RSA）和椭圆曲线离散对数系统（代表性的算法有ECC）等。公钥密码体系解决了密钥分发管理的难题。公钥是可以公开的，就像公开个人的姓名和电子邮箱一样，不需要保密，可以放在网上供人下载或传送给需要通信的人，而私钥必须由用户自己妥善保管和严格保密。信息发送者先用接收者的公钥对明文加密得到密文，然后将密文发送给接收者，接收者用自己的私钥对密文解密得到明文。别人即使截取了密文也无法解开，从而保证了信息的保密性和密钥管理分发的便利性。

公钥密码体系中用得最多、影响最大的是RSA算法。它的名称是以3位发明者Ron Rivest、Adi Shamir和Len Adleman姓氏的第一个字母组合而成的，3位学者因此获得了2002年图灵奖。该算法最重要的特点是加密和解密使用不同的密钥，即用户可以仅有一对密钥：公开密钥（Public Key，简称公钥）和私人密钥（Individual Key，简称私钥）。RSA的数学原理是将一个极大的整数分解成两个很大的质数的乘积，加密和解密使用的两个密钥便是两个很大的质数。用其中一个质数与明文相乘得到密文，用另一个质数与密文相乘便可以解密得到明文，但无法用一个质数求得另一个质数。即使已知明文、密文和加密密钥，想要推导计算出解密密钥也是不可能的。

RSA算法的优点包括：①易于实现，使用灵活，能适应网络的开放性要求；②密钥较少，在网络中容易实现密钥管理；③用于数字签名和验证，便于进行身份认证和信息认证。

RSA算法的缺点包括：①算法复杂，加密数据的速率较低；②要取得较好的加密效果和强度，必须使用较长的密钥，从而加重系统的负担和减慢系统的吞吐速度，不适合对数据量较大的信息进行加密。另外，RSA算法的安全性是建立在大素数因子分解难题的基础上的，因子分解越困难，密码就越难以破译，加密强度就越高；反之，如果有新的办法破解这一难题就会动摇RSA算法的基础。RSA算法只要能抵抗已知的所有破解攻击，就仍是一种安全的加密算法。

但是，迄今为止，针对RSA算法的攻击方法已经有多种。鉴于RSA算法1 024位密钥面临严重的安全威胁，我国一些机构早就停止提供RSA算法1 024位密钥对服务。例如，2016年12月，上海市密码管理局宣布，由于RSA算法1 024位密钥面临严重的安全威胁，为保障电子认证服务安全应用，从2017年1月1日起停止提供RSA算法1 024位密钥对服务，并配合电子认证服务机构和应用单位做好应对措施，确保平稳过渡。

近年来势头正劲的椭圆曲线算法（Elliptic Curve Cryptography，ECC）正有取代RSA算法的趋势。ECC建立在椭圆曲线离散对数的基础上，比RSA算法要复杂得多。因此，ECC有着突出的优点。①抗攻击性强。加密算法的安全性能一般通过该算法的抗攻击强度来反映。和其他公钥系统相比，160位的ECC与1 024位的RSA有相同的安全强度，而210位的ECC则与2 048位的RSA具有相同的安全强度。②处理速度快。ECC进行解密和签名计算量小，速度比 RSA、DSA 快得多。③占用存储空间小。ECC 的密钥尺寸和系统参数比 RSA、DSA 要小，这对其在 IC 卡上的应用具有重要意义。④带宽要求低。当对长消息进行加密/解密时，公钥密码系统有相同的带宽要求，但 ECC 对短消息加密/解密时对带宽的要求低得多，而公钥加密体系主要用于短消息，如用于数字签名或对称加密系统会话密钥的传递。带宽要求低使 ECC 在无线网络领域具有广阔的应用前景。ECC 的这些优点使它在不远的将来必将全面取代 RSA 而成为通用的公钥加密算法。

SM2 是国家密码管理局于 2010 年 12 月发布的一种椭圆曲线公钥密码算法，该算法基于 ECC，故其签名速度与密钥生成速度都快于 RSA，性能更优、更安全；具有密码复杂度高、处理速度快和机器性能消耗更小等优点。随着密码技术和计算机技术的发展，考虑到常用的 1 024 位 RSA 算法面临严重的安全威胁等情况，国家密码管理部门研究决定我国商用密码体系将采用 SM2 算法替换 RSA 算法。

对称加密体系和非对称加密体系各具优点。①在密钥分配管理方面，非对称加密体系的密钥管理简单得多，而对称加密体系需管理较多的密钥。②在安全方面，非对称加密体系更具优越性。③在数字签名方面，对称加密体系不支持数字签名，而非对称加密体系支持数字签名和验证。④从速度上来看，对称加密体系速度较快。对称加密体系中 AES 算法的软件实现速度已是非对称加密体系的 100 倍，这也是非对称加密体系过去一直无法完全取代对称加密体系的重要原因。

纵观对称加密和非对称加密两类算法，一个从 DES 到 3DES 再到 AES，一个从 RSA 到 ECC 以及 SM2 等，其发展无不是从密钥的简单性、成本的低廉性、管理的简易性、算法的复杂性、保密的安全性以及计算的高效性这几个方面去考虑的。因此，在电子商务安全实践中，为了保证系统的安全、可靠以及使用效率，可以把这两类算法结合起来使用。例如在由 RSA 和 AES 相结合的综合保密系统中，用 AES 算法作为数据的加密算法对大量数据进行加密，用 RSA 算法对 AES 算法的密钥等重要信息进行加密。这样的系统可以扬长避短，既能发挥 AES 算法加密速度快的优点，又能发挥 RSA 算法密钥管理方便、安全性好的优点。

除了采用数据加密技术措施，还需要相应的安全管理制度来做配套保证。例如采取定期的漏洞评估、访问控制、员工安全培训、物理安全措施、员工背景调查、事件响应与报告、数据保留与销毁策略等制度。

3.3 认证技术

加密技术使网上交易信息保密性的要求得以解决，接下来应解决的问题是保证交易信息的完整性、交易者身份的真实性和交易行为的不可抵赖性等。传统的商务文件是根据当事人的亲笔签名或单位印章来证明其真实性和合法性的，但通过网络传送的电子文档要如何签名盖章呢？这就是认证技术要解决的问题。认证技术是保证电子商务交易安全的一项重要技术，主要包括身份认证和信息认证。前者用于鉴别交易者身份，后者用于保证通信双方交易行为的不可抵赖性以及交易信息的完整性。

3.3.1 身份认证

身份认证是判明和确认网上交易双方真实身份的重要环节。不谋面的交易双方通过计算机网络传输信息很难确认对方的真实身份，因此必须采取一定的身份识别技术证实各方的真实身份，这样才能使当事人无法抵赖自己的交易行为，保证电子商务的健康发展。

用户的网上身份认证通常可通过以下基本方式或其组合方式来实现。

1. 口令方式

口令方式是用户身份认证最简单、最广泛的一种方法。口令由数字字母、特殊字符等组成。由系统事先保存每个用户的二元组信息，用户进入系统时输入二元组信息，系统对保存的用户信息和用户输入的信息做比较，从而判断用户身份的合法性。这种身份认证方法操作十分简单，但最不安全，因为其安全性仅仅基于用户口令的保密性，而用户口令一般较短且容易猜测，不能抵御口令猜测攻击，整个系统的安全容易受到威胁。

2. 标记方式

标记指用户持有的某个秘密信息（硬件），上面记录着用于系统身份识别的个人信息。用户必须持有合法的物理介质（如智能卡等）用于身份识别才能访问系统资源，这就是标记方式。

3. 人体生物特征方式

我们将人体的生理和行为特征统称为人体生物特征，通常包括人脸、指纹、掌纹、视网膜、声音和 DNA 等。这些人体生物特征在人群中完全相同的概率非常低，可以直接用于身份认证，具有很高的安全性，适用于要求较高的身份识别场合。

4. PKI认证方式

公开密钥基础设施（Public Key Infrastructure，PKI）是通过使用公钥加密技术和数字证书来确保系统信息安全并负责验证数字证书持有者身份的一种体系，也是目前国际上较为成熟的针对开放的互联网络信息安全的一种解决方案。各方都信任同一个 PKI/CA（认证中心），由其来核对和验证各参与方的身份。

在电子商务环境中，可以使用由 PKI/CA 颁发的数字证书来证实网络交易各方的真实身份。这种方式是通过公开密钥密码体系中用户私钥的机密性来提供用户身份的唯一性验证，它以数字证书的方式为每个合法用户的公钥提供合法的证明。PKI 认证是一种强认证机制，综合采用了摘要算法、非对称加密、对称加密、数字签名等技术，很好地将安全性和高效性结合起来，目前广泛应用于安全电子邮件、服务器系统访问、客户端认证、防火墙认证、网上交易和数字签名等领域。

身份认证根据采用认证方式的多少可以分为单因素认证、双因素认证和多因素认证。单独使用上述方式中的一种进行身份认证属于单因素认证。将上述方式中的两种结合起来使用的认证属于双因素认证。由于 PKI 认证方式中数字证书私钥通常存储在计算机硬盘、智能卡或 USB Key 等存储介质中，用户会设置简单好记的口令访问存储介质使用私钥，因此就形成了一个弱因子（口令）和一个强因子（证书）结合的机制。一旦个人保管不当，就会发生私钥文件（或存储介质）与保护口令同时被窃取的情况，这使得用户仍然面临数字身份被假冒的风险。因此，在安全级别要求高的场景下，这种身份认证显然是不够的。如果结合生物特征识别技术就可以实现双因素强认证机制，有效确认合法用户的数字身份和物理身份，使安全强度大为提高。将上述多种方式组合起来使用就属于多因素认证。

3.3.2 认证中心

认证中心（Certificate Authority，CA）也称为电子认证中心，是提供网上安全电子交易认证服务、签发数字证书、确认用户身份、与具体交易行为无关的第三方权威机构。

认证中心通常是企业性的服务机构，主要任务是受理数字证书的申请、签发和管理数字证书。PKI 是一种易于管理的、集中化的网络安全方案，它支持多种形式的数字认证、数据加密、数字签名、身份鉴别、密钥管理以及交叉认证等。在互联网时代，人们普遍采用 PKI 建立信任关系。认证中心在整个电子商务环境中处于至关重要的位置，它是整个信任链的起点，如果认证中心不安全或发放的数字证书不具权威性，那么网上安全电子交易就无从谈起。

认证中心的可靠程度取决于以下因素：①系统的保密结构，包括运营程序以及由认证授权机构提供的保护措施；②用于确认申请证书的用户身份的政策和方法；③实施电子交易的用户是否信赖由其他人证明的身份或证书内容；④证书申请机构在安全管理方面的经验，特别是很长一段时间内提供这些服务的信誉。

从世界范围看，认证中心的设置主要有两种途径：一种是由政府组建的或者授权的机构担任，以政府信用作为担保，如我国的CA主要由政府主导，采用政府监管的发展模式，以保证数字证书的权威性、标准化和可执行性；另一种则是在社会信用制度健全、认证体系趋近完善的国家，通过市场竞争形成品牌信誉，而政府不介入的一种发展模式，如美国威瑞信公司等。

1. 认证中心的职能

认证中心的核心职能是发放和管理用户的数字证书。认证中心必须做到以下几点：①使用户能够方便地查找各种证书，包括已经撤销的证书；②能够根据用户请求或其他信息撤销用户的证书；③能够根据证书的有效期自动撤销证书；④能够完成证书数据库的备份工作；⑤能够有效地保证证书和密钥服务器的安全，特别要保证认证中心的签名密钥不被非法使用。

认证中心的四大具体职能包括证书发放、证书更新、证书撤销和证书验证。

（1）证书发放。认证中心接受个人、单位的证书申请，核实申请人的各项资料是否真实，根据核实情况决定是否颁发数字证书。认证中心必须做到以下几点：①保证所发的证书序列号各不相同；②保证不同的实体所申请的证书主体内容不一致；③保证不同主体内容的证书所包含的公开密钥各不相同。

（2）证书更新。证书使用是有期限的，在证书签发时就规定了失效日期，其期限长短根据CA安全策略决定。CA负责更换过期证书，对密钥也需要定期更换。

（3）证书撤销。CA经常公布证书吊销列表（Certificate Revocation List，CRL）。证书撤销可以有许多理由，如发现、怀疑私钥被泄露或检测出证书已被篡改，则CA可提前撤销或暂停使用该证书。

注册用户可向CA申请撤销其证书，CA认证核实后即可履行撤销职责，并通知有关组织和个人。

CA要将已撤销证书记入CRL并公布。CRL中应包括撤销证书的名称、撤销时间、证书序列号等。一般情况下，用户的计算机系统可自动查找CRL并下载，以检查用户证书吊销情况。

（4）证书验证。证书是通过信任分级层次体系（通常称为证书的树形验证结构）来验证的。每一个数字证书与签发数字证书的机构的签名证书相关联。证书验证方法如下：查看某用户数字证书验证身份时，通过证书路径检查证书状态是否正常；如果对签发证书的CA不信任，可逐级验证上一层次CA的身份；验证到信任的根证书或公认的权威的认证中心根证书时，就可以确信该用户证书的合法有效性了。

2. CA的树形验证结构

下面以CA的树形验证结构为例进行讲解，如图3-3所示。认证中心根据功能的不同可划分成不同的等级，不同的认证中心负责发放不同的证书。持卡人证书、商户证书、支付网关证书分别由持卡人认证中心（CCA）、商户认证中心（MCA）、支付网关认证中心（PGCA）颁发；而CCA证书、MCA证书和PGCA证书则由品牌认

图3-3　CA的树形验证结构

证中心（BCA）或区域性认证中心（GCA）颁发；BCA 证书由根认证中心（RCA）来颁发。

RCA 通常使用 2 048 位以上长度的 RSA 密钥来签发 BCA 证书，近年来一些 RCA 的密钥长度已升级为 4 096 位。BCA、更低级别的 CA 以往均使用 1 024 位的密钥签发证书（一些 BCA 的密钥长度已升级为 2 048 位）。如果两个用户持有不同 RCA 签发的证书在网上进行交易，则需要证书的交叉认证作为保证。

基于 PKI 的安全认证体系已被国际普遍认可。例如，A 客户的浏览器根证书列表中包含了它所信任的 CA 根证书。当需要验证 B 网站数字证书合法性的时候，A 客户的浏览器首先从根证书列表中查找签发 B 网站数字证书的 CA 根证书。如果该 CA 根证书存在于 A 客户的浏览器根证书列表中并验证通过，则 A 客户的浏览器承认 B 网站的合法身份并正常显示该网页。如果该 CA 根证书不在 A 客户的浏览器根证书列表中，则浏览器会显示警告信息并询问 A 客户是否继续浏览。

鉴于 CA 建设的重要性，多数国家在建立自己的安全认证体系，但目前还没有国际统一的认证机构。国外著名的认证机构主要有美国的威瑞信公司和加拿大的 Entrust 公司等。

3．我国的安全认证体系

我国现有的安全认证体系可分为金融 CA 与非金融 CA 两种类型。在金融 CA 方面，根证书由中国人民银行管理，一般采用脱机管理，品牌认证中心以"统一品牌、联合建设"的方针进行。在非金融 CA 方面，最初主要由中国电信负责建设。

我国的 CA 又可分为行业性 CA 和区域性 CA 两大类。在行业性 CA 中，中国金融认证中心（CFCA）和中国电信认证中心（CTCA）是影响最大的两家。区域性 CA 大多以地方政府为背景，以公司机制来运作，如上海 CA（SHCA）、北京 CA（BJCA）、广东 CA（GDCA）、深圳 CA（SZCA）等。除了前面这些地方政府支持建设的 CA，还有少数商业机构筹办 CA。这些 CA 大多是自主筹资，如天威诚信公司等。

CA 按照技术来源还可分为引进国外技术与完全自主开发两类。CFCA 和天威诚信公司属于前者，中国电信 CA、广东 CA 和上海 CA 都属于后者。CFCA 的 SET 系统早期由 IBM 公司承建，Non-SET 系统由德达 /SUN/Entrust 集团承建，天威诚信公司的技术平台来自威瑞信公司，但它们的密码模块都是由国内自主开发的。

4．著名认证中心介绍

（1）威瑞信公司

威瑞信公司（以下简称威瑞信）是美国加州的一家专注于多种网络基础服务的上市公司，是全球最大的 PKI/CA 运营商，1995 年 4 月成立，2010 年 5 月并入赛门铁克公司。该公司将自己的业务统称为"智能基础设施服务"，其站点如图 3-4 所示。

作为域名和互联网安全领域的全球领导者，威瑞信实现了全球互联网导航，为全球网站和企业提供保护，确保互联网关键基础设施和服务（包括 .com 和 .net 顶级域名以及两台互联网根服务器）的安全性、稳定性和弹性，发挥着互联网域名系统（Domain Name System，DNS）核心根区域维护者的职能。截至 2022 年 12 月底，威瑞信的域名注册超过 3.504 亿个。

图3-4　威瑞信站点

威瑞信提供的服务包括 DNS 服务、数字信任服务、安全服务、支付服务和欺诈检测服务。威瑞信的数字信任服务通过域名登记、数字认证和网上支付三大核心业务，在全球范围内建立起一个可信的虚拟环境，使任何人在任何地点都能放心地进行在线交易和沟通。

威瑞信在 1995 年成为第一个提供 SSL 证书的认证授权中心，是全球最大的数字证书认证机构。该公司的数字证书是目前市场上支持最多应用和最多设备的数字证书产品，主要包括 SSL 证书、扩展验证 EV SSL 证书、代码签名证书、服务器证书和数字签名证书等。

威瑞信的数字证书业务是其起家的核心业务，面向网站、软件开发商和个人提供数字信任服务，签发专门应对网站鉴别和加密的 SSL 服务器证书，具有强大的加密功能和严格的鉴权措施。全球众多知名网站均安装了威瑞信的 SSL 服务器证书以加强网站安全防护。

（2）中国金融认证中心

中国金融认证中心（CFCA）是经中国人民银行和国家信息安全管理机构批准成立的国家级权威安全认证机构，是国家重要的金融信息安全基础设施之一。在我国《电子签名法》颁布后，CFCA 成为首批获得电子认证服务许可的电子认证服务机构。

2000 年 6 月，中国人民银行牵头，联合中国工商银行等 14 家全国性商业银行共同建成了国家级的第三方权威金融认证机构——CFCA，其网站主页如图 3-5 所示，由银行卡信息交换中心承建。CFCA 采用基于 PKI 技术的双密钥机制，在保证核心加密模块国产化的前提下，通过国际招标建立了具有世界先进水平的认证系统。在管理分工上，中国人民银行负责管理根认证中心，并负责审批统一的品牌认证中心，一般离线脱机进行管理。成员银行接受中国人民银行的委托，建设、运行和管理品牌认证中心，

图3-5　CFCA主页

开展对最终持卡人、商户和支付网关证书的审批、管理和认证等工作。2011 年，CFCA 电子认证服务系统通过国际权威的 WebTrust 认证。2012 年，CFCA 电子认证服务系统（V2.0）和密钥管理系统（V2.0）通过国家密码管理局的安全性审查和互联互通测试并正式运行，CFCA 在金融领域率先完成安全基础设施国产算法改造，已成为国内金融领域最大的电子认证服务机构。

CFCA 已经逐步由单一的电子认证服务机构转变为信息安全综合解决方案提供商；其业务涵盖五大业务板块，即电子认证服务、互联网安全支付、信息安全产品、信息安全服务、互联网媒体及互联网金融产品。截至 2022 年，全国已开通网上银行服务并使用数字证书的银行中，有 97% 的银行使用了 CFCA 提供的电子认证服务。

3.3.3　数字证书

1. 数字证书的概念

数字证书（Digital Certificate 或 Digital ID）是标识网络用户身份信息的一系列数据，是用于证明某一主体的身份及其公钥合法性的一种权威的电子文档，由权威公正的第三方机构 CA 来签发。数字证书必须具有唯一性和可靠性，这一特性需要很多技术来实现。数字证书通常除了采用公钥密码体系，还采用了数字签名、数字信封等技术；包含公开密钥拥有者的

姓名、公钥、发证机构名称等信息；发证机构审核证书主体合法后，使用私钥对上述信息进行数字签名，形成正式的数字证书。数字证书可以存储在多种介质上，但将证书对应的私钥存放在智能卡（也称 IC 卡）、USB Key 上更为安全。

数字证书颁发过程一般如下：①用户在线填写数字证书申请表，自己的计算机系统自动生成公钥 / 私钥对，并将公钥及部分个人身份信息上传给 CA（注：私钥保存在自己的计算机系统中不上传）；② CA 对用户身份进行核实，并对用户发送的信息进行确认；③ CA 签发给用户一个数字证书，该证书包含用户的个人信息及其公钥信息，同时还附有 CA 的数字签名信息；④用户用保存了相应私钥的计算机系统在线下载安装数字证书。

数字证书有效的条件：①证书没有过期；②密钥没有被修改；③用户仍然有权使用这个密钥；④证书不在 CA 发布的证书撤销表中。

小贴士

USB Key 简介：随着电子商务和 PKI 应用的兴起，数字证书作为确认用户身份和保护用户数据的有效手段越来越被人们重视。然而数字证书的保护又是 PKI 体系中最薄弱的环节。数字证书可以保存在各种存储介质上。过去常用的软盘和硬盘既不便携带又容易损坏，这使数字证书容易被复制或被病毒破坏。虽然一般数字证书都带有口令保护，然而一旦数字证书被非法复制，整个系统的安全性就降到仅仅靠口令保护的级别。于是，专门用于存储秘密信息的 USB Key 就成为数字证书的最佳载体。USB Key 是一个带智能芯片、形状类似于闪存的实物硬件，用来保存数字证书和用户私钥，带有 PIN 码保护，并为应用开发商提供符合 PKI 标准的编程接口。用户只能通过厂商编程接口访问数据，这保证了数字证书无法被复制。USB Key 的硬件和PIN 码构成了数字证书使用的两个必要因子，增强了数字证书的安全性能。

2. 数字证书的作用

数字证书可利用一对互相匹配的公钥 / 私钥对网络上传输的信息进行加密和解密、数字签名和签名验证，确保网上所传递信息的机密性、完整性、交易实体身份的真实性和签名信息的不可否认性。数字证书提供了一种在网上验证身份的方式。交易双方可以将各自的数字证书提供给对方以证实自身的合法身份，从而建立起信任关系。每个用户可自己设定一把公共密钥（公钥）并由本人公开，为一组用户所共享，用于加密和验证签名；同时设定一把特定的仅为本人所有的私有密钥（私钥），用它进行解密和签名。当发送一份保密文件时，发送方使用接收方的公钥对数据加密，而接收方则使用自己的私钥解密，确保数据通信安全。

数字证书正成为互联网上的用户识别和登录标准。目前，大多数商务网站使用用户名和口令来认证用户的身份，这种方式需要站点收集所有注册用户的信息，维护庞大的数据库。同时，这种传统登录机制的安全性也比较脆弱，服务器端保存登录用户账号和口令的数据库文件容易遭到外界的攻击而被破坏。数字证书的安全与认证功能可以消除传统口令登录机制中内在的安全脆弱性，为每个用户提供唯一的标识，使其以便利的方式访问 Web 服务器，从而降低网站的维护和管理成本。数字证书现在已经成为服务器认证的标准，有成千上万的商业站点在使用数字证书与用户创建安全的通信通道。

数字证书已经被广泛应用于安全电子邮件发送、安全站点访问、网上证券交易、网上采购招标、网上办公、网上保险、网上税务、网上签约和网络银行等安全电子事务处理和安全电子交易活动领域（见图 3-6）。

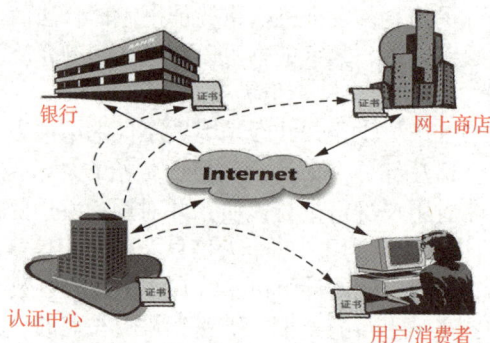

图3-6　数字证书的应用领域

3．数字证书的格式

数字证书的格式遵循 X.509 标准。X.509 标准是由国际电信联盟（International Telecommunication Union，ITU）制定的数字证书标准。根据这项标准，数字证书包括证书申请人的信息和证书发行机构的信息，如图 3-7 所示。

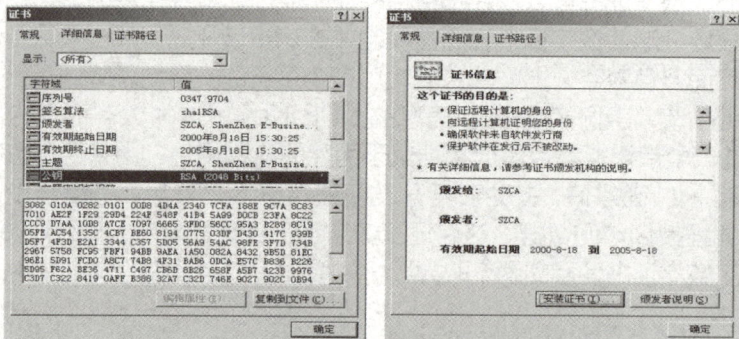

图3-7　数字证书的格式内容

一个标准的 X.509 数字证书主要包含下列内容。

① 证书所有人的姓名。证书所有人的命名规则一般采用 X.500 格式。

② 证书的版本信息。证书的版本信息需要与 X.509 标准的将来版本兼容。

③ 证书的序列号。每个证书都有一个唯一的序列号。

④ 证书所使用的签名算法。目前证书常用的签名算法有 Sha1RSA、Sha256RSA 等。

⑤ 颁发者。证书发行机构的命名规则一般采用 X.500 格式。

⑥ 证书的有效期限，一般采用 UTC 时间格式，期限范围为 1950—2049 年。

⑦ 证书主题名称。

⑧ 证书所有人的公开密钥，包括公钥算法、公钥的位字符串表示（只适用于 RSA）。

⑨ 证书额外信息的特别扩展。

⑩ 证书发行者对证书的签名。

4．数字证书的类型

数字证书按照使用对象划分，主要有个人身份证书、安全邮件证书、单位证书、服务器证书和代码签名证书等类型。

（1）个人身份证书

此类证书在网络通信中用来表明证书持有者的个人身份或规定访问在线信息或服务的权

力。此类证书中包含证书持有者的个人身份信息、公钥及证书颁发机构（CA）的签名。个人身份证书主要应用于个人网上交易、网上支付、电子邮件等相关业务中，实现用户身份认证、信息加密和数字签名等功能。

（2）安全邮件证书

此类证书包含用户的邮箱地址信息，用于电子邮件的身份识别、数字签名和加密；可用于对电子邮件的内容和附件的加密，确保电子邮件在传输过程中不被非授权用户截取、阅读和篡改；可以对电子邮件进行数字签名，使得接收方能够确认该电子邮件是由发送方发送的，并且在传送过程中未被篡改。因此，使用数字签名和加密处理的安全电子邮件具有安全性、机密性、发件人身份的真实性和发送邮件行为的不可抵赖性。

（3）单位证书

此类证书颁发给独立的单位或组织，在互联网上用于证明该单位或组织的身份，进行网上业务的身份识别、信息加密及数字签名等，可用于单位或组织安全电子事务处理的各种应用场景，例如安全电子邮件传送、网上公文传送、网上签约、网上招标投标和网上办公等。

（4）服务器证书

此类证书主要颁发给 Web 站点或其他需要安全鉴别的服务器，证明服务器身份的真实性、安全性和可信任性等，服务器证书需要和服务器的固定 IP 地址或域名进行绑定。通常客户端网络浏览器会自动完成网站或服务器身份的验证，服务器端也会根据需要检查客户端证书的有效性。如果服务器通过客户端用户身份合法性验证，就允许用户访问相应的 Web 资源或建立安全通道，会自动对传输数据进行加密和解密，开始安全电子交易。用户要注意查看站点的服务器证书是否有效以及证书的颁发机构是否在自己计算机系统的受信任机构列表中。此类证书支持 IIS 等主流的 Web 服务器，可存放于服务器硬盘或加密硬件设备上。

（5）代码签名证书

此类证书代表软件开发者的身份，为软件开发商提供对软件代码进行数字签名的技术，证明软件的合法性。代码签名证书可以有效防止正版软件代码被篡改，使用户计算机系统免遭病毒或木马等黑客程序的侵扰，同时还可以保护软件开发商的版权利益。用户在下载安装具有代码签名证书的软件时，可以通过代码签名证书的自动验证来确保软件的合法来源及完整性。

数字证书等身份认证技术解决了网络身份真实性的安全要求，对于信息完整性的要求则需通过信息认证技术（如数字摘要、数字签名和数字时间戳等）加以解决。信息认证在有些情况下比信息保密更重要。例如，有些交易的具体内容并不需要保密，只需要能够确认是对方发送或接收了交易信息以及接收的信息在通信过程中没有被篡改，而网络广告信息的接收方主要关心信息的真实性和来源的可靠性。

5. 广东CA免费数字证书举例

国内外部分 CA 在提供正式数字证书的同时，也提供免费版或试用版数字证书。这些证书可在线直接申请，用于练习和测试等目的，无须后台严格审核，但亦无法律效力。国内提供免费版个人数字证书的 CA 包括数安时代科技股份有限公司（以下简称数安时代）等。

数安时代成立于 2003 年 3 月，由广东数字证书认证中心有限公司整体改制，是一家国有控股的混合所有制改革示范企业，是广东省数字证书认证中心、广东省电子政务认证中心、广东省密钥管理中心的运作实体，是国内首批获得工业和信息化部《电子认证服务许可证》、国家密码管理局《电子认证服务使用密码许可证》和《电子政务电子认证服务机构许可证》的电子认证机构。

数安时代提供的免费 SSL 证书属于 Domain Validation（DV）SSL 证书。该证书仅验证域名所有权，保障浏览器与服务器之间的 HTTPS 访问加密传输，保证信息不会被非法窃取，确保传输数据的安全性和完整性。此证书仅适用于个人网站或对安全级别要求较低的网站，不显示单位名称，并不能证明网站的真实身份，到期后可免费续期，并承诺永久免费。

数安时代也提供免费安全邮件证书。电子邮件在各行各业的应用非常广泛，在商务往来中扮演着重要角色。目前大多数用户采用明文方式发送与存储电子邮件，但这种方式在日益复杂的网络环境中很容易导致电子邮件所含的商业机密及个人隐私被黑客所窥视。为保护用户隐私权和数据安全，数安时代向广大用户免费提供全球通用的且支持所有浏览器和电子邮件软件的客户端个人证书。电子邮件用户使用数安时代提供的免费安全邮件证书对电子邮件进行数字签名并加密传输，保障了电子邮件在传输过程中不被他人阅读及篡改，并由接收者进行验证，确保电子邮件内容的完整性。数安时代安全邮件证书可以免费申请，有效期为 1 年，到期后可以免费更新。该证书支持所有浏览器和电子邮件客户端软件 Outlook，也可用于企业内部管理系统的强身份认证，增强企业内部管理系统使用的安全性。

3.3.4 数字摘要

1. 数字摘要的概念

数字摘要（Digital Digest）是指通过单向 Hash 函数将整个原文信息"摘要"成一串固定长度的摘要信息串，是一项用来保证信息完整性的技术。不同的原文所产生的数字摘要总是不相同的，相同的原文所产生的数字摘要必定一致。Hash 算法是单向的，一旦数据被转换，即使知道了数字摘要也不能反推出原文。数字摘要类似于人的指纹，因此我们也称之为"数字指纹"。用户可以通过数字摘要鉴别原文的真伪，只有数字摘要完全一致，才可以证明原文信息在传送过程中没有被篡改。数字摘要技术的应用使交易信息的完整性要求得以保证。

小贴士 📝

Hash 算法简介：Hash 不是人名，一般翻译为散列、杂凑，或音译为哈希。Hash 算法是一个广义的算法，也可以被认为是一种思想。Hash 算法没有固定的公式，只要符合散列思想的算法都可以被称为 Hash 算法。简单来说，Hash 算法就是能将任意长度的消息压缩到某一固定长度的消息摘要的某种函数。它将任意长度的输入通过某种散列算法变换成固定长度的输出，这个输出值就是散列值、Hash 值或数字摘要。这种转换是一种压缩映射。Hash 算法的特点是很难找到逆向规律。

2. 数字摘要的使用过程

数字摘要的使用过程包括以下几个步骤：①发送方对原文使用单向 Hash 函数得到数字摘要；②发送方将数字摘要与原文一起发送给接收方；③接收方对收到的原文应用相同的单向 Hash 函数，从而产生一个新的数字摘要；④将新的数字摘要与发送方发来的数字摘要进行比较，若两者相同则表明原文在传输过程中没有被篡改，否则就说明原文被篡改过。

3. 数字摘要技术的演变

MD5 和 SHA-1 是十几年前应用最为广泛的两种 Hash 算法，曾经是各种信息安全体系所依赖的"基石"。

MD5 诞生于 1991 年，全称是"Message-Digest Algorithm 5"（信息摘要算法第五版），

是由国际著名密码学家、RSA 的创始人 Ron Rivest 发明的。在 MD5 之前已有 MD2、MD3 和 MD4 几种算法。MD5 克服了 MD4 的缺陷，生成长度为 128 位的摘要信息串，迅速成为主流算法并流行多年。近年来，MD5 在我国已经被淘汰。

SHA 即安全散列算法（Secure Hash Algorithm），诞生于 1993 年，是由美国专门制定密码算法的标准机构——美国国家标准与技术研究院和美国国家安全局（National Security Agency，NSA）设计的。SHA（后来被称作 SHA-0）于 1995 年被 SHA-1 替代，而 SHA-1 可以生成长度为 160 位的摘要信息串。

MD5 和 SHA-1 过去常见的应用如下：早先 Unix 系统及不少论坛 / 社区系统的口令是经 MD5 或 SHA-1 处理后保存其摘要信息串的；在互联网下载文件时使用 MD5 或 SHA-1 来验证所下载文件与原文件的一致性，以此来保证文件信息的完整性。MD5 和 SHA-1 过去还常被用来与公钥密码技术（如 RSA 算法等）结合创建数字签名。几乎所有主要的信息安全协议中都曾经使用过 MD5 或 SHA-1，包括 SSL、TLS、PGP、SSH、S/MIME 和 IPSec 等。MD5 和 SHA-1 两大算法作为数字签名的关键技术曾经被广泛应用于金融、政府办公等重要领域，但如今在我国都已退出应用。

SHA-1 之后，又出现了 SHA-224、SHA-256（较为常见）、SHA-384 和 SHA-512 等被统称为 "SHA-2" 的系列算法。

SM3 是我国政府采用的一种密码散列函数标准，由国家密码管理局于 2010 年 12 月发布，相关标准为《SM3 密码杂凑算法》GM/T 0004-2012。在商用密码体系中，SM3 主要用于数字签名及验证、消息认证码生成及验证和随机数生成等，其算法是公开的，安全性及效率与 SHA-256 相当。2018 年 10 月，我国设计的 Hash 算法 SM3 与 SHA-2、SHA-3 等国际 Hash 算法一起正式成为国际 ISO 密码算法标准。

3.3.5　数字签名

1. 数字签名的概念

在电子商务活动中，参与在线交易的各方可能在整个交易过程中自始至终都未曾见面，传统的签字方式很难应用于这种网上交易场景。在通过网络传送的报文上如何签名盖章呢？如何使彼此的要约、承诺具有可信赖性？当债务与合同义务发生不履行时，又如何有效地使违约方承担起应负的法律责任？这就是数字签名技术要解决的问题。

数字签名（Digital Signature）是指通过公钥密码算法对数据电文进行加密、解密变换来实现的一种电子签名。数字签名是基于 PKI/CA 的技术，通常使用数字证书所含密钥对中的私钥加密信息进行数字签名，用对应的公钥解密来验证数字签名的真实性。

数字签名建立在公钥密码体系基础上，是公钥密码技术的另一类应用。公钥密码技术和数字摘要结合起来形成了实用的数字签名技术。完善的数字签名技术具备签字方不能抵赖、他人不能伪造、在公证人面前能够验证真伪的功能，在电子商务安全服务中的源鉴别、完整性服务、不可否认性服务方面有着重要的意义。

公钥密码技术在加密和签名两方面的应用简单归纳如下：①公钥加密，私钥解密；②私钥签名，公钥验签。前者是常用的信息加密方面的应用，目的是防止信息泄露；而后者是数字签名方面的应用，目的是验明签字方的真实身份和真实意愿，并验证签名和内容未被篡改。

目前市场上主流的第三方数字签名都基于 PKI 公钥加密技术，采用与权威的第三方 CA 合作的方式，利用 CA 颁发的数字证书来证明签字方的真实身份。为防止电子文件的内容被篡改，通常会采用国际主流的 Hash 算法来固化原始的电子文件数据。

2．数字签名和验证

数字签名和验证流程如图 3-8 所示，具体步骤如下：①文件的发送方从原文中生成一个数字摘要，再用自己的私钥对这个数字摘要进行加密来形成其数字签名；②发送方将数字签名作为附件与原文一起发送给接收方；③接收方用发送方的公钥对已收到的加密数字摘要进行解密；④接收方将收到的原文用 Hash 函数生成新的数字摘要；⑤将解密后的发送方数字摘要与接收方新生成的数字摘要进行对比。如果两者相同，则说明信息完整且发送者身份是真实的，否则说明信息被篡改或不是该发送方发送的。

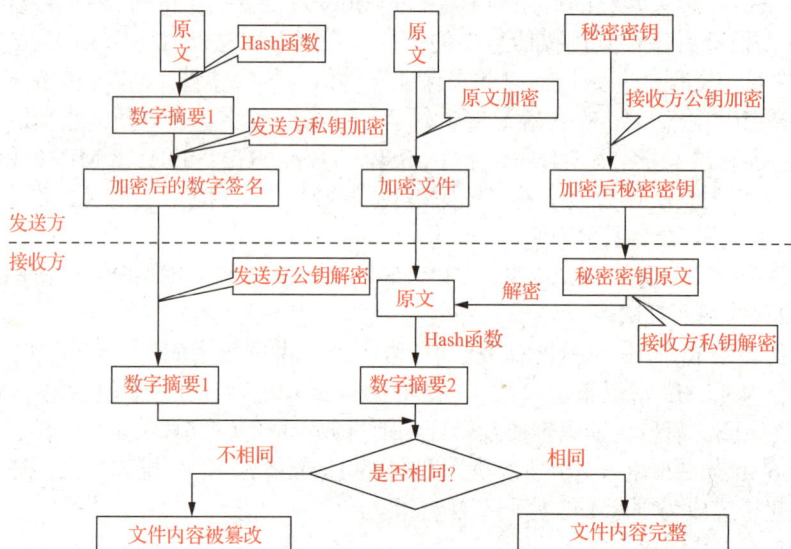

图3-8　数字签名和验证流程

由于发送方自己管理私钥，其他人无法仿冒使用，因此一旦发送方用自己的私钥加密发送了信息就不能否认，所以数字签名同时解决了电子商务信息的完整性鉴别和不可否认性（抵赖性）两项安全问题。

3.3.6　数字时间戳

在电子交易文件中，时间和签名同等重要，都是防止交易信息被伪造篡改或交易双方发生抵赖行为的关键内容。为了防止交易双方事后发生抵赖行为，不仅需要对交易数据进行数字签名，还要保证交易双方就协商内容达成一致的具体时间点真实可靠，这通常要借助数字时间戳来解决。

数字时间戳（Digital Time-Stamp，DTS）技术可用来证明某个事件发生在某个特定时间，是保证不可否认性的一项关键技术。数字时间戳是由国家认可的提供时间戳的机构颁发的电子凭证，能够有效、客观、可靠地证明电子文件产生的时间、归属及产生后内容的完整性，具有法律效力。

可信的数字时间戳必须由国家授时中心授权，由国家法定授时机构负责保障时间的授时和守时监测，通过其提供的服务可精确记录签约时间。由于用户系统的时间很容易改变，由此产生的数字时间戳不可信赖，因此需要一个可信任的第三方时间戳权威（Time Stamp Authority，TSA）来提供可信赖的且不可抵赖的数字时间戳服务。TSA 的主要功能是提供可靠的时间信息，证明某份文件（或某条信息）在某个时间存在，防止用户在这个时间前或时间后伪造数据而进行欺骗活动。

在我国，数字时间戳是由中国科学院国家授时中心联合信任时间戳服务中心（NTSC UniTrust Time Stamp Authority）根据国际时间戳标准 RFC3161 签发的，能证明数据电文在一个时间点上是已经存在的、完整的和可验证的，是具备法律效力的电子凭证。

数字时间戳产生的过程一般包括：①用户对需要数字时间戳的文件使用 Hash 函数，得到数字摘要；②将数字摘要发送到专门提供数字时间戳服务的 TSA；③ TSA 在原数字摘要上加上收到的时间信息，对其使用 Hash 函数得到新的数字摘要；④ TSA 用自己的私钥对新的数字摘要进行加密，产生数字时间戳发还给用户；⑤用户将收到的数字时间戳发送给自己的商业伙伴以证明信息的发送时间。

可见，数字时间戳是经加密后形成的凭证文档，包括 3 个部分：①需加数字时间戳的文件的数字摘要；② TSA 收到文件的数字摘要的日期和时间；③ TSA 的数字签名。

3.3.7　电子签名

1.　电子签名的概念

根据《电子签名法》，电子签名是指数据电文中以电子形式所含、所附用于识别签名人身份并表明签名人认可其中内容的数据。这里的数据电文是指以电子、光学、磁或者类似手段生成、发送、接收或者储存的信息。对于民事活动中的合同或者其他文件、单证等文书，当事人可以约定使用或者不使用电子签名、数据电文。当事人约定使用电子签名、数据电文的文书，不得仅因为其采用电子签名、数据电文的形式而否定其法律效力。

电子签名并不完全等同于数字签名。基于公钥密码技术的数字签名技术是电子签名技术中较为成熟的一种方案，是目前最符合可靠电子签名要求、应用最普遍、可操作性最强的技术之一。电子签名的核心技术涉及身份认证、数字签名和数字时间戳 3 个方面，通过将电子签名的签署人、签署内容和签署时间固化，保证电子签名具备真实性、防篡改性和完整性，从而保证其法律效力。

2.　电子签名的作用

在书面文件上手写签名或盖章，是传统商务中确认文件真实性和法律效力的一种最为常用的手段。传统商务中签名的作用有两点：①因签名难以否认，从而确认文件已签署这一事实；②因签名不易仿冒，从而确定文件是真的这一事实。

电子签名的作用表现在确认当事人的身份，表示签名或盖章，鉴别信息自签发后到收到为止是否被篡改，简单地说，就是确保签名人身份真实、签署后的文档不可修改、签署行为不可抵赖。

电子签名在我国电子商务、金融等领域已经得到较快的推广应用。《电子签名法》早已于 2005 年 4 月 1 日起正式施行，可靠的电子签名与手写签名或者盖章具有同等的法律效力，可以作为信息收发双方对某些有争议信息进行仲裁的法律依据。以联想集团为例，在采用电子签名之前，在联想庞大的 MIS 中，一份合同的生效需要通过接收传真、确认、盖章、回函（传真或 EMS 快递），总耗时大概为 2 周；而采用电子签名之后，一份合同从提交到生效，整个过程可在半天内完成，这极大地提高了商务运作的效率。

3.　相关的法律规定

（1）数据电文符合规定的原件形式要求。符合下列条件的数据电文，可视为满足法律、法规规定的原件形式要求：①能够有效地表现所载内容并可供随时调取查用；②能够可靠地保证自最终形成时起，内容保持完整、未被更改。但是，在数据电文上增加背书以及数据交换、储存和显示过程中发生的形式变化不影响数据电文的完整性。

（2）数据电文符合规定的文件保存要求。数据电文不得仅因为其是以电子、光学、磁或者类似手段生成、发送、接收或者储存的而被拒绝作为证据使用。符合下列条件的数据电文，视为满足法律、法规规定的文件保存要求：①能够有效地表现所载内容并可供随时调取查用；②数据电文的格式与其生成、发送或者接收时的格式相同，或者格式不相同但是能够准确表现原来生成、发送或者接收的内容；③能够识别数据电文的发件人、收件人以及发送、接收的时间。

（3）数据电文作为证据的真实性。数据电文作为证据使用应当考虑以下因素：①生成、储存或者传递数据电文方法的可靠性；②保持内容完整性方法的可靠性；③用以鉴别发件人方法的可靠性；④其他相关因素。

（4）数据电文视为发件人发送的情形。数据电文有下列情形之一的，视为发件人发送：①经发件人授权发送的；②发件人的信息系统自动发送的；③收件人按照发件人认可的方法对数据电文进行验证后结果相符的。当事人对前款规定的事项另有约定的，从其约定。

（5）数据电文视为被接收的情形。法律、行政法规规定或者当事人约定数据电文需要确认收讫的，应当确认收讫。发件人收到收件人的收讫确认时，数据电文视为被接收。

（6）数据电文发送时间和接收时间的认定。数据电文进入发件人控制之外的某个信息系统的时间，视为该数据电文的发送时间。收件人指定特定系统接收数据电文的，数据电文进入该特定系统的时间，视为该数据电文的接收时间；未指定特定系统的，数据电文进入收件人的任何系统的首次时间，视为该数据电文的接收时间。当事人对数据电文的发送时间、接收时间另有约定的，从其约定。

（7）可靠电子签名的认定。电子签名同时符合下列条件的，视为可靠的电子签名：①电子签名制作数据用于电子签名时，属于电子签名人专有；②签署时电子签名制作数据仅由电子签名人控制；③签署后对电子签名的任何改动能够被发现；④签署后对数据电文内容和形式的任何改动能够被发现。当事人也可以选择使用符合其约定的可靠条件的电子签名。简单地说，判定电子签名可靠的四要素就是代表真实身份、表达真实意愿、签名未曾改动和内容未曾改动。

4. 我国电子签名行业发展历程

我国电子签名行业的发展经历了两个阶段。

（1）电子签名 1.0 时代：传统软件交付方式的电子签名。电子签名的早期兴起可追溯至2001 年，当时国家提出"建设信息化要政府先行"，电子政务建设领域对电子签名的需求迅速增加，因此出现了中国最早一批电子签名服务商，此时电子签名产品多采用本地部署的形式。电子签名产品最初以电子签名软件为主，通过 MS Office 等软件客户端插件完成电子签名；电子签名服务商也为客户提供基础的电子签名技术接口，由客户自己封装成电子签名系统。在这个阶段，电子签名行业市场长期被各地的 CA 和服务于内网系统的电子签章企业所占据，电子签名客户多集中在政府、医疗、银行等领域的大型企业，存在数据安全性不足、无法形成流程化服务和电子印章管理难度较高等问题，《电子签名法》于 2005 年 4 月1 日起开始施行，为电子签名的使用提供了法律基础。此后的《电子认证服务密码管理办法》《证书认证系统密码及其相关安全技术规范》《电子合同在线订立流程规范》进一步完善了电子签名应用的规范。

（2）电子签名 2.0 时代：基于云服务的第三方电子签名。随着移动互联网时代的到来，企业对交易效率的要求不断提高，越来越多的交易需要在线上完成，电子签名逐渐成为企业数字化办公的关键。2013 年，互联网金融的全面爆发是电子签名正式走向云服务的催化剂，新兴的第三方电子签名创业公司纷纷涌入市场。一批采用云签模式的第三方电子签名服务商出现了，它们通常采用 SaaS 服务模式，以满足客户随时随地签合同的需求，大幅降低电子签名的使用门槛，缩减部署的时间和成本。现阶段，电子签名行业以"场景化""生态融合""网络效应"为发展关键，以生态融合为发展关键词，对场景化应用的渗透加深。主流的第三方电子签名服务商不再局限于提供实名认证和电子签名等基础服务，而是开始围绕核心的电子签名和电子合同，开展数据存证和法律服务等增值服务，并向全链条、全生态的服务体系拓展。电子签名在电子合同应用方面，服务链条涉及实名认证、合同确认、电子签名、合同管理、电子存证、法律服务等多个环节。电子签名行业的服务边界进一步拓宽，向全行业客户扩散，向产业链上下游延伸，提供包括保全证据公证服务、司法鉴定、在线仲裁等与电子签名相关的法律增值服务。

5. 第三方电子签名服务

（1）第三方电子签名服务的类型

目前，我国第三方电子签名服务主要有 SaaS（软件即服务）平台签署、PaaS（平台即服务）接口集成和私有云本地部署 3 种类型。

① SaaS 平台签署服务，主要面向中小企业和个人用户，提供标准化的电子签名软件应用，除典型的 Web 和 App 形式外，也可在企业办公 SaaS 上整合应用。

② PaaS 接口集成服务，主要服务大型企业和平台型企业，通常以 API 或 SDK 的方式向客户开放电子签名功能，可以灵活嵌入客户自身的业务系统中，满足客户更多的定制化需求。

③ 私有云本地部署服务，合同不出本地，适合对隐私保护要求极高的客户，主要服务于政府、大型银行、医疗机构和企业集团等对信息安全极为敏感的客户，需与原有信息系统进行对接。

（2）我国的电子签名服务商

我国的电子签名服务商主要有 4 类。

① 以电子签名为核心业务的电子签名独立服务商，如 e 签宝、法大大、上上签、契约锁、金格科技和北京安证通等。

② 基于数字证书业务跨界进入电子签名市场的 CA，如 CFCA、北京 CA、上海 CA、天威诚信和深圳 CA 等。

③ 有证据保全、商用密码和信息安全背景的跨界服务商，如安信天行、易保全、卫士通和国脉信安等。

④ 互联网公司，如腾讯电子签、京东云和字节跳动旗下的电子签等。

我国电子签名行业未来的发展方向之一，就是打通区域、平台壁垒，实现社会化电子印章的兼容互认。建设标准规范的、兼容互认的统一电子印章平台，不仅能够给企业的"跨省通办"业务带来便利，而且能够赋能跨区域、跨平台的企业间电子签名，进而实现社会化电子印章。

（3）电子签名的新标准

过去电子签名的标准大多围绕公钥基础设施，但随着电子签名系统成为集身份认证、文档管理、存证保全等于一体的综合性系统，仅聚焦于公钥密码技术的安全标准已经不足以满足电子签名的应用需求。2021 年，中国网络安全审查技术与认证中心牵头，结合电子签名系统全生命周期流程，发布了首个规定电子签名系统安全技术要求的行业标准《电子签名系统安全技术要求（EAL3）》。该技术要求描述了身份鉴别、通信保护、数据保护、密码支持、访问控制、安全审计、安全权利七大安全功能。

随着电子签名云部署比例的增加，SaaS 模式电子签名的安全问题引起重视。为建立系

实例3-1：e签宝：中国领先的电子签名服务平台

实例3-2：电子签名助力海康威视电子合同业务

实例3-3：DocuSign电子合同管理平台介绍

统化的云服务安全规范，中国信通院等数十家云服务商共同编制了云计算服务安全要求系列标准。其中，《云计算服务安全要求 第 2 部分：SaaS 安全要求》行业标准专门针对 SaaS 服务的安全功能与机制提出要求。

第三部分　课题实践

一、实训

实训3-1　广东CA免费数字证书的申请与安装

数安时代（GDCA）网站向广大用户免费提供全球通用的且支持所有浏览器和电子邮件软件的客户端个人证书——GDCA 免费邮件证书。邮件用户使用 GDCA 免费邮件证书对电子邮件进行数字签名并加密传输，一方面可以保证邮件发送者身份的真实性，另一方面可以保证邮件传输过程中不被他人阅读及篡改，并由邮件接收者进行验证，确保电子邮件内容的完整性。

免费的安全邮件证书的最大有效期限为 1 年，申请人不需要支付证书使用费。证书申请和发放采用在线处理的方式，用户可以在线完成证书的自助申请，并将证书下载安装到自己的计算机系统或数字证书存储介质中。该证书的增强型密钥用法（属性）包括客户端身份验证、代码签名、文档签名、加密文件系统、保证电子邮件的安全、服务器身份验证和数字时间戳签发等用途。

1. 实训目的和内容

①了解个人安全邮件证书的申请流程（包括注册、登录、申请、审核和颁发）；②掌握数字证书的下载和安装方法；③掌握数字证书的导入和导出方法。

2. 实训操作指导

（1）免费数字证书的申请下载操作

① 访问数安时代网站主页，在导航栏"产品中心"下拉菜单"TrustAUTH® 证书产品"中单击"GDCA 免费邮件证书"链接，如图 3-9 所示。在邮件证书介绍内容页面单击"立即申请"链接。

② 在弹出的用户登录界面填写正确的邮箱、密码，勾选同意数字证书条款，单击"发送验证码"按钮；登录自己的电子邮箱进行验证，复制出验证码并填写到邮箱验证码输入栏中。

图3-9　数安时代网站主页

③ 完成邮箱验证后，单击 GDCA 安全邮件证书的"免费申请"链接，如图 3-10 所示。在打开的页面单击获取邮箱验证码；登录邮箱，复制邮件中的验证码并填写到图 3-11 所示的页面中。继续在此页面中填写并确认保护密码（妥善保管），输入手机号码和手机验证码，填写随机码，勾选"我已阅读并同意《GDCA 数字证书用户协议》"，单击"提交申请"按钮。

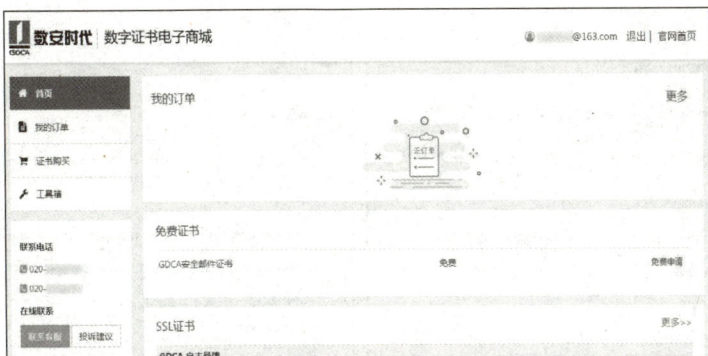

图3-10 单击"免费申请"链接

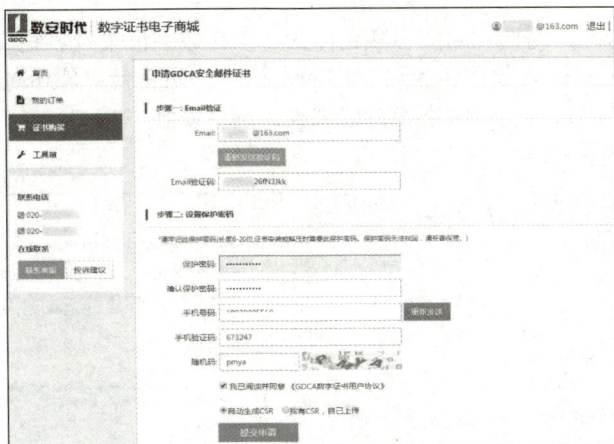

图3-11 邮箱验证与保护密码设置

④ 在图 3-12 中，下载证书压缩包文件，将其保存到计算机本地（妥善保管）；使用预设的保护密码解压文件，从而获得个人免费邮件证书 .pfx 格式的文件。可以使用 IE11/Firefox/Chrome 等浏览器下载证书。注意：申请和下载证书必须在同一台计算机上进行；请下载安装后妥善保管证书，证书安装密码为申请证书时输入的保护密码。

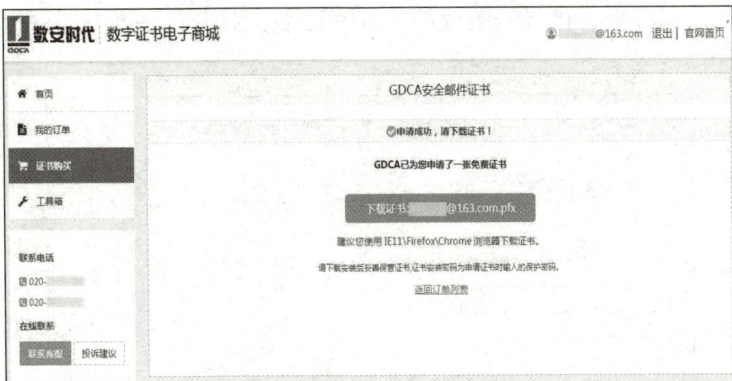

图3-12 证书下载页面

（2）证书导入安装操作

双击个人免费邮件证书 .pfx 格式的文件，开始使用证书导入向导，如图 3-13 所示。

图3-13　证书导入向导页面

输入私钥保护密码，勾选"启用强私钥保护"。在数字证书及私钥文件已经预先备份的情况下，可以不勾选"标志此密钥为可导出的密钥"，防止计算机上的私钥文件被非法导出。按照向导引导，确认将安全级别设置成中级，确认安装广东CA根证书，并完成证书及私钥的成功导入，如图3-14所示。

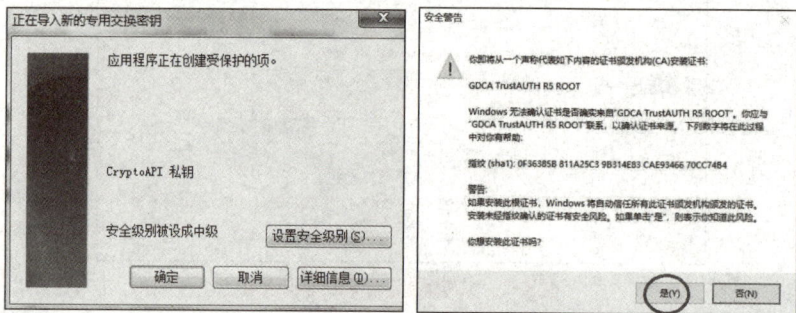

图3-14　设置私钥强保护与根证书信任关系

（3）数字证书的查看

安装好的数字证书可以在浏览器中查看，但不同的浏览器的访问路径不同。

① 如果是使用微软IE浏览器的用户，则通过菜单栏"工具"→"Internet选项"→"内容"→"证书"的路径查看已经安装成功的数字证书，双击数字证书即可查看其内容，如图3-15所示。

图3-15　查看成功安装的数字证书

②　如果是使用谷歌浏览器的用户，则通过菜单栏"设置"→"隐私设置和安全"→"安全"→"管理设备证书"→"内容"→"证书"的路径进入证书查看页面。

③　如果是使用 Edge 浏览器的用户，则通过菜单栏"设置"→"隐私、搜索和服务"→安全性栏目下的"管理证书"→"内容"→"证书"的路径进入证书查看页面。

④　如果是使用 360 浏览器的用户，则通过菜单栏"工具"→"Internet 选项"→"内容"→"证书"的路径进入上面的证书查看页面。

（4）数字证书的导出和导入操作

为了保护数字证书及私钥的安全，经常需要进行数字证书及私钥的备份工作。如果需要在不同的计算机上使用同一张数字证书或者重新安装计算机系统，就需要重新导入数字证书及私钥。

①　备份数字证书和私钥。如果最初数字证书文件导入计算机系统时，已经勾选"标志此密钥为可导出的密钥"，则可以进行私钥的导出备份操作；否则，不可以再次从计算机系统中导出备份私钥文件，只能导出数字证书公钥文件。操作步骤：单击"导出"按钮单选项，如图 3-16（a）所示→出现"证书导出向导"界面，单击"下一步"按钮→可以选择将私钥和数字证书一起导出，这时选择"是，导出私钥"，如图 3-16（b）所示，单击"下一步"按钮→选择文件导出格式，可以保持默认设置，单击"下一步"按钮→键入并确认保护私钥的口令（记住自己设置的口令），单击"下一步"按钮→单击"浏览"按钮，确定数字证书及私钥导出保存的路径和文件名（文件扩展名为 .pfx），单击"下一步"按钮→提示"你已经成功完成证书"的导出操作，单击"完成"按钮→提示证书导出成功，单击"确定"按钮，证书被成功导出。文件图标中有一把钥匙标志。

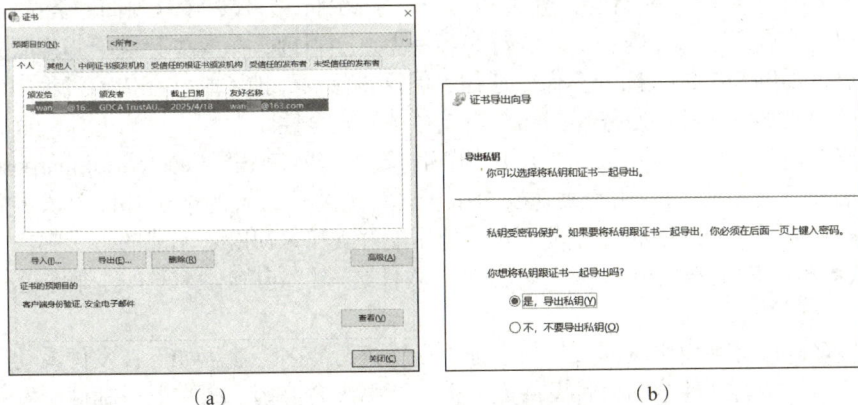

（a）　　　　　　　　　　　　　　　　　（b）

图3-16　数字证书及私钥的备份操作

②　导出备份数字证书公钥的操作步骤。单击"导出"按钮→出现"证书导出向导"界面，单击"下一步"按钮→在导出私钥选项中，选择"不，不要导出私钥"选项，单击"下一步"按钮→选择文件保存位置，设置文件名称→按照默认向导步骤导出 .cer 文件。

③　重新导入数字证书及私钥的操作步骤。如果某计算机系统中没有安装数字证书，可以单击图 3-16（a）中的"导入"按钮→出现"证书导入向导"界面，单击"下一步"按钮→单击"浏览"按钮，确定数字证书及私钥文件的保存路径，找到扩展名为".pfx"的数字证书备份文件并打开，单击"下一步"按钮→键入保护私钥的口令，勾选"启用强私钥保护"，单击"下一步"按钮→选择证书存储区域，单击"下一步"按钮→提示证书导入成功，单击"确定"按钮，数字证书及私钥被成功导入。

④ 向老师提交操作作业。将导出的数字证书公钥文件（.cer）发送到老师的电子邮箱，老师根据学生完成任务的质量进行成绩评定。

注意事项：此免费数字证书为客户端个人邮件证书，数字证书主题中只显示已经验证的电子邮件地址，不显示数字证书持有人的姓名；每个电子邮箱同一时间只能申请一次，数字证书过期后可以继续申请免费证书。如果在一个工作日后还没有收到颁发数字证书的通知邮件，可能是申请被拒绝，需重新申请。

特别提醒 ✎

因为数字证书的公钥和私钥在本地生成，提交数字证书申请表时仅上传数字证书的公钥，私钥仍保存在本地，因此，数字证书的下载安装必须在提交数字证书申请表的同一台计算机上进行。

如果因 CA 根证书不被信任而出现数字证书异常的情形，可以通过如下办法解决：将根证书文件导入计算机系统的"受信任的根证书颁发机构"，并设置好高级项。

实训3-2　安全电子邮件实践

电子邮件已经成为企业级商务应用中非常重要和不可缺少的网络通信工具。由于商务邮件的内容可能涉及非常机密的商业信息，就会有人试图非法窃取或篡改邮件，或伪造合法身份发送邮件。常用邮件系统采用 Web 方式登录，使用用户名 / 口令进行简单认证，非法用户很容易冒用他人身份登录系统，查阅和发送电子邮件。另外，电子邮件一般都是明文传输，这使得窃取或篡改邮件内容等非法行为容易得逞。目前，只有少数电子邮件服务商为用户的邮箱登录提供 SSL 协议的安全保密通信，但这也仅仅保护了邮件在传输过程中的安全，而不能保证明文邮件在邮件服务器端和客户端存储的安全性。

使用安全电子邮件技术可以保护用户的邮件安全。S/MIME（Secure/Multipurpose Internet Mail Extensions）是互联网中用来发送安全电子邮件的协议，它为电子邮件提供了数字签名和加密功能。为了电子邮件收发安全，必须使用能够支持 S/MIME 功能的电子邮件客户端工具。Outlook 2016 就是常用的电子邮件客户端软件之一，支持数字证书对邮件进行签名和加密。

发送签名邮件必须使用发件人的数字证书私钥进行签名。流程如下：发件人动用私钥对邮件进行签名；签名邮件会同时将发件人的数字证书（含公钥）附在电子邮件中发送出去；收件人查看签名邮件中的发件人数字证书，从而可以确认发件人身份的真实性。但是，签名邮件仍无法保护信息内容的安全性，第三方窃密者仍可以读取邮件正文内容。

对于加密邮件，只有指定的收件人才能阅读该邮件的内容和附件。发件人必须使用收件人的数字证书公钥来加密邮件信息；收件人接收加密邮件后，必须使用相应的私钥解密邮件。

数字签名邮件在商务应用中比较规范。《电子签名法》第十四条规定：可靠的电子签名与手写签名或者盖章具有同等的法律效力。当交易双方发生纠纷时，数字签名邮件可以作为正式的法庭证据，具有即时通信工具或普通邮件所不具备的优势。目前企业面临的安全隐患很多是因电子邮件操作不当而起的。企业商务人员应该养成良好的安全意识和习惯，熟练掌握安全电子邮件操作技能。

1. 实训目的和内容

①掌握电子邮箱及安全邮件证书的配置方法；②掌握 Outlook 2016 选项的安全项配置方法；③掌握数字签名邮件的收发操作方法；④掌握加密邮件的收发操作方法。

2. 实训操作指导

（1）电子邮箱账户属性的安全项设置

① 在 Outlook 2016 中查看电子邮件。在前面的实训项目中，我们已经掌握了使用 Outlook 2016 收发电子邮件的参数配置，也掌握了免费电子邮件证书的申请和导入安装技能。在此基础上，我们继续进行下面的操作。运行 Outlook 2016，进入邮件管理界面，如图 3-17 所示。

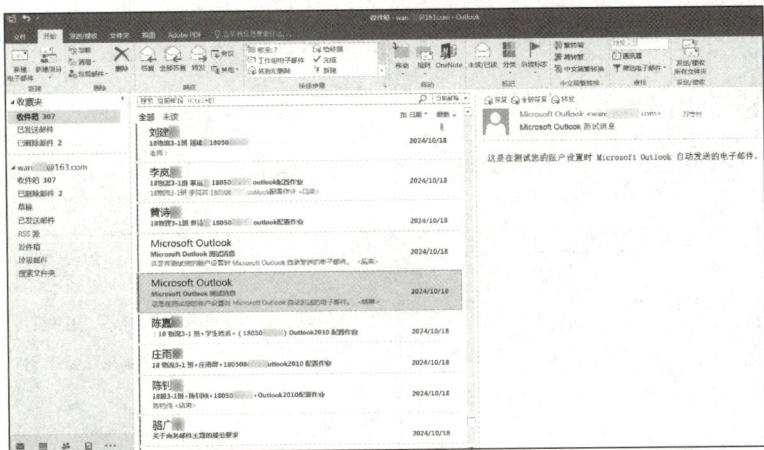

图3-17　Outlook 2016的邮件管理界面

② 进行信任中心属性设置。选择 Outlook 2016 左上方"文件"菜单中的"选项"选项，进入"Outlook 选项"界面，选择"信任中心"选项卡，单击"信任中心设置(T)…"按钮，如图 3-18 所示。

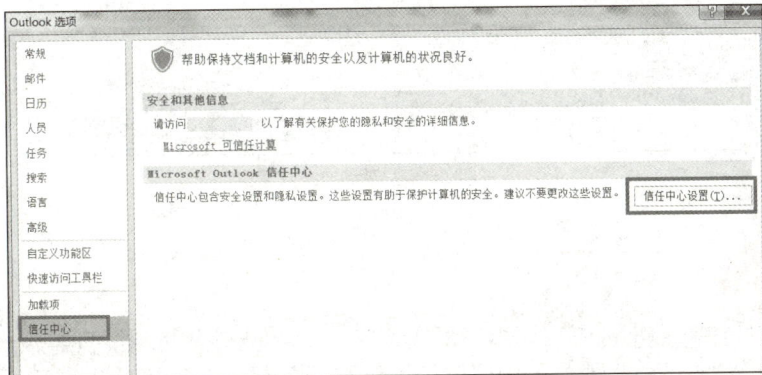

图3-18　Outlook选项下的信任中心设置

③ 进行电子邮件安全性设置。在"信任中心"界面选择"电子邮件安全性"选项卡，勾选"给待发邮件添加数字签名(D)""对所有 S/MIME 签名邮件要求 S/MIME 回执(R)"，单击右侧的"设置(S)…"按钮，如图 3-19 所示，进入"更改安全设置"界面。

④ 进行安全设置首选参数设置。分别单击"签名证书"右侧的"选择(C)…"按钮和"加密证书"右侧的"选择(H)…"按钮，如图 3-20 所示。加密证书是提供给他人的，方便他人向自己发送加密邮件。

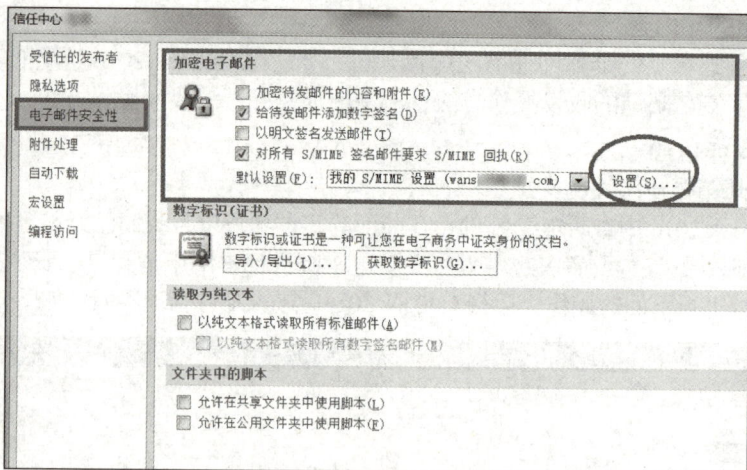

图3-19　电子邮件安全性设置

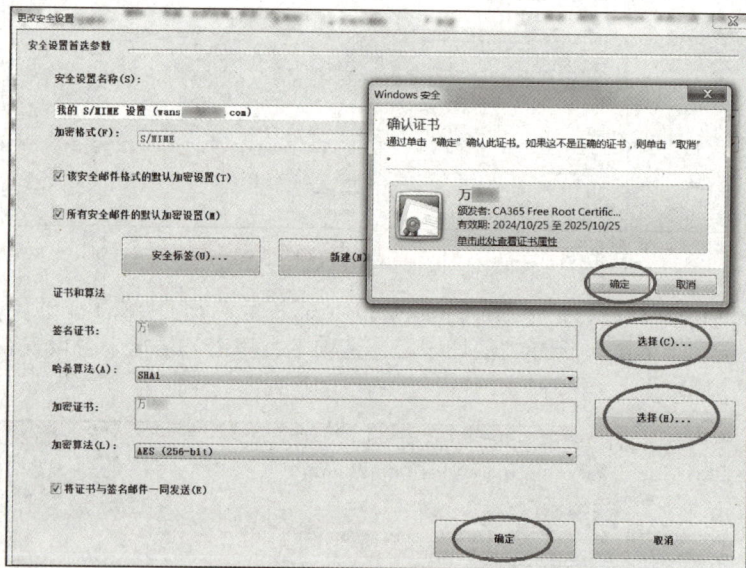

图3-20　安全设置首选参数设置

提示 💡

如果此处没有数字证书，可能的原因包括：数字证书及私钥没有导入，没有安装上级根证书，数字证书主题中的电子邮箱地址与现配置的电子邮箱地址不一致，等等。

（2）用Outlook 2016发送数字签名邮件操作

在Outlook 2016左上方的"开始"菜单下单击"新建电子邮件"按钮。在新邮件创建界面中选择收件人电子邮箱地址，按照规范的要求填写邮件主题，撰写邮件内容。在"选项"菜单下单击"权限"按钮右侧的"签署"按钮，然后单击"发送"按钮发送邮件，如图3-21所示。

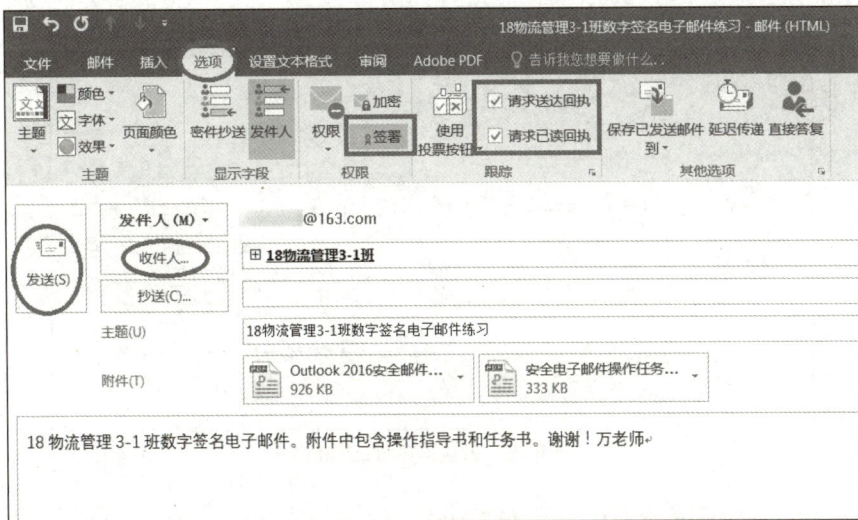

图3-21 发送数字签名邮件

（3）用 Outlook 2016 发送签名和加密邮件操作

① 获得他人的数字证书公钥。要发送加密邮件，就需要有收件人的数字证书公钥。获得他人数字证书公钥的方法有：获取他人数字证书公钥文件（扩展名为".cer"），接收带有他人数字签名的邮件。将带有他人数字签名的邮件打开后，会看到证书标识。单击该标识，可以查看"发件人证书"，也可以将其添加到通信簿。

② 关联联系人与数字证书公钥。在联系人管理界面中打开某联系人名片，单击"证书"按钮，进入图 3-22 所示的界面；单击右侧的"导入(M)…"按钮，将某联系人的数字证书公钥文件导入绑定；单击"保存并关闭"按钮。

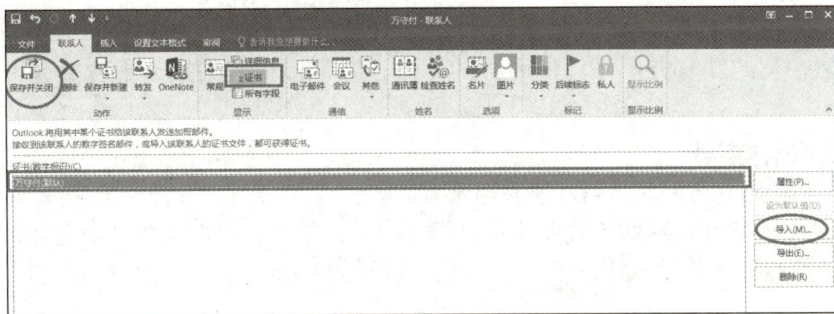

图3-22 在联系人名片中绑定数字证书公钥

③ 给他人发送签名和加密邮件。在安装了发件人数字证书私钥并获得收件人数字证书公钥后，可以同时发送签名和加密邮件。在 Outlook 2016 的"开始"菜单下单击"新建电子邮件"按钮，在新邮件创建界面中选择某收件人的电子邮箱地址，按照规范的要求填写邮件主题和内容。在"选项"菜单下单击"加密"和"签署"按钮，同时勾选"请求送达回执"和"请求已读回执"；检查无误后，单击左侧的"发送(S)"按钮；在"申请使用密钥的权限"对话框中选择"授予权限"单选项，单击"确定"按钮，如图 3-23 所示，动用私钥完成电子签名，发出电子邮件。

班级实验小组成员或同学间（也可利用自己的两个邮箱间）相互发送签名和加密邮件。熟练操作后，按照老师的任务书要求发一封安全电子邮件给老师，作为成绩评定的依据。

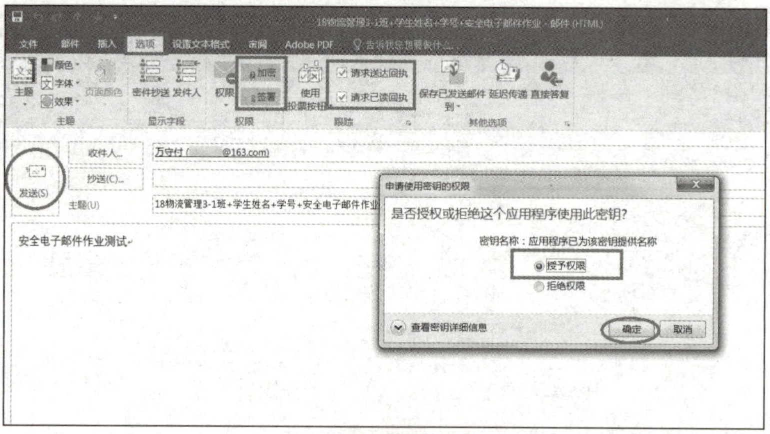

图3-23　发送签名和加密邮件

实训3-3　电子合同在线电子签名操作

目前，国内具有代表性的电子合同服务商有 e 签宝、契约锁和法大大等。考虑到课堂注册体验的便利性，本次实训主要通过契约锁云平台体验电子合同的第三方在线电子签名操作。

契约锁成立于 2016 年，是上海亘岩网络科技有限公司联合数字证书认证中心、权威公证处等打造的电子签约和印章管理的一体化服务平台，主要面向 B 端客户提供电子合同与数字签名，提供电子合同云平台服务。契约锁根据不同企业的特点，提供以电子签约管理、实体印章管理、To B/C 线上交易、人事管理、数据存证管理、上下游合同签约等应用场景的电子签约服务。

通过契约锁云平台进行电子合同在线电子签名操作，解决电子合同信息的完整性、不可否认性和签约身份的真实性等问题。

1. 实训目的和内容

①掌握在契约锁官方网站注册账号的方法；②掌握在契约锁云平台签署电子合同的操作。

2. 实训操作指导

（1）在契约锁官方网站进行注册并登录

① 登录契约锁官方网站（或安装手机端 App），单击首页右上角"免费注册"按钮，输入手机号及验证码，进入下一步，输入想要设置的密码和手机短信收到的验证码，完成注册。

②注册之后将自动登录，如果退出以后需要再次登录：单击首页右上角"登录"按钮，输入用户名和密码，单击"登录"按钮即可。

（2）在契约锁云平台体验签署电子合同

契约锁云平台首页下方有一份示例合同，可以利用它体验签署，如图 3-24 所示。

①单击"等待我处理"栏目下的"体验签署文档"选项，进入"体验签署文档"页面。

②用微信扫描页面左侧的二维码，在手机上的登录界面中输入用户名和密码，登录账号后书写个人签名，保存之后页面左侧的二维码会跳转显示设置好的签名和当前日期。

③拖动页面左侧浮动区域中的个人签名和日期到合同文件的合适位置，单击页面右上方的"完成签署"按钮，设置并输入签署密码，完成签署。

④可单击页面右上方的"下载"按钮，将合同保存到本机。

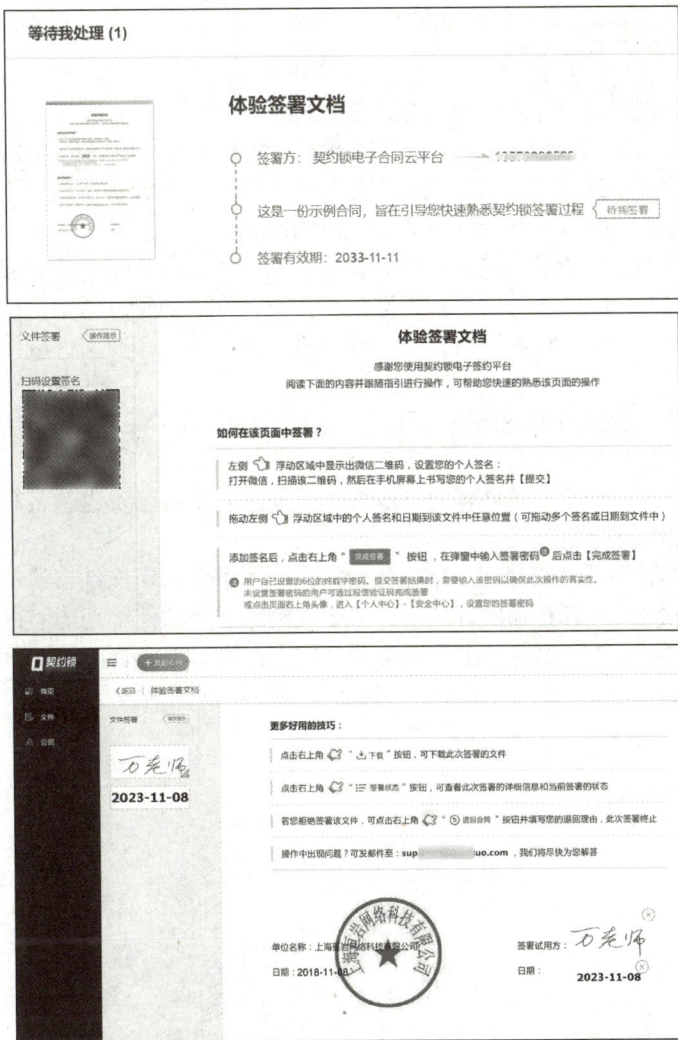

图3-24　在契约锁平台体验签署电子合同

　　学生按照规范的作业邮件格式要求，将签名后的电子合同文件下载下来，将其作为电子邮件的附件发给老师评价并记录成绩。

二、思考练习题

　　思考如下问题并组织小组讨论，分小组分享观点。
　　（1）电子商务的安全性要求及技术措施有哪些？
　　（2）对称加密算法和非对称加密算法的优缺点有哪些？
　　（3）简述身份认证的基本方式及双因素认证。
　　（4）简述认证中心的概念及基本职能。
　　（5）简述数字证书的概念、作用及类型。
　　（6）简述数字摘要的概念及使用过程。
　　（7）简述数字签名的概念。

三、实践练习题

（1）通过互联网检索本年度全球发生的重大网络安全事件。

（2）访问广东 CA，在线申请免费数字证书，熟练掌握数字证书的备份与导入操作。

（3）访问亚马逊中国网站，单击浏览器地址栏上的"证书详情"或"安全报告"（金黄色锁的图标），查看该网站服务器证书和发证机构情况。

（4）访问法大大等电子签名网站，免费试用针对电子合同的电子签名服务。

（5）配置好 Outlook 2016 等电子邮件客户端工具，在资源管理器中，使用鼠标右键菜单中的"发送到"→"邮件接收者"将存储在计算机本地的课堂作业文件或课件文件发送到自己的电子邮箱。

（6）利用各院校所拥有的网络资源和模拟系统，进行数字证书在线申请、CA 后台业务管理操作。（可选做）

（7）使用 Outlook 2016 等邮件客户端软件，反复练习给自己发送签名和加密的安全电子邮件，熟练掌握相关技能。

（8）进行安全邮件可读性测试。预先备份好数字证书的私钥文件，然后尝试把浏览器中自己的数字证书删除，再看看邮件客户端工具中收到的加密邮件是否能够正常显示。最后测试一下，将自己收到的加密邮件导出后发送给其他人，看对方能否正常阅读邮件内容。

课题四
电子商务支付

知识目标

➢ 了解传统支付方式及其优缺点
➢ 了解电子支付与网上支付
➢ 理解网上银行的概念
➢ 了解网银转账支付的流程
➢ 理解第三方网上支付的概念

技能目标

➢ 掌握在线支付的安全保证措施
➢ 掌握网上银行转账支付操作技能
➢ 掌握数字钱包在线支付操作技能

建议学时

8 学时

第一部分　案例与分析

案例　招商银行的网上银行建设

招商银行（以下简称招行）成立于 1987 年 4 月，总行设在深圳，是我国第一家完全由企业法人持股的股份制商业银行。经过 36 年的发展，招商银行已从当初偏居深圳蛇口一隅，只有资本金 1 亿元、1 个网点、30 余名员工的区域性小银行，发展成为有一定规模与实力的大银行，逐渐形成了自己的经营特色和优势，形成了立足深圳、辐射全国、面向海外的机构体系和业务网络。

招行坚持差异化发展，形成了鲜明的服务特色。招行主要业务包括零售金融业务和批发金融业务，尤其在零售金融业务领域的优势愈发突出。截至 2022 年年末，招行服务零售客户数 1.84 亿（含借记卡和信用卡客户），客户总资产管理规模（Asset Under Management，AUM）达 12.12 万亿元；私人银行客户数突破 13 万，AUM 达 3.79 万亿元，居境内行业第一；在公司金融业务领域，招行服务公司客户数252.61万，客户融资总额（Finance Portfolio Aggregate，FPA）5.12万亿元。招行打造了分层分类的服务体系、行业专业化的服务能力、投商行一体化的服务模式、"全行服务一家"的服务机制，为客户提供差异化、综合化的金融解决方案。

招行资产规模稳步增长，盈利能力持续增强，利润增速位居国内行业前列。截至2022年年末，招行总资产为10.14万亿元，名列国内银行业第6；营业收入为3 447.83亿元，排名国内银行业第5；净利润为1 380.12亿元，名列国内银行业第5；平均总资产收益率（ROAA）为1.42%，平均净资产收益率（ROAE）为17.06%，均名列境内大中型上市银行第1。招行在中国境内设有143家分行（包含自贸试验区分行等）和1 756家支行，覆盖130多个城市，在境外拥有纽约、伦敦、悉尼等地6家分行和2家代表处，员工总数逾11万。近年来，招行曾多次荣获"亚太区最佳零售银行"等荣誉。2022年，在《财富》世界500强中，招行位列第174；在英国《银行家》杂志公布的全球银行1 000强排名中，招行位列第11，连续5年位居前20强。

案例分析

招行在37年的发展过程中，经历过3次重大转型。

1. 开启零售金融转型的1.0时代

1995年7月，招行在深圳推出"一卡通"银行借记卡，这被誉为我国银行业在个人理财方面的创举，引领中国银行业从存折时代进入银行卡时代，开启了零售金融转型的1.0时代。"一卡通"银行借记卡集多币种、多储种存折和存单于一身，具有使用安全、简便、高效等特点。截至2017年年底，招行累计发卡量超过1亿张，招行成为国内继工商银行和建设银行之后第三家累计发卡量破亿张的银行。

2. 引领零售金融进入2.0时代

招行较早就深刻认识到，发展网上银行是起步晚、规模小的商业银行缩短与国内外大型商业银行差距的有效途径。1997年开始，招行把目光投向了刚刚兴起的互联网，推出"一网通"系统并迅速取得了网上银行发展的优势地位。"一网通"的成功推出标志着招行在银行电子化建设方面开始追赶国际水平，从而确立了招行国内网上银行领跑者的地位，使招行在一定程度上摆脱了网点较少对规模发展的制约，可以在物理网点的经营建设上节省大量的人力和财力，使招行在网络经济时代实现传统银行业务与网上银行业务的有机结合，为其进一步加快发展步伐奠定了坚实的基础。经过多年的快速发展，"一网通"已构建起由网上企业银行、网上个人银行、网上商城、网上证券和网上支付等组成的较为完善的网上金融服务体系。互联网给招行提供了千载难逢的机遇，其跨越时空的特性为招行建立核心竞争优势提供了有力的支撑。

2004年，招行明确提出了"将零售银行业务作为发展的战略重点，逐步推进零售银行业务管理体系和组织架构变革"。到2010年，招行正式实施"二次转型"。此时，国内大部分银行迫于经营环境的剧变，才纷纷从原先普遍倚重的高收益、高产出的对公业务向零售业务转型。然而，此时的招行在零售业务方面早已大幅度领先于同行，在国内市场上已经形成了用户、产品、渠道、品牌等差异化优势。

21世纪的前10年，招行抓住我国居民家庭资产快速增长的机遇，以月活跃用户数代替储蓄存款额为核心指标，搭建财富管理经营体系，引领零售金融进入2.0时代。

2014年前后，招行正式提出了"一体两翼"战略，以零售金融为主体，公司金融和同业金融为两翼，打造"轻型银行"。2016年，招行零售金融业务便在贷款余额、营业收入、税前利润 3 个指标上取得了十分喜人的成绩，完成了向零售银行的蜕变。

3. 推动零售金融布局和转型3.0时代

在互联网时代，用户越来越向移动端转移。招行精准预判并提早布局了智能手机带来的场景大迁徙，更看到了依托 App 生态实现零售业务非线性增长的巨大潜力，及早进行布局和转型，继续推动零售金融进化历程，实现从"卡时代"到"App 时代"的大迁移。

在 2015 年，招行就实施了"移动优先"策略，加大投入、集中打造个人用户"招商银行""掌上生活"两大 App。经过 5 年多的努力，这两大 App 已成为招行连接用户的最主要的载体和零售经营平台，不仅能给用户提供更多的服务功能，还能推动整个零售经营方式的变革。截至 2020 年年末，招行零售电子渠道综合柜面替代率已达 97.91%，可视化设备柜面业务分流率达 94.29%。其中，"招商银行"App 累计用户数为 1.45 亿；App 交易笔数为 18.03 亿，同比增长 6.88%；交易金额为 40.91 万亿元，同比增长 23.22%。"掌上生活"App 累计用户数为 1.10 亿，日活跃用户数峰值为 813.55 万，期末月活跃用户数为 4 603.17 万，用户活跃度持续领跑同业同类 App。

在企业 App 领域，招行也有很多金融创新。2010 年，招行推出企业手机银行服务。2015 年，招行推出对公移动支票业务，成为国内这一领域的标杆。招行构建了一系列企业 App 基础性金融服务。2018 年 7 月，招行正式发布企业 App，这是招行继"招商银行"App、"掌上生活"App 后推出的第三个 App，旨在为企业用户打造最佳的用户体验。企业级的二维码信息交互技术贯穿企业 App 各类 O2O 业务场景，商户可以在企业 App 上进行收款和管理，企业之间可通过二维码收款账户信息进行扫码支付。此外，企业 App 还提供移动缴费、银企对账、移动代发、移动理财、授信项下移动融资等金融服务，为用户提供丰富的金融场景应用。

招行的支付创新正围绕 App 生态展开，依托云计算、大数据、自然语言处理、精算模型、知识图谱、机器学习、生物特征识别等技术，为用户提供更高质量的服务与极致的用户体验。2018 年 9 月，招行推出"招商银行"App7.0、"掌上生活"App7.0 两个"移动优先"策略的主要载体。招行推出的一网通"刷脸支付"，使用国内顶尖的 3D 人脸识别技术，给用户提供了安全便捷的支付体验。招行在全国首推信用卡的智能微信客服平台，这成为信用卡服务领域的又一个里程碑。

目前，招行经营的重心已经从网点转向了移动端 App，实现了从卡片经营向 App 经营的转变、从客户思维向用户思维的转变、从资产分层经营向场景细分客群经营的转变等一系列的转变。招行通过"内建平台、外拓场景、流量经营"，全面推进零售数字化转型，继续实施 App 优先策略，构建全产品、全渠道、全客群服务体系，打造最佳用户体验。金融科技转型的背后，是招行客户服务、经营模式、组织架构的转型和进化。移动端手机银行渠道发挥着越来越重要的作用。截至 2022 年年末，"招商银行"和"掌上生活"两大 App 月活跃用户数达 1.11 亿。

迈向全面数字化云是招行数字化战略的核心。云上招行不囿于传统科技架构的种种掣肘，能更好地满足自身数字化转型及业务发展的需求。2020 年初，招行正式启动"全面上云"工程，截至 2022 年年末已完成各业务系统上云和所有客户数据迁移，这标志着"数字招行"完成升级换代，全面迈入云时代。

第二部分 课题学习引导

目前，商品交易已有多种成熟的传统支付方式，如现金、支票、汇票等。但随着经济全球

092 化的深入、客户个性化需求的增加，这些支付方式在效率、安全、便利、跨越时空等方面都存在诸多的局限性，已成为电子商务发展的瓶颈。电子商务的优越性吸引越来越多的企业和个人从事网上商务活动，但如何通过便捷的电子手段安全地完成支付，已成为电子商务能否顺利开展极为关键的环节。

电子商务交易在实际运作中仍然采用传统支付和电子支付两种基本方式。传统支付主要包括现金支付、票据支付和银行卡支付等具体方式。电子支付主要包括网上支付、电话支付、移动支付、销售点终端支付和自动柜员机支付等具体方式。

4.1 传统支付方式

一些电子商务交易过程仍离不开传统支付方式。交易双方通常先在互联网上成功地完成交易洽谈，然后采用传统支付方式进行货款结算；根据商家或客户的要求，可以选择款到发货或者货到付款。传统支付方式主要包括现金支付、票据支付和银行卡支付等。

4.1.1 现金支付

传统的现金支付方式在现今的商务交易中仍然具有非常重要的作用。有的国家甚至70%～95%的交易是使用现金支付的，其他支付工具的使用也是建立在能与现金自由兑换的基础上的。

现金（Cash）是指各主权国家法律确定的，在一定范围内立即可以投入流通的交换媒介。

现金支付具有以下特点：①现金（指国家的法定货币）以国家强制力赋予的信用为后盾，是法律规定的最终的支付手段，具有普遍的可接受性；②现金支付具有分散、灵活、匿名、使用方便和无交易费等特点；③现金支付具有技术上的"离线处理"的特性，收付款双方亲身参与鉴定现金的真伪，无须任何机构的联网确认和支持；④现金发行上的有限性（稀缺性）维持了人们对现金价值的信任。

现金支付是"一手交钱、一手交货"的典型体现，最大的特点就是简单易用、便携、直观，适用于小额交易，常用于企业（主要是商业零售业）对个人消费者的商品零售过程。现金支付示意图如图4-1所示。

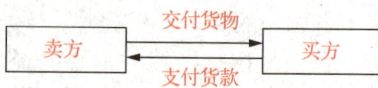

图4-1 现金支付示意图

现金支付的缺陷在于：①受时间和空间限制，对于某些不谋面的交易活动，交易双方无法采用现金支付；②大额现金携带不便，安全保管费用较高。大宗交易涉及金额较大，携带不便以及不安全因素在一定程度上限制了现金支付作为大宗交易支付手段的采用。在美国，每年搬运有形货币的费用高达60亿美元，在英国该费用高达2亿英镑，而世界银行体系之间的货币结算和搬运费用占其全部管理费用的5%。

4.1.2 票据支付

传统企业商贸活动中普遍使用的支付方式是票据支付。这是一种以银行存款作为支付手段的非现金结算方式，也称为银行转账结算。根据中国人民银行有关支付结算办法的规定，企业发生的货币资金收付业务可以采用票据、信用卡、汇兑、委托收款等形式通过银行办理转账结算。

1. 票据的定义

票据是指商户按票面记载的金额在一定期限内完成支付行为的书面约束凭证，是国际通行的结算及信用工具。票据支付实质上就是一种数据的交换，票据不过是信息的具体载体而已。各类单证、票据上的信息反映了商贸实务处理过程中的金融行为，反映了资金在买卖双方账户之间的流动，最后通过买卖双方代理银行之间的资金清算系统来兑现各种金融票据等。使用票据支付，以票据的转移代替实际的资金转移，可以大大减少现金的保管费用和远程携带输送中的麻烦和风险，而且在支付日到来之前，付款人在这段时间内可充分利用资金。票据支付是传统商务环境下代替现金支付的最佳方式。

票据支付过程中有 3 个当事人：出票人、收款人和付款人。

票据的使用过程：出票人（债务方，在银行须存入足够的资金）签发票据交给收款人（债权方）以结清债务；约定的日期到来时，持票人将该票据原件提交给付款人（银行），办理现金支付或转账业务；银行代理承兑票据，在票据审核无误后，按出票人的委托，无条件按提示的金额将钱款支付给收款人或持票人。

2. 票据的类型

根据《中华人民共和国票据法》（以后简称《票据法》），票据分为银行支票、汇票、银行本票 3 类。

（1）银行支票

银行支票是由出票人签发的，委托办理支票存款业务的银行或者其他金融机构在见票时无条件支付确定的金额给收款人或者持票人的票据。支票结算是同城结算中应用比较广泛的一种结算方式。单位和个人在同一票据交换区域的各种款项结算都可使用支票。支票由银行统一印制，是以银行为付款人的即期汇票。出票人签发的支票金额不得超出其在付款人处的存款。如果存款低于支票金额，银行将拒付。存款低于支票金额的支票称为空头支票，出票人要负相关法律责任。支票的付款期限为自出票日起 10 日内。

纸质支票一直是传统银行业务中大量采用的支付工具。银行提供多种设施和便利条件来接收支票，并进行内部处理和银行之间的清算。银行还可以对支票进行缩微处理以进行备份和归档。虽然传统票据的使用量逐年下降，但支票仍是最受欢迎和使用最广泛的票据种类。

（2）汇票

汇票是出票人签发的，委托付款人在见票时或者在指定日期无条件支付确定的金额给收款人或者持票人的票据。汇票分为商业汇票和银行汇票。

商业汇票是由出票人签发并委托付款人在指定日期无条件支付确定的金额给收款人或持票人的票据。商业汇票的付款期限由交易双方商定，但最长不得超过 6 个月。商业汇票作为国内大宗商品贸易的支付手段，具有金额大、期限长、融资简捷、有银行或大型企业提供付款保证等特点，在国内得到了广泛的应用，但传统商业汇票也存在保存携带安全性较差、背书转让要求严格、流转交易不便等缺点。目前，我国商务活动中商业汇票的使用量仍然较大。

银行汇票是汇款人将款项交存当地出票银行，由出票银行签发的，由其在见票时按照实际结算金额无条件付给收款人或持票人的票据。银行汇票具有使用灵活、票随人到、兑现性强等特点，适用于先收款后发货或货款两清的商品交易。银行汇票的付款期限为自出票日起 1 个月内。目前，我国商务活动中银行汇票的使用量越来越小。

（3）银行本票

银行本票是申请人将款项交存银行，由银行签发并承诺在见票时无条件支付确定的金额给收款人或持票人的票据。在付款期内，银行本票具有见票即付的功能，因而具有信誉良好、支付功能强等特点。用银行本票购买商品，供货方可以见票发货，购货方可凭票提货，债权债务双方可以凭票清偿。在同一票据交换区域可以使用银行本票支付各种款项。银行本

094 票付款期限为自出票日起两个月内。目前，我国商务活动中银行本票的使用量越来越小。

3. 票据的清算

票据支付涉及资金清算系统，银行票据业务示意图如图4-2所示。资金清算系统主要用于结算各金融机构之间相互欠下的应兑付的各种票据。当票据金额积累到一定程度时，各金融机构就要进行资金清算。在电子票据数据交换条件下，资金清算的周期一般是24小时。

近年来，我国传统票据总业务量保持下降趋势，而商业汇票和电子商业汇票系统业务量保持增长。中国人民银行发布的《2023年支付体系运行总体情况》数据显示，2023年全国票据总业务累计9 354.44万

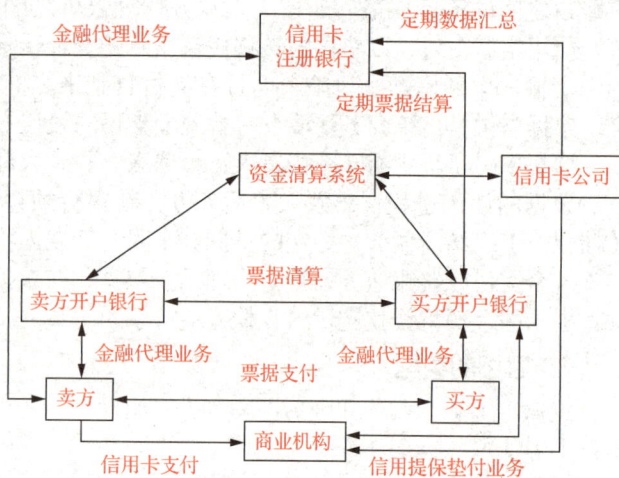

图4-2　银行票据业务示意图

笔，金额为97.27万亿元，同比分别下降11.48%和9.83%。其中，支票业务有6 402.57万笔，金额为66.32万亿元，同比分别下降11.48%和9.83%；实际结算商业汇票业务有2 924.27万笔，金额为30.61万亿元，同比分别增长3.98%和26.36%；银行汇票业务有13.37万笔，同比增长2.52%，金额为1 033.80亿元，同比下降6.54%；银行本票业务有14.23万笔，金额为2 306.83亿元，同比分别下降14.23%和9.07%。同期，电子商业汇票系统业务量有所增长。2023年，上海票据交易所电子商业汇票系统承兑了2 809.21万笔，金额达31.27万亿元，同比分别增长2.97%和14.59%。

4.1.3　银行卡支付

这里所讨论的银行卡支付主要是指在诸如商场、酒店等场所利用联网设备进行刷卡记账、POS结账或ATM提取现金等较为传统的线下应用操作。而银行卡用于互联网支付的情形在后续的网上银行转账、第三方支付、数字钱包以及移动支付等内容中都会有所涉及。

1. 银行卡的概念

银行卡是指由商业银行向社会发行的具有消费信用、转账、结算、存取现金等全部或部分功能的信用支付工具。

银行卡按照发卡对象，可分为个人卡和公司卡；按照使用货币的种类可分为本币卡和外币卡；按照信用等级可分为普通卡、金卡和白金卡等；按照信息载体介质可分为塑料卡、磁条卡和集成电路（IC）卡等。目前广泛使用的塑料磁条卡诞生于1970年，它是在塑料卡片上粘贴一条磁条形成的，磁条可记录相关的信息。磁条卡可以直接插入终端机进行处理，具有制作成本低等优点，其缺点是磁条中的数据容易被复制、安全性低、不适合脱机处理等。IC卡是法国人在1974年发明的，它在塑料卡片上封装了一个符合ISO标准的集成电路芯片用以记录数据。IC卡的优点：安全性高，很难仿制；有严密的安全措施，可以设置多级密码等。

银行卡已成为我国消费者主要的非现金支付工具，发卡量巨大。中国人民银行发布的《2023年支付体系运行总体情况》数据显示，截至2023年末，中国银行业累计发卡量达97.87亿张。其中，借记卡累计发卡量为90.20亿张，信用卡和借贷合一卡累计发卡量为7.67亿张；人均持有银行卡6.93张，其中人均持有信用卡和借贷合一卡0.54张。

2. 银行卡的类型

银行卡按照性质可以分为信用卡和借记卡，这是银行发行的两种主要卡基支付工具。

（1）信用卡

信用卡（Credit Card）也称为贷记卡，是银行或信用卡公司向资信良好的个人和机构签发的，凭以向特约单位购物、消费和向银行存取现金，具有消费信用的特制载体卡片。信用卡可透支，具有消费支付、信用贷款、转账结算和存取现金等全部功能或者部分功能。不鼓励在信用卡里预存现金，信用卡通常是"先消费、后还款"，享有免息还款期、自主分期还款和最低还款额等优惠待遇。

20世纪40年代，信用卡开始由银行统一发行和管理；20世纪60年代以来，信用卡在发达国家得到迅速普及，成为一种普遍的非现金支付方式。由于欧美国家社会信用体系形成较早，消费者在持信用卡消费时仅需签名而无须持卡人进行密码校验即可交易，这已成为国际信用卡消费的惯例。

（2）借记卡

借记卡（Debit Card）是指发卡银行向持卡人签发的，没有信用额度，持卡人先存款、后消费的银行卡。借记卡不能透支，具有转账、存取现金和消费等功能。借记卡在美国叫"资产卡"，在英国叫"支付卡"，在中国通常被称为"储蓄卡"。借记卡卡内的金额按活期存款计付利息，消费或提款时资金直接从储蓄账户中划出，使用时一般需要输入支付密码在线验证。借记卡使用安全且灵活方便，已经成了一种普遍的非现金支付方式。

3. 银行卡组织

发卡的金融机构需申请加入全球或区域性银行卡组织。目前，全球主要的银行卡组织包括维萨（VISA）、万事达（MasterCard）、美国运通（American Express，AE）、大莱（Diners Club International）、JCB（Japan Credit Bureau）和中国银联（China UnionPay）等。除中国银联和日本JCB外，其余四大银行卡组织均起源于美国。

实例4-1　中国银联

4. 信用卡支付流程

银行卡消费是金融服务的常见方式，银行卡持卡人可以在商场、酒店等线下场所利用联网设备进行刷卡记账、POS结账、ATM提取现金等操作。下面以信用卡持卡人在特约商家处购物或消费为例，介绍其支付流程，如图4-3所示。

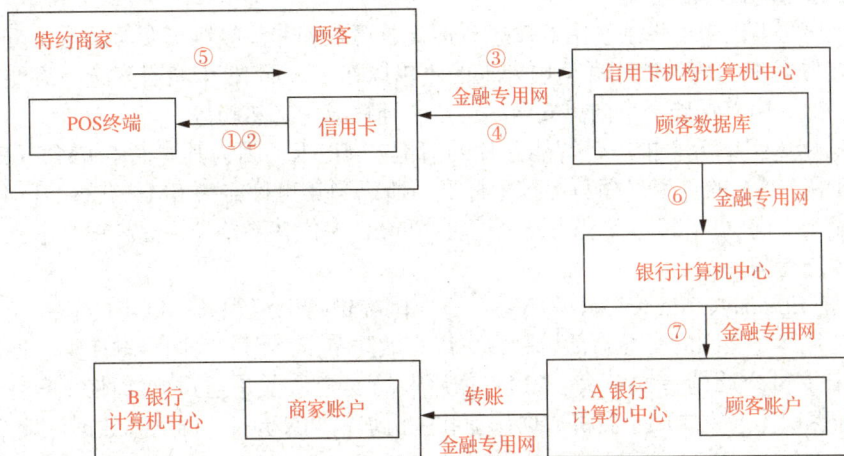

图4-3　用信用卡进行POS结账示意图

① 顾客在特约商家处持卡消费，商家利用现金出纳系统将顾客的消费金额输入 POS 终端。

② POS 终端读卡器读取信用卡磁条或 IC 卡芯片中的认证数据。提醒：持信用卡在特约商家处消费时一般使用签名方式，但一些国内银行出于风险控制的考虑，允许持卡人在本国范围内选择使用"签名＋支付密码"的方式。

③ 将前两步输入的数据通过金融专用网送往信用卡机构计算机中心。

④ 信用卡机构基于收到的数据验证信用卡的合法性及信用额度，更新顾客数据库文件，并将处理结果数据实时送回 POS 终端。

⑤ POS 终端打印处理结果，持卡人对扣款小票签名确认，商家将商品及收据交给顾客。

⑥ 信用卡机构定期将处理过的支付数据通过金融专用网传送给相应的发卡行计算机中心。

⑦ 发卡行计算机中心收到申请支付数据后，从持卡人账户中支出款项，转入商家的开户行账户。

在用信用卡进行 POS 结账的过程中，特约商家与信用卡机构计算机中心联网进行实时处理。利用信用卡机构计算机中心，银行在非营业时间段也可支持顾客的交易，此时是将产生的转账数据先存储在信用卡机构计算机中心，待银行开始营业后再处理。借助于信用卡机构的顾客数据库，处理信用卡的挂失、停止使用和合法性确认等业务会更加容易。信用卡机构计算机中心在支付系统中的地位举足轻重，它可以提高整个信用卡支付系统的处理效率。

现阶段，我国持卡人在特约商家的 POS 机上刷银行卡消费时，支付数据统一通过中国银联进行转接清算。但借记卡与信用卡在支付流程上略有差别：借记卡的支付数据通过中国银联传送给发卡行的计算机中心，由发卡行处理支付信息，进行实时划账付款；而信用卡的支付数据通过中国银联先传送给相关的信用卡机构计算机中心处理，再由信用卡机构计算机中心将支付数据转给发卡行，发卡行给商家开户行账号转账，这属于延时付款。

目前，利用银行卡在 POS 终端上进行刷卡消费通常仍是可行的，安全性较高。同时，银行卡也可以开通互联网在线支付功能。在网上购物付款时，用户可以将银行卡账号和密码加密后通过互联网发送到银行等金融机构的计算机中心进行处理。银行卡在线支付工具包括信用卡和借记卡等，比较适合网络零售以及小额的 B2B 交易等。

5. 磁条卡向IC卡的迁移

20 世纪 90 年代初，磁条信用卡被恶意透支、窃取和非法复制买卖等情况十分严重，这集中表现在国际卡的境外使用和境内外卡的收单欺诈上。而 IC 卡具有安全、方便和功能多等特点，因此，由普通磁条卡向更安全的芯片卡迁移成为必然趋势。

国际信用卡组织大力推广带智能芯片的借记/贷记卡，因为其遵循了 EMV（Europay、MasterCard 和 VISA 的首字母缩写）技术标准，所以当年也称之为 EMV 迁移。EMV 迁移是银行卡由磁条卡向 IC 卡转移，利用安全性更高的 IC 卡代替磁条卡，提高银行卡支付的安全性，减少欺诈行为。

EMV 是 Europay、MasterCard 和 VISA 三大国际银行卡组织共同制定的芯片卡规范，是芯片卡与芯片终端之间的交互对话机制，可以有效防范卡欺诈和跨国金融诈骗，促进支付多样化，是卡支付介质的一次革命。EMV 芯片卡的安全认证是通过 PKI 体系来实现的。其中，非对称密钥体系主要用于脱机数据认证和脱机加密 PIN 验证，即动态数据认证（Dynamic Data Authentication，DDA）和静态数据认证（Static Data Authentication，SDA）；而对称密钥体系主要用于联机交易的双向安全认证和保证交易的不可否认性。一般而言，脱机数据认证是验证 EMV 芯片卡的有效手段。持卡人在使用 EMV 芯片卡进行消费的时候，商家的 POS 系统会与 EMV 芯片卡交互完成脱机数据认证，判断该卡是否被恶意篡改过或非法复制过。

EMV 标准是框架性标准，各国际组织根据自身需要，在 EMV 标准基础上制定了本地化的芯片卡标准：VISA 制定了 VSDC 标准，MasterCard 制定了 M/Chip 标准，JCB 制定了 J/Smart 标准，英国制定了 Ukis 标准，等。2005 年 3 月，中国人民银行发布的《中国金融集成电路（IC）卡规范》（业内简称 PBOC2.0）为中国银行卡芯片化奠定了标准基础。2015 年开始，中国银行业停止发行磁条卡。2017 年 5 月，中国全面关闭芯片磁条复合卡的磁条交易，全面加速银行业金融 IC 卡的迁移进程。

4.1.4 传统支付方式的局限性

传统支付方式中的现金、票据银行卡等都是有形的，在安全性、认证性、完整性和不可否认性上有较高的保障，已经有一套适合其特点的比较成熟的管理运行模式。但随着人类进入数字化时代，电子商务逐渐成为企业信息化与网络经济的核心，这些工业化时代的传统支付方式存在诸多的局限性。

传统支付方式的局限性具体表现在以下方面。

（1）运作速度与处理效率比较低。传统支付方式涉及的人员和部门众多，牵涉许多中间环节，而且以手工处理为主，支付结算效率低。

（2）多数传统支付方式在支付安全方面的问题较多。例如，假币、空头支票等现象的存在造成了支付结算的不确定性，加大了商业风险；巨额现金有时会给携带者带来人身安全威胁，增加保管携带成本；纸质现金和支票等工具可能会为病菌传播提供某种途径等。

（3）业务流程复杂，运作成本较高。传统支付方式涉及较多的业务部门、人员和设备，特别是邮政汇兑、支票支付等方式需要设置专业柜台和安排专人处理，消耗的资源较多。

（4）不能提供全天候、跨区域的支付结算服务。随着社会的进步和经济的发展，人们需要随时随地地进行支付结算以及个性化的信息服务，如随时查询支付结算的信息、资金余额信息等，使用传统支付方式无法实现。

（5）企业资金回笼滞后，增大了资金运作难度。由于纸质支票并不是一种即时结算工具，而是通过传统的通信方式传递凭证、实现支付结算，票据传递迟缓会造成大量在途资金，银行间无法做到当天结算，资金周转速度较慢，给企业的整体财务控制造成一定的难度。

4.2 电子支付与网上支付

在互联网环境下，传统支付方式已不适应网上交易对资金结算效率的要求，而必须由全新的电子支付方式（尤其是网上支付）来代替。

4.2.1 电子支付

1. 电子支付的定义

按照中国人民银行《电子支付指引（第一号）》的定义，电子支付是指单位、个人（以下简称客户）直接或授权他人通过电子终端发出支付指令，实现货币支付与资金转移的行为。此处的电子终端是指客户可用以发起电子支付指令的计算机、电话、移动通信工具、销售点终端、自动柜员机或其他电子设备。电子支付的类型按支付指令发起方式分为网上支付、电话支付、移动支付、销售点终端（POS）支付、自动柜员机（ATM）支付和其他电子支付等。

近年来，我国网上支付和移动支付平稳发展。中国人民银行发布的《2023 年支付体系运行总体情况》数据显示，2023 年全国银行业共处理电子支付业务 2 961.63 亿笔，金额为 3 395.27 万亿元，同比分别增长 6.17% 和 9.17%。其中，网上支付业务为 948.88 亿笔，同比下降 7.09%，金额为 2 765.14 万亿元，同比增长 9.38%；移动支付业务为 1 851.47 亿笔，金额 555.33 万亿元，同比分别增长 16.81% 和 11.15%；电话支付业务为 2.13 亿笔，金额为 8.99 万亿元，同比分别下降了 12.95% 和 13.07%。网上支付和移动支付两项业务合计占全国银行业电子支付总业务的 94.55%。此外，非银行支付机构处理电子支付业务 1.23 万亿笔，金额为 340.25 万亿元，同比分别增长 17.02% 和 11.46%。

2. 电子支付的发展阶段

我国电子支付的发展经历了 5 个阶段。

第 1 阶段：银行利用计算机及网络处理银行之间的业务，办理结算。

第 2 阶段：银行计算机与其他机构计算机之间进行资金结算，如代发工资等业务。

第 3 阶段：利用网络终端向客户提供各项银行服务，如为客户在自动柜员机（ATM）上提供取存款服务等。

第 4 阶段：利用银行销售点终端（POS）向客户提供自动扣款服务。

第 5 阶段：通过互联网进行在线支付结算。

4.2.2　网上支付

1. 网上支付的定义

网上支付是指电子交易的当事人使用安全电子支付手段通过互联网实现货币支付与资金转移的行为。它是一种在金融电子支付体系基础上发展起来的，主要依托互联网的在线支付方式。

网上支付是对传统支付系统的发展和创新。20 世纪 60 年代到 70 年代初期，私有网络技术促进了电子资金转账（Electronic Found Transfer，EFT）系统的发展。EFT 系统缩短了银行之间支付指令传输的时间，并减少了在途流动资金。然而，EFT 系统并没有改变支付系统的基本结构。在过去的 20 多年里，很多支付革新都是为了减少银行成本、加快支票清算速度以及减少欺诈行为，而消费者很少与 EFT 系统进行交互。电子商务中的支付创新改变了消费者处理支付的方式，网上支付系统正在迅速地完善，但同时也带来了一些支付安全和信息保密性等方面的问题，需要加以解决。对于 B2C 电商或 C2C 电商等业务，个人消费者可以使用新的网上支付工具进行小面额的实时支付；而对于 B2B 电商业务，大公司和银行过去是通过电子数据交换和电子资金转账进行支付的，其在互联网时代将逐步通过新的支付工具（如电子支票和网上银行业务等）进行操作。网上支付示意图如图 4-4 所示。

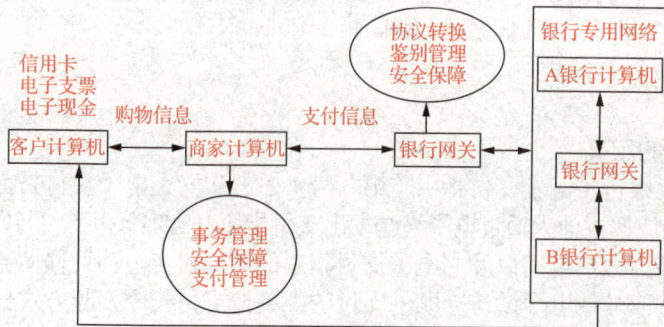

图4-4　网上支付示意图

相对于传统支付方式而言，网上支付具有以下特点：①基于开放的互联网环境；②具有较高的安全性和一致性；③可以提高企业的资金管理水平；④具有方便、快捷、高效和经济等优势。

2. 网上支付系统

网上支付系统应该是集购物流程、支付工具、安全认证技术、信用体系以及现代金融体系于一体的综合大系统。其基本构成包括活动参与的主体、支付方式以及遵循的支付协议几个部分，如图4-5所示。

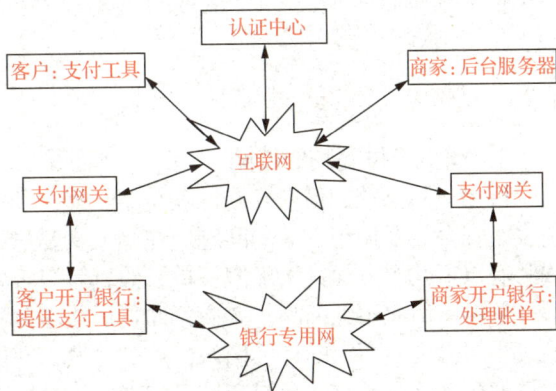

图4-5　网上支付系统的基本构成

网上支付系统一般是针对某种支付工具设计的，因此根据支付工具的不同，网上支付系统大致可分为银行卡网上支付系统、网上银行转账支付系统和第三方网上支付系统等。

网上支付活动参与的主体主要由客户、商家、银行及支付网关、认证中心4个部分组成。

（1）客户

客户使用支付工具进行网上支付，这是支付系统运作的起点。

（2）商家

商家在线销售商品，根据客户发出的支付指令向金融体系或第三方支付平台请求资金入账。

（3）银行及支付网关

多数网上支付工具要依托银行账户，作为参与方的银行会涉及客户开户行、商家开户行、支付网关和金融专用网等方面的问题。

① 客户开户行是指客户在其中拥有自己账户的银行。客户开户行一般为客户提供支付工具和银行信用，保证支付工具的兑付。在信用卡支付体系中，客户开户行称为发卡行。

② 商家开户行是指商家在其中拥有自己账户的银行。商家将客户的支付指令提交给其开户行后，就由商家开户行进行支付授权请求以及银行间清算等工作。商家开户行是依据商家提供的合法账单（客户的支付指令）来操作的，因此又被称为收单行。

③ 支付网关作为连接银行专用网络与开放的互联网之间的一组服务器，主要作用是完成两者之间的通信、协议、转换和进行数据加密、解密，以保护银行内部网络的安全。互联网支付信息必须通过支付网关才能进入银行计算机系统，支付网关起着数据转换与处理中心的作用。支付网关的建设关系着网上支付结算的安全以及银行计算机系统的安全。按照中国人民银行的文件要求，自2018年6月30日起，支付机构受理的涉及银行账户的网络支付业务全部通过网联平台处理，银行不再单独直接为第三方支付机构提供代扣通道。各银行和支付机构提前完成接入网联平台和业务迁移相关工作。

④ 金融专用网是各银行及金融机构之间进行资金结算的专用计算机通信网络，需要特定的认证和授权才能接入，具有很高的安全性。

（4）认证中心

网上支付使得传统的信用关系虚拟化，这就需要认证中心来确认支付结算参与者的真实

099

100　身份及其信用关系，为参与方（包括客户、商家、银行及支付网关）发放证书，保证网上支付的安全性。

　　网上安全支付协议必须考虑互联网上传输敏感支付信息的流动规则及其安全保护。一般支付协议都是针对某种支付工具的，是对交易中的购物流程、支付步骤、支付信息的加密和电子认证等方面做出的规定，以保证交易双方在开放复杂的互联网环境中能够安全高效地实现支付与结算。

4.2.3　网上支付安全

1. 网上支付面临的威胁

　　网上支付系统因借助互联网获得了快速、便捷、低成本、全球连通性等诸多优点，但也引发了安全以及信用方面的问题。在网上交易过程中，客户与商家之间的资金支付所面临的威胁有以下几个方面：①虚假订单，假冒者以客户名义订购商品，欺骗客户来付款；②客户下订单付款后收不到商品；③商家发货后收不到货款；④机密性丧失，信用卡支付口令在传输过程中丢失，商家的订单确认信息被篡改；⑤电子货币数据丢失，可能是因为物理损坏或者被偷窃。这些通常都会给交易双方带来不可挽回的经济损失。

2. 网上支付的强认证

　　鉴于使用口令进行客户身份认证的脆弱性以及口令泄露造成损失的严重性，强认证技术在网上支付中得到越来越多的应用。银行业要求高风险互联网支付交易服务采用强认证技术，使用增强手段验证在线消费者的真实身份。

　　我国银行业在网上银行业务方面早已推广使用强认证技术。PC 端的企业网上银行业务通常都要求企业用户使用 USB Key（或 IC 卡）介质和口令进行身份强认证才能进行资金转账等操作。PC 端的个人网上银行业务使用身份强认证技术的进展不一，风格各异。国内银行业基本上都建议个人网上银行专业版用户使用 USB Key 移动存储介质保存网银证书，并给 USB Key 设置保护口令，有时还可能需要增加用户手机短信确认或指纹、人脸等人体生物特征配合才能完成身份识别，从而大大提高了认证的强度和可靠性，保证 PC 端货币支付与资金转移的安全。

　　USB Key 通常是一种 USB 接口的内置加密算法的 IC 卡，不但客户的密钥可以在卡中保存，而且进行数字签名和加密运算的整个过程也是在 IC 卡内进行的，所以密钥不易泄露。因为客户的支付指令只有在同时通过 IC 卡介质和口令验证后才能向银行发出，所以可以默认发出支付指令的人就是合法客户。

　　移动端的网上银行或网上支付一般采用实名制的智能手机等移动终端，使用账号密码、手机短信，以及指纹、人脸等人体生物特征等因素的组合来增强用户身份识别，以确保移动端货币支付与资金转移的安全。

3. 网上支付的风险控制

　　国内外针对银行卡网上支付的风险已有了一系列的控制措施。

　　（1）功能申请控制。个人网上银行业务的网上自助开通功能通常仅具有查询功能，而在线支付、在线转账功能则需要到银行营业网点柜台正式申请签约才能开通。

　　（2）银行账户分离。银行采用个人银行账户和网上支付账户（子账户）分离的做法：用户可以将有限的资金转入网上支付账户，在线购物时仅使用网上支付账户支付，从而大大降低银行账户遭受损失的风险。如中国工商银行推出的 e 卡就是一种可用于境内外网站消费支付的虚拟借记卡。"工银 e 支付"方便注册用户通过网上银行、手机银行进行小额网上购物、自助缴费、转账汇款等业务，提高了支付的安全性和便利性。

（3）专用账号方式。商家在银行的协助下核实客户的持卡人合法身份，并为客户建立与银行卡对应的虚拟账户，每个虚拟账户都有独立的账号和密码。当客户使用虚拟账户在互联网上付款时，账号和密码加密后传输到商家系统，避免在网上直接使用银行卡的账号和密码，保证了银行账户的安全。这种方式具有较高的安全性，但是虚拟账户需由商家建立，建立过程比较复杂，并且同一张银行卡在不同的商家那里有不同的账号和密码，这使客户使用起来很不方便。

（4）账号直接传输方式。客户在网上购物后对银行卡账号和密码加密后直接进行传输。例如近几年在欧美发达国家比较流行的 Visa Checkout，这种方式为消费者和线上零售商提供了一个简单、安全的线上付款结算方式。消费者只要输入用户名和密码，无须离开购物网站页面，在结算流程上只需点击 3 次就能完成支付。Visa Checkout 支持 VISA 发行的所有借记卡或信用卡，可以在智能手机和计算机上使用。

（5）专用协议方式。在客户、商家和银行卡机构之间采用专用的加密协议，对信用卡账号进行加密处理。银行卡机构向客户和商家免费提供客户端软件。这种软件会自动通知商家把电子订购表格发送给客户，让客户填写姓名和信用卡号码，再将其加密发送给商家。采用这种具有加密功能的软件及特殊的服务器，商家无法从客户的支付数据中得到信用卡账户的任何信息，可保证支付信息的安全。

（6）第三方信用担保。如支付宝等第三方支付平台采用的第三方信用担保制度，以及京东商城等电子商务平台提供的信用担保制度等。

（7）身份强认证。使用数字证书或人体生物特征识别技术辅助进行支付系统登录或在线转账操作，保证资金安全支付与流转。早期的电子签名、身份认证主要基于 USB Key、动态口令牌等安全工具实现。随着移动互联网和智能手机的普及，电子签名服务商对接工商管理部门、运营商、银行等大数据库进行用户的姓名、身份证号、手机号和银行卡号等联网核对，手机短信验证码已成为主流验证方式。为了防止出现手机卡盗取、短信拦截等容易造成手机短信验证方式失效的情况，需要叠加更多核验手段才能保障身份验证的真实有效性，因此，指纹识别、人脸识别等生物识别技术应用是一个重要的发展方向。

其他措施还包括安全保护问题、多次密码输入错误锁定账户、手机短信提供转账动态密码等，这些措施都可以降低客户进行网上支付的风险。

4.2.4　全球在线支付现状

多样化的在线支付方式推动了全球电子商务的发展，数字钱包是增长最快的电子商务支付方式。根据国际支付服务提供商 Worldpay 在 2024 年 5 月发布的《2024 年全球支付报告》，2023 年数字钱包 / 移动钱包在全球电子商务支付方式中的占比为 50%，信用卡占 22%，借记卡占 12%，银行转账占 7%，先买后付占 5%，货到付款占 2%，预付卡支付占 1%。预计到 2027 年，全球数字钱包 / 移动钱包的市场份额占比将达到 61%，信用卡占 15%，银行转账占 8%，借记卡占 8%，先买后付占 5%，货到付款占 1%，预付卡支付占 1%。可见，信用卡在电子商务支付中的占比将逐步降低，而数字钱包 / 移动钱包在电子商务支付领域将继续保持全球霸主地位。

该报告还显示，数字钱包在中国各购物渠道的普及方面继续处于全球领先地位。2023 年，数字钱包 / 移动钱包支付在中国电子商务交易额中约占 82%，交易额近 1.8 万亿美元；在实体销售点（POS）消费中占比近三分之二，交易额近 5.8 万亿美元。

4.3 网上银行转账支付

银行实施电子化、信息化的发展战略逐渐从支付结算的传统中介服务机构发展为多功能、全方位、全天候的金融服务体系，有力地促进了电子商务的发展。

我国商业银行的发展经历了 3 次飞跃。第一次飞跃是银行从手工操作实现电子化，推出自助银行服务，提高了银行的工作效率，强化了银行信用中介的作用。20 世纪 90 年代以后，许多银行纷纷建立无人自助银行，增加 ATM、存折打印机等自助终端，提供全天候的服务。第二次飞跃是传统银行发展成电子银行。银行推动信息化建设，建立金融信息增值服务体系，为客户提供增值服务。金融信息服务系统主要包括客户理财智能系统、金融企业内部管理信息系统、智能化的银行决策支持系统、金融监控预警系统等。第三次飞跃是实体银行向网上银行发展。20 世纪 90 年代中期以来，网上银行异军突起。网上银行能够满足客户的个性化需求，提供更有特色的信息增值服务，从而使银行在产品结构、业务流程、管理模式、运行方式、组织结构等方面都发生了根本性的变化。目前，全球各家银行几乎都建立了自己的网站，可以提供在线银行金融业务和服务。

4.3.1 网上银行

1. 网上银行的概念

网上银行（Online Banking Service，简称网银）是一种借助计算机技术和网络技术，利用互联网平台提供各种金融服务的新型银行服务形式。它通过互联网向客户提供开户、销户、查询、对账、行内转账、跨行转账、信贷、网上证券、投资理财等传统服务项目，使客户足不出户就能够安全、便捷地管理活期和定期存款、信用卡及个人投资等。它是随着互联网的普及和电子商务的发展逐步成长起来的新一代电子银行，它延伸了传统的电子银行业务，带来了根本性的变革。网上银行改变了银行的经营方式、服务手段和竞争模式。网上银行也是电子商务网上支付的重要手段，网上银行转账包括网银直接转账和电子支票转账等形式。

2. 网上银行的分类

（1）按服务对象分类，网上银行可分为企业网上银行和个人网上银行。

企业网上银行主要适用于企事业单位，涉及的业务主要包括账务查询、内部转账、对外支付、代发工资、信用管理、集团支付、定活期存款互转、B2B 电子商务、银行信息通知等，几乎涵盖并延伸了现有的对公业务。使用企业网上银行，企事业单位可以随时掌握自己的财务状况，轻松处理工资发放、大额转账等业务。其业务一般涉及金额较大，因此对安全性要求较高。

个人网上银行主要适用于个人与家庭的日常消费支付与转账，涉及的业务主要包括账户的账务查询、转账、汇款、缴费、自助贷款、网络支付、证券服务、个人理财等。客户通过个人网银可以随时掌握自己的财务状况，轻松处理支付转账等业务。

（2）按组织形式分类，网上银行可分为纯网上银行和依托传统银行业务发展的网上银行。

纯网上银行是一种完全依赖互联网而发展起来的虚拟银行，其最大的优点就是无须开设分支机构，人员精干，管理费用相对较少，运作成本低。它采用高科技服务手段与客户建立密切的联系，提供全方位的金融服务。如美国安全第一网络银行（SFNB）由于员工人数少，管理费用仅占该行总资产的 1%，而传统银行一般会占 3% ～ 3.5%。国内也存在一些纯网上银行，例如微众银行（WeBank）和网商银行（MYbank）等。

依托传统银行业务发展的网上银行在传统银行业务的基础上发展网上银行业务的，是实体与虚拟结合的银行。这类银行机构密集，人员众多，在拓展传统银行服务的同时推出网上银行系统，形成营业网点、网上银行、POS机、ATM和电话银行的综合服务体系。这是网上银行的主要形式和发展方向。

3. 网上银行的优势

与传统银行相比，网上银行具有明显的优势。

（1）能显著地降低银行的运营成本。网上银行把银行业务直接放在互联网上开展，虚拟的网上银行代替了部分传统银行的营业网点，减少了银行网点数，节省了银行的人力成本，降低了银行的经营成本。传统银行开设一个营业网点需要一次性投入约350万元，其经营成本占到经营收入的60%，而网上银行的经营成本只相当于经营收入的15%～20%。银行业内的分析研究认为，如果客户在银行营业大厅办理业务，银行进行每笔交易的平均成本是6.6元；客户通过电话银行办理业务的平均交易成本是3.64元；客户通过银行ATM办理业务的平均交易成本是1.67元；客户通过网上银行办理业务则每笔交易平均成本低于0.62元。中国工商银行网上银行建设在投入1亿元时所实现的业务量就相当于4 000个营业网点所产生的业务量，仅此一项就节省了近40亿元的网点建设费用。

（2）在线服务不受时间和空间的限制。网上银行通过国际互联网覆盖到全球各个角落，可以提供全天候、安全、准确、快捷的在线服务，使客户处理金融业务不再受到地点和时间因素的制约，延长了服务时间，促进了网上交易的发展。

（3）降低客户的交易成本。个人和企业客户可在家或办公室获得网上银行的在线服务，操作简单，节省时间和精力，提高工作效率，降低交易成本。

（4）提高企业资金的管理效率。使用网上银行可以使资金流动速度加快，缩短资金的在途时间，提高资金的利用率和整个社会的经济效益。

（5）实现银行机构的网络化。网上银行实际上是无边界银行，它突破了营业网点对银行业务扩张的限制。由于网上银行的兴起，银行发展将由注重扩大分支机构和营业网点变为注重扩展网络金融服务。它使所有传统银行使用的票据和单据全面电子化，一切银行业务文件和办公文件全部改为电子化文件。

4. 网银转账支付流程

网银直接转账支付是指用户通过网上银行自主操作，将款项从付款单位（或个人）的银行账户在线直接划转到收款单位（或个人）的银行账户的货币资金结算方式。网银直接转账支付需要在线操作，账户不允许透支。用户的操作直接针对银行账户，对银行账户的处理即意味着支付的进行，需要谨慎操作，同时付款人对支付行为的授权确认非常重要。

企业网银用户和个人网银用户进行网银直接转账支付的操作流程有所不同。

下面以企业网银用户在京东平台购物进行网银直接转账支付为例进行介绍。操作流程如下：①企业网银用户进入购物支付页面后，插入操作员U盾后选择银行；②企业网银用户核对确认订单信息；③企业网银用户输入操作员U盾的密码；④企业网银用户核对U盾显示信息，确认签名信息，确认无误后按操作员U盾上的OK键确认交易；⑤复核员登录企业网银，选择"指令查询与处理"字段，查询待审批交易项目；⑥复核员勾选需要审批的交易单，单击"批准"按钮；⑦复核员需要在弹窗中输入复核员U盾的密码；⑧复核员核对U盾显示信息，确认签名信息，确认无误后按复核员U盾上的OK键确认；⑨审批通过，支付成功，企业网银用户可查询银行出款情况。

个人网银用户网上购物时进行网银直接转账支付的一般操作流程如下：①在购物网站的支付环节，从在线支付页面的多种支付途径中选择网银支付页面下的某家银行；②从在线支付收银台跳转到相关银行的网上银行登录页面；③输入账号和密码登录网上银行；④核对订单在线支付信息；⑤确认无误后输入手机短信验证码或者 USB Key 密码进行数字签名，按照各家银行的规范流程完成支付授权确认；⑥查看扣款信息，并核对网上购物订单信息。

5. 超级网银介绍

（1）超级网银的产生

网银互联跨行支付系统也被称为超级网银（Super Internet Bank），是中国人民银行继大小额支付系统建成后的又一个网上支付跨行清算系统，因此又被称为"第二代支付系统"。2009 年，中国人民银行研发出了这个标准化跨银行网上金融服务产品，通过构建"一点接入、多点对接"的系统架构，实现"一站式"网上跨银行财务管理。2010 年 8 月 30 日，该系统正式上线，主要处理客户在线提交的零售业务，提供实时跨行转账以及跨行账户查询等服务。

（2）超级网银的特色

超级网银具有统一身份验证、跨行账户管理、跨行资金汇划、跨行资金归集、统一直联平台、统一财务管理流程和统一数据格式等特色。它能为银行业金融机构提供灵活的接入方式、清算模式和更加全面的流动性风险管理手段，实现网银互联，支撑新兴电子支付的业务处理和人民币跨境支付结算，实现本外币交易的对等支付结算。

超级网银能为个人和单位客户提供跨行实时的资金汇划、跨行账户和账务查询，以及当下支付系统所无法实现的跨行扣款、第三方支付和第三方预授权等业务功能，为商业银行在电子商务、跨行资金管理等方面为客户提供创新服务奠定了坚实的基础。超级网银在开发之初的功能定位主要面向商业银行的集团客户，部分功能向个人客户开放，客户可在线与银行签订协议、确定授权、开通实时跨行转账以及跨行账户查询功能。

（3）超级网银与传统网银的区别

超级网银与传统网银的区别在于：超级网银能够实现跨行交易及查询等多项跨行银行服务，而传统网银只能够使用本行网银功能，不能实现跨行查询等功能。

目前多数商业银行使用的第一代网银系统不能实现跨行查询等功能，各银行彼此在网上银行的功能是相对独立的，用户需使用多个 USB Key 分别登录不同银行的网银专业版，才能查询到各银行的账户情况并进行相关操作。

超级网银的用户只需通过一家银行的 USB Key 登录网银专业版操作界面，就能查询和管理在多家商业银行开立的结算账户；可直接向各家银行发送交易指令并完成汇款操作，完成跨行交易等多项跨行间银行业务；利用强大的资金归集功能，可在母公司结算账户与子公司结算账户之间建立下拨上划关系，自动完成资金向中心账户的归集。企业用户利用超级网银可实现跨行账户管理、跨行资金汇划等金融活动，大大提高企业资金的管理效率。

4.3.2　手机银行

1. 手机银行的定义

手机银行（Mobile Banking Service）是指客户通过智能手机和移动互联网办理银行业务的一种新型银行服务形式。手机银行目前主要的形式是在智能手机上安装银行 App。

手机银行是电子银行系统的重要部分，是网上银行的延伸。它作为一种崭新的银行服务渠道，在网上银行全网互联和高速数据交换等优势的基础上，更加突出了移动通信"随时、随地、贴身、快捷、方便"的特性，成为银行业更加具有竞争力的一种服务形式。作为一种结合货币电子化与移动通信的崭新服务，手机银行业务不仅可以使人们在任何时间、任何地点处理多种金融业务，而且极大地丰富了银行服务的内涵，使银行能以便利、高效而又较为安全的方式为客户提供传统和创新的服务。

手机银行一方面延长了银行的服务时间，扩大了银行的服务范围；另一方面真正实现了全天候服务，大力拓展了银行业务。

2. 手机银行的优势

总的来说，与传统线下银行和 PC 端网上银行相比，手机银行具有明显的优势。

（1）申请简便。用户可以通过银行网站等途径下载手机银行 App，在线进行自助注册，也可以到银行营业网点申请转账功能，简单方便。

（2）随身使用。手机银行提供全天候服务，用户只要随身携带可上网的智能手机，无论何时何地，均可轻松管理账户、打理财务和缴纳费用，一切尽在"掌"握中。

（3）功能丰富。手机银行提供转账汇款，缴费，股票、基金和外汇买卖等金融服务，用户能够随时掌握市场动向，积累个人财富。

（4）安全可靠。手机银行的对外转账支付功能有严格限制，必须由用户本人到柜台去签约办理或者在智能手机端申请开通相关功能，手机银行才能具有转账、支付和缴费等功能。同时，手机银行转账支付还可以采取手机短信验证码、指纹锁和人脸识别等多种手段进行用户身份强认证，以确保用户的资金与信息的安全。

4.3.3　电子支票

1. 电子支票简介

电子支票（E-Check）是客户向收款人签发的带有数字签名的、无条件的数字化支付指令的电子凭证，是纸质支票的电子替代物。电子支票与纸质支票一样是用于支付的一种合法方式，它使用数字签名和自动验证技术来确定支付的合法性，是进行资金转账的电子付款形式，仍属于"延迟付款"类支付工具。电子支票上除了必须填写收款人姓名、账号、金额和日期等内容，还隐含了加密信息。国际上早先推广的有代表性的电子支票系统有 NetCheque、NetBill 和 E-check 等。

利用电子支票，可以实现支票支付业务的全部过程电子化。电子支票的即时认证功能加快了交易的速度，保障了交易的安全，降低了电子支票的处理成本，对电子支票丢失或被盗的挂失处理也方便有效。票据交换所的加入提高了电子支票支付系统的运行效率。这些优点使得电子支票系统具有很强的生命力，十分适合 B2B 电子商务的网上支付。

由于全球在线支付方式的多样性以及法律法规、用户使用习惯的差异，各地重点推广的支付工具都有所不同。相较于其他在线支付方式，电子支票出现较晚，目前我国仍在试点之中。

2. 粤港电子支票业务

我国香港地区 2015 年 12 月推出电子支票业务，成为首个支票无纸化地区，并于 2016年 7 月 20 日将其拓展至粤港跨境服务，适用于政府账单缴费、个人或企业之间支付及跨境支付。我国香港地区的电子支票是纸质支票的电子对应物，由出票到存票均通过互联网进行，可通过电子邮件、微信、QQ 等网络途径快速传递，实现无纸化交易。客户可以利用网上银行或结算公司相关手机软件开设电子支票账户，与纸质支票一样收票后隔日结算。

粤港电子支票是以电子记录形式签发的，附有电子支票或电子银行本票的正面及背面影像，以香港地区的银行作为付款人，并由收款人向广东省辖内的银行出示以作为结算的电子支票，可实现香港电子支票在广东的使用。粤港电子支票包括港币（包括港币银行本票、汇票）、人民币、美元 3 个币种。电子支票要求符合 PDF 文档格式，并附有账户持有人、授权签名人，或者发票银行的数字签名。粤港电子支票联合结算进一步提高了粤港两地跨境资金结算效率，促进了粤港两地经贸往来。

用户在接受粤港电子支票前，收款人可通过计算机或手机 App 登录"电子支票跨境存票平台"注册、激活账户，进行账户认证。收到来自香港付款人签发的电子支票后，收款人可通过"电子支票跨境存票平台"选择经开户银行审核认证后的结算账户办理粤港电子支票托收。该平台将电子支票提交香港结算公司，进行格式、数字签名、期限及状态等方面的验证。该平台提供 24 小时在线服务，如收款人在工作时间办理存票，并按外汇管理规定向开户银行提供证明文件、配合做好跨境收支申报的，最快可于下一个工作日 16:30 前收到票款，收款时效性高于纸质票据托收。

3. 深圳跨境电子支票业务

（1）深港电子支票系统。2016 年 6 月 30 日，中国人民银行批准深圳开通香港电子支票托收业务，由深圳金融电子结算中心建设的"深港电子支票系统"上线服务。深圳收款人通过互联网途径接收香港付款人签发的电子支票，并通过深圳金融电子结算中心官方网站链接登录"深圳存票网站"，上传支票后，即可足不出户、自助办理支票托收业务。较之纸质支票联合结算，电子支票联合结算实现了支票签发、传递、托收、清算与结算全流程电子化，深港间票据结算大大提高了跨境资金使用效率，便利了两地经贸往来。深港电子支票系统的建立成为深港票据联合结算发展进程的里程碑。

（2）深圳税务的跨境电子支票缴税。依托于深港电子支票系统，深圳国税、地税推出了"跨境电子支票缴税"网上服务，成为全国首创的新型税款缴纳方式。纳税人在电子税务局选择"跨境缴税"后，登录香港网银签发电子支票，即可完成网上跨境缴税。税款直接由纳税人境外账户划到国库待缴库资金账户，简化了汇款过程，缩短了资金审核时间和缴款时间，时间由原来的 2 天至 3 天缩短为 1 天，而且不需要手续费。该系统使深圳多元化缴税平台更趋完善，为纳税人提供了便捷多样的缴款方式。

4.4 第三方支付方式

网上银行系统对在线支付的安全性要求较高而导致身份认证和操作过程过于烦琐，给网上小额购物支付的消费者带来了较差的体验，因此，第三方支付方式应运而生。第三方支付方式因其更加便捷的支付服务而为消费者和商家所接受。为了拓展市场，第三方支付平台在商家接入、用户体验和产品易用性等方面进行优化，改善了消费者和商家的支付体验；整合后端各大银行的支付接口，对外提供统一的接入平台，方便商家接入，降低了商家直连银行的成本，满足了商家发展在线业务的收付要求。在消费者支付工具端，消费者可以同时绑定多家银行卡，使网上购物更加快捷、便利。第三方支付平台能较好地解决网上交易中的信用问题，有利于推动电子商务的快速发展。

4.4.1 第三方支付机构

1. 非银行支付机构

第三方支付机构的官方称呼一般是非银行支付机构，它们是独立于商家和银行的、具有一定实力和信誉保障的、为商家和消费者提供转接支付服务的独立机构。

非银行支付机构（即第三方支付机构）是指在中华人民共和国境内依法设立并取得支付业务许可证，从事储值账户运营和支付交易处理的部分或者全部支付业务的有限责任公司或者股份有限公司。

非银行支付机构基于客户的银行账户或者为客户开立支付账户提供支付服务。基于银行卡为客户提供支付服务的非银行支付机构，应当遵守与银行卡业务相关的监管规定和行业规范。非银行支付机构应当服务于线上线下支付业务，为社会提供小额、快捷、便民的小微支付服务。

按照第三方支付机构的服务对象，我们可以将第三方支付机构分为面向企业用户提供服务（B 端商家收单业务）和面向个人用户提供服务（C 端支付钱包业务）两类。前者被称为收单侧支付机构，后者被称为账户侧支付机构。收单侧支付机构主要提供侧重大 B 类型用户支付体系、账户体系搭建等一系列服务，以及提供小 B 类型用户收单与经营数字化等全链条服务。账户侧支付机构主要提供侧重个人用户账户侧支付服务。有时，同一支付机构可以同时承担账户侧支付机构与收单侧支付机构的双重角色。例如，支付宝、财付通等支付机构同时为直联商家提供收单服务。

2. 第三方支付系统

第三方支付系统就是和多家银行签约并具备一定实力和信誉保障的、由第三方支付机构提供的交易支持平台。第三方支付系统具体形态较多，应用领域较广，一般支持线上或线下支付场景的业务。

我国第三方支付机构和平台数量众多，主要有支付宝（蚂蚁科技集团旗下）、财付通（腾讯旗下，后台支撑微信支付和 QQ 支付）、银联商务、易宝支付（YeePay）、快钱（99bill）、随行付、汇付天下、拉卡拉、移卡、联动优势、通联支付、宝付、盛付通（盛大旗下）、贝宝支付、网易支付、沃支付、翼支付、网银在线（Chinabank）和连连支付等。支付宝、财付通是我国主要的第三方支付服务商。

我国第三方支付平台按照行业分为以下 3 类。一是以支付宝、财付通、盛付通为首的互联网型支付企业，它们以在线支付为主，捆绑大型电子商务网站，迅速做大做强。二是以银联商务、快钱、汇付天下为首的金融型支付企业，侧重满足行业需求和开拓行业应用。三是以非金融机构的第三方支付公司为信用中介，通过和国内外各大银行签约，具备很好的实力和信用保障，在银行的监管下保证交易双方利益的独立机构，其在消费者与银行之间建立一个某种形式的数据交换和信息确认的支付流程。

经过 20 多年的发展，我国已经有了一批优秀的第三方支付机构。艾瑞咨询联合第三方支付行内专家评选出 2022 年"中国第三方支付行业卓越者"。此次评选从"合规安全、技术服务、产品创新"3 方面核心能力出发，并综合考量行业内各类服务商的定位，将入围企业分为"先驱推动者（2 家）、产业数字化攻坚者（9 家）、生态战略融合者（5 家）和支付体系共建者（3 家）"四大类，共计 19 家企业。①先驱推动者：这类企业是第三方支付行业发展先驱和推动者；作为行业领军者，率先进行产品创新、模式创新和技术创新，带动第三方支付行业历次变革（线上驱动＞线下驱动＞产业驱动）；代表平台有支付宝、微信支付。②产业数字化攻坚者：这类企业深耕产业，在传统行业线上化、数字化过程中起着至关重要的作用；在赋能产业的同时，积极加快自身数字化转型，以"更快、更优、更强"的服务哺育实体经济发展；代表平台有易宝支付、随行付、快钱、银联商务、拉卡拉、汇付天下、移卡、联动优势等。③生态战略融合者：这类企业以自身生态体系为基础，不断优化线上／线下、2B/2C 支付，加强生态体系内各业务板块的融合性与联动性，同时向外延伸赋能，在第三方支付领域中特征鲜明，在产品和模式创新等方面发挥着前瞻性推动作用；代表平台有京东支付、和包、翼支付、美团、壹钱包、沃支付等。④支付体系共建者：这类企业是支付体系建设中不可或缺的参与者；在中小微企业数字化升级领域，以创新的软硬件产品

108　服务，连接广大中小微企业与消费者，切入并赋能其全经营链条；对于餐饮、零售等关乎民生民计的产业，起着重要的助力作用；代表平台有收钱吧、福建超汇、哆啦宝等。

下面重点讨论在互联网环境下使用第三方支付工具完成网上购物的情形。

4.4.2　第三方网上支付的概念

1. 第三方网上支付的定义

第三方网上支付，即非银行支付机构互联网支付，是指收款人或付款人通过计算机、移动终端等电子设备，依托公共网络信息系统远程发起收款指令或支付指令，且付款人的电子设备不与收款人的特定专属设备交互，由非银行支付机构为收付款人提供货币资金转移服务的活动。

我国第三方支付的核心业务是第三方网上支付。该市场从 2004 年开始进入加速发展阶段，在 2008 年和 2009 年呈爆发式增长，特别是随着 2010 年中国人民银行《非金融机构支付服务管理办法》及《非金融机构支付服务管理办法实施细则（征求意见稿）》的出台，第三方支付行业结束了原始成长期，被正式纳入国家监管体系，拥有了合法的身份。

2. 第三方网上支付的特点

（1）使网上购物和在线支付更加快捷、便利。第三方网上支付平台提供一系列的应用接口程序，将多种银行卡支付方式整合到一个界面上，负责交易结算中与银行的对接，使网上购物更加快捷、便利。它使消费者和商家不需要在不同的银行开设不同的账户，这可以帮助消费者降低网上购物的成本，帮助商家降低运营成本；同时，它还可以帮助银行节省网关开发费用，并为银行带来潜在利润。

（2）支付操作更加简单且易于接受。较之 SSL、SET 等支付协议，利用第三方网上支付平台支付更加简单，商家和消费者之间的交易风险由第三方来承担，使网上交易变得更加简单。快捷支付是 2013 年出现的一种支付理念创新，具有方便、快速的特点。用户购买商品时，只需在第三方网上支付平台上提供银行卡卡号、户名、手机号码等信息，银行验证手机号码正确后，第三方支付系统发送手机动态口令到用户手机上，用户输入正确的手机动态口令，即可完成支付。如果用户选择保存银行卡信息，则用户下次支付时，只需输入第三方支付系统的支付密码或者是银行卡支付密码及手机动态口令即可完成支付。

（3）能有效解决网上交易中的信用和安全难题。第三方网上支付平台本身依附于大型的门户网站，且以平台自身的信用作为依托，因此能够较好地解决网上交易中的信用难题，有利于推动电子商务的发展。同时，第三方支付模式使商家看不到消费者的银行卡信息，降低了银行卡信息在开放的互联网环境传输而导致的信息泄露风险。

3. 第三方网上支付的本质

第三方网上支付本质上是一种支付托管行为。在缺乏信用保障或法律支持的情况下，为了增强网上交易双方的信任，更好地保证资金安全，第三方支付机构提供信用担保服务，充当资金支付的"中间平台"，在收付款人之间设立中间过渡账户，只有双方意见达成一致才能决定资金去向。

由于第三方支付机构担负保管及监督的职责，通过支付托管实现支付保证，因此，第三方支付机构必须具有一定的社会影响力才能获得社会公众的认可。

政府也加强了对第三方支付机构的监督管理。近年来，第三方支付机构的客户备付金规模快速增长、存放分散，风险事件频发。2017 年 1 月 13 日，中国人民银行发布了《中国人民银行办公厅关于实施支付机构客户备付金集中存管有关事项的通知》，明确了第三方支付机构在交易过程中产生的客户备付金，今后将统一交存至指定账户，由央行监管，第三方支付机构不得挪用、占用客户备付金。客户备付金是第三方支付机构预收客户的待付货币资金，不属于第三方支付机构的自有财产。这项支付领域的新规定进一步规范了第三方支付机构的行为，保护了广大客户的权益。

4. 第三方网上支付的交易流程

以 B2C 交易为例，客户在网上商城选购商品后，开始使用第三方支付平台提供的客户账户进行货款支付；客户支付货款后，这笔货款将从客户账户划拨到第三方支付平台（如支付宝等）的中间过渡账户内保管；第三方支付平台将客户已经付款的消息通知商家，并要求商家在规定时间内发货；商家收到通知后按照订单发货；客户收货并检验物品无异议后可以主动通知第三方支付平台付款，或者客户在规定的时间期限内未主动确认付款而由系统自动申请付款；第三方支付平台将货款从中间过渡账户划入商家账户。

实例4-2　网联清算有限公司

4.4.3　第三方数字钱包支付

第三方支付机构提供的数字钱包是消费者线上或线下购物常用的支付工具。

1. 数字钱包的概念

数字钱包（Digital Wallet）也被称为电子钱包（E-wallet 或 E-purse），是能够存储用户的账户信息、交易记录和安全支付凭证的支付应用软件或硬件。数字钱包内可存放电子货币（如数字现金、数字零钱等）或绑定银行卡，可用于线上或线下安全支付，是一种适合消费者用于网上购物小额支付的重要工具。第三方支付机构提供的数字钱包发展较快。10 多年前流行基于 PC 端和服务器端的数字钱包，近几年流行基于智能手机等移动终端的移动钱包。

2. 硬件形态数字钱包

大体上，数字钱包可以分成硬件形态数字钱包和软件形态数字钱包。

目前，硬件形态数字钱包主要包括智能储值卡数字钱包等。持卡人预先向储值卡中存入一定的资金，交易时直接从储值账户中扣除交易金额。这类数字钱包近年来发展较快，基本上都是由非金融机构发行的。区域性的智能储值卡数字钱包具有强大的生命力与竞争力。

智能储值卡根据用途的广泛性又分为多用途卡和单用途卡。多用途卡在小额支付领域等同现金，可以跨行业使用；单用途卡只能在某一个行业使用。我们通常把多用途卡称为数字钱包卡，单用途卡则叫作预付费卡（或行业卡）。国内小额支付市场主要使用的是一些单一用途的预付费卡，如国内许多城市将智能储值卡用于公共交通、餐饮连锁店等。智能储值卡已经被普遍地应用于公共交通（地铁、公共汽车等）、高速公路收费站、汽车租赁场所、旅游集散地、停车场、加油站、超市以及一些无人值守的场所，并扩大到公用事业。

这类数字钱包有如下特点。①非实名制。为了减少维护成本，简化交易机制，加快交易速度，大部分数字钱包是不记名、不挂失的。②脱机交易。由于不记名、不挂失，无须联机验证持卡人的身份，因此大部分数字钱包使用脱机交易的方式，交易处理的时间很短；智能储值卡可以设置密码，可以采用本地密码验证。③小额支付。银行卡的交易要求在线授权认证，对通信条件有一定要求，不能满足小额支付领域对离线支付和交易处理速度的要求，因此，这类数字钱包主要适合于经常性的小额支付领域。从风险控制角度来考虑，这类数字钱包内的资金一般都有额度限制。④使用环境相对封闭。智能储值卡数字钱包的使用范围有限，一般在相对封闭的环境中应用得比较成功。

近些年流行非接触式 IC 芯片的智能储值卡数字钱包，有些支持无须密码或签名的小额快速支付，即具有"闪付"（Quick Pass）功能。有些智能储值卡数字钱包内的数字现金可

110 随时兑换为现实货币，也有些规定数字钱包内的电子现金仅用于消费，兑换结算业务主要在银行和商家之间进行。

此外，还有 Apple Pay（苹果支付）等硬件类移动钱包。Apple Pay 基于近场通信（Near Field Communication，NFC）的手机支付功能，支持 iPhone、iPad、Apple Watch 等终端。用户的信用卡、借记卡信息可事先存储在手机等终端的移动钱包账户中，基于 NFC 的 Apple Pay 只需在终端读取器上轻轻一靠，就能快捷地完成整个支付过程。Apple Pay 采用 NFC 技术，用户可用苹果手机进行免接触支付，免去刷信用卡签名或刷借记卡口令输入等一系列支付授权步骤。购物支付时，用户只需将手指放在苹果手机的指纹识别传感器上，将手机靠近读卡器即可。Apple Pay 存储的所有支付信息都是经过加密的。

3. 软件形态数字钱包

软件形态数字钱包主要是指各类在线数字钱包系统。软件形态数字钱包是提供安全电子交易和储存交易记录的加密账户软件。使用软件形态数字钱包进行网上支付，通常需要在在线数字钱包系统（平台）上进行。

软件形态数字钱包一般需要用户下载安装数字钱包的客户端软件。有些数字钱包产品可能支持多种操作系统平台，各类设备需要下载安装不同的软件版本。例如 PC 端通常可以安装 Windows 等版本的数字钱包软件，而智能手机等移动设备通常需要安装基于安卓（Android）系统或苹果 iOS 系统的移动钱包 App 等。

数字钱包内存储着用户的账户信息和安全支付凭证，用户可以通过现金、银行卡、银行转账或加密货币等方式直接给数字钱包充值；也可以在数字钱包中绑定银行卡账户，以便在线上网店或者线下实体店等场景直接进行支付，刷银行存款货币消费。一些软件形态数字钱包在第三方支付系统封闭环境中使用虚拟货币进行交易，充值的过程本质上是将银行存款货币免费兑换成平台虚拟货币，而反向提现的过程则是将数字钱包账户内的虚拟货币兑换回银行存款货币。软件形态数字钱包在用户网购时需要与服务器联网进行在线支付，具有安全、方便、快速等特点。全球流行的软件形态数字钱包有 PayPal、Google Pay、支付宝等，还有数百个本地或区域钱包，它们一起构成了软件形态数字钱包这个巨大而充满活力的细分市场。

中国在数字钱包普及方面居于全球领先地位。Worldpay 发布的《2023 年全球支付报告》数据显示，2022 年，全球消费者使用数字钱包完成的购物支付占全球网上零售额的 49%，也占全球线下销售点（POS）交易额的 32%。无论是线上还是线下，中国都在继续加快数字钱包普及的步伐。2022 年，中国消费者使用数字钱包完成的在线购物支付大约占网上零售额的 81%；数字钱包支付占线下销售点（POS）交易额的 56%。中国最为著名的数字钱包有支付宝钱包、微信支付钱包，还有其他很多本地钱包品牌，如华为钱包、银联云闪付以及美团支付等。

实例4-3　支付宝（Alipay）　　实例4-4　PayPal

4.4.4　第三方移动支付

移动终端和移动电子商务的发展是移动支付迅速发展的重要前提。随着智能手机和移动 4G 业务的普及，移动电子商务兴起，智能手机成为重要的移动商务办公平台和移动支付工具。本部分重点讨论由第三方支付机构提供的移动支付及移动钱包方面的内容。

1. 移动支付的概念

移动支付（Mobile Payment）是指单位或个人以移动设备为载体，通过移动通信网、互联网或者近距离传感发出支付指令，实现货币支付与资金转移的行为。移动支付所使用的移动终端可以是智能手机、PDA、iPad 或掌上计算机等；其中，智能手机是移动终端的主要产品形态。

第三方支付机构基于移动端开发的移动支付工具有多种类型，移动支付包括 NFC 支付、移动钱包支付和应用程序内支付等。NFC 支付也称为非接触式支付，它使用 NFC 技术，允许用户将智能手机等移动设备靠近支付终端（如刷卡器等）进行支付。应用程序内支付则允许用户在移动支付应用程序内进行商品购买和支付，例如购买游戏内的虚拟商品或进行数字订阅。而关于移动钱包，后文将重点介绍。

由于支付标准不统一等，我国移动支付最初没有得到大规模推广。2012 年 6 月，中国移动与中国银联签署移动支付业务合作协议，标志着中国移动支付标准基本确定为 13.56MHz 标准，从而解决了移动支付发展的技术分歧。此后，移动互联网和移动电子商务的普及不仅为移动支付提供了广阔的商用场景，而且培养了用户网上支付的消费习惯。

人工智能技术将引领智能手机未来的发展方向。目前人工智能技术在智能手机上的应用主要集中在图像识别、语音交互和智能拍照等方面，在智能手机中加入人工智能芯片将成为业界的发展趋势。在 5G 技术的超高速率支持下，人工智能技术与智能手机的深度融合将催生出新的移动支付应用场景，带来新的业务增长。

2. 移动支付的工具：移动钱包

移动钱包是指智能手机等移动设备上存储着用户的账户信息、交易记录和安全支付凭证的支付应用软件或硬件。移动钱包是第三方支付系统的重要组成部分，也是数字钱包的延伸。

目前，在我国市场上推广使用的移动钱包以手机钱包为主。手机钱包适用于线上或线下的多种购物支付场景。常见的手机钱包有第三方支付机构提供的中国移动和包、支付宝钱包、微信钱包等。此外，还有银行业提供的数字人民币钱包等。下面重点介绍第三方支付机构提供的 3 种有代表性的手机钱包产品。

（1）中国移动和包

2013 年 12 月，中国移动将依托 NFC 技术推出的手机小额数字钱包业务取名为"和包"。和包是中国移动面向个人用户和企业用户提供的一项综合性移动支付业务，为用户带来方便快捷、安全时尚的线上、线下支付体验。

用户在中国移动开通和包业务，即享线上便捷支付（互联网购物、充话费、生活缴费等）；持具有 NFC 功能的手机（更换了 NFC-SIM 卡，与原 SIM 卡相比增加了终端刷卡功能）的用户更可享和包刷卡功能，实现特约商家（便利店、商场、公交、地铁等）线下消费。

和包在线支付使用方法：采取预存资金、网上银行、银行卡快捷支付等方式，使用和包账户在线完成充话费、互联网购物、水电燃气账单支付等远程消费支付。

和包应用 NFC 技术。用户在支持 NFC 功能的手机上，更换支持 NFC 功能的 SIM 卡，并完成安装和包客户端后，即可自行下载安装感兴趣的电子卡片应用，采用接触或非接触的方式刷卡就能支付。利用和包，用户可以实现线下刷手机乘坐城市公交、刷手机购物等一系列便捷、安全的移动支付新体验，真正将手机变成时尚又实用的私人钱包。

（2）支付宝钱包

支付宝钱包是支付宝针对智能手机推出的客户端 App，是国内主要的移动在线支付平台，主要在 iOS 或 Android 手机上使用。使用支付宝钱包，用户可以还信用卡、转账、付款、收款、充值、缴费、进行卡券管理等。以安卓版支付宝钱包 10.3.76 版为例，该版本支持的生物识别技术包括刷脸和指纹识别等。其 5 个页面有着不同的功能和定位。

第一个界面是"首页"，提供"扫一扫""收付款"等面向线下的支付方式、卡包（管理卡、券、票、证件）、转账（可以转到支付宝账号或银行卡）、信用卡还款、手机充值（充话费、充流量等）、余额宝（理财收益随时查看）、高德打车、医疗健康、饿了么、口碑团购、市民中心、飞猪旅行、出行、芝麻信用、借呗、我的小程序等一系列功能。

第二个界面是"理财"，主要包括余额宝、稳健理财、基金、黄金、股票、保险和养老金等功能。

第三个界面是"生活"，包括关注、发现、精选、直播和 NBA 等栏目。

第四个界面是"消息"，包括生活号、活动通知和生活圈等。

第五个界面是"我的"，主要有支付宝会员、账单、总资产、余额、余额宝、花呗、银行卡、芝麻信用、蚂蚁保、借呗、网商银行和我的公益等功能。

通常，支付宝钱包用户可以离线出示付款码，商家使用扫码枪等扫描付款码完成收款。这一离线支付全过程可用 3 个关键点来说明。

① 付款码可以离线生成。付款码生成过程：用户打开支付宝 App 时，系统会向服务器端申请令牌种子；支付宝服务器会根据算法生成一个令牌种子返回给支付宝 App；支付宝 App 得到令牌种子后，根据算法生成付款码（可以离线生成）。

② 付款码是一次性的且实时更新。支付宝 App 生成的付款码包含用户标识、令牌值等信息；付款码是一次性的，且每分钟会更新一次，这样可以防止出现他人盗用付款码进行多次收款等情况。

③ 付款码可以离线，但扫码枪需联网。付款码离线支付过程：线下支付时，用户打开支付宝 App，出示付款码（可以离线）；商家用扫码枪读取付款码并将其上传至支付宝服务器；支付宝服务器收到商家传来的付款码后，与令牌系统里保存的信息进行比对；比对通过则创建支付订单，并将订单信息返回商家，如果用户账户余额足够便可完成支付。

（3）微信钱包

微信支付是由腾讯公司的移动社交通信软件微信及第三方支付平台财付通联合推出的移动支付创新产品。财付通是持有互联网支付牌照并具备完备的安全体系的第三方支付平台，微信支付及其安全系统由腾讯财付通提供支持。

微信可以在 PC 端登录使用，但微信钱包是集成在微信移动客户端的支付功能。用户可以先在智能手机上安装与系统对应的微信 App，然后在微信钱包中关联一张银行卡，并完成身份认证，即可将其用于购物支付。使用微信钱包进行线上线下购物时无须任何刷卡步骤即可完成支付，整个过程简便流畅。

微信支付已实现扫码支付、公众号支付，并提供企业红包、代金券和立减优惠等营销新工具，以满足用户及商家的不同支付需求。

微信支付的方式有以下几种。① 线下扫码支付。用户在线下商店付款时只需出示付款二维码让扫码枪读取即可快速地完成支付；或者用户使用智能手机扫描线下静态的收款二维码，即可生成微信支付交易页面，完成交易流程。② Web 扫码支付。用户使用手机微信扫描二维码跳转至微信支付交易页面，完成交易流程。③ 公众号支付。用户在微信中关注商家的微信公众号，在商家的微信公众号内完成商品和服务的支付购买。

微信支付还联合中国人民保险集团股份有限公司（PICC）推出 100% 全赔保障。用户如因使用微信支付造成资金被盗等损失，只需提供相应的损失真实性证明和身份证明，将可获得 PICC 的全赔保障。2018 年 4 月 1 日，按照微信支付新的规定，用户在使用微信钱包扫描静态二维码支付时，单日支付上限为 500 元，同时微信关联的所有银行卡还可以再独立获得 500 元的支付上限，从而保障用户的资金安全。

第三部分　课题实践

一、实训

实训4-1　中国工商银行个人网上银行操作

中国工商银行（以下简称工行）成立于 1984 年，是我国较大的商业银行。工行建设了由网上银行、自助银行、电话银行和手机银行构成的电子银行立体服务体系，在国内同业中居于领先地位。

1. 实训目的和内容

①掌握工行个人网上银行网上自助注册操作技能；②掌握个人网银数字证书申请操作技能；③掌握同城转账业务操作技能；④掌握工行手机银行客户端操作技能；⑤掌握网上银行或手机银行转账的银行回单查询和保存技能。

2. 实训操作指导

（1）开通工行个人网上银行

①申请工行银行卡和开通工行个人网上银行。无工行银行卡的学生可以利用课余时间到工行营业网点凭身份证实名申请银行卡，并签约开通个人网上银行，设置登录密码和预留验证信息，开通网上转账功能。已有工行银行卡的学生可以在网上自助注册并开通个人网上银行，然后到工行营业网点柜台签约申请开通网上转账功能。注意检查网站服务器证书，验证网站身份的合法性。

②下载安装安全控件。通过计算机访问工行网站，第一次登录个人网上银行，系统会提示下载安装个人网上银行安全控件。可以先安装工行网银助手，自动安装和检测各类控件，保证网银功能的正常使用。

③登录个人网上银行。凭银行卡号（账户别名）、登录密码和随机验证码登录工行网银。在工行网银相关页面检查预留信息是否有误。

（2）了解工行网上银行的功能

浏览工行网银主菜单及子菜单功能：首页（我的账户、注册账户转账、转账汇款、信用卡、贷款、生活缴费、理财、基金、贵金属、工行 e 支付、账户申请等），财富广场（贷款、理财、基金、贵金属、外汇、账户商品、债券等），惠生活（话费充值、流量充值、飞机票、加油卡、优惠券、影音娱乐、水电燃气、酒店预订、旅游度假、电影票、银医服务等），账户列表（查看账户，在账户右侧对应的"更多"链接下进行账户别名、开户网点、卡片限额等相关设置），安全（安全管理、安全检测、应急处理、账户安全锁、网银管理、第三方协议管理等），设置（客户信息管理、我的协议、我的预约、交易快照等），我的网银（金融日历、账户列表、安全、设置等）等。

（3）设置账户别名、查询账户资金余额和明细

①设置账户别名。在"我的账户"菜单中查看自己的注册账户，设置账户别名。

②查询账户资金余额和明细。

（4）数字证书与 U 盾管理

使用 U 盾的用户可以在"安全"→"安全管理"→"认证管理"菜单中进行 U 盾的一系列管理，下载安装数字证书，进行 U 盾密码更新、限额管理及相关软件下载。目前工行 U 盾数字证书的有效期限为 5 年，用户可以在到期前 90 天内进行自助更新。

（5）转账汇款操作

① 选择转账操作的业务类型。在"转账汇款"页面中，从各种转账类型中选择"境内汇款"。"境内汇款"包括"单笔汇款""注册账户转账""批量汇款"。学生可以选择"单笔汇款"或"注册账户转账"进行练习操作。

② 同城转账。学生练习同城转账业务的步骤如下。第一步，填写或选择收款姓名、收款卡号、收款银行、汇款金额、付款卡号等信息。第二步，提交表单。使用 U 盾的用户会得到信息提示，用户输入 U 盾的密码校验确认，在 U 盾小屏幕上核对信息，按"OK"按钮完成确认，就可以完成转账操作。用户可以把收款人账号信息保存到联系人地址簿中。小金额转账也可以不使用 U 盾签名，而在"其他认证方式"中选择"短信验证码"，按流程完成转账操作。

③ 转账和银行回单查询操作。在个人网上银行"转账汇款"菜单中选择"交易明细"，在"交易类型"中选择"境内汇款"，在"交易种类"中选择"付款"，然后选择好银行卡号和查询时间段，就可以查询到转账交易的详细信息了。查询电子转账的电子回单并存档，同时将电子回单作为电子邮件的附件发给老师登记成绩（可选做）。

（6）工行手机银行 App 操作

① 下载工行手机银行 App 并注册。在智能手机中下载安装中国工商银行 App 并进行注册。到工行网点柜台办理签约，申请开通手机银行转账功能。

② 工行手机银行转账操作。学生间相互进行小额转账练习。选择"转账汇款"，可通过"注册账户转账""境内汇款"或"语音转账"等练习转账操作。

③ 工行手机银行转账回单查询。转账成功后，查询电子回单并存档，同时将电子回单作为电子邮件的附件发给老师登记成绩（可选做）。

实训4-2 手机支付宝业务操作

支付宝是我国互联网商家首选的网上支付工具，它提供的第三方信用担保服务让消费者可在确认所购商品满意后才将款项支付给商家，降低了消费者网上购物的交易风险。支付宝针对网上交易推出的安全付款服务，其运作的实质是以支付宝为信用中介，在消费者确认收到商品前，由支付宝替买卖双方暂时保管货款的一种增值服务，从而降低了网购风险，受到消费者的欢迎。目前，支付宝在个人用户方面的发展重心转向智能手机移动端。

1. 实训目的和内容

①掌握申请支付宝账户的操作技能；②掌握申请实名认证的操作技能；③掌握数字证书申请操作技能；④掌握支付宝账户的充值与提现操作技能；⑤掌握支付宝在线购物支付操作技能。

2. 实训操作指导

（1）支付宝账户申请注册

没有支付宝账户的学生可以通过 PC 端访问支付宝网站首页，单击"立即注册"链接按流程注册。个人用户可以使用手机号码或者电子邮箱账号注册，企业用户可以使用电子邮箱账号注册。学生申请个人支付宝账户的步骤如下（以使用手机号码注册为例）。第一步，创建账户，通过手机短信校验码验证；第二步，设置身份信息，包括登录密码、支付密码、真实姓名、身份信息、常用地址等；第三步，设置支付方式，输入 12 ～ 19 位实名制的银行卡号，并通过在银行预留的手机号码获取短信校验码，同意确认快捷支付服务相关协议，完成账户申请。以电子邮箱账号注册，也一样需要通过绑定的手机号码获取校验码，然后系统会将验证邮件发送到电子邮箱中，用户通过电子邮件来激活支付宝账户。

　　支付宝账户除了可以通过支付宝网站注册，还可以在注册淘宝账户时，勾选"创建支付宝账户"选项，这样系统会自动创建一个支付宝账户。

　　（2）支付宝实名认证

　　支付宝实名认证是由支付宝提供的一项身份识别服务，它同时也核实用户身份和银行账户信息。通过实名认证后，支付宝用户相当于拥有了一张互联网身份证，这将提高其账户的信用度，其可在淘宝网等电子商务网站开店。申请实名认证可以通过 PC 端和智能手机端等途径进行。

　　通过 PC 端访问支付宝，在"安全中心"→"安全管家"的"保护账户安全"页面中申请实名认证。

　　通过智能手机端访问支付宝，在"我的"页面中选择支付宝账户图标，选择"身份认证"，通过完善个人信息、上传证件照片等环节完成实名认证。

　　（3）数字证书申请

　　申请数字证书前，一般需要先通过支付宝实名认证。

　　在 PC 端申请数字证书，可以在"安全中心"→"安全管家"的"保护资金安全"页面中进行。

　　在智能手机端申请数字证书，可以在"我的"页面中选择"设置"→"安全设置"→"安全中心"→"…更多"；在"更多设置"页面中选择"数字证书"，会显示"未安装数字证书"，点击下面的"安装数字证书"按钮，进入填写身份证号页面，系统发送验证码到手机进行验证，通过验证后完成数字证书安装。

　　（4）支付宝充值

　　支付宝充值是指把银行卡账户上的资金充入支付宝余额或余额宝账户。目前支付宝仅支持银行借记卡充值。

　　PC 端充值流程如下：①登录支付宝账户，进入"我的支付宝"页面，在"账户余额"下单击"充值"按钮；②选择网上银行方式充值，选择银行卡充值，或者跳转到网上银行（将不享受免费保障服务）；③如果使用银行卡快捷支付，则需要进一步填写银行卡号、银行预留手机号码、充值金额和付款校验码等信息，并同意银行的网上支付协议和支付宝快捷支付服务协议；④充值成功。

　　智能手机端充值流程如下：在"我的"→"余额"→"充值"→输入充值金额→输入银行卡卡号……完成充值。

　　（5）支付宝提现

　　普通提现可以把支付宝账户余额提取到银行卡中，提取资金将在 1～2 个工作日后到达银行账户。目前支付宝仅支持借记卡提现。

　　PC 端提现流程如下：①登录支付宝账户，进入"我的支付宝"页面，在"账户余额"下单击"提现"按钮；②设置需要提现的银行；③进一步填写银行卡号、银行预留手机号码、提现金额和校验码等信息，同意相关协议；④提现成功。

　　智能手机端提现流程如下：在"我的"→"余额"→"提现"→输入提现金额→输入银行卡卡号……完成提现。

　　（6）支付宝在线购物支付

　　支付宝在线购物支付操作流程如下：①通过 PC 端或者智能手机端访问天猫等网站，挑选商品；②进入结算环节，填写收货地址、商品数量等相关信息；③进入支付环节，可以在 PC 端登录支付宝账户，输入支付密码完成在线支付；或者在智能手机端输入支付密码，完成支付宝钱包的在线支付；④拿到商品后，登录支付宝账户，输入支付密码确认收货，交易完成。

116

二、思考练习题

思考如下问题并组织小组讨论，分小组分享观点。

（1）简述现金、票据、银行卡等传统支付方式的优缺点。

（2）简述银行信用卡和借记卡的概念及刷卡流程的差异。

（3）简述电子支付和网上支付的概念。

（4）简述网上银行的概念和优势。

（5）简述手机银行的定义及优势。

（6）简述第三方网上支付的概念及特点。

（7）简述数字钱包的概念和分类。

（8）简述移动支付的概念。

（9）简述目前市场主流的移动钱包及其功能。

三、实践练习题

（1）使用招商银行"一网通"进行个人网上银行操作练习。①访问招商银行网站，在线申请招商银行"一卡通"借记卡，申请文件数字证书（或 USB Key 移动数字证书），开通转账功能；②熟悉个人网上银行大众版的功能；③下载安装个人网上银行专业版客户端软件；④进行数字证书的启用与备份操作；⑤熟悉个人网上银行专业版客户端软件的功能；⑥两个学生进行同行转账操作；⑦练习网上购物支付操作；⑧安装招商银行个人手机银行掌上生活 App，练习同行转账和在线购物支付等操作内容。将支付的结果截图发到老师的电子邮箱，由老师记录成绩。（可选做）

（2）使用中国建设银行网站的个人网上银行业务。①分别了解其"个人网上银行"和"企业网上银行"的业务功能；②在银行营业网点开设个人账户，签约开通网上支付功能；③在线申请开通个人网上银行业务；④下载安装数字证书，升级到个人网上银行专业版；⑤了解个人网上银行专业版的功能；⑥进行同城转账或异地网上汇款操作。（可选做）

（3）招商银行与中国工商银行个人网上银行专业版在网上转账的身份认证签名授权方面有什么不同？（可选做）

（4）利用各院校所拥有的资源进行网上支付及网上银行前台、后台业务实训。

（5）在各银行的个人网上银行界面体验超级网银的跨行账户管理和资金归集功能。利用个人网上银行专业版和移动数字证书进行"签约他行账户"的相关操作，完成跨行认证，然后进行他行账户管理，或者进行他行账户资金转入本行的练习操作。尝试使用超级网银的资金归集功能，将家庭成员在不同银行账户上的资金免费跨行归集到一人名下账户。（可选做）

（6）在自己的智能手机上下载安装微信 App，进行网上购物的在线支付和数字钱包管理实践。（可选做）

（7）在智能手机上下载安装数字人民币钱包 App，绑定银行卡，并进行充值操作；熟悉该数字钱包的相关功能；在线上、线下场景下使用数字人民币支付。比较数字人民币钱包与支付宝钱包、微信钱包的差别。（根据各地数字人民币推广情况选做）

课题五
电子商务物流

第一部分 案例与分析

案例 电子商务物流进入无人化时代

　　伴随电子商务及网络购物的蓬勃发展，我国的邮政和快递业务也呈现井喷之势。国家邮政局数据显示，2006 年全国快递业务量为 10.6 亿件，而到 2021 年达到 1 083 亿件，15 年增长超 100 倍。我国包裹数量占全球一半以上，已连续 8 年稳居世界第一。目前我国已进入单日快递业务量 3 亿件时代。面对日益剧增的订单，我国物流行业加快了技术升级的节奏，整个物流行业呈现"无人化"趋势。

　　随着科技的进步和无人化技术的快速发展，现代物流已经进入一个全新的时代。在过去，物流一直以人工操作为主，但现在，智能物流和无人物流开始兴起。无论在全球范围还

118 是在中国，无人机、自动驾驶车和无人堆垛机等智能化设备都在物流园区快速推广。未来，缺乏物流智能化和无人化技术的物流企业必将面临严峻的挑战。

案例分析

1. 仓储环节无人化

无人化技术最早应用在仓储环节。几十年来，自动化物流设备在发达国家得到广泛应用，并已经过多次迭代发展，从最初的托盘式自动化立体库、自动输送与分拣系统、自动导引车，到后来的穿梭车、料箱式自动化立体库（Miniload）等，先进的自动化物流解决方案不断涌现。物流中心正逐步向高度信息化、自动化和智能化方向发展，最终将实现无人化。

以菜鸟网络在浙江嘉兴的一个日均处理百万件商品的全自动化仓库为例：自动拣货完成后，包裹被自动贴上快递面单（最后的封箱作业也由机器自动完成），然后被送上高速分拣机，高速分拣机一小时可以分拣2万多件包裹。由于整个仓库不需要人工操作，无须预留叉车以及人工通道，货架的高度也无限制，整个仓库存储密度极高，相当于传统仓库的4倍，如图5-1所示。

无人化技术可显著提高物流作业效率。京东公司披露：京东昆山无人分拣中心的分

图5-1　菜鸟网络位于嘉兴的全自动化仓库

拣效率可以达到9 000件/时，供包环节的效率是人工操作的5倍，在同等场地和分拣货量的前提下，应用无人化技术使得每个场地节省人力180人。

2. 运输环节无人化

运输环节无人化是指使用自动驾驶技术替代驾驶员的操作。自动驾驶技术利用多种车载传感器感知车辆周围道路交通环境，并利用车辆自身的电子控制系统控制车辆的行驶速度和方向，从而实现车辆的自动行驶。

除了自动驾驶技术，无人机在干线运输环节的应用也十分值得期待。以顺丰为例，其除了在末端配送阶段尝试旋转翼无人机配送，还尝试开发大型固定翼无人机应用。2022年1月，顺丰旗下的大型无人机公司丰鸟科技获得了中国民航局颁发的支线物流无人机试运行和经营牌照，这是全球第一张被批准进入支线物流商业试运行的牌照。顺丰联合航天时代电子研发出代号为FH-98型的大型载货无人机，其最大起飞重量达到5.25吨，是目前国内最大的无人机之一。FH-98型无人机的最大业载为1.5吨，最大容积量为15立方米，最高飞行高度为4 500米，最大航程为1 200千米，起飞与着陆距离最短仅有150米，它能够以180千米/时的巡航速度穿越云际，高效完成运输任务，是当前业载能力居全球前列的国产商业无人机。可以想象，无人机在支线、干线运输上的应用能够大幅度增强相应物流中心的辐射能力，增强物流中心之间的调货、配货能力，降低库存成本，从而进一步提高物流体系的运作效率和水平。

3. 配送环节无人化

末端配送环节的无人化技术具体应用方式有无人机、无人车和自提柜。

无人机配送不仅提升了用户体验，更重要的是，在偏远多山地区，无人机配送相比传统配送具有明显优势，解决了投递成本过高的问题，因此有很大的实用价值和良好的应用前景。

无人车是城市末端配送解决方案的一个新变革，能够针对城市环境下办公楼、小区便利

店等订单集中场所进行批量送货，其出色的灵活性和便捷的使用流程将大幅提高配送效率。不过，目前来看无人车技术基本处于试运行阶段，还没有真正付诸应用。例如，京东、菜鸟等虽已推出自己的无人车末端配送解决方案，但只在一些封闭区域环境（如校园、工作园区等）中试验运行。

末端配送的另一种无人化方式是应用自提柜（又称自助提货柜、智能提货柜、智能快递存储柜、智能快递箱等）。它由于集成了物联网、智能识别、动态密码、无线通信等技术，能够实现快递包裹的智能化集中存取、指定地点存取、24小时存取、远程监控和信息发布等功能，目前在末端物流配送环节已广泛使用。由于自提柜的运行只依赖电力系统和通信系统，对空间条件要求不高，因此可以根据业务和运营的需求灵活设置。由于使用自提柜投递快件，减少了等待客户等环节，投递效率十分高，一个快递员最少可以管理十几组自提柜，因此每次投递的人工成本可以降低很多。用户在使用自提柜时，除了可以使用传统的动态密码解锁方式，现在还可以使用刷脸取件方式，更加便捷。

目前，以"无人化"为代表的智慧物流还在起步阶段，技术成熟度、稳定性还需要观察，成本有待进一步下降。尽管如此，物流无人化技术日益受到重视，市场前景向好，"无人化"似乎是物流行业转型升级的必由之路。

第二部分　课题学习引导

电子商务的任何一笔交易中都包含以下几种基本的"流"，即信息流、商流、资金流和物流。随着电子商务的推广与应用，物流对电子商务活动的影响日益明显。物流是有形商品网上商务活动能否顺利进行的关键因素。

5.1　电子商务物流概述

5.1.1　物流的基本概念

1. 物流的定义

根据我国在2021年颁布的国家标准《物流术语》，物流的定义："根据实际需要，将运输、储存、装卸、搬运、包装、流通加工、配送、信息处理等基本功能实施有机结合，使物品从供应地向接收地进行实体流动的过程。"

物流的内涵大体体现在以下方面：①物流是物品实体的流动；②物流的主体是供给者和需求者，供给者包括生产者和经营者，需求者包括一般消费者、业务需求者和产业需求者；③物流是物品从供应地向接收地的实体流动，即它是一种满足社会需求的活动，是一种经济活动；④物流包括运输、储存、装卸、搬运、包装、流通加工、配送和信息处理等基本功能活动；⑤物流包括空间位置的移动、时间位置的移动以及形状性质的变动，因而通过物流活动，可以创造物品的场所价值、时间价值和加工附加价值。

2. 物流的价值

物流的价值主要表现在以下几个方面。

（1）场所价值。"物"从供给者到需求者之间有一段空间差。供给者和需求者往往处于不同的场所，由于改变物品在场所上的差别而创造的价值被称作"场所价值"。物流创造场所价值是由现代社会产业结构、社会分工所决定的，主要原因是供给者和需求者之间存在空间差。场所价值的具体形式包括：从集中生产场所流入分散需求场所创造价值、从分散生产场所流入集中需求场所创造价值，以及从甲生产地流入乙需求地创造场所价值等。

（2）时间价值。"物"从供给者到需要者之间有一段时间差，由于改变这一时间差而创造的价值称作"时间价值"。时间价值通过物流获得的形式主要有：缩短时间创造价值、弥补时间差创造价值，以及延长时间差创造价值等。

（3）加工附加价值。物流也可以创造加工附加价值，或称为物流的形态效用。现代物流的一个重要特点是，根据自己的优势从事一定的补充性的加工活动，这种加工活动不是创造商品主要实体，形成商品主要功能和使用价值，而是带有完善、补充、增加性质的加工活动，这种活动必然会形成劳动对象的附加价值。例如，在物流中心，通过改变包装形态与发送批量等，或者把托盘上的物品分装至每个顾客的容器中，便可以创造价值。

3. 物流活动的基本要素

物流活动的要素除了实现物品空间移动的输送以及时间移动的保管这两个中心要素，还有为使物流顺利进行而开展的流通加工、包装、装卸搬运、物流信息等要素。这些基本要素有效地结合在一起，相互制约，形成密切相关的一个系统，能合理、有效地实现物流系统的总目标。

（1）输送。输送一般分为运输和配送。一般认为，所有物品的移动都是运输。运输是指用设备和工具，将物品从一个地点向另一个地点运送的物流活动；而配送是指在经济合理区域范围内，根据用户要求，对物品进行拣选、加工、包装、分割、组配等作业，并将其按时送达指定地点的物流活动。一般来说，在物流系统中，运输处于配送的前面环节。

（2）保管。保管包括堆存、管理、保养、维护等活动。保管人员要准确确认库存数量，明确仓库以流通为主还是以储备为主，合理确定保管制度和流程；对库存物品采取有区别的管理方式，力求提高保管效率，降低损耗，加速物资和资金的周转。

（3）流通加工。流通加工又称流通过程的辅助加工活动，是在物品从生产地到使用地的过程中，根据需要对其施加包装、分割、计量、分拣、刷标志、检标签、组装等简单作业的总称。这种加工活动不仅存在于社会流通过程中，还存在于企业内部流通过程中。

（4）包装。包装是对为在物流过程中保护物品、方便储运、促进销售，按一定技术方法而采用的容器、材料和辅助物等的总体名称；也指为了达到上述目的而在采用容器、材料和辅助物的过程中，施加一定的技术、方法等的操作活动。包装一般可分为工业包装和商业包装。包装既是生产的终点，又是企业物流的起点。

（5）装卸搬运。装卸是指在指定地点以人力或机械装入或卸下物品；而搬运是指在同一场所内对物品进行以水平移动为主的物流作业。装卸和搬运既有区别又有联系，装卸是指物品进行以垂直方向为主的位移；而搬运则是指物品在小范围内发生的短距离水平位移。

（6）物流信息。与上述各项活动有关的计划、预测、动态（运量、收、发、存数）信息及有关的费用信息、生产信息、市场信息等都称为物流信息。收集、整理和利用物流信息，能够保障物流活动有效、顺利地进行。

5.1.2 电子商务与物流的关系

电子商务与物流相互促进、相互影响。在电子商务改变传统产业时，物流业也不可避免地受到影响，而物流体系的完善将会进一步推动电子商务的发展。

1. 物流对电子商务的影响

（1）物流是电子商务的重要组成部分。电子商务的概念产生于美国。通过利用各种机械化、自动化工具及计算机和网络通信设备，美国的物流管理技术日臻完善。作为电子商务前身的 EDI 技术的产生是为了简化烦琐、耗时的订单等的处理过程，以加快物流的速度，提高物资的利用率。电子商务概念的提出最终解决了信息流、商流和资金流处理上的烦琐对现代化物流过程的延缓，进一步加快了现代化物流的速度。物流现代化应是电子商务概念的组成部分，缺少了现代化的物流过程，电子商务过程就不完整。

（2）物流是电子商务概念模型的基本要素。电子商务概念模型是对现实世界中电子商务活动的一般抽象描述，它由电子商务实体、电子交易市场、交易事务和信息流、商流、资金流、物流等基本要素构成，如图 5-2 所示。电子商务概念模型的建立强调信息流、商流、资金流和物流的整合。其中，信息流最为重要，它在一个更高的位置上实现对流通过程的监控。

（3）物流是实现电子商务的保证。电子商务的一般流程如图 5-3 所示，其中"送货，商品接收"，即物流过程，是实现电子商务的重要环节和基本保证。物流的重要性体现在：物流保障生产，物流服务于商流，物流是实现"以顾客为中心"理念的根本保证。

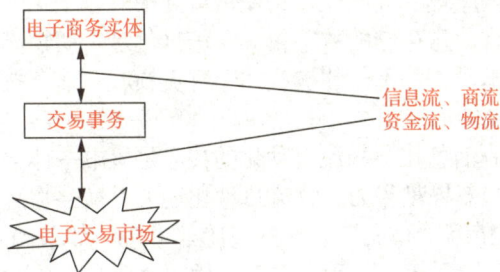

图5-2　电子商务概念模型

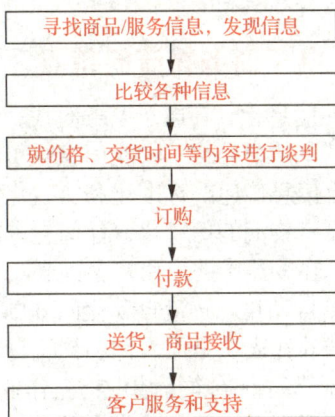

图5-3　电子商务的一般流程

2. 电子商务对物流的影响

（1）电子商务将改变人们传统的物流观念。电子商务为物流创造了一个虚拟的运动空间。人们将物流的各种功能通过虚拟化的方式表现出来，通过各种组合方式，寻求物流的合理化，使商品实体在运动过程中实现效率最高、费用最省、距离最短、时间最少。

（2）电子商务将改变物流的运作方式。电子商务可通过网络实现对物流的实时控制。①传统物流活动在其运作过程中其实都是以商流为中心的，从属于商流活动；而电子商务物流的运作是以信息为中心的，信息决定了物流的方向和运作方式。通过网络进行信息传递，人们可以有效地实现对物流的实时控制，实现物流的合理化。②网络对物流的实时控制是以整体物流来进行的；而在传统物流活动中，计算机对物流的实时控制都是以单个物流来进行的。例如，实施计算机管理系统的物流中心或仓储企业大多是以企业自身为中心来管理物流的。而在电子商务时代，网络全球化使企业可对物流在全球范围内实施整体的实时控制。

（3）电子商务将改变物流企业的经营形态。①电子商务将改变物流企业对物流的组织和管理。传统物流往往是从某一企业来进行组织和管理的，而电子商务则要求物流从社会的角度来实行系统的组织和管理，以改变传统物流分散的状态。这就要求企业在组织物流的过程中，不仅要考虑本企业的物流组织和管理，而且更要考虑全社会的整体系统。②电子商务将改变物流企业的竞争状态。传统物流企业之间的竞争往往是依靠提供优质服务、降低物流费用等来进行的。电子商务时代需要全球性的物流系统来保证商品实体的合理流动，需要物流企业联合起来，在竞争中形成一种协同的状态，以实现物流高效化、合理化和系统化。

（4）电子商务将促进物流基础设施的改善、物流技术的进步与物流管理水平的提高。①电子商务将促进物流基础设施的改善。电子商务具有高效率和全球性的特点，要求物流也必须达到这一标准。而物流要达到这一标准，良好的交通运输网络、通信网络等基础设施则是最基本的保证。②电子商务将促进物流技术的进步。物流技术主要包括物流硬技术和物流软技术。物流硬技术是指在组织物流过程中所需的各种材料、机械和设施等；物流软技术是指组织高效率的物流所需的计划、管理、评价等方面的技术和管理方法。建立一个适应电子商务运作的高效率的物流系统对提高物流的技术水平有着重要的作用。③电子商务将促进物流管理水平的提高。物流管理水平的高低直接决定和影响着物流效率的高低，也影响着电子商务高效率优势能否实现。

（5）电子商务对物流人才提出了更高的要求。电子商务不仅要求物流管理人员具有较高的物流管理水平，而且要求其具有丰富的电子商务知识，并在实际的运作过程中，能有效地将二者结合在一起。

5.1.3　电子商务物流的特点

（1）信息化。在电子商务时代，物流信息化是对电子商务的必然要求。物流信息化表现为物流信息的商品化、物流信息收集的数据库化和代码化、物流信息处理的电子化和计算机化、物流信息传递的标准化和实时化、物流信息存储的数字化等。信息化是一切物流活动的基础，没有物流的信息化，任何先进的技术设备都不可能被应用于物流领域，信息技术及计算机技术在物流中的应用将会彻底改变物流的面貌。

（2）自动化。物流自动化的基础是物流信息化，物流自动化的核心是机电一体化，物流自动化的外在表现是无人化，物流自动化的效果是省力，物流自动化还可以增强物流作业能力和提高劳动生产率、减少物流作业的差错等。物流自动化的设施非常多，如条码/语音/射频自动识别系统、自动分拣系统、自动存取系统、自动导引车、货物自动跟踪系统等。

（3）网络化。物流网络化是物流信息化的必然结果，是电子商务物流活动的主要特征之一。当今互联网网络资源的可用性及网络技术的普及为物流的网络化提供了良好的外部环境，物流的网络化不可阻挡。

（4）智能化。这是物流自动化、信息化的一种高层次应用，物流作业过程中存在大量的运筹和决策，如库存水平的确定、运输（搬运）路径的选择、自动导引车的运行轨迹和作业控制、自动分拣机的运行、物流配送中心经营管理的决策支持等问题的解决都需要借助于智能物流系统。为了提高物流现代化水平，物流的智能化已成为电子商务物流发展的一个新趋势。

（5）柔性化。柔性化是为实现"以顾客为中心"理念而在生产领域提出的，柔性化的物流正是适应生产、流通与消费的需求而发展起来的一种新型物流模式。这就要求物流配送中心根据消费需求"多品种、小批量、多批次、短周期"的特点，灵活组织和进行物流作业。

5.2　电子商务物流模式

电子商务的优势之一就是能大大简化业务流程，降低企业运作成本。这需要可靠和高效的物流作为保证。

5.2.1　物流模式简介

目前企业开展物流活动主要有自营物流、物流联盟和第三方物流3种模式。

1. 自营物流模式

自营物流是指企业自身经营物流业务，建设全资或是控股的物流子公司，完成企业物流配送业务，即企业自己建立一套物流体系。从历史的角度看，企业对物流服务的需求最初是以自我提供的方式得以满足的。自营是企业早期物流活动的重要特征。企业为了提高物流效率和服务水平，需要对物流进行管理，于是物流管理成为经营管理的一项重要内容。

自营物流有利于企业掌握对顾客的控制权，比较可靠，但成本高。自营物流直接支配物流资产，控制了物流职能，保证了供货的准确和及时，保证了顾客服务的质量，维护了企业和顾客间的长期关系。但这种物流模式需要企业投入大量的资金购买物流设备，建设仓库和信息网络之类的专业物流设施，因此成本极高，这对缺乏资金的中小企业来说是个沉重的负担。

实例5-1　京东：电商企业自营物流模式的典范

2. 物流联盟模式

物流联盟是指两个或两个以上的经济组织为实现特定的物流目标而形成的长期联合与合作的组织形式。货主企业可以选择少数稳定且有较多业务往来的物流企业建立长期互利的、全方位的合作关系，与物流企业优势互补，要素双向或多向流动，相互信任，共担风险，共享收益。物流联盟一方面有助于货主企业的产品迅速进入市场，增强其竞争力；另一方面可以使物流企业保有稳定的资源。当然，物流联盟的长期性、稳定性使改变物流服务供应商的行为变得困难，货主企业必须对今后过度依赖于某个物流服务供应商的局面做周全考虑。

实例5-2　菜鸟网络推出的物流联盟

3. 第三方物流模式

第三方物流（Third Party Logistics，TPL 或 3PL）又称外协物流或合同物流，它是由独立于物流服务供需双方之外且以物流服务为主营业务的组织提供物流服务的模式。货主企业以签订合同的方式，在一定期限内将部分或全部物流活动委托给专业物流企业来完成。社会分工的细化促成了这种专业物流企业（即第三方物流）出现，它们利用专业设施和物流运作的管理经验，为顾客定制物流需求计划。第三方物流是物流专业化的重要形式，是实现物流社会化、合理化的有效途径。

第三方物流是当今物流业的发展趋势，发展至今已有很大的变化。采取传统外协方式时，货主企业仅将部分物流功能，主要是物流作业活动，如运输、保管交由物流企业去做，而库存管理、物流系统设计等管理活动以及部分内部物流仍然保留在本企业内。提供系统服务的物流企业，只以推销本企业的经营业务，而不是以货主企业的物流合理化为目的设计物流系统。第三方物流则是以电子信息技术为基础，站在货主企业的立场，以货主企业的物流合理化作为设计物流系统运营的目标，为货主企业提供全方位的物流服务。

实例5-3　顺丰：专业的第三方物流快递公司

以上 3 种物流模式各有其特定的使用范围，下面从概念、优点、缺点、适用对象和代表企业等方面进行比较，如表 5-1 所示。

表5-1　3种物流模式的比较

项目	模式		
	自营物流	物流联盟	第三方物流
概念	企业自身经营物流业务	选择少数稳定且与之有较多业务往来的物流企业通过契约建立伙伴关系	将部分或全部物流活动委托给外部的专业物流企业来完成

项目	模式		
	自营物流	物流联盟	第三方物流
优点	（1）掌握控制权 （2）盘活企业原有资产 （3）降低交易成本 （4）避免商业秘密泄露 （5）提升企业品牌价值 （6）有利于维护企业与顾客间的关系 （7）适应性、针对性强	（1）可降低成本、减少投资，降低风险和不确定性，获得一定的物流技术及相应的管理技术 （2）有利于发挥渠道优势，提高利润水平 （3）有利于拓展经营领域，提高顾客服务水平，提升企业形象	（1）有利于集中精力发展核心业务 （2）减少投资，加速资本周转 （3）降低运营成本及库存成本 （4）改善企业价值链，实现资源优化配置 （5）提供灵活多样的顾客服务，为顾客创造更多价值
缺点	（1）投资多、风险大 （2）资产利用率具有波动性 （3）管理难度大，专业化水平低 （4）管理机制的约束 （5）存在跨行业经营风险	（1）冲击主业发展，降低专业化水平 （2）伙伴关系非常脆弱，很难形成且非常容易被破坏	（1）成本控制困难，发展目标不一致 （2）不利于整体优化 （3）物流资产的制约 （4）市场交易成本的制约
适用对象	具有一定物流资源的传统企业（进行电子商务时采用）	区域配送系统完善，物流内容相对单一，物流规模较稳定的企业	不具备现代化物流技术手段，无法满足对物流系统的高要求的企业
代表企业	京东商城、沃尔玛、海尔集团	菜鸟网络、711便利店、唯品会	天猫、Dell、当当网

5.2.2　第三方物流

1. 第三方物流的定义

第三方物流兴起于20世纪80年代末，经过30多年的迅速发展，已具有多种多样的形式。合同物流、物流外协、全方位物流服务公司与第三方物流含义基本相同。

中国国家标准《物流术语》对第三方物流的定义："由独立于物流服务供需双方之外且以物流服务为主营业务的组织提供物流服务的模式。

第三方物流是超越第一方物流和第二方物流的一种物流服务模式。第一方物流是指生产企业或流通企业自己运作物流业务；第二方物流是指物流企业提供诸如运输、仓储等单一服务；而第三方物流则是指专业物流企业为客户提供包括设计规划、解决方案以及具体物流业务运作等全部物流服务。因此，这里的第三方物流主要是指能够提供现代的、系统的物流服务的第三方的物流活动。

2. 第三方物流的基本特征

第三方物流是第三方物流提供者在特定的时间段内按照特定的价格向使用者提供的个性化系列物流服务，这种物流服务建立在现代信息技术基础上，企业之间是联盟关系。第三方物流具有以下几个特征。

（1）第三方物流是合同导向的一系列服务。第三方物流有别于传统的外协，外协只限于一项或一系列分散的物流功能，如运输公司提供运输服务、仓储公司提供仓储服务等，第三方物流则是根据合同条款规定，而不是临时需求，提供多功能甚至全方位的物流服务。

（2）第三方物流是个性化物流服务。第三方物流服务的对象一般都较少，只有一家或数家，服务时间却较长，往往长达几年，它异于公共物流服务——"来的都是客"。这是因为需求方的业务流程各不一样，而物流、信息流是随价值流动的，因此第三方物流服务应按照客户业务流程来定制，这也表明物流服务理论从"产品推销"发展到了"市场营销"阶段。

（3）第三方物流是建立在现代信息技术基础上的。信息技术的发展是第三方物流出现的必要条件，信息技术实现了数据的快速传递，提高了物流管理的自动化水平，使订货、包装、保管、运输、流通加工实现一体化，使企业间的协作能在短时间内迅速完成；同时，计算机的应用使混杂在其他业务中的物流活动的成本能被精确计算出来，还能有效管理物流渠道中的商流，这就使货主企业有可能把原来在内部完成的作业交由物流企业完成。

（4）第三方物流企业之间是联盟关系。依靠现代电子信息技术，第三方物流企业之间充分共享信息，这就要求各企业之间要相互信任，如此才能保证比单独从事物流活动取得更好的效果。而且，从物流服务提供者的收费原则来看，第三方物流企业之间是共担风险、共享收益的，通过契约结成优势相当、风险共担、要素双向或多向流动的中间组织，各企业之间是一种基于物流合作的联盟关系。

3．第三方物流的作用

第三方物流具有以下几个方面的作用。

（1）集中发展核心业务。货主企业能够实现资源优化配置，将有限的人力、财力集中于核心业务，进行重点研究，发展基本技术，开发出新产品参与市场竞争。

（2）节省费用，减少资本积压。专业的第三方物流提供者利用规模生产的专业优势和成本优势，通过提高各环节的利用率实现费用节省，使货主企业获益。

（3）减少库存。第三方物流提供者借助精心策划的物流计划和适时运送手段，最大限度地减少库存，改善货主企业的现金流量，建立成本优势。

（4）提升货主企业形象。第三方物流对整个供应链实现完全控制，降低物流的复杂性；通过遍布全球的运送网络和服务提供者（分承包方）大大缩短了交货期，帮助货主企业改进服务，有利于货主企业树立品牌形象。

4．电子商务下的第三方物流

第三方物流模式仍然是电子商务企业，尤其是中小企业首选的物流模式。在电子商务时代，第三方物流企业必须努力提高物流装备技术及管理水平，如提高自动化高层货架及立体仓库、托盘、集装箱、销售网点扫描仪、条形码、EDI系统、地理信息系统等物流装备技术水平；实现装卸、搬运、拣货等作业过程的机械化、自动化，以及强化对精益思想、准时供应、全面质量管理、客户关系管理、自动连续补货等现代管理技术及方法的应用等。第三方物流企业只有实现物流装备与管理方法的现代化、物流信息与通道的网络化，才能及时快速地对瞬息万变、竞争激烈的市场环境做出反应，保证第三方物流高效运转。

总之，电子商务的发展必须由第三方物流来支撑。第三方物流企业能为客户节约物流成本、提高物流效率，这已被越来越多的企业所认识。

5.3　电子商务物流自动化技术及设备

物流自动化是指充分利用各种机械和运输设备、计算机系统和综合作业协调等技术手段，通过对物流系统的整体规划及技术应用，使运输、装卸、包装、分拣、识别等物流相关作业和内容省力化、效率化、合理化，快速、准确、可靠地完成物流的过程。物流自动化技术及设备非常丰富，下面重点从搬运、分拣、末端配送、存储、清点库存5个方面进行盘点，以管窥物流自动化技术及设备的发展现状。

5.3.1 搬运自动化技术及设备

搬运自动化技术及设备以自动导引车最具代表性。自动导引车（Automated Guided Vehicle，AGV）是指装备有电磁或光学等自动导引装置，能够沿规定的导引路径行驶，具有安全保护以及各种移载功能的运输车。AGV是具有高度柔性化和智能化的物流搬运设备，被称为移动机器人。国外典型的AGV产品有亚马逊Kiva机器人、Fetch Robotics的Fetch和Freight机器人、Swisslog的Click&Pick系统以及Gray Orange的Bulter机器人等，国内典型的AGV产品有阿里巴巴的"小蛮驴"机器人以及京东机器人。

1. 亚马逊Kiva机器人

亚马逊Kiva机器人是AGV的典型代表，如图5-4所示。亚马逊在2012年以7.75亿美元的价格收购了Kiva的机器人仓储业务。亚马逊启用15 000个Kiva机器人后可提高近50%的分拣效率，总体工作效率提高3.5～5倍，每年节约成本将近10亿美元。Kiva机器人通过扫描地上条码前进，能根据无线指令将货物从所在的货架搬运至员工处理区，这样工作人员每小时可挑拣、扫描300件商品，并且Kiva机器人的处理准确率达到了99.99%。

2. Fetch Robotics的Fetch和Freight机器人

Fetch Robotics的主要团队来自Willow Garage。Fetch Robotics发布了两款新机器人——移动机械臂Fetch（意为"拿来"）和移动平台Freight（意为"送去"），专门针对仓储自动化应用。Fetch和Freight机器人相当于Kiva机器人的升级版，如图5-5所示。Fetch机器人具备自动导航功能，可以在货架间移动，识别产品后取货并将其搬运到叫作Freight的自动驾车机器人里。Fetch和Freight机器人可以自助规划路线和充电，从而保证整个仓储系统的无缝运行。

图5-4 亚马逊Kiva机器人

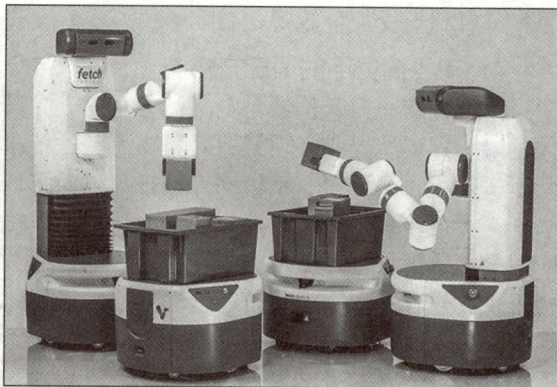

图5-5 Fetch Robotics的Fetch和Freight机器人

3. Click&Pick系统

Swisslog是一家总部位于瑞士的自动化仓库和配送物流解决方案提供商，其控股股东是工业机器人"四大天王"之一的KUKA。与Kiva等货架式存储系统不同，Swisslog的Click&Pick系统采用的是一种三维的立方体网格架系统，每个立方体内有一个标准尺寸的箱子装着特定货物，如果装着所需货物的箱子埋在别的箱子下面，机器人会把上面的箱子拿起来堆在旁边，拿到货物后再将其放好，如图5-6所示。Swisslog称，Click&Pick系统每小时能处理1 000张订单，速度是人类作业的4～5倍。

4. Bulter机器人

Gray Orange 推出了 Bulter 机器人，它相当于一个方形版本的 Kiva 机器人，如图 5-7 所示。Gray Orange 的潜在客户包括亚马逊和印度物流系统服务巨头 Delhivery 等。

图5-6　Swisslog的Click&Pick系统

图5-7　Gray Orange的Bulter机器人

5. "小蛮驴"机器人

"小蛮驴"是阿里巴巴发布的第一款轮式机器人，采用L4级无人驾驶技术，集成了阿里巴巴达摩院最前沿的人工智能技术，具有类人认知智能，其大脑应急反应速度据说能达到人类的 7 倍，只需 0.01 秒就能判别 100 个以上行人和车辆的行动意图，能在复杂的末端场景中顺滑处理转弯、急停、会车、倒车等情况。这款机器人还相当"吃苦耐劳"，耗电 4 千瓦 / 时就能跑 100 多千米，每天最多能送 500 个快递，雷暴雨雪等极端环境也不影响其性能。"小蛮驴"机器人如图 5-8 所示。

6. 京东机器人

京东也有类似 Kiva 的搬运机器人。在调度系统和人工智能系统的控制下，京东机器人可以灵活改变路径，自动避障，可利用地上的二维码进行导航。京东无人仓内的机器人能轻松托举 300 千克的货物。通过京东机器人与六轴机械臂的配合（见图 5-9），京东大大提高了货物的搬运和分拣效率。

图5-8　阿里巴巴的"小蛮驴"机器人

图5-9　京东机器人与六轴机械臂

5.3.2　分拣自动化技术及设备

分拣是指为进行运输、配送，把很多货物按品种、不同的地点和单位分配到所设置的场地的一种物料搬运过程。按手段不同，分拣可分为人工分拣、机械分拣和自动分拣三大类。其中，自动分拣是现代物流的重要特征。除自动分拣机之外，分拣机器人是自动分拣的重要手段。分拣机器人除亚马逊的 Kiva 机器人以外，还有 TORU、Geek+、快仓、海康威视等机器人。

1. TORU分拣机器人

总部位于德国慕尼黑的 Magazino 推出了 TORU 系列拣货机器人——TORU Cube，如图 5-10 所示。该机器人由智能识别系统和精准爪手构成，能够自动、准确拣出指定的物品，甚至日常生活物品。TORU 分拣机器人可以独立行走，直接从摆满货物的架子上取走所需的物品，也可以用自身带有 3D 摄像头的爪手把物品拉出来并扫描，接着把所需物品放到它自己的架子上，然后把所有拣出的物品直接送到暂存区。TORU 分拣机器人的行走路线并不固化，它会自动辨识，并马上调整活动路线，而且可以很好地和人类协同作业。

图5-10　TORU分拣机器人

如果待分拣物品不同，TORU 分拣机器人可以根据物品类型更换不同的爪手。如果一个仓库储存了许多不同种类的物品，可以配备多个 TORU 分拣机器人，并根据不同的产品尺寸和形状为其装上不同的爪手。

2. Geek+分拣机器人

由北京极智嘉科技有限公司研发的 Geek+ 分拣机器人被称为中国版的 Kiva 机器人，如图 5-11 所示。目前 Geek+ 的机器人拣选系统已经成功地在天猫超市、唯品会等多家知名电商仓库实现商用。跟 Kiva 机器人一样，Geek+ 分拣机器人也采用"货到人"的拣选模式，一台 Geek+ 分拣机器人高 28 厘米，自重 150 千克，能够承受 500 千克的重量。当接到订单指令后，Geek+ 分拣机器人会通过扫描地面上均匀分布的二维码按照 2 米 / 秒（最快可达 3 米 / 秒）的速度根据其自动规划的路线前进，跑到货架底部后，直接将整个货架抬起，并将其驮到拣选员的工作台，省去拣选员来回挑选的时间，整体分拣效率是人工的 3 倍。

图5-11　Geek+分拣机器人

3. 快仓分拣机器人

快仓智能仓储机器人系统解决方案是由一系列的移动机器人、可移动货架、补货工作站、拣货工作站等硬件系统组成，以人工智能算法的软件系统为核心，完成包括上架、拣选、补货、退货、盘点等流程的完整订单智能履行系统，快仓分拣机器人如图 5-12 所示。快仓智能仓储机器人系统解决方案可以为传统仓库作业模式节省 5 ～ 7 个人工，并有效提高分拣率，降低错单率、产品损耗率和订单消耗品开销等，从而大幅降低仓库的运营成本。

4. 海康威视分拣机器人

海康威视分拣机器人身材小智慧大，不仅能智能识别包裹面单信息，还能借助工业相机与电子秤等外围设备，快速完成扫码和称重。其智能分拣系统充当着调度多台机器人的大脑，根据包裹目的地规划机器人的最优运行路径，将分拣货物运送至对应的卸货口进行投递，其分拣速度和投递准确性相较于人工作业都有了大幅度的提高。海康威视分拣机器人如图 5-13 所示。

图5-12　快仓分拣机器人

图5-13　海康威视分拣机器人

5.3.3　末端配送自动化技术及设备

末端配送设备主要是为了解决电子商务中的"最后一公里"配送问题。"最后一公里"配送是指客户通过电子商务途径购物后，购买的物品被配送到配送点后，配送点通过一定的运输工具和设备，将货物送到客户手中，实现门到门服务。末端配送设备是现代物流发展的产物，相关的产品日新月异。目前，末端配送设备趋向于无人化，具体应用方式有无人车、无人机和自提柜。

1. 无人车

无人车属于自动驾驶送货机器人。在无人车领域，目前具有代表性的产品主要有国外的 Starship、Transwheel、DRU 和 Gita，国内的京东无人车和菜鸟"小 G"机器人。

（1）Starship。Starship 配送机器人（见图 5-14）是由英国 Starship Technologies 公司在 2015 年底研发推出的，力图解决让物流行业从业人员头疼的"最后一公里"配送问题。Starship 是一台小型六轮设备，机身上配备了 9 个摄像头，它在测试或正式运行时可辨别并"记住"路线。通过相应的机器学习，它可以实现自主导航。Starship 可承载 20 磅（约 9 千克）的货物，因为是靠电池来驱动的，其配送范围并不是很大，最远配送范围为方圆 1 英里（约 1.6 千米）。该机器人被推出后，经过半年多的测试，于 2016 年 7 月投入使用。该机器人在接到命令后，会自己去接货，将货物收入货舱（容量大约相当于两个大购物袋），然后送到目的地，这时消费者可以输入自己移动设备 App 上收到的密码，打开货舱取件。

（2）Transwheel。Transwheel 配送机器人是由以色列的科比·西卡（Kobi Shikar）于 2015 年构思的一款新型机器人，如图 5-15 所示。它最大的特点就是能快速方便地将包裹送到消费者的门口，而且不论物件大小。Transwheel 的设计灵感来源于自动平衡车，它使用了与赛格威（电动平衡车）类似的平衡系统，能在机器手臂持货时保持直立行驶。它不同于其他配送机器人之处如下：一是配有机器手臂，可以装卸包裹，还能用机器手臂搬运货物，依靠单排轮电动平衡车行驶；二是单个机器人可运送小包裹，而若干机器人组合在一起能够运送大包裹。也就是说，在未来，使用 Transwheel 运送集装箱和货柜车也是极有可能实现的。

图5-14　Starship配送机器人

图5-15　Transwheel配送机器人

（3）DRU。DRU 配送机器人是由澳大利亚达美乐比萨（Domino's Pizza）公司研发制作的，如图 5-16 所示。这款机器人有 4 个轮子，单程可运行 20 千米。DRU 机器人内置 GPS，使用激光雷达来探测周围的环境，可自动识别障碍物，规划最佳路径，轻松穿越碎石地、沙地和泥地。DRU 机器人的内部设有温度控制系统，这使得送达消费者手上的比萨"热气腾腾"，而饮料"冰凉爽口"。订餐消费者可通过输入自己移动设备 App 上收到的密码来取餐。

（4）Gita。Gita 是意大利 Piaggio 公司的产品，是一款随行配送机器人，如图 5-17 所示。Gita 配送机器人高 66 厘米，最重可以运送 18 千克的物品，配有一个带锁的盖子。Gita 配送机器人拥有零转弯半径，其最高速度约为 35 千米 / 时。这样的配置使它既灵活又快速，所以无论你是快步行走还是骑自行车，它都会跟上你。另外，Gita 配送机器人拥有自动导航和跟随模式两种行动方式，自带跟踪摄像头，能够捕捉自身正前方的画面，借此识别周围环境，还配备了超声波测距系统，形成避障系统。同时，Gita 配送机器人能应对复杂的路面，上坡、转弯等都毫无压力。

图5-16　DRU配送机器人

图5-17　Gita配送机器人

（5）京东无人车。京东无人车是国内首款无人配送车，体积较小，长、宽、高分别为 1 米、0.8 米、0.6 米，如图 5-18 所示。京东无人车可以自主规划路径，寻找最短路径并规避拥堵路段。遇到十字路口，它可以识别红绿灯并做出相应行驶决策。京东无人车行驶在非机动车道上，采用电能驱动，能自动避障，实时监控并保证货物和自身的安全。自动行驶到指定位置后，它会通过京东 App、手机短信等方式通知消费者收货；消费者输入提货码就可以打开其货舱，取走自己的包裹。

（6）菜鸟"小 G"机器人。菜鸟"小 G"机器人（以下简称小 G）是一款专门用于解决"最后一公里"问题的配送机器人。小 G 高约 1.2 米，每次配送大概能装 10 ～ 20 个包裹，如图 5-19 所示。用户只要通过手机向小 G 发出服务需求，它就会与运输管理系统（TMS）对接并规划最优配送路径，将物品送到指定位置，用户可通过电子扫描签收。在配送过程中，用户可以在手机端实时查看包裹的最新位置。小G采用了激光与视觉并行的即时定位与地图构建（Simultaneous Localization and Mapping，SLAM）方案，能够观察周边的复杂环境，并在系统中建立自己的多维世界，运用自适应粒子滤波算法，能够对动态实体进行准确的轨迹预测，避让行人、车辆，还能感知电梯的拥挤程度，并据此选择是否乘坐电梯。

图5-18　京东无人车

图5-19　菜鸟"小G"机器人

2. 无人机

无人驾驶飞机简称无人机。早期无人机只用于军事领域，但随着社会的发展，无人机已经逐步在城市管理、农业、地质、气象、电力、抢险救灾、视频拍摄等方面得以运用。近些年来，无人机在物流行业发展迅速且很火热。京东、顺丰等企业，在无人机末端配送领域都有所建树。

（1）京东无人机。京东早在2015年就开始探索无人机送货技术，此后建立了干线、支线、终端3个层次的无人机物流配送和通航物流体系，最终构建"空地一体化"的智能物流网络，以实现不同应用场景下降本增效的目标。对京东来说，因为城市地区的本地仓和自营模式已经颇为成熟，所以对无人机配送的布局更多是想将电商业务扩展到物流落后的农村地区。京东将在我国打造一个无人机网络，建设上万个无人机机场，以使所有的商品都能在24小时之内送到消费者的手中，助力农村电商。京东Y3无人机作为京东无人机末端配送的主力机型，目前已经飞越全国10个省份并在陕西、江苏、青海、海南等7个省份开展常态化运营，飞行里程超过12万千米，成为支撑京东无人机干线—支线—末端智能物流体系的骨干力量。京东Y3无人机载重为10千克。比起普通的无人机，京东Y3无人机续航更长、速度更快、载重也更优秀。它们会从京东的配送点起飞，按照固定的航线飞行，将包裹交到乡村合作方的手中然后返航，再由乡村合作方配送至村民的家中。比起传统的物流车配送，京东Y3无人机要高效很多，配送成本也更低。京东Y3无人机如图5-20所示。

图5-20　京东Y3无人机

132

（2）顺丰无人机。顺丰在 2012 年开始探索无人机物流，在 2013 年开始小型无人机试飞，在 2015 年开始涉猎吨位级大型无人机。2017 年 6 月，顺丰试飞水陆两栖的 300 千克级无人机；2017 年 10 月，又试飞了大型货运无人机 AT200。顺丰 AT200 货运无人机是全球首款吨位级大型货运无人机，如图 5-21 所示。顺丰 AT200 货运无人机翼展长 12.8 米，机身长 11.84 米，最大起飞重量约 3.4 吨，载重 1.5 吨，巡航速度可达 313 千米 / 时，航程可达 2 183 千米，升限为 6 098 米。该无人机目前已实现无人化自主控制，并且可自动规划航线，一键自动起降，自身还具有应急处理能力，在陆地交通不发达和多山的西部高海拔地区，可以高效地完成货物支线运输。

3. 自提柜

自提柜的出现是电子商务与物联网技术双重推动的结果。随着电子商务的兴起，社区终端已成为众多商家的必争之地。自提柜可以有效缓解快递终端配送难的状况，提高电商物流的终端配送服务水平，有利于解决电商物流在社区"最后一公里"的配送问题。图 5-22 所示为丰巢智能自提柜。

图5-21　顺丰AT200货运无人机

图5-22　丰巢智能自提柜

对于电商和快递企业来说，自提柜提高了投递效率，降低了投递成本。使用自提柜后，快递员在一个区域的投递模式由原先的多点分散投递变为一个区域的集中投递，并且实现了"放货即走"，避免了收货人不在导致二次投递的成本。相关企业粗略估算过，这种模式使快递员的投递效率至少可以从平均 60 件 / 天提高到 200 件 / 天，能为快递公司增效 45%。

5.3.4　存储自动化技术及设备

存储自动化技术及设备主要通过自动化立体仓库来体现。自动化立体仓库（Automatic Storage & Retrieval System，AS&RS）也称高层货架仓库，一般是指采用几层、十几层乃至几十层高的货架储存单元货物，用相应的物料搬运设备进行货物入库和出库作业的仓库，如图 5-23 所示。这类仓库能充分利用空间储存货物，故被形象地称为"立体仓库"。

立体仓库的产生和发展是第二次世界大战之后生产和技术发展的结果。20 世纪 50 年代初，美国出现了采用桥式堆垛起重机的立体仓库；20 世纪 50 年代末 60 年代初出现了采用司机操作的巷道式堆垛起重机的立体仓库；1963 年，美国率先在高架仓库中采用计算机控制技术，建立了第一个由计算机控制的立体仓库。此后，自动化立体仓库在美国和欧洲得到迅速发展，并形成了专门的学科。20 世纪 60 年代中期，日本开始兴建立体仓库，并且其立体仓库的发展速度越来越快，使其成为当今世界上拥有自动化立体仓库最多的国家之一。

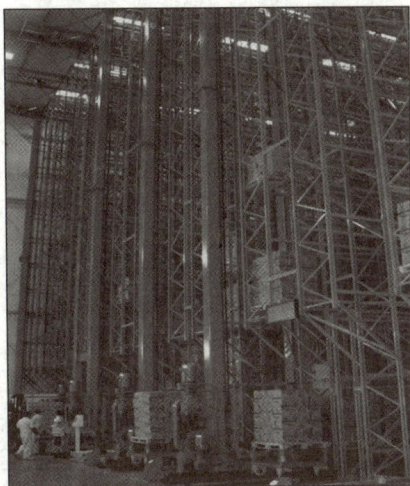

图5-23　自动化立体仓库

　　我国开始对立体仓库及其物料搬运设备进行研制的时间并不晚，1963年，我国成功研制第一台桥式堆垛起重机；1973年，我国开始研制第一个由计算机控制的高达15米的自动化立体仓库，该仓库于1980年投入运行。到目前为止，我国每年新建自动化立体仓库的数量在100个左右。立体仓库由于具有很高的空间利用率、很强的入出库能力、采用计算机进行控制管理而利于企业实施现代化管理等特点，越来越受到企业的重视。自动化立体仓库的应用范围很广，几乎遍布所有行业。在我国，应用自动化立体仓库的行业主要有机械、冶金、化工、航空航天、电子、医药、食品加工、烟草、印刷、配送中心、机场、港口等。

5.3.5　清点库存自动化技术及设备

　　清点库存是仓储管理过程中的日常工作，工作量大，也较为烦琐。通过清点库存机器人，我们可以轻松高效地完成库存盘点任务。目前，典型的清点库存机器人包括Robi、Shelfie以及清点库存无人机"飞行盒子"。

1. Robi清点库存机器人

　　Surgere与Fetch Robotics合作推出了"机器人优化和平衡库存"系统，发明了Robi清点库存机器人，如图5-24所示。Robi可在汽车制造和仓储环境中自动循环计数以提高现有库存的总体准确性。

图5-24　Robi清点库存机器人

134 Robi 结合 RFID 技术和 Fetch Robotics 的移动机器人平台，能从各个角度和方向自动读取标签信息，其仓库中所有零部件的信息及位置数据已被事先记录在 Surgere 的云端资产管理系统中。通过在设定的路线上移动，Robi 能读取零件、工具及其他资产的标签信息，并将标签信息传送到云端进行比对、审核，以判断仓库的库存量变化。

就清点库存而言，Robi 有人工难以媲美的两个优势：一是能采集物品堆叠高度、物品存储深度和机器人移动速度等多个数据，可完全免去人工手动搜索的麻烦；二是能绘制记录设施和货物位置信息的 3D 地图。随着库存定位越来越精准，Robi 采集的各类数据日益丰富，将在仓库管理中扮演越来越重要的角色。

2. Shelfie清点库存机器人

对于动辄就要处理数万种商品的连锁超市来说，一个高效的库存管理系统不但能提高其工作效率，还能大幅降低其管理成本。英国一家连锁超市就用悉尼新创公司 Lakeba 研发的云计算清点库存机器人对自家的库存管理系统进行了现代化改造。这款名为 Shelfie 的清点库存机器人已进入英国的 Co-Op 连锁超市，它结合了图片捕捉、数据分析等功能，而背后的云计算大脑则来自微软 Azure 平台。该机器人能扫描货架标签和商品价签，并实时将库存情况反映给销售人员。将 Shelfie 连上超市的 Wi-Fi 系统，它就能熟悉超市的布局、扫描货架标签和商品价签并获取详细的库存信息。如果发现货架缺货，它还会自动提示超市销售人员补货。从零开始盘完一整个超市的货，Shelfie 仅需 3 个小时。Shelfie 还可以根据超市的库存和布局为其打分，经过一系列优化后，该机器人每年可为每家超市省下 30 万美元，如果是连锁超市，则能为其省下更多费用。

3. 清点库存无人机"飞行盒子"

德国林德公司推出了清点库存无人机"飞行盒子"，将其作为林德搬运机器人的附加选择，如图 5-25 所示。该"飞行盒子"约 50 厘米宽，配有 6 个转子、摄像头、条码扫描仪和测距器。它慢慢地飞到货架的前面，拍摄每一个托盘，捕获存储货物信息的条形码。当到达货架顶端时，它会向右侧或左侧移动，与地面上的托盘堆垛车同步，并继续进行从底部到顶部的文档程序处理工作，然后进入下一个位置再次重复相关动作，直至拍到所有托盘，并且将库存信息传回计算机。这样，所有存货都已经归档入案，人们可随时按需导出货物，并通过应用软件在屏幕上查看其货架的位置、条形码以及照片。

图5-25　清点库存无人机"飞行盒子"

该"飞行盒子"的一大亮点就是把无人机与智能化的机器人叉车联结在了一起。在整个盘点过程中，该"飞行盒子"被林德搬运机器人 L-MATIC（托盘堆垛车）引导，两个设备通过电压转换器和自适应线缆相连。它大大简化了盘货流程，节省了宝贵的工作时间，降低了企业成本。

第三部分　课题实践

一、实训

实训　条形码制作实训

在商业自动化系统中，商品条码是关键。在国家标准《商品条码 零售商品编码与条码表示》（GB 12904—2008）中，商品条码被定义为由一组规则排列的条、空及其对应代码组成，表示商品代码的条码符号，包括零售商品、储运包装商品、物流单元、参与方位置等的代码与条码标识。EAN/UPC 码作为一种消费单元代码，被用于在全球范围内标识唯一的一种商品。本实训主要学习 EAN13 条形码的制作。

（1）掌握条形码的制作方法，并独立完成条形码制作。

（2）课后查询资料，了解条形码的制作及应用的相关信息。

条形码制作的主要工具及其用途如表 5-2 所示。

表5-2　条形码制作的工具及其主要用途

工具	主要用途说明
条形码制作软件	采用 Argox Special Edition BarTender Ultralite，主要用于在计算机上制作条形码、设置条形码规格大小等
条形码打印耗材（条形码纸）	制作好的条形码需要打印在条形码纸上
工业级条形码打印机	主要用于打印制作好的一维条形码或二维条形码
RF 便携条形码打印机	主要用于打印制作好的一维条形码或二维条形码，支持 Wi-Fi、蓝牙等连接方式

需要制作条形码的货物信息如表 5-3 所示。

表5-3　货物信息

商品条形码	商品名称	制造商	规格	生产日期	保质期	单价 / 元
6902083880975	娃哈哈八宝粥	娃哈哈	360 克	2023 年 12 月 1 日	6 个月	4.80

1. 实训目的和内容

①学会使用条形码制作软件；②学会制作一维条形码；③了解条形码制作中需要注意的事项。

2. 实训操作指导

（1）双击启动桌面的条形码制作软件，进入条形码制作界面，如图 5-26 所示。

（2）在条形码类型选择区中选择一种一维条形码，按住鼠标左键不放，将其拖到条形码编辑区，松开鼠标左键即可生成一条一维条形码，如图 5-27 所示；或在任务栏中单击"▦"按钮，然后将鼠标指针移到条形码编辑区，单击即可成功生成一条一维条形码。

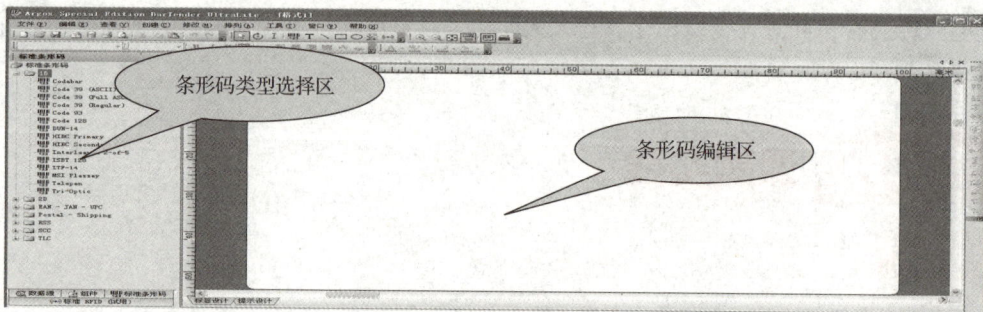

图5-26　条形码制作界面

图5-27　生成一维条形码

（3）双击已生成的一维条形码，进入条形码属性设置界面，如图 5-28 所示。

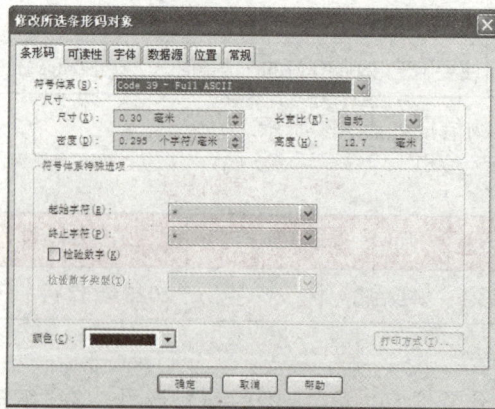

图5-28　条形码属性设置界面

（4）选择"条形码"选项卡，可以对条形码的符号体系、尺寸等进行设置，这里在"符号体系"中选择"EAN/JAN-13"选项；分别选择"可读性""字体""数据源""位置""常规"选项卡，分别对条形码的可读性、字体效果、数据源、标签位置、商品属性进行相应设置；设置成功后单击"确定"按钮，如图 5-29 至图 5-34 所示。条形码相关属性设置完成后的效果如图 5-35 所示。

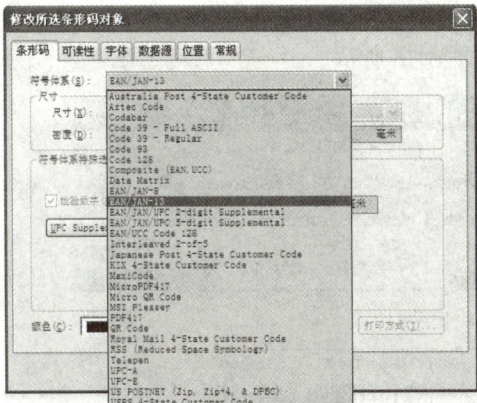
图5-29 设置条形码的符号体系

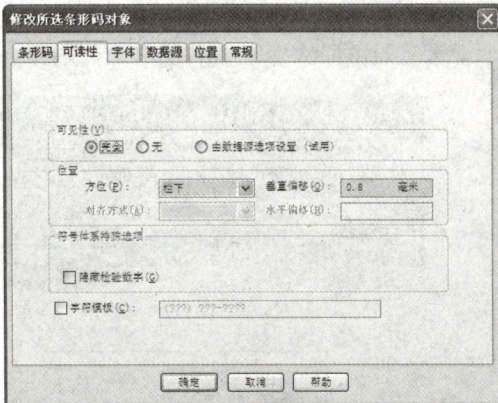
图5-30 设置条形码的可读性

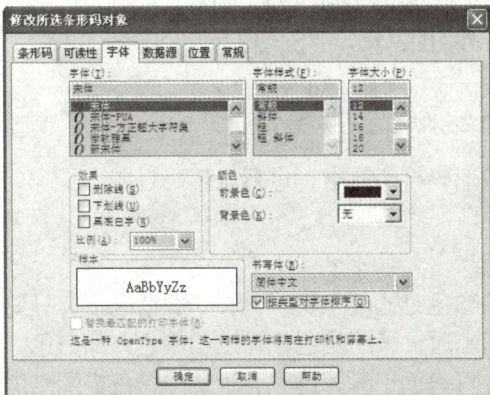
图5-31 设置条形码的字体效果

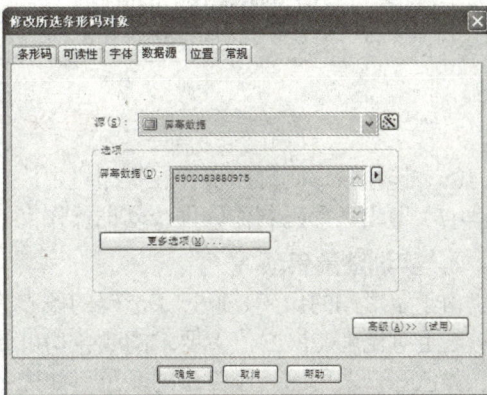
图5-32 设置条形码的数据源

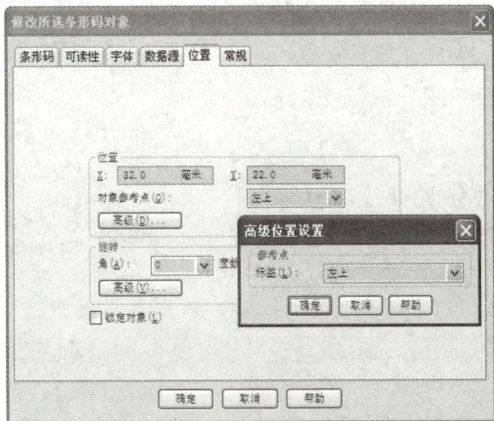
图5-33 设置条形码的标签位置

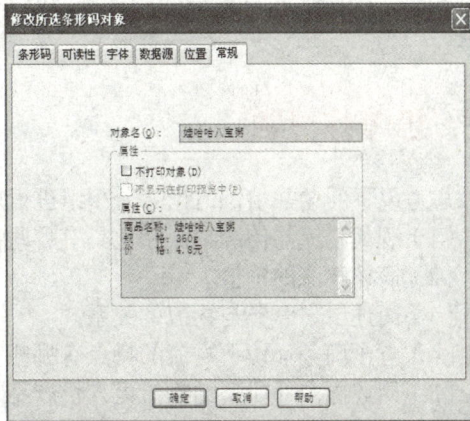
图5-34 设置条形码的商品属性

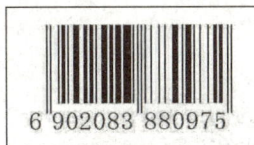
6 902083 880975

图5-35 设置相关属性后的条形码

（5）在任务栏中单击"T"按钮，将鼠标指针移到需要添加文本的地方，单击生成一个样本文本，对该样本文本中的文字进行修改，如图5-36所示。

（a）单击文本按钮

（b）添加样本文本

（c）修改样本文本

图5-36　添加文字说明

（6）连接条形码打印机，在打印机中放入条形码打印耗材，进行条形码打印。

（7）退出条形码制作软件，实训操作完成。

3. 实训注意事项

由于条形码的识读是通过条形码的条和空的颜色对比度来实现的，一般情况下，只要是能够满足对比度（PCS值）要求的颜色均可使用。通常采用浅色作为空的颜色，如白色、橙色、黄色等；采用深色作为条的颜色，如黑色、暗绿色、深棕色等。最佳的颜色搭配是黑条白空。根据条形码检测的实践经验，红色、金色、浅黄色不宜作为条的颜色，金色不宜作为空的颜色。因此在设置条形码属性的时候，要特别注意颜色搭配，建议使用最常用的黑条白空。

二、思考练习题

思考以下问题并组织讨论，分小组进行观点分享。

（1）现代物流与传统物流相比具有哪些特征？

（2）简述物流的价值。

（3）简述电子商务与物流的关系。

（4）电子商务环境下物流的特点有哪些？

（5）简述国内外典型的物流无人机产品。

（6）简述末端配送设备自提柜的优势。

三、实践练习题

（1）两个同学为一组，注册成为淘宝网的用户。一个同学在淘宝网上开设网店，充当卖家，另一个同学到该网店购物，充当买家。买家付款后，卖家使用淘宝网推荐物流服务，委托推荐物流公司送货，体验淘宝网推荐物流服务的使用流程，并对推荐物流公司的服务质量进行评价。之后，买卖双方互换角色。

（2）假如你拥有一部智能手机，请下载安装导航软件（如高德地图、凯立德导航、百度地图等），尝试使用智能手机的定位功能，查找周围有什么吃喝玩乐的地方。另外，如果需要你和朋友从甲地驱车前往乙地，尝试使用智能手机的导航功能，看看导航的精确度如何。

（3）中国北斗卫星导航系统（BeiDou Navigation Satellite System，BDS）是中国自行研制的全球卫星定位与通信系统，是继美国全球卫星定位系统和俄罗斯全球卫星导航系统（GLONASS 或称俄罗斯格洛纳斯系统）之后第三个成熟的卫星导航系统。中国北斗卫星导航系统和美国全球卫星定位系统、俄罗斯格洛纳斯系统及欧盟伽利略定位系统是联合国卫星导航委员会已认证的供应商。请你浏览相关网站，自主学习中国北斗卫星导航系统的定位原理及其主要功能，并将其与美国全球卫星定位系统进行比较，分析中国北斗卫星导航系统的优势。

课题六
网上贸易

6

知识目标

- ➢ 理解网上贸易的概念
- ➢ 理解网络采购和网络销售的概念
- ➢ 理解电子合同的概念
- ➢ 理解网上客户服务的概念
- ➢ 了解网上贸易安全常识

技能目标

- ➢ 分析知名的网上贸易平台
- ➢ 掌握网络采购和网络销售的流程
- ➢ 掌握网上客户服务的策略
- ➢ 掌握网上贸易的风险控制措施

建议学时

8 学时

第一部分　案例与分析

案例　阿里巴巴的成功之道

阿里巴巴（以下简称阿里）是全球企业间（B2B）电子商务的著名品牌，为数千万网商提供海量商机信息和便捷安全的在线交易市场，也是商家以商会友、真实互动的社区平台。目前 1688（阿里巴巴中国站）已覆盖原材料、工业品、服装服饰、家居百货等 12 个行业大类，提供原料—生产—加工—现货等一系列的供应产品和服务。

阿里的企业间（B2B）网上贸易市场平台包含国际站和中国站。阿里通过旗下 3 个网上交易市场协助世界各地数以千万计的买家和供应商从事网上生意。这 3 个网上交易市场包括集中服务全球进出口商的国际交易市场、集中进行国内贸易的中国交易市场，以及通过一家联营公司经营、促进日本外销及内销的日本交易市场。此外，阿里也在国际交易市场上设有一个全球批发交易平台，为规模较小、需要小批量货物快速付运的买家提供服务。阿里所有交易市场形成了一个拥有来自 240 多个国家和地区超过 6 100 万名注册用户的网上社区。为了转型成为可让小企业更易建立和管理网上业务的综合平台，阿里亦直接或通过其收购的公司，包括中国万网及一达通，向国内贸易商提供多元化的商务管理软件、互联网基础设施服务及出口相关服务，并提供企业管理专才及电子商务专才培训服务。阿里旗下还拥有 Vendio 及 Auctiva，这两家公司为领先的第三方电子商务解决方案供应商，主要服务网上商家。如今，阿里已成为全球企业间（B2B）电子商务的著名品牌，是全球国际贸易领域内最大、最活跃的网上交易市场和商人社区，融合了 B2B、C2C、搜索引擎和门户网站，在印度、日本、韩国、欧洲和美国共设有 70 多个办事处，截至 2022 年 6 月 30 日，阿里员工总数达 24.57 万人。

案例分析

阿里加速推进全球化战略，全球化业务增长稳健。2022 财年，阿里海外市场消费者净增 6 400 万，总数突破 3 亿大关。中国商家和品牌的全球化布局也呈加速态势，阿里在全球多地进行多业态、多平台、多品牌布局，不断加速海外数字商业体系和基础服务能力建设，满足各类商家和品牌的全球化需求。2022 财年，阿里海外数字商业板块各项业务增长稳健，国际零售业务总订单量同比增长 34%。在国际批发业务方面，外贸中小企业在阿里国际站平台上的交易额同比增长 46%；在跨境及国际物流方面，菜鸟持续加强国际物流履约能力，全年日均服务的跨境及国际包裹量超 450 万件。

20 多年来，阿里已经由一家电子商务公司彻底蜕变为以技术驱动，包含数字商业、金融科技、智慧物流、云计算、文化娱乐等场景的平台，服务数以亿计的消费者和数千万的企业。阿里努力完善数字经济时代的商业基础设施，助力消费市场繁荣，推动各行各业走向数字化、智能化。

阿里的成功之道大致可归结为以下 4 个方面。

1. 采用本土化的网站建设方式

针对不同国家的网站采用当地的语言，简易可读，这种便利性和亲和力将各国市场有机地融为一体。阿里已经建立运作 4 个相互关联的网站：采用英文的国际网站，面向全球商人提供专业服务；采用简体中文的中国网站，主要为中国市场服务；韩文网站，为使用韩文的用户服务。阿里还推出针对当地市场的日文、欧洲语言和南美语言网站。这些网站相互链接，内容相互交融，为会员提供了一个整合的国际贸易平台。

2. 网站放低会员准入门槛

在起步阶段，网站以免费会员制吸引企业登录注册，从而汇聚商流，活跃市场，使会员在浏览信息的同时带来源源不断的信息流，从而创造了无限商机。阿里会员多数为中小企业，免费会员制是吸引中小企业的最主要因素。在市场竞争日趋复杂、激烈的情况下，中小企业当然不肯错过这个低成本的机遇，利用网上市场来抓住企业商机。大大小小的企业活跃于网上市场，反过来又为阿里带来了各类供需，壮大了网上交易平台。

3. 为会员提供增值服务

增值服务一方面加强了网上交易市场的服务项目功能，另一方面又使网站能有多种方式实现直接赢利。目前，尽管阿里没有向会员收费，但阿里网站是赢利的。阿里的赢利栏目主要是中国供应商、委托设计公司网站、网上推广项目和诚信通。中国供应商通过交易信息平台给中国的商家提供来自各国国际买家的特别询盘。客户可以委托阿里制作一次性的投资建

142 设公司网站，这个项目主要是阿里帮助企业建立拥有独立域名的网站，并使其与阿里网站链接。网上推广项目由邮件广告、旗帜广告、文字链接和模块广告组成。阿里网站每天会向商家发送最新商情特快邮件，会在其中插播商家的广告，还会将广告置于文字链接中。新推出的诚信通项目能帮助企业了解潜在客户的资信状况，找到真正的网上贸易伙伴；能进行权威资信机构的认证，确认会员企业的合法性和联络人的业务身份；能展现企业的证书和荣誉，使业务伙伴的好评成为企业实力的最好证明。

4．适度而成功的市场运作

阿里积极参与福布斯等各类评选，提升了自身的品牌价值和融资能力。阿里曾与日本的软银结盟，聘请软银首席执行官孙正义担任阿里的首席顾问，还曾聘请世界贸易组织前任总干事、现任高盛国际集团主席兼总裁彼得·萨瑟兰担任阿里的特别顾问。通过各类成功的宣传运作，阿里多次被选为全球最佳 B2B 站点。2021 年 10 月，阿里荣获 21 世纪首届中国百佳品牌网站评选"最佳贸易网"。

第二部分　课题学习引导

6.1　网上贸易概述

6.1.1　网上贸易的概念

1．网上贸易的定义

网上贸易是指在网络平台基础上直接进行在线交易，利用数字化技术将企业、海关、运输、金融、商检和税务等有关部门有机连接起来，实现从浏览、洽谈、签约、交货到付款等全部或部分业务自动化处理。它是电子商务的重要组成部分，具体包括对内贸易和对外贸易。

2．网上贸易的特点

网上贸易具有广泛性、时效性和风险性等特点。网上贸易的广泛性也叫整体性，是指网上贸易的产生不受地域和时间限制，即整个网上贸易的主体是一个整体，对谁都是平等的。其中包括随时性，即网店不存在打烊，只要服务器不关，网店就是 24 小时全天候营业。对于商家来说，时间就是金钱，网上贸易的时效性非常强，正如广告词所说，"商机无处不在，只需你现在就点"，"现在"这个词就充分体现了网上贸易具有较强的时效性。对于一条有用的商业信息，谁先把握，谁就可能先获利，同样，对于相同的商业信息，谁先发布，谁就可能先获利。由于网上贸易买卖双方是不见面的，整个交易过程是在网上进行的，因此存在一定的风险性。买方在购买商品之前可能见不到实物，只能通过文字介绍或者一些图片信息及视频资料了解商品的相关信息，所以在进行交易的时候，买方存在被卖方欺骗的可能，买方只能通过自己的判断确定信息的真实性与有效性，确保自己的利益不遭受损失。

3．网上贸易的优势

与传统贸易相比，网上贸易主要有以下几个优势。

（1）网上贸易会大大降低买卖双方的交易成本。买卖双方通过网络直接接触，无须贸易中介的参与，减少了交易的中间环节；参与交易的各方只需支付较低的网络通信和管理费用就可存储、交换和处理信息，可节省资金、降低成本。由于互联网是全球性开放网络，有利于交易双方获得"完整信息"，降低了市场搜寻成本，减少了交易的不确定性；在网上直接传递电子单证，既可节约纸质单证的制作费用，又可缩短交单结汇时间，节省利息开支。

（2）网上贸易提高了工作效率。现有的网络技术实现了商业用户间标准格式文件（如合同、提单、发票等）的即时传送和交换，买卖双方足不出户就可在网上直接办理订购、谈判、签约、报关、报检、租船订舱、缴税、支付结算等各项外贸业务手续，这大大缩短了交易时间，从而带动了金融、海关、运输、保险等有关部门工作效率的提高。

（3）网上贸易有利于企业增强竞争能力。企业可以申请注册域名，在互联网上建立自己的网站，通过网页介绍产品和服务，宣传企业形象，这有利于提高企业的知名度、开拓海外市场和增强国际竞争力。此外，网上贸易无时间、地域的限制，受自然条件影响小，可以进行"全天候交易"，同时又有助于企业及时、准确地掌握市场动态，密切同客户的业务联系。

4. 网上贸易的现状和发展趋势

网上贸易发展时间虽短，但其发展速度令人惊叹。中国国际经济交流中心于 2022 年 3 月 28 日发布的《数字平台助力中小企业参与全球供应链竞争》报告提到，从全球市场来看，2020 年全球 B2B 电子商务交易额在 7 万亿美元左右；预计 2020—2027 年的复合增速可达 17.5%，约占全球电子商务交易的 80% 左右；预计至 2025 年，全球将有近八成的 B2B 交易转向线上。

未来，网上贸易将会呈现如下特点。

（1）B2B 线上交易平台市场持续增长。如今，线上交易平台日益成为 B2B 电子商务的关键部分，因为它能够提供多种供应商及产品选择。市场研究机构 WBR Insights 研究数据显示，87% 的 B2B 企业会选择线上购物。因此，不断普及的线上交易平台逐渐成为 B2B 企业重要的市场布局战略之一。对 B2B 企业来说，布局战略至关重要。大型企业往往倾向于打造自己的交易平台，而规模较小的企业更适合在现有的线上交易平台上摸爬滚打。根据产品范围和专业化程度，B2B 的线上交易平台市场可分为横向市场和纵向市场。横向市场拥有较多的线上的零售商，产品包罗万象，面向大众；纵向市场则聚焦于特定行业，譬如航天制造，为供应商对接买方市场。

（2）B2B 电商与 B2C 电商的界限越来越模糊。B2B 电商越来越像 B2C 电商，因为 B2B 电商的营销人员不断在工作当中寻求 C 端消费者所拥有的线上体验。伴随着精通互联网技术的"80 后""90 后"逐渐成为全球劳动力的中流砥柱，这一点将尤为突出。为了构建更卓越的客户体验，B2B 企业需要给客户提供更多用于搜索和服务的工具，方便他们挑选产品。这些工具应该包含"其他产品推荐"，交叉销售的策略能够增加订单的平均购买量，还会让客户基于不同产品提交更多的评分和评价。另外，在网站上提供详细的产品信息、图片、视频和可下载的文档也非常重要，因为它们可以帮助客户在联系销售代表之前更好地完成搜索调研。通过在网站上添加"其他产品推荐"工具，一些企业每个订单的平均价值提升了 20%。在允许的情况下，企业应设法为客户提供尽可能多的自助工具，包括定制单个产品的能力。另外，为客户提供全面的入门教程十分重要，这将能最大化地发挥数字化工具的价值。

（3）DTC（Direct-to-consumer）模式的发展。随着 B2B 业务模式越来越多地走向 B2C 模式，传统依靠分销商和零售商的企业现在也有机会直接下场，与消费者进行沟通。以往，由于中间商的存在，品牌与消费者之间的距离较远。但如今，品牌越来越希望能与消费者建立直接联系，因为宝贵的消费者数据能让他们了解产品的受欢迎程度，并更直接地获得回报。在产品制造商通过直面消费者而获得收益的同时，他们的 B2B 渠道伙伴也在通过提供更详细的产品信息满足消费者多样的需求来提升其价值。然而，现在越来越多的产品制造商

144 面临着零售商自建品牌低价出售带来的竞争压力。这是一场双向交锋，当零售商开始打响自己的品牌，制造商就开始直接向消费者销售产品，中间商自此都变成了直销商。

（4）"无头化"提升个性化、灵活性。那些面向客户直销的企业有机会直接拿到客户的实时信息，而这是以往依赖经销商模式难以做到的。这些信息将有助于企业为客户提供个性化的服务，进而提高销量、客户满意度和忠诚度。企业提供的个性化功能可以包括基于过往订单记录的产品推荐、提醒、自动加购和预填表单等，以此简化结账流程。基于相关性、客户行为、购买记录和业务规定，搜索推广能够利用数据算法和机器学习，在搜索结果中对产品进行分类并突出显示，以此帮助客户发现其他产品和增值服务。个性化服务越来越多地采用"无头化"商务解决方案，即将内容管理与后端业务功能（如订单处理、支付）分离开来。这种做法使企业在个性化前端体验方面有了更大的灵活性，同时也能够扩展渠道，在电商平台之外的平台与客户产生触点并扩展业务。

（5）创建渐进式网页应用（Progressive Web App，PWA）。越来越多的企业将创建PWA提上日程。PWA看起来类似手机App，但却可以由网络通用技术来创建并在绝大多数移动设备上使用。因为PWA是基于网站的技术，所以更容易维护和更新，客户在有需要的时候无须单独下载App，只需访问网站便可使用。企业可以通过多种方式使用PWA来支持其远程销售团队，或让客户快速访问在线资源。PWA还可以与智能手机（如摄像头和消息推送）功能集成，从而实现诸多功能。例如，使用智能手机摄像头扫描产品或表单上的条形码，可以方便地提供更多信息或允许客户下单；企业可以发送推送通知，提醒客户复购或强调折扣和促销。此外，PWA可以离线或在网络连接受限的地方工作，这对B2B企业来说尤其重要。

6.1.2 网上贸易平台

网上贸易平台是为许多买家、卖家和其他交易伙伴进行交易提供的电子市场。其主要类型有B2B第三方交易平台和联合交易平台。它可以是垂直的（以行业为导向的），也可以是水平的。

下面介绍国内主要的网上贸易平台。

1. 阿里巴巴

阿里巴巴是于1999年创立的企业间（B2B）第三方交易平台，包含国际站（见图6-1）和中国站（见图6-2）。

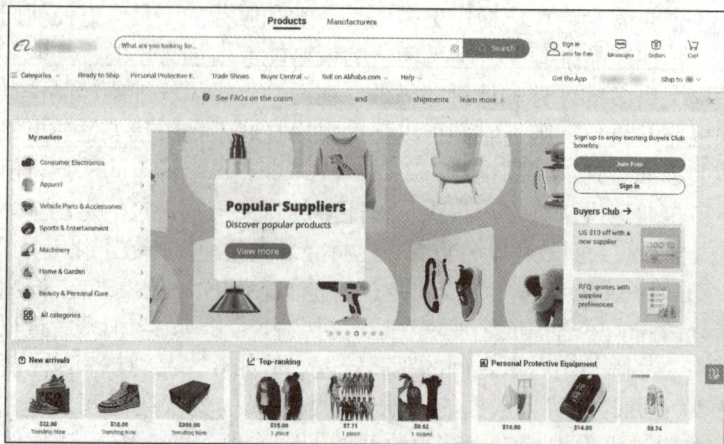

图6-1　阿里巴巴国际站主页

图6-2　1688（阿里巴巴中国站）主页

阿里巴巴国际站商家在众多核心优势品类拥有广阔的发展空间，以新能源为代表的核心优势品类逐渐形成蓝海市场，核心商家兼具生产与服务优势。从品类趋势上看，可再生能源、建材、机械、美妆和运动娱乐是阿里巴巴国际站在 2022 年 3 月新贸节交易额增速最快的品类，体现中国制造优势的行业正形成新的蓝海市场。从商家上看，核心商家在生产和服务上兼具优势，绿色制造、数字化生产及柔性供应链是商家的核心竞争力，它们通过高效的海外售后服务赢得市场。阿里巴巴国际站通过为不同类型、不同行业的商家提供分层、分场景服务持续提升平台优质供给能力，打造实力商家，用服务保障触动买家心智，同时通过数字化供给实现多元商机场景匹配，在为优质厂商提供机会的同时提高买家选品效率。

1688 网站依托数字化能力和上游供应资源的积累，为中小企业提供批发、定制、找货源、找工厂、找工业品等多元化场景。在需求端，1688 通过"直连"上游，为下游企业提供高性价比产品，并通过数字化工具助力买家快速匹配产品，增强卖家履约能力，提升买家体验。在供给端，1688 连接先进性买家，并通过严格的商家入驻和产品筛选机制，提供优质供给，同时通过平台的数字能力助力上游企业实时洞察买家采购需求和行业趋势商机，进而促使上游企业提供更贴合市场的优质产品。

2. 找钢网

目前，在钢铁领域内有 3 家活跃的平台，分别是找钢网、欧浦钢网和我的钢铁网。找钢网可以说是"找字辈"网站的开创者，最先引入了撮合交易这种机制。找钢网成立于 2012 年初，是一家采用标准创投模式成立的公司。目前，找钢网团队规模超过 1 400 人，除上海总部外，已形成了辐射全国的营销服务网络，全国范围内的分支机构已覆盖我国 31 个省份及 295 座城市。同时，围绕"一带一路"及国际化业务布局，找钢网已在韩国、越南、泰国、阿联酋、缅甸及坦桑尼亚等国设立海外公司。傲人的发展成绩使找钢网成为中国最大的钢铁全产业链电商平台，它也是中国产业互联网的标志性企业，成为国内各个传统领域的产业互联网和 B2B 电商争相模仿的对象，在塑料、化纤、棉纺、煤炭等领域都诞生了大量模仿找钢网的"找×网"，各个传统行业产业互联网的崛起对中国传统经济转型升级提供了非常关键的帮助。找钢网主页如图 6-3 所示。

图6-3 找钢网主页

6.2 网上贸易管理

6.2.1 网上贸易过程

网上贸易过程一般包括交易准备、贸易磋商、签订合同和执行合同4个阶段。交易准备阶段是商家或客户发布信息、收集过滤信息的阶段。当交易双方的供需信息匹配后，即进入贸易磋商阶段——贸易双方通过对产品和服务的洽谈达成交易意向，此阶段涉及采购单、报价单、订购单等网上单证制作和传递。在这以后，交易双方必须签订电子合同以完成对交易的确认，即为签订合同阶段。合同签订后即进入执行合同阶段，包括付款、发货、开出发票、提供客户服务等。网上贸易的过程如图6-4所示。

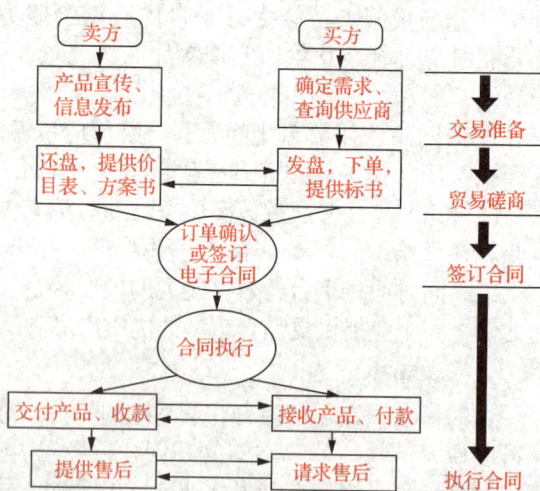

图6-4 网上贸易的过程

6.2.2 网络采购

1. 网络采购的概念

网络采购是电子商务的一种具体形式，就是使与采购相关的数据、信息、过程实现电子化，它所要达到的最终目标与传统采购的目标相同，只不过是充分利用网络来完成采购各环节的任务，这样能够更好地利用互联网的便利性。进行网络采购，企业可以自行建立网络采购平台，也可以利用公共采购平台。

2. 网络采购的优势

相对于传统采购，网络采购具有以下优势。

（1）公正透明。网络采购利用网络平台使采购信息公开化、过程透明化、竞争公平化、中标公正化，由于招标信息在网上发布迅捷、公开、通畅，能够有效扩大竞价范围，确保采购产品质量合格、价格适中。网络采购能够提高政府工作的透明度，促进廉政建设。

（2）效率较高。网络采购对采购过程中的关键环节全部实现标准化和电子化，使整个采购流程合理有序，有效提高了采购效率，缩短了采购周期。网络采购把价格谈判的时间从几个月缩短到几小时，减小了商业环境剧烈变化对价格影响的可能性。网络采购企业对整个采购过程实行一条龙服务，从联系确定供应商到确定采购时间，最后完成采购竞价，进行全线跟踪服务。

（3）竞争性强。网络采购把竞争扩大到世界范围，公平竞争排除了原有供应商享有的一些优势，参加竞争的供应商有同等的机会赢得订单。扩大的市场偏向有竞争能力的供应商，也就是说，合格的供应商将来也会被邀请参加当前的客户所发起的网络采购，另外也有更多机会赢得来自新客户的业务；供应商因此能增加销量和扩大客户范围，并减少与此相关的销售和市场开销。参加网络采购的供应商能看到市场价格并验证自身的竞争能力。

（4）节约成本。网络采购能够有效地降低采购费用、降低材料和服务成本，这使得它备受企业和政府的青睐。企业和政府在网上寻找合适的供应商，从理论上讲具有无限的选择可能。这种无限的选择可能将导致供方市场竞争的加剧，并带来供货价格降低的好处。Mercer管理顾问咨询公司分别对施乐、通用汽车、万事达信用卡3个具有行业代表性的企业做了一次详尽的电子化采购调查，比较了其运用互联网技术前后的采购流程成本控制，结论是：施乐公司的采购流程成本下降了83%、通用汽车公司的采购流程成本下降了90%、万事达信用卡公司的采购流程成本下降了68%。网络采购已经成为一个有效降低成本的办法。传统采购与网络采购的比较如表6-1所示。

表6-1 传统采购与网络采购的比较

比较项目	传统采购	网络采购
通信费用	（电话、传真）高	（互联网）低
作用效率	（手工）低	（软件）高
办公消耗	（纸质单据）高	（电子单据）低
单据查询与共享效率	（纸质单据）低	（电子单据）高
询价处理周期	长	短
采购审批周期	长	短
业务报表	手工	自动
供货商资源共享	少	多
比价（竞价）效果	（人工操作）差	（软件操作）好
差错率	高	低
透明度	低	高
采购成本	高	低

网络采购可以弥补传统采购的不足，有利于企业、政府更好地完成采购任务，充分体现采购在企业、政府运行中的地位与作用。

3. 网络采购的分类

（1）按参与对象分，网络采购可分为政府网络采购和企业网络采购。

① 政府网络采购是指政府利用在线网络对所需求的采购品实行网上公告、发售标书、开标、评标、定标以及签订电子合同，实现电子化结算，甚至直接进行网上谈判来达到采购

148 目标的一种方式。

②企业网络采购是指制造和零售企业利用在线网络自动化，使采购人员的注意力从战术层面转移到战略层面，通过分析采购模式、监控存货与及时补货，更好地明确生产周期和制订销售计划。

（2）按信息的来源分，网络采购可分为国际采购和国内采购。

国际采购还可进一步按国别细分，国内采购也可细分为中央采购、地方采购。

（3）按过程管理分，网络采购可分为集中采购和分散采购。

①集中采购是由各国各级政府或者其授权的机构确定并公布采购项目，一般来说，集中采购的项目金额是有规定的，如《中华人民共和国政府采购法》第七条、第八条中就有相关规定。

②分散采购是指政府采购中集中采购目录以外的货物、工程、服务等的非集中采购。与集中采购相对应，分散采购是由企业下属各单位（如子公司、分厂、车间或分店）实施的满足自身生产经营需要的采购。

（4）按进行的方式分，网络采购可分为卖方主导型、买方主导型和中介型。

①卖方主导型是指卖方为增加市场份额，以计算机网络为销售渠道而实施电子商务系统，卖方在网站上列出销售品目录、设置在线销售系统或在线拍卖系统，让买方选购或竞买。如戴尔、英特尔、联想集团等实施网上销售系统。

②买方主导型是指买方自己控制电子商务系统，在卖方的网站上列出要采购的产品和服务目录，设置在线采购招标系统，由卖方进行竞买。如美国三大汽车公司联合开发的全球汽车零配件供应商网络、海尔集团的网上招标和上下游供应商等实施的采购系统。

③中介型是指中介机构设立公共采购平台，将买卖双方要采购的或能提供的产品和服务目录列出来，买卖双方通过网上交易平台可以享受到各类信息查询、信用查询、贸易洽谈、签订合同、支付结算等在线服务。中介型网络采购平台通常有综合市场中介和行业市场中介两种类型，前者如 Ariba、CommerceOne、FreeMarkets 和阿里巴巴中国站、中国采购网等；后者如专门买卖金属（特别是钢材）的 MetalSite、专门经营石油化工和塑料制品的 CheMatch 和国内的网上钢材现货市场中钢网等。

6.2.3　网络销售

1. 网络销售的概念

网络销售是指通过互联网进行产品销售。

网络销售围绕互联网展开，有四大定位。

（1）产品特点定位。要知道产品的核心竞争力是什么，也就是通常所说的卖点。

（2）产品人群定位。要知道产品是卖给谁的，并对相应的客户群体进行分析。

（3）产品市场定位。要知道产品的市场份额是多少，竞争对手又是谁。

（4）网络销售方法定位。根据产品的卖点、客户群体分析、市场及竞争对手分析选择适合自己的网络销售方法。

2. 网络销售的特点

（1）交易成本的节省性。交易成本的节省性体现在企业和客户两个方面。对企业来说，尽管企业上网需要一定的投资，但与其他销售渠道相比，交易成本已经大大降低了，其交易成本的降低主要包括通信费用、促销成本和采购成本的降低。

（2）交易商品的特殊性。并不是所有的商品都适合在网上销售，例如飞机、汽车等大型交通工具，技术含量高的精密仪器，需要专业鉴定的文玩古物，不方便运输和包装、退换货概率高的易碎品等就不一定适合在网上销售。具有以下特性的商品则非常适合在网上销售。①体积较小。体积较小的商品方便运输，运输成本较低。②价值较高。价值低过运费的单件商品不适合进行网上销售的。③具备独特性或时尚性。在网店销售效果不错的商品往往是独具特色或者十分时尚的物品。④价格优惠。如果消费者在线下可以用相同的价格买到同样的商品，就不会在线上购买了。⑤通过网站了解就可以激起消费者的购买欲。如果消费者必须亲自见到某件商品才可以获得购买所需的信任度，那么这件商品就不适合在网上销售。⑥线下没有，只有线上才能买到。

3. 网络销售的方法

在 B2B 卖方市场中，卖家在互联网上向客户销售商品和服务，可向制造商出售原材料，制造商再向中间人（如批发商）、零售商和个体工商户出售商品，如英特尔、艾克森石油、思科、戴尔等卖家。有时候，卖家可以是批发商，向零售商或者其他企业销售商品。在这两种情况下，卖方市场涉及一个卖家和许多潜在的买家。在这种模式中，个人消费者和商业买家可以使用同样的单个卖方市场（如戴尔）或公共市场。

网络销售主要有 4 种方法。

（1）通过电子商品目录销售。企业可以利用互联网，用电子商品目录的形式直接销售商品。企业可以用一种商品目录面对所有的客户，也可以专门为某一家大客户单独制定商品目录，或者兼而有之。例如，专售办公用品的史泰博为企业客户单独制定商品目录，单独设定价格，目录中包含近 10 万种商品。

（2）通过正向拍卖销售。许多企业通过正向拍卖来处理剩余商品或大宗资产。在这种情况下，为了清仓，商品通常在拍卖网站（企业网站或公共网站）展示。

正向拍卖给 B2B 卖家提供了以下便利。①增加收入。正向拍卖能够增加企业整体的在线销售额，还能为企业提供新的渠道，帮助其快速、轻松地处理多余的、过期的和退回的商品。②节约成本。除了增加收入外，正向拍卖还能降低售出拍卖商品的成本，增加卖家的收益。③增强黏性。正向拍卖增强了网站的用户黏性，即潜在买家在那里停留的时间更长。黏性是衡量买家忠诚度的一个指标，买家忠诚度最终会带来更高的收入。④招募新会员，维系老会员。用户注册成为拍卖网站会员可以加强业务联系。此外，拍卖软件助手能够让卖家搜寻和报告几乎所有相关的拍卖活动。企业在制定经营战略时，可以对这样的信息进行分析和利用。

企业有两种方法可用于正向拍卖。企业可以在自己的网站上进行正向拍卖，也可以通过中介拍卖网站进行销售。

（3）一对一销售。如果买家的规模足够大，制造商可以向买家直接进行销售。这通常有一个长期的合同谈判过程，买卖双方协商价格、数量、付款方式、运输方式、质量标准、售后服务等。

（4）通过批发商和其他中间人销售。制造商可通过批发商或其他中间人向小型买家销售商品。中间人从许多制造商那里购买商品，将这些商品整合成一个商品目录，再卖给零售商等。很多批发商也开网店，进行网上销售。大部分中间人以固定价格进行销售，有些也提供数量折扣，或者进行价格协商、拍卖。

4. 网络销售的过程

网络销售的过程包括以下几步。首先，找到潜在客户和决策人。网络销售最基础的推广铺垫工作是发信息广而告之。企业到各大论坛、行业网站、博客和微信等发布信息，一方面推广商品，另一方面宣传企业自身。之后与网友互动交流，找到潜在客户和企业的相关决策

150 人。其次，接近客户，让目标客户发现企业的商品。最后，在确定目标客户后，就可以开始进行商务谈判，直至签署合同，接着进入履行合同的环节。所以，网络销售一般分3个步骤：第一步是将企业信息全面快速地搬到互联网上，第二步是通过多种互联网营销工具和方法来推广和维护企业网站或网店，第三步是网站或网店流量监控与管理。

（1）将企业信息搬到互联网上。无论是企业自建网站，还是利用第三方电子商务平台开设网店，供应商都需要在网上留下详细的企业资料和产品信息，真实地展现产品和推广企业。

① 企业资料。买家会以各种方式查看企业资料，判断卖家的诚信度高低。所以供应商必须真实、详尽地填写信息。供应商填写信息时应注意以下几点。

- 注册信息是最基本的资料，会转化成其他形式多处展现，供应商必须真实、完整地填写，以获得良好的第一印象。
- 网络名片应展示个人和企业信息，增强客户的真实感和亲切感。
- 企业介绍应全面展现企业状况、企业理念、企业文化等。无论是在搜索还是在浏览时，买家都会查看企业资料，深入了解企业，所以供应商填写真实、详细的资料并做必要的包装，将大大增强客户的信任感。

② 产品信息。详细的产品描述、直观的产品图片展现，都会大大提高产品的真实性，赢得买家信任。发布产品信息时，应注意以下几点。

- 详细地描述产品规格、型号、性能等信息，加强买家对产品的认识和信任。
- 在网上，买家不能亲眼看到和触摸产品，心中不免会有担忧。如果能选配产品图片，并多角度、分整体和细节展现，会增强产品效果和可信度，所以可配合产品信息上传产品图片。目前，越来越多的网站和第三方电子商务平台支持短视频的上传和展示，企业可以将企业宣传片、产品功能和使用介绍拍成短视频，以加强买家对产品的信赖。
- 将固定电话、传真、电子邮箱、手机等联系方式填写完整和正确，方便买家联系企业，有利于企业取得买家的信任。
- 买家比较信任网页中靠前的推荐信息，所以企业可定期重发信息，使其获得优先陈列。

③ 变更资料。当企业资料和产品信息发生变动时，企业应及时更新相关信息。

- 企业或申请人资料发生变化时，应及时更新相关信息，以避免客户在验证身份时出现误会。
- 产品改进或新产品推出时，应及时更改产品信息或添加新信息，同时配上相应图片或短视频全方位展现产品，更直观、真实、准确地将产品信息传达给客户。

④ 建立诚信。仅靠企业资料和产品信息在网上贸易中建立诚信是不够的。买家在选择供应商时是非常谨慎的。如果供应商可以提供权威、客观的身份认证和诚信评价，将有助于建立诚信，获得买家青睐。

（2）通过多种互联网营销工具和方法来推广和维护企业网站或网店。企业在互联网做的任何宣传和推广活动都必须以网站或网店为核心。在1688市场上，会做营销推广的和不会做营销推广的网店，在销售业绩上千差万别。常用的互联网营销工具和方法有搜索引擎营销、网络广告、B2B平台推广、即时通信工具推广、BBS论坛推广、博客或微博推广、SNS营销、电子邮件推广、问答推广、交换链接、短视频营销、直播营销、口碑推广、病毒式营销和事件营销等。

（3）网站或网店流量监控与管理

网站或网店流量监控与管理通常采用流量监控与分析系统和在线客服系统来实现。网站或网店需要一套功能齐全的在线客服系统，以帮助企业实时主动地发出洽谈，及时将有效的 **151** 流量（潜在客户或意向客户）转换为网上销售。

6.2.4 电子合同管理

1. 电子合同概述

电子合同是指双方或多方当事人之间通过电子信息网络以电子的形式达成的设立、变更、终止财产性民事权利义务关系的协议。

电子合同是计算机技术和网络技术高度发展的产物，与传统合同相比，具有以下特点。

（1）主体的虚拟化。合同一方或双方在网上大都以网址的形式存在，其真实姓名、地址在网上并不显现。

（2）订立过程的无纸化。电子合同双方互不见面，电子合同的订立只是双方在网上通过披露信息来完成的，签署和履行则是在无数计算机构筑的网络空间中进行的。

（3）履行的无纸化。所谓的在线经营，是通过网上信息传递来代替合同的实物履行，用电子流代替物质流。合同履行内容中（付款、交货、提供服务和劳务等）除必须实物交货和提供劳务的电子合同之外，其他电子合同都可以直接在网上进行和完成。电子货币、电子钱包、网上银行、电子票据均可以实现支付功能；以计算机软件、图纸、音乐等为内容的无形产品，可以通过网上下载、电子邮件等方式进行交货；技术咨询、培训等服务也可以通过网络数字信息的传递来完成。

（4）履行的超时空化。在网络世界里没有距离，因而电子合同的签订、履行不受时间和空间的限制。

电子合同的当事人、要约、承诺及合同效力等问题都是现代立法中的难点。在电子商务中，合同的意义和作用没有发生改变，但其形式发生了极大的变化。

电子合同与传统合同有着显著的区别，具体如下。

（1）合同订立的环境不同。传统合同发生在现实世界里，交易双方可以面对面地协商；而电子合同发生在虚拟空间中，交易双方一般互不见面。在电子自动交易中，甚至不能确定交易相对人，他们的身份依靠密码的辨认或认证机构的认证来确定。

（2）合同订立各环节发生了变化。要约与承诺的发出和收到时间较传统合同复杂，合同成立和生效的构成条件也较传统合同有所不同。

（3）合同的形式发生了变化。电子合同所载信息是数据电文，不存在原件与复印件的区分，无法用传统的方式进行签名和盖章。

（4）合同当事人的权利和义务有所不同。在电子合同中，既存在由合同内容所决定的实体权利义务关系，又存在由特殊合同形式产生的形式上的权利义务关系，如数字签名法律关系等。在实体权利义务法律关系中，某些在传统合同中不被重视的权利义务在电子合同里显得十分重要，如信息披露义务、保护隐私权义务等。

（5）电子合同的履行和支付较复杂。由于电子合同的形式不同于传统合同，电子合同的要约与承诺的发出和收到时间、合同成立和生效的构成条件都较传统合同有所不同，因此电子合同的履行和支付比传统合同复杂。但是从费用、效率、安全性角度考虑，电子合同均优于传统合同。

（6）电子合同对相关法律产生重大影响，如知识产权法、证据法等。电子合同形式的变化给世界各国都带来了一系列新的法律问题。

2. 电子合同的签订

电子合同的签订过程包括买卖双方 CA 认证、询价和报价、洽谈、签约和执行，如

152 图6-5 所示。其中，除了询价和报价之外，其他 3 个过程的所有信息都通过交易中心的设备加密传输和分发，并且根据用户的要求保留其中间过程的所有（或部分）内容和结果。

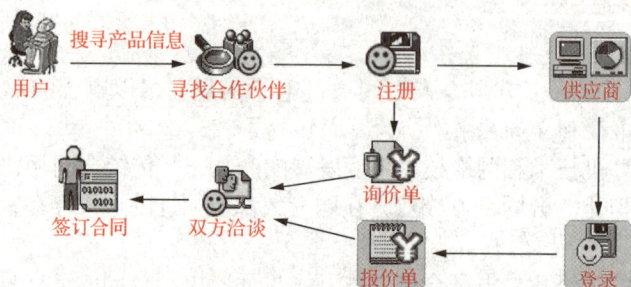

图6-5　电子合同的签订过程

6.2.5　网上客户服务管理

就目前来说，客户服务可分为传统客户服务和网上客户服务两种。传统客户服务主要是通过人工进行的一种客户服务，是由企业员工与客户面对面接触完成其服务过程，它是传统市场营销中提高客户满意度的一种行之有效的策略；而网上客户服务主要是借助互联网进行互动式的客户服务，以便捷方式满足客户对产品技术支持及使用维护的需求，它是网络营销中提高客户满意度的一种理想选择。随着互联网企业的日益增多，网上销售业务的日益扩大，网上客户服务越来越重要。

1. 网上客户服务优势

网上客户服务这一网络营销策略被越来越多的企业所重视，它主要有以下优势。

（1）便捷性。网上客户服务不受地域、时间的限制，全球用户可享受 24 小时实时服务，因此，企业通过互联网提供客户服务，用户可以随时随地上网寻求支持和服务，无须长时间等待。

（2）低廉性。网上客户服务的自动化和开放性使企业可以减少人力、物力的开支。一方面企业可以减少客户服务和技术支持人员，另一方面企业可以大大地减少不必要的管理费用和服务费用。

（3）灵活性。对于共性的问题，企业可采用网上客户服务在主页集中解答，如介绍保养知识及维护方式等，而客户则可以根据自己的需要从网上寻求相应的帮助；对于个性的问题，客户可通过 BBS 或使用电子邮件传送图示、照片来展示故障部位，并与企业网上客户服务员进行反复讨论，以便排除故障。

（4）直接性。客户可以直接通过互联网寻求服务，避免通过传统方式经过多个中间环节才能使问题得以处理。例如，传统客户服务需经过电话服务员将问题记录下来，然后再根据问题性质转交相关部门和人员，在问题解决后还须经过电话服务员进行协调，整个过程中有许多中间环节。

（5）个性化。企业能与客户建立持久的"一对一"服务关系，能以低成本为客户提供个性化的服务。

2. 网上客户服务形式

开展网上客户服务是网站制胜的法宝之一，每个网站都会结合自己的经营业务为客户提供相应的服务。

尽管各个网站提供的网上客户服务各不相同，但归纳起来主要有如下 3 种形式。

（1）销售过程的客户服务。这类服务是指交易双方的买卖关系已经确定，为客户提供从下单订货到产品送达指定地点这一过程的服务，包括提供下单订货便利、帮助客户在网上了解订单执行情况、产品运输情况等。例如，E-xpro 公司是一家向石油公司提供零部件的机械制造企业，该公司在网上创建了在线交易网页，使远在北海海上石油平台的壳牌石油（Shell Oil）公司的工程师通过网页就可以立即下单订货，而不需要像原来那样必须回到岸上来操作。

（2）网上产品支持和技术服务。这类服务包括热门问答、软件升级等。它帮助客户在网上直接寻找问题的答案或升级软件，不仅有助于企业节省大量人力物力，而且有助于提高客户的满意度。例如，一架新型波音飞机的维修手册厚达几千页，其制作成本高，而且更新极慢。现在波音公司通过网站公布其零件供应商的联系方式，同时将有关技术资料放到网站上，方便各地飞机维修人员及时索取最新资料和寻求技术帮助，大大提高了维修工作的效率。

（3）推销型客户服务。这类服务包括根据客户爱好为其推荐新产品，提供其他个性化服务。企业要尽可能地把推销融入客户服务。例如，一对父母在网上为他们新生的宝宝购买婴儿用品，那么企业就可以根据他们的购买行为判断他们的宝宝的年龄、性别情况，同时判断他们的收入、偏好情况，从而有针对性地通过电子邮件为这对父母提供育儿建议，把各种婴儿用品（如婴儿玩具、婴儿服装、婴儿营养品和婴儿护肤品等）的信息发送给这对父母，使他们能根据这些信息很方便地买到自己需要的产品，这样也可以大幅度地提高企业产品的销售额。

3．网上客户服务策略

企业在互联网上创建了自己的网站后，要多途径地提供十分便捷的免费服务，以吸引客户，提高销售额。依据当前的网络营销实践，网上客户服务的策略主要有以下几种。

（1）设计热门问答页面

热门问答（Frequently Asked Questions，FAQ）页面是几乎所有电子商务站点都必须具有的页面，这个页面主要为客户提供有关企业及其产品的常见问题的答案。这种策略的基本思想是：将客户可能遇到的各种问题加以罗列并给出正确解答，以一问一答的方式向客户提供服务信息。这样有利于节省客户支持人员的时间，让他们集中精力去应对那些较冷僻的问题。例如，戴尔在世界范围内向它的客户发布两套"常见问题解答"，客户可以通过电子邮件、文件传送以及有关的讨论小组获取这些服务信息。这种方法对于我国中小型企业也是适用的，投入的费用低，而且不需要配备熟练的计算机软件人员。

企业在设计面向客户的 FAQ 页面时，在策略的运用上要注意分两个层次：第一个层次是针对潜在客户或客户，这个层次的 FAQ 页面主要是提供关于企业、产品的最基本问题的答案；第二个层次是针对老客户，他们对企业的产品有所了解，这个层次的 FAQ 页面主要是提供有关产品的详细技术细节、技术改进等信息。

（2）提供"免费下载"或"软件库"

在科学技术高速发展的今天，产品的更新换代异常迅速，你在上个月购买的产品，到了这个月就可能有些过时了。尤其是在计算机软件方面，从原来的 Windows3.2 变成了今天的 Windows11，从原来的 IE3.0 到现在的 IE12.0。至于一些应用软件，其版本变化的速度之快更是让人有些无所适从，往往是人们还没有完全弄明白这个版本，下一个版本就已隆重推出了。这就使得客户在购买产品时不得不考虑产品更新的问题，以防止购买不久的产品因为版

154 本更新而被淘汰。因此，对于产品生产企业而言，想要消除客户的这种疑虑，促进产品的销售，就必须为客户提供产品自动升级服务。例如，戴尔在互联网的一个 FTP 站点拥有 1 万多个公司的文件与软件以及将近 40 万个公用软件供互联网用户免费使用。

（3）建立网上 BBS 或新闻组

网站应有在线 BBS，以供客户直接通过网络寻求帮助。这样一方面，企业的相关人员可以为客户提供相应的网上帮助；另一方面，有相同问题的客户能相互提供帮助。尤其对于大公司而言，由于其产品遍布全球，更应在互联网上建立起与其产品相关的讨论小组。例如，公司在网上建立了若干个与其产品直接相关的讨论小组，公司内有一个工作组密切注视跟踪客户在这些讨论小组中提出的问题，并加以综合分析，然后适时地将答案在讨论小组内公布。这样，公司不但能帮助在讨论小组中提出问题的客户，而且能帮助那些遇到类似问题但还没有提出的客户。

（4）建立电子邮件用户支持渠道

电子邮件是最常用的提供用户支持的工具之一。为了有效地建立电子邮件用户支持渠道，企业内部可安排专人阅读电子邮件并进行及时处理。一种较好的方法是在企业网站上设置一个电子邮件自动答复软件，使其在收到每封电子邮件后，自动向来件的用户发回一封电子邮件，告诉用户电子邮件已收到，目前正在处理中。对于用户提出的种种问题及答案，企业要分门别类地加以整理，不断完善与丰富提供用户支持的信息库的内容。这样，对于某些经常在电子邮件中提出的问题，有关人员不必逐个重复给予回答，只需在回件中告诉用户获取信息的 URL（地址），使用户自己就能在互联网上浏览或下载所需的信息。

（5）定期向客户提供电子杂志

这里的电子杂志是一个统称，泛指通过互联网定期向订阅者提供信息内容的网上新媒体。

电子杂志的作用主要表现在 3 个方面：①宣传企业，提高企业的知名度；②向目标客户推荐新产品，提高网上产品的销售额；③答疑解惑，解决客户在产品使用中遇到的问题，提高客户的满意度。

电子杂志在策略的运用上应注意以下 3 点：①可在登载客户感兴趣的内容的同时，顺便推销新产品；②欢迎和鼓励客户积极投稿，以此来吸引客户关注企业、关注产品；③鼓励客户通过电子杂志介绍产品使用和维护小窍门，以便让客户相互提供帮助。

4．开展网上客户服务应注意的问题

（1）网上产品问题解决和技术支持的信息要丰富、全面，否则客户从网上寻求不到直接支持，有可能转为寻求传统方式解决，这样就发挥不了网上客户服务的优势。

（2）网上客户服务和传统客户服务相结合。客户服务单靠互联网是不够的，还需与传统客户服务渠道相结合，如产品的维修等问题大部分还需通过传统方式来解决。

（3）注意网上客户服务的及时性。客户在网上寻求产品支持和技术帮助时，如果得不到及时回应可能会失去耐心转而寻求传统客户服务方式，因此企业需要配备专人来解决网上产品问题，提供技术支持。

（4）强化网上客户服务的质量控制。就目前来说，客户对于网上客户服务有一种不信任感，因此，网站在客户问题解决时和解决后应发送电子邮件与客户保持密切联系，降低客户的不信任感。

（5）定期发送企业的产品动态和服务信息，与客户保持联系，方便客户寻求帮助和注意产品的更新换代。

6.3 网上贸易的风险控制

6.3.1 网上贸易安全问题

互联网在有力地推动社会发展的同时，也带来越来越严重的威胁和攻击，网络安全问题越来越受到重视。网上贸易中的安全问题主要包括传输问题、信用问题和管理问题。

（1）传输问题。网上贸易过程中，传输的信息失真、丢失，或者信息被非法窃取、篡改，会导致一些不必要的损失。从技术上看，网上贸易的信息传输问题主要包括冒名偷窃、篡改数据、信息丢失、信息破坏和虚假信息传递等。

（2）信用问题。信用问题的主要表现：买方可能利用信用卡恶意透支，或者使用伪造的信用卡来骗取卖方的货物；卖方不能按质、按量、按时寄送买方购买的货物，或者不能完全根据合同来履行合同内容，造成买方权益的损害。

（3）管理问题。管理问题的主要表现：交易流程管理方面，主要是交易平台监督不到位；人员管理方面，主要是企业对人员管理不善，或者企业内部人员缺乏职业道德，导致机密文件泄露；交易技术管理方面，主要是网上交易系统可能存在技术漏洞。

6.3.2 网上贸易风险的种类

（1）交易对象识别风险。传统贸易是面对面的，交易双方比较容易建立信任关系，容易保证交易过程的安全性，而网上贸易是通过网络进行的，交易双方互不见面，因而缺乏传统贸易中的信任感和安全感。近年来，网络骗局层出不穷，很多时候是不法分子假扮买家或卖家进行恶意诈骗。

（2）产品识别风险。由于网络的虚拟性，买方有可能无法索取样品或得到不真实的样品，卖方在把一件立体的实物缩小许多变成平面画片的过程中，产品本身的一些基本信息会丢失，买方不能从网站的图片和文字描述中得到产品全面、准确的资料。这会给买方带来产品识别的风险，这种风险会延伸到产品的性能、质量等诸多方面。

（3）质量控制风险。网上贸易中，卖方可能并不是产品的制造者，质量控制便成为风险因素之一，如果卖方选择了不当的外包方式，就有可能使买方承担这一风险。

（4）网上支付风险。网上贸易中，支付手段有所变化，许多企业因担心安全问题而不愿使用网上支付手段，因此支付问题是网上贸易的风险因素之一。

（5）物权转移中的风险。网上贸易采取远程作业方式，产品在转移过程中发生的意外情况会影响交易的顺利进行，物权转移过程中也会产生相应的风险管理问题。

（6）信息传送风险。网上贸易是建立在互联网基础上的，许多信息要在网络中传送。网络安全或信息安全问题也是网上贸易的风险因素之一，如果遭受计算机黑客的攻击，重要的企业信息甚至支付权限被窃取，其后果将是异常严重的。

6.3.3 网上贸易风险的识别

以阿里巴巴（以下简称阿里）为例，可以从以下几个方面来识别网上贸易潜在的风险。

1. 辨别信息内容真伪

如果在询盘过程中，企业介绍太简单，求购意图不明显，地址很模糊，预留的企业网站是虚假地址或者并非该网站会员统一的格式，通常情况下，这些信息就有可能是虚假的信息。虽然用户并不能根据这些信息完全断定对方的询盘是虚假的，但至少可以提高警惕。

2. 查询诚信体系

阿里诚信体系包括诚信体系商业等级和诚信档案。

诚信体系商业等级简称诚信等级。企业诚信等级依据企业在社会经济生活中的客观信息综合评估得出，这些信息分为五大纬度：基本信息、经营行为、履约历史、关联关系和法定代表人。

（1）基本信息：包含企业在政府监管机构备案的基本信息（如注册资本、成立年限等），资质情况（如商标、专利、特许经营权等），企业的资产负债、现金流等信息，是对企业基础情况及基础能力的考量。

（2）经营行为：包含企业在线上及线下的贸易订单记录、经营流水、税务信息、在处理贸易纠纷与投诉过程中的行为记录，以及在经营过程中受到的处罚记录等，是评估企业信用情况的核心因素。

（3）履约历史：指企业在过往经营活动中的履约及违约情况记录，包括但不限于企业的信贷表现、诉讼记录等信息。丰富的履约记录对评估结果有正面影响，失信行为将对评估结果产生负面影响。

（4）关联关系：指与本企业有商业、社交等关联关系的企业信用情况，包括股东及投资关系、上下游贸易关系、同法定代表人或实控人的关系等，同时也包括企业所处的环境要素（即宏观环境和行业地域的状况）。

（5）法定代表人：指企业法定代表人或经营者的基本情况及个人信用记录情况，仅在获得法定代表人或经营者同意的情况下采用。对于中小企业而言，法定代表人或经营者的个人情况对企业信用的影响尤为重要。

阿里诚信分为5个等级（AAA、AA、A、BBB和BB），一般而言，诚信等级越高，企业信用越好。

诚信档案包括详细的企业基本信息、经营状况、知识产权和风险信息，可以有效地帮助用户鉴别对方身份的真伪。

3. 查询企业信用记录

通常情况下，阿里会员可以将信息发布方的企业名称输入企业诚信体系数据库，查询信息发布方的信用记录。在企业诚信体系数据库中，用户可以查询很多信用不良企业被投诉的记录，这有助于判定信息发布方的诚信程度。当然，如果用户或其他相关人员遇到欺诈行为，应该到阿里网站上去投诉，这样可以帮助其他会员免受欺诈。

4. 从论坛中搜索相关信息

阿里论坛商友圈是网商交流信息的园地，其中有不少揭露网络骗子的信息，因此用户在对某企业诚信程度没有把握的情况下，可以到阿里论坛商友圈中去搜索相关信息。把某企业的名称输入阿里论坛商友圈中进行搜索，如果发现有网商发帖揭露该企业的不诚信行为，那用户与该企业进行网上贸易的风险性就比较大了。

5. 通过搜索引擎搜索相关信息

前面4项识别网上贸易风险的措施均是依据阿里网站来获取信息的，除此之外，用户也可以借助其他工具获得相应的信息。例如，通过搜索引擎获取某个企业的贸易诚信信息也不失为一个好办法。借助百度等搜索引擎，用户可以比较方便地查找所需的资料。用户可以将某个企业的名称、地址、联系人、手机、电话等信息输入搜索引擎中，找到与其相关的信息并据其做出综合判断。当然，判定通过搜索引擎搜索到的信息是否真实可靠也是很重要的，这需要运用其他手段来完成。互联网上的信息浩如烟海，相互矛盾的信息也屡见不鲜，用户需要提高警惕。

6. 通过政府网站查询相关信息

用户还可以通过国家权威部门网站了解交易对方的诚信程度。例如，用户可以通过国家企业信用信息公示系统查询交易对方的企业代码、法人代表、地址及联系方式等信息，以了解交易对方企业的真实注册情况。在国家权威部门网站上查询到的资料具有很强的可靠性，用户可以根据国家权威部门提供的信息做出正确的判断。

7. 手机归属地判断

在交易对方所提供的企业联系方式中，通常有手机号码。因此，用户可以通过手机归属地查询来判断对方信息的真实性。用户可以通过电信运营商的官方网站或其他网站核实对方所提供信息的真实性。例如，全国通网站包括手机号码归属地查询、IP 地址查询等功能，用户可以据此了解到手机号码的归属地。

8. 专业性测试

网络骗子的最终目的是通过网络获取非法收入，因此，通常情况下其专业知识是有限的。大多数网络骗子通过格式化的传真或求购函四处散发求购信息，由于其没有真实的采购意图，往往对产品本身并不了解或者了解不多。因此，用户在与其进行沟通的过程中，可以针对产品本身，设定一些问题，测试对方是否了解其所采购的产品，进而判断对方是否有真实的采购意图。

6.3.4 网上贸易风险的防范

1. 买家风险防范

买家在网上购买产品时需要注意以下安全问题。

（1）低价陷阱

买家总是希望在获得同等质量产品的情况下，买到价格更低的产品。这样的心理往往会被网络骗子利用，相关的骗局叫作低价陷阱。低价陷阱的基本特点是：产品价格非常低；虽然一般要求产品数量大，但也同意少量出售；使用私人银行账户交易；不愿意当面交易。

（2）付款安全

买家在核实了对方身份、判定交易不属于低价陷阱之后，就进入付款环节了。一旦涉及货款的问题，特别需要谨慎对待，推荐使用以下 3 种较安全的付款方式。第一，对公账户汇款。企业的对公账户是以企业身份在银行登记的账户，银行已经核实了企业的注册情况。因此，对公账户汇款是可以选择的安全汇款方式。第二，法人代表的私人账户汇款。法人代表的私人账户和企业直接挂钩，因此法人代表的私人账户汇款也是比较可信的汇款方式。第三，支付宝交易。如果对方不愿提供法人代表的私人账户，随意提供一个陌生账户，自称是企业财务的账户，那么一定要要求使用支付宝交易。

如果无法做到见面交易，在选择供应商的时候，应尽可能考虑选择诚信通会员。诚信通会员网站中的企业介绍、诚信通档案都是参考依据，同时也可以留心一下该会员的"会员评价"，看看其他会员对该会员的评价情况。在登录状态下单击"查看该企业信用记录"，这样论坛中任何会员对该企业的评价都会显示出来。查看对方的联系方式时一定要仔细。通常正规商家都会留固定电话，而且如果有企业网页的话，可以通过查看该企业网页的情况来判断该企业的实力情况等。

对于比市场价低出很多的产品，如数码、计算机类产品，在付款之前一定要小心谨慎，可以先去论坛输入该企业名称，搜索一下网友发出的相关文章。推荐使用可以降低交易风险的第三方支付平台，确保款、货安全。如果不能货到付款，那么交易双方事先有必要对于一些细节的条款进行沟通确认。例如货物有损坏、有次品的时候，约定双方之间如何解决。因为交易双方无法签订书面的协议合同，因此最好保存电话录音或者聊天记录，以此作为以后解决纠纷的证据。买家有任何需求都可以去诚信论坛寻求各位网友和专业人士的帮助，也可以直接电话联系客户服务人员。

如果上当受骗了，可以去诚信论坛进行投诉，写明事情的经过，保留和交易有关的任何证据，这样相关服务人员会联系对方要求其对此事进行合理解释。如果对方不能合理解释，则可能会被注销账户，在阿里巴巴网站上永远留下差评，并供其他会员搜索和浏览。

2. 卖家风险防范

卖家在网上接到一个采购函，经核实未发现问题后，便可与买家进行实质性的交易了。卖家都希望自己的产品价格越高越好，对方给的订单越大越好，这样才能获得更多的利润。这样的心理成为很多卖家的弱点，甚至被网络骗子利用。

卖家防骗应注意以下几点：①对即将发生和已经有业务关系的企业的情况要进行深入的了解，而且时刻注意其经营情况的变化，尤其是企业资金状况的变化；②对注册资金过大和过小的企业尤其要注意；③对"急于要货的单"也要特别注意；④尽可能采用现款现货的方式，原则上不允许"赊销"，尽可能选用支付宝交易，确保货、款安全；⑤为防止银行支票和汇票诈骗的风险，建议采用款到账才给货的方式；⑥为防止假期资金风险，企业可以采用早放假、晚收假、多放假的方法，以避免因为银行票据交换而可能出现的问题，因为"非诚信分子"完全可以利用假期中银行结算速度慢和时间差来骗取不正当收入；⑦和业务合作单位的负责人成为真正的朋友；⑧了解对方法人代表的实际情况，因为他是企业在法律上的责任人。某些不诚信的企业聘请企业外的无业人员等无关人员来作为法人代表，一旦东窗事发，企业实际经营人即刻溜之大吉，剩下所谓的"法人代表"来承担他根本没有办法承担的责任。

6.3.5 网上贸易账户的安全措施

无论是中国供应商会员、诚信通会员、支付宝会员，还是阿里旺旺的用户，都有用户专属的账户和密码。因此，设置符合规则的密码是成功地进行网上贸易的基本条件，也是防范网上贸易风险的第一道关。近几年，各大网站密码被盗的现象时有发生，作为阿里网站的会员，提高账户密码的可靠性才能保证网上贸易的正常进行。

对于阿里网站而言，密码被盗会有两种情况：一种情况是诚信通会员账号被盗，这会导致网络骗子利用诚信通会员的账户假借诚信通会员的名义行骗，使企业名誉受损；另一种情况是支付宝账户和网上银行密码被盗，这会导致直接的钱款损失。

2006年5月，阿里经过调查发现诚信通会员中有1万人左右设置的密码过于简单。部分诚信通会员为了方便记住密码，将密码设置成了手机号码、传真号码等常用号码，而这些号码在阿里诚信通会员资料中可以很容易地取得，这就容易使心怀不轨者利用公开的资料对诚信通会员的密码进行试探，最终非法获取密码。

针对此类不安全的行为，阿里连续发布了3期密码安全项目，提醒用户将过于简单的密码修改为安全密码。阿里要求诚信通会员按以下规则管理密码：①密码长度应为8～20位；②密码使用不同符号组合，如字母加数字等；③切不可将密码设置得与公开信息一致；④定期更改密码；⑤企业内掌握密码的人数应尽量少；⑥不同的账户设置不同的密码，以免多个账户同时被盗；⑦不能将企业重要资料告诉他人，以免他人据此要求阿里系统管理员更改密码。这里所说的重要资料是指企业营业执照复印件、税务登记证等。

除了严格遵守密码管理规范外，养成良好的网络使用习惯也是防范网上贸易风险的措施之一。例如不要打开来历不明的邮件、邮件附件和网络链接；尽量不要在网吧登录阿里诚信通账户或者支付宝账户；输入密码时尽量使用"复制＋粘贴"的方式，以防止记键木马盗取密码；在使用贸易通和客户沟通时，一定要注意陌生人发过来的链接，如果对方发过来一个文件，可以使用杀毒软件先行检测，确认不是病毒后再打开。

利用木马病毒盗取他人密码是黑客常用的手段。之前贸易通中曾经出现这样一个病毒，部分会员会收到有关产品的询盘信息，当会员怀着期望的心情接收求购订单并打开之后，木马病毒便进入会员的计算机中。因此，安装正版杀毒软件与防火墙、经常查杀木马病毒也是防止密码被盗的好方法。平时不要轻易访问不正规的陌生网站或者轻易下载免费软件，那样极容易将木马病毒种在自己的计算机中。

利用虚假网站盗取他人密码（俗称网络钓鱼）也是网络骗子经常使用的手段之一。网络骗子设计与制作出与著名网站外表极相似的网站，并利用差别极小的网站域名来欺骗用户。当网站访问者将自己的账号与密码输入时，网络骗子就能轻而易举地取得相应信息，再到真实的网站上行骗或者盗取钱财。所以，不要轻易打开陌生人发来的网站链接，避免上当受骗。

第三部分　课题实践

一、实训

实训6-1　在1688上进行网络采购

1688 网络采购流程如图 6-6 所示。

1. 实训目的和内容

①掌握在 1688 上注册会员账户的方法；②掌握在 1688 上寻找商机的方法；③掌握在 1688 上发布信息的方法；④掌握利用阿里旺旺在线洽谈成交的方法。

2. 实训操作指导

（1）注册

拥有阿里巴巴会员账户就相当于拥有在阿里巴巴进行网上交易的"通行证"，然后买卖双方可以在阿里巴巴的交易市场上找商机、发信息、谈生意。买家可以在网上注册企业账户和个人账户，也可以通过手机短信的方式快速注册账户。

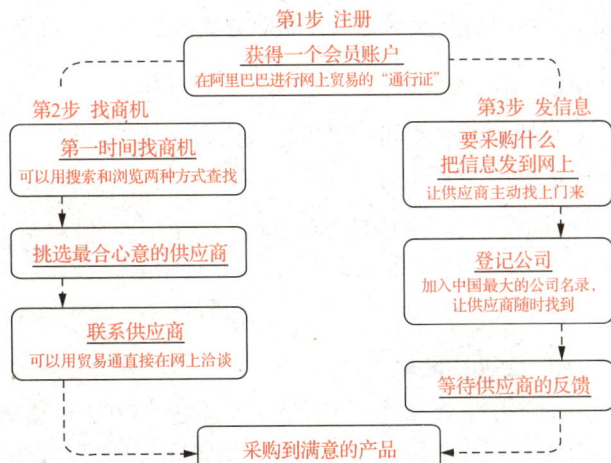

图6-6　1688网络采购流程

（2）找商机

①第一时间找商机。1688 拥有全球最大的商机搜索引擎之一，选择"找货源""找工厂"或"找工业品"，买家就可以快速、准确地找到所需要的信息，及时把握商机。在首页搜索结果显示页面中，买家可以通过所在地区、公司经营模式等筛选信息；可以设置是否在线、是否使用支付宝等筛选条件；可以选择感兴趣的产品参数进行过滤。找信息的时候，如果觉得搜索结果内容太杂，建议根据产品所属的行业类目来查看，从而精确锁定目标。买家

也可以对显示的信息按照"人气""销量""价格"等进行重新排序。

② 挑选最合心意的供应商。搜索结果显示出来后，买家可以打开产品介绍页面精心挑选，选择最合心意的供应商。通过产品介绍，买家可以了解该产品的批发说明、运费说明等，同时可以查看产品供应商的网站、诚信通档案、介绍等，通过对比，从中选择最满意的供应商及其产品。

③ 联系供应商。选择好满意的产品后，买家可以通过以下几种方式和卖家联系：单击"在线沟通"按钮，通过阿里旺旺和供应商的业务代表进行在线交流；查看产品信息上方该供应商的"联系方式"，可获得电话、传真等，通过这些信息直接与供应商联系。如果买家想直接订购，可单击"立即订购"按钮进行购买。

（3）发信息

① 发布询价单。买家登录后，单击页面顶端的"我的阿里"—"买家中心"—"发布询价单"按钮，填写完整后提交信息（有红色＊为必填项）。

② 登记公司。买家填写公司的基本资料，可使浏览者了解到公司的主营业务情况，促进有效的沟通。买家可以按下面的步骤轻松发布公司信息：第一，打开阿里巴巴中国站，登录"我的阿里"；第二，单击"买家中心"—"设置"—"账号管理"选项，完善公司信息，其中带＊号的是必填项，包括公司名称、主营产品、主营行业和经营模式等。

③ 等待供应商的反馈。适合的供应商看到买家发布的信息后会通过阿里旺旺、站内留言等方式与买家直接联系。

（4）在线洽谈成交

阿里旺旺是阿里巴巴为买卖双方度身定做的免费网上商务沟通软件。它能帮买卖双方轻松找客户，发布、管理商业信息，有利于及时把握商机，随时洽谈生意。通过阿里旺旺，买卖双方可以进行交易磋商，在双方满意的情况下成交。

实训6-2　在1688上进行网络销售

1688网络销售可以简单划分为以下几步，如图6-7所示。

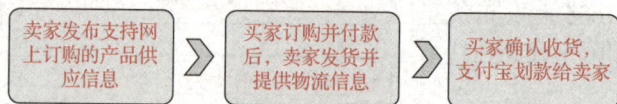

图6-7　1688网络销售流程

1. 实训目的和内容

①掌握在1688上发布产品供应信息的方法；②掌握在1688上寻找有采购意向的买家的方法；③掌握在1688上发货和提供物流信息的方法；④掌握在1688上查收货款的方法。

备注：从2017年9月1日起，新注册的免费个人认证会员无法开店，也无法发布产品供应信息。

2. 实训操作指导

（1）卖家发布支持网上订购的产品供应信息

① 登录账号。登录"我的阿里"，进入"1688商家工作台"，进入"商品"—"发布商品"页面。在"发布商品"页面单击"我要发布商品"按钮。

② 填写类目。在打开的信息发布页面中按照提示选择类目，单击"下一步，填写信息详情"按钮，发布供应产品，或者单击"导入已发布的供应产品"按钮，进行快速发布。

③ 填写信息详情。填写相应的产品属性，详细而全面地填写产品参数，这有利于产品

曝光，便于买家通过相应参数找到产品；填写合适的信息标题，一个信息标题应只含有一个产品名称；上传产品图片，以真实、形象地展现产品（注：诚信通会员可选配3张图片，多角度地展现产品）；详细说明要尽量翔实，对所经营的产品或服务有全面的介绍，可配更多的产品细节图以强调产品品质；如果产品支持网上订购，请选择"支持网上订购"，并填写相应的交易信息；选择信息有效期。

④ 完成信息发布。填写完信息后，单击页面最下方的"同意协议条款，我要发布"按钮，发布信息。在工作时间（周一到周五9:00—17:00），信息将在2小时内发布上网；在非工作时间，信息将在24小时内发布上网。

（2）卖家主动寻找平台上有采购意向的买家

① 搜索产品。打开1688首页，在"找货源"搜索框中输入要销售的产品名称，单击"搜索"按钮，在搜索结果页面中选择"求购"，所有发布了该产品求购信息的买家都会被搜索出来。

② 筛选产品信息。在搜索结果页面中，可以通过系统推荐的相关关键词或者选项中的条件对所有搜索结果进行筛选。

③ 查看产品详情。单击信息标题即可看到采购详情，普通会员没有权限查看买家联系方式，诚信通会员可以给买家报价或者留言。

（3）卖家发货并提供物流信息

买家订购并付款后，卖家发货并提供物流信息。进入"我的阿里"—"1688商家工作台"—"交易"页面，单击"已卖出的货品"按钮，找到当前订单状态为"等待卖家发货"的订单，如果查看相关订单没有问题后就可以发货；如果该订单存在问题，建议及时和买家沟通。

具体发货操作如下：①单击"发货"按钮；②勾选确认待发货产品并选择对应的发货方式，然后提交即可。

（4）卖家查收货款

买家确认收货，支付宝划款给卖家。卖家可以在"我的阿里"—"1688商家工作台"—"交易"—"已卖出的货品"菜单下查看订单状态为"交易成功"的订单，然后登录绑定的支付宝账户，查看该笔交易款项。

实训6-3 在1688上管理电子合同

以1688采购商合同管理为例，买家可以设置、修改、删除合同提醒，从而有效地进行电子合同管理。

1. 实训目的和内容

①掌握在1688上设置合同提醒的方法；②掌握在1688上修改合同提醒的方法；③掌握在1688上删除合同提醒的方法。

2. 实训操作指导

（1）设置合同提醒

① 在"我的阿里"页面中找到并进入"询价管理"应用，单击"管理询价单"菜单，在某条询价单的最右侧的"操作"栏下单击"管理"按钮，查看所有供应商的报价信息，找到需要设置合同提醒的供应商报价后单击"设置合同提醒"按钮。

② 在弹出的"设置合同提醒"窗口中填写完整的合同内容，填写完成后单击"确认"按钮，系统将会通过阿里旺旺、电子邮件发送合同到期、付款等信息。

③设置成功后，会显示"合同提醒"，单击后可以操作"查看、修改和删除"。

（2）修改合同提醒

成功设置合同提醒后，可以单击"修改合同提醒"进行修改，单击后将弹出"修改合同提醒"窗口，其中会呈现之前设置的所有内容，买家可以逐项进行修改。

（3）删除合同提醒

如不希望保留已设置的合同提醒，可以单击"删除合同提醒"按钮进行删除，删除后也可以重新设置。

二、思考练习题

思考以下问题并组织小组讨论，分小组进行观点分享。

（1）什么是网上贸易？

（2）网上贸易的特点有哪些？

（3）网上贸易的优势在哪里？

（4）请列举几个国内知名的网上贸易平台。

（5）什么是网络采购？

（6）相比传统采购，网络采购的优势在哪里？

（7）网络采购的类型有哪些？

（8）什么是网络销售？

（9）简述网络销售的一般流程。

（10）什么是电子合同？

（11）电子合同有哪些类别？

（12）什么是网上客户服务？

（13）网上客户服务的优势在哪里？

（14）网上客户服务有哪些形式？

（15）开展网上客户服务应注意什么问题？

（16）网上贸易中存在哪些安全问题？

（17）网上贸易风险分为哪些种类？

（18）如何识别网上贸易的风险？

三、实践练习题

（1）浏览阿里巴巴中国站、慧聪网和淘金地等国内B2B电子商务网站，分析其各自的优势和劣势。

（2）尝试在阿里巴巴中国站进行网络销售。

（3）尝试在阿里巴巴中国站进行网络采购。

（4）尝试在法大大和e签宝等电子合同平台进行电子合同的在线电子签名操作。

（5）浏览阿里巴巴中国站和淘金地等国内B2B电子商务网站，看看它们都提供了哪些网上客户服务。

（6）浏览阿里巴巴论坛，学习各种网上贸易安全的知识和防骗技巧。

（7）在手机上下载阿里巴巴App，比较其手机端和网页端的异同。

（8）浏览1688中小企业成长中心，学习免费在线课程。

课题七
网络零售

7

知识目标

➢ 理解网络零售的内涵
➢ 了解网络零售的优势与劣势
➢ 了解网络零售的商品或服务
➢ 熟悉 B2C 网络零售模式
➢ 了解移动零售电商的发展趋势

技能目标

➢ 初步具备网络零售市场分析能力
➢ 掌握网络零售商品或服务的评估方法
➢ 掌握 B2C 平台购物的业务流程
➢ 分析移动零售电商的优劣势

建议学时

6 学时

第一部分　案例与分析

案例　拼多多模式

　　拼多多隶属于上海寻梦信息技术有限公司，创始人为黄峥。黄峥先后创办了手机电商、电商代运营和游戏公司，2015 年 4 月成立拼好货，创立社交电商模式，2015 年 9 月由公司内部孵化出拼多多。拼多多是一个专注于 C2B 拼团的第三方社交电商平台。拼多多给消费者的第一印象是网络购物 App。拼多多用户通过发起和朋友、家人、邻居等的拼团，可以以更低的价格购买优质商品。拼多多以顾客为中心，旨在凝聚更多人的力量，使用户用更低的价格买到更好的东西，收获更多的实惠和乐趣。通过沟通分享形成的社交理念形成了拼多多独特的新社交电商思维。

　　2016 年 2 月，拼多多上线还不到一年，单日成交额便已突破 1 000 万元，付费用户数突

164 破 2 000 万。值得注意的是，此时拼多多的活跃用户数和交易笔数已经可以与唯品会相提并论。这意味着，拼多多用不到 10 个月的时间就走完了老牌电商三四年走的路。2016 年 7 月，拼多多用户数突破 1 亿；2020 年 12 月，拼多多年活跃买家数高达 7.884 亿。2021 年，拼多多全年成交额（GMV）为 24 410 亿元，总营收为 939.499 亿元。2022 年，拼多多总营收为 1 305.576 亿元，年增长约 39%。2022 年，拼多多入选福布斯 2022 全球企业 2 000 强榜单，排名第 581。拼多多 PC 端首页和移动端首页如图 7-1 所示。

图7-1　拼多多PC端首页和移动端首页

案例分析

传统的"社交＋电商"是在社交平台增加一个商城插件，或在电商的基础上增加"社群""通信"功能，例如微信内置京东的 WebApp，但拼多多将电商和社交真正融为了一体。

拼多多的商业模式如下。

1. 平台玩法

拼多多的平台玩法主要有以下几类：直接拼团；邀请参与拼单；邀请助力，包括砍价免费拿、团长免费拿、助力享免单；分享互惠，包括现金签到、分享领红包等。

其中，分享是拼团模式的核心，交互是社交电商的灵魂，分享成功与否直接影响着病毒式传播的效果。分享的广告价值体现在：通过反复曝光，加深用户品牌认知，提升用户功能体验。分享的流量转化价值体现在：注册或下单转化，用户被引导使用同样的功能后再购买商品。

传统团购，例如百度糯米、拉手网等，并没有购买人数优势，1 个人买和 100 人买都是同样的价格，只是一种简单的折扣销售；而拼团是，买家人数达到一定数量会有优势，使卖家价格有足够的吸引力。买卖双方相互吸引，最终成交。拼团过程中，消费者为了达成目标，会形成一个"自媒体"，主动帮商家推广，真正实现病毒式传播。

拼团需要两方面的因素：一是价格吸引用户；二是有足够大的社交平台进行分享。而拼多多依附微信（社交），以低入驻费吸引上游商家（以低价商品吸引用户），恰好具备这两方面的因素。拼团流程图如图 7-2 所示。

2. 用户的分类

拼多多的用户分为 3 类。

（1）分享用户。这类用户是平台的老用户，擅长并乐于利用各种优惠玩法。这类用户是拼团的发起者，一般有明确的购物需求，并通过邀请好友助力获得相应的优惠。这类用户首先关注平台玩法，其次是商品，因此会有消费冲动，并愿意用社交货币换取优惠。

（2）不分享用户。这类用户一般直接参与拼团，其主要关注平台上性价比高的目标商品，属于相对理性的消费用户。

（3）被分享用户。这类用户属于被动触发者，如果是新用户，可能在反复触发后形成拉新转化；如果是老用户，则有可能提高留存量和活跃度。

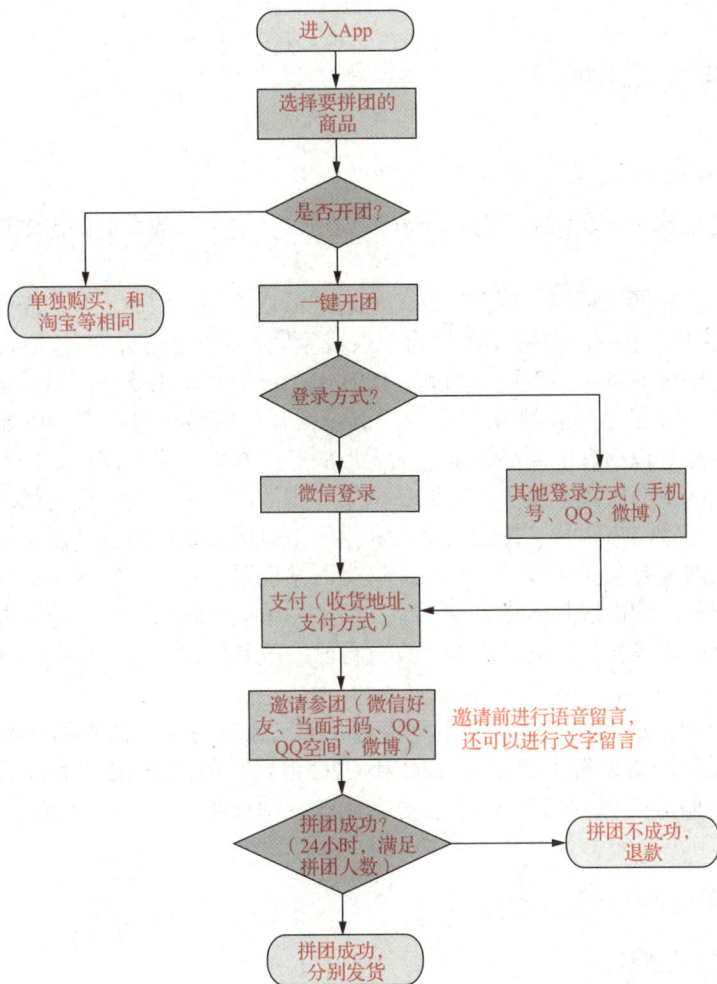

图7-2　拼团流程图

3. 平台场景特征

拼多多平台的场景特征表现在以下几个方面。

（1）社交货币兑换优惠。拼多多除了具备社交分享功能和在选品上根据群体特征做到差异化、精细化外，还对高频、刚需的消耗品实施优惠策略，这是刺激消费者购买的一大亮点。

（2）降低决策门槛。拼多多通过全场包邮、没有购物车、价格实惠、玩法相对单一、好友社交背书、从众心理等降低消费者的决策门槛。

（3）强化场景感，追求高性价比。在拼多多中，追求高性价比是所有用户的潜意识。

第二部分　课题学习引导

互联网的发展给人们的生活带来了惊喜。人们能从互联网上买到生活用品、计算机配件、图书和软件等，还能试穿衣服、配眼镜、选购家具等。网络零售正潜移默化地改变着人们的生活方式和消费观念。

7.1　网络零售基础

7.1.1　网络零售的定义

网络零售是指通过互联网或其他网络在线渠道，针对个人或家庭的需求销售商品或提供服务的活动。

通常，人们会将网络零售、网上贸易的概念混淆或等同，因此，我们需要从以下4个方面来理解网络零售。第一，网络零售是为个人或家庭提供的服务，不包括为企业提供的服务，因为我们这里讲的是"零售"。因此，B2B电子商务活动不属于网络零售活动的范围。第二，网络零售的渠道不单指互联网平台，也包括其他网络在线渠道，例如专用网络。第三，网络零售商品既包括有形商品，也包括无形服务。网络零售不仅可以销售商品，还可以提供服务，例如网上商旅订票服务。第四，网络零售活动既包括商品交易活动，也包括提供信息服务活动。尽管门户网站、搜索引擎等提供的信息服务是免费的，但它们有自己的盈利模式，利用互联网平台来获取收益，因此，这类网站也属于网络零售网站的范畴，而该类网站提供的信息服务活动也划归网络零售活动。但是，单纯由政府、协会等主办的纯信息服务性网站主要依靠拨款等为公众提供服务，没有自己的盈利模式，因此不在网络零售网站范畴之内。

从发展速度和发展前景来看，网络零售近几年已发展为电子商务的重要组成部分。需要注意的是，尽管网络零售主要涵盖B2C和C2C模式，但由于B2C平台提供的商品在质量、品牌和售后服务等方面比C2C平台更有优势，因此事实上B2C平台才是网络零售的主体。

7.1.2　网络零售的优势与劣势

1. 网络零售的优势

相比于传统零售，网络零售具有如下优势。

（1）选址不再重要。合理选址是传统零售业成功的关键。在传统零售业中，好的店址非常昂贵，店面选址的成本也非常高，而网络零售可以避开实体选址，不再受店址牵制。即使采用线上线下融合（O2O）的电商模式，实体选址也不再那么重要。

（2）规模的大小不再重要。小型网络零售商可以与零售商巨头进行相对公平的竞争。

（3）精减人员和节约成本。实体店根据规模的大小，需要聘用管理人员、销售人员和维护人员等，各项成本费用较高。而网络零售店无论规模，一个人可以分饰不同职能角色，这样就降低了人工成本、店铺成本和交易成本等，且进货、发货方式灵活，避免了大量资金的占用。

（4）24小时个性化服务获得更多顾客。网络零售店可24小时接收顾客的订单，服务时间的无限制增加了服务的顾客数量。受实体店选址的影响，个性化的服务较难在实体店商业圈以外的地方开展，而网络零售店没有区域的限制，可以为更广泛的顾客提供更多的个性化服务。

（5）精准传播吸引高收入消费群体。网络零售店可以通过搜索引擎服务收集客户名单，建立客户数据库，针对客户名单和消费行为开展精准营销。而且，网络零售店还可以锁定符合要求的高价值的潜在目标人群或具有品牌消费经验的客户，主动发出邀请，进行"一对一"的精准营销。

（6）提升和优化消费者体验。网络零售由"价格驱动"转向"服务驱动"，越来越重视消费者的体验。网络零售店通过建立供应链，提高服务速度；通过线上线下融合，提高服务质量；通过 VR/AR 新技术的应用，重构消费场景，让购物更有趣。

2. 网络零售的劣势

（1）网络零售商可能会缺乏足够的技术、经验和资金来度过发展"瓶颈期"。网络零售店的低成本和低门槛会促使一些人盲目开展网上业务，例如团宝网、耀点 100 等一些网商只是昙花一现。从企业的生命周期来看，网络零售店前期投资虽然比实体企业要小，但要想度过网店发展的"瓶颈期"，建立稳定的收益模式和获得稳定的客户群体，却需要更多的资金投入和专业化的技术知识。

（2）对消费者的影响力弱。传统零售重视消费体验，店面的精美布置、营销人员的热情、商品的合理陈设，都能给消费者一种享受，尤其是试穿、试用、试吃、试品等能从视觉、听觉、触觉和感觉甚至味觉等方面来形成"氛围"，刺激消费者的购物欲望。网络零售使消费者的购物决策更为理性，使其放弃购物变得更容易。

（3）销售利润和价格上的压力大。消费者很容易在网上进行价格比对，这也给网络零售的获利带来很大的压力，同时也会促使消费者形成在购物时持续期待低价的心理。

（4）服务质量难以监控。网络零售中的服务包括在线沟通、物流配送和售后服务等。其中，物流配送多为第三方物流企业配送，商品的配送质量难以控制。异地售后服务的开展也比较困难，尤其面对海外的消费者时，这个问题变得更加棘手。

（5）消费纠纷较多。由于国内网络零售相关的法律法规体系尚不完善，消费者在面对商品质量或服务等方面的问题时可能陷入维权难的境地。如果购买者和供货商不在同一个国家（地区），那么，两国（地区）的法律和税收问题也可能存在冲突。随着我国电子商务法律法规进一步完善，这一劣势逐步得到扭转。

7.1.3　中国网络零售的发展

1. 网络零售市场持续增长

随着线上消费向更多年龄层级和地区的扩张，以及线上线下融合的消费新业态新模式的快速发展，线上销售规模将持续扩大。随着线上消费需求进一步增长，网络零售将加快推动消费复苏。网络零售为经济注入新动能，市场规模将进一步扩大，业态模式不断迭代创新，5G、人工智能、云计算和大数据等新技术将持续赋能，驱动网络零售市场增长。

商务部电子商务和信息化司《2022 年中国网络零售市场发展报告》数据显示，2022 年，我国保持网络零售市场增长态势，全国网上零售额达到了 13.79 万亿元，年增长 4%。

（1）实物商品网上零售额占比提升。实物商品网上零售额为 11.96 万亿元，年增长6.2%，占社会消费品零售总额的比重为 27.2%，较上年提升 2.7 个百分点。

（2）B2C 网络零售额占比增大。B2C 网络零售额年增长 5.6%，占网络零售额的比重为79.4%，占比增大，而 C2C 网络零售额同比下降 0.6%，占网络零售额比重为 20.6%。

（3）农村网络零售稳步增长。全国农村网络零售额为 2.17 万亿元，年增长 3.6%。其中，农村实物商品网络零售额为 1.99 万亿元，年增长 4.9%。从品类上看，服装鞋帽针纺织品、日用品、粮油食品网络零售额居前 3，占比分别为 27.6%、18.3% 和 8.5%。

（4）主要品类消费品网络零售额实现两位数增长。在实物商品网络零售额中，吃类、穿类和用类商品年增长分别为 16.1%、3.5% 和 5.7%。从规模上看，服装鞋帽针纺织品、日用品、家用电器和音像器材排名靠前，其商品的网络零售额分别占实物商品网络零售额的 22.6%、14.6% 和 10.3%。数字化和消费升级已成为影响消费品零售行业增长的关键因素。随着企业加快数字化转型，以及消费者的需求日趋高端化、健康化和品质化，金银珠宝、体育娱乐用品等可选消费品和以家电家居为代表的耐用品网络销售也会有较快的增长。

（5）农产品网络零售快速增长。"数商兴农"助力乡村振兴。各大电商平台积极开展形式多样的帮扶行动，帮助农户销售特色农产品。阿里巴巴、京东、抖音电商、拼多多等电商企业举办各类"数商兴农"专场，带动各地特色农产品销售。2022 年，全国农产品网络零售额为 5 313.8 亿元，年增长 9.2%，增速较上年提升 6.4 个百分点。从品类上看，休闲食品、粮油、滋补食品网络零售额位居前 3，占比分别为 17.3%、15.7% 和 11.9%。其中，滋补食品、奶类、粮油网络零售额同比分别增长 28.8%、23.6% 和 15%。

2. 网络零售成为重要的零售渠道

一方面，新的购物模式引导消费者；另一方面，消费者的认可又推动它的发展。网络零售就是在这种相互促进中发展起来的。随着互联网的快速崛起，网络零售已成为重要的零售渠道，同时网络零售在零售市场中的占有率也在逐年递增，其重要性越来越明显。

随着"Z 世代"消费能力的增强，加之中老年网民数量显著增加，品牌商家进一步加快不同品类向线上渠道渗透，以期获得各年龄段消费者的青睐。此外，数字化推动下的线上业态和模式快速升级迭代，进一步降低了不同品类、业态商品和服务的网上运营的资金和技术门槛。例如私域流量运营不仅有助于品牌商家解决以往网上运营成本过高的问题，还可以帮助品牌商家更加精准和高效地营销。

3. 网络零售向社交化、内容化和多元化发展

消费逐渐被社交、兴趣类内容网络平台影响，越来越多的企业开始利用社交平台优势搭建自身品牌发展的数字化生态，以掌握流量的主动权。除公域流量平台以外，诸多消费品牌（包括奢侈品、运动服饰、美妆等）开始培育自身在微信生态、小红书、抖音、哔哩哔哩等社交内容平台的私域流量池。消费升级的趋势将持续，居民消费更加理性，品质化、多元化需求持续增加，消费结构进一步优化升级。

农村电商涌现直播带货等新模式，为乡村振兴注入新动能。跨境电商将向精细化、数字化发展，生态链持续优化升级。直播电商将向精细化、规范化运营方向发展。即时零售的行业和品类将持续扩大，覆盖更多应用场景。

以数字化和线上渠道为阵地的新消费品牌和零售业态快速崛起，在社交媒体和线上线下融合模式的助推下受到消费者的追捧，网络零售平台趋于多样化。拼多多和快手是中国社交电商与直播电商的典型代表。快手作为直播电商，其 2021 年的网络零售额同比增长 99.9%，该增长率位居网络零售企业榜首。

4. 网络零售正由规模化向生态化方向发展

网络零售环境进一步成熟，线上线下融合发展，新技术推动服务不断升级，网络零售的渗透作用持续增强，呈现出规模化的稳定增长态势。同时，随着整个产业链服务业的发展，逐渐形成了庞大的充满生机活力的网络零售生态系统。

网络营销生态环境正在不断改善。国家对网络零售加强监管，平台经济新秩序得以建立。政府强化数字经济领域反垄断监管，并加强对电商平台零售商品质量的监管。企业诚信档案建设将营造更加诚实守信的市场环境。税务部门加强对电商直播行业偷逃税问题的监管和处罚。政策法规不断完善，市场监管不断优化，平台治理水平不断提高，市场主体更有活力，平台经济将更加规范健康地发展。

5. 网络零售深受消费者喜爱

我国网民喜欢网购的原因主要包括以下几点。①政府政策的鼓励和扶持。商务部联合企业整顿市场秩序，打击假货，使网络环境得到改善；2014 年修订版《中华人民共和国消费者权益保护法》规定网上购物 7 天无理由退货，保护了消费者权益。②网民规模扩大，消费升级转型。网民数量持续增长、购买力提升、线上消费习惯的养成成为促进网络零售市场繁荣的重要基础。③传统企业加速进军电子商务带动了网络零售市场的繁荣、服务水平的提高，丰富的线上商品和线上线下互动，提升了消费者的购买体验。④网络促销激发了消费者的购买欲望。激烈的竞争导致电商企业之间进行频繁的价格战，店庆促销、节假日促销、特卖会等营销手段的频繁使用，极大地刺激了消费者的购买欲望。伴随着团购等新型业态的兴起，网上商品的价格优势深入人心，也开辟了餐饮、健身等服务型商品的网销渠道。⑤便利的移动商务促进了网络零售。移动互联网的发展和智能手机的普及使移动支付、移动购物快速增长，手机端和 PC 端的相互补充促进了网络零售市场的繁荣。⑥电商平台与快递企业合作提高了物流效率。比拼配送时间推动了电商服务能力和影响力进一步提升。

> 实例7-1　淘品牌
> "夏娜"，微淘C2B
> 无线突围

7.2　网络零售的商品或服务

7.2.1　网上购物测试

德科勒·西尔弗经过大量的研究提出了用来评估网络零售商品或服务（以下简称商品）的适应性的理论框架。网上购物测试，即 ES 测试，从顾客购买的角度，使用 3 个因素来同时评估商品在网络零售的适应性：①商品特征；②顾客对想购买商品的熟悉度和自信度；③顾客特征。ES 测试理论框架如图 7-3 所示。

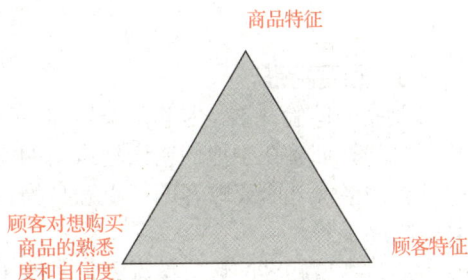

图7-3　ES测试理论框架

1. 商品特征

一些顾客在购买商品时，往往需要利用看、听、闻、尝、摸这 5 种感官中的一种或多种。从这个角度来讲，主要依靠实体接触来感知的商品，如生鲜食品、茶叶等适合选择实体零售渠道，而主要依靠视觉和听觉来感知的商品，如图书、音像等则适合这种网络零售渠道。根据这种思路，人们就可以使用德科勒·西尔弗的 ES 测试来评估某种商品在网络零售的适应性。在各类商品中，很少有"纯粹"依靠触觉、味觉、嗅觉来感知的商品，很多商品需要同时利用两种或两种以上的感官。对于依靠视觉和触觉来感知的商品，网站必须营造一种类似的实体环境来进行营销。

给商品特征打分使用 10 分制，该商品越倾向于实体渠道，分数就越接近 0 分；该商品越适合进行网络零售，分数就越接近满分 10 分，如图 7-4 所示。

实体渠道吸引力　　　　　　　　　　　　　　　　　　　虚拟渠道吸引力

0　　　　　　　　　　　　　　　　　　　　　　　　　10

图7-4　给商品特征打分

2. 顾客对想购买商品的熟悉度和自信度

ES 测试的第二项是检测顾客对想购买商品的熟悉度和自信度。如果顾客曾经购买过该商品或该类商品，则对该类商品有一定的熟悉度，同时具有更高水平的自信度。熟悉度和自信度越高，顾客在购买中接触实体商品的需求度就会越低，并且越愿意从网上购买该商品。

顾客自信度除了源自个人亲身体验，还可以从家人和朋友的评价中获得，或从商品品牌的信誉度中获得。即使顾客并没有使用过某个品牌的某种商品，也可以通过家人或朋友的使用和评价来感知和识别该品牌的价值。品牌的社会地位和声誉取决于品牌的质量，顾客的决定取决于尝试新事物的相关体验。一个强调普遍品牌识别的网络零售商并不满足于吸引自信的网上购物者，还会吸引缺乏网上购物经验的潜在消费者。

给熟悉度和自信度打分使用 10 分制。熟悉度和自信度由 3 个因素决定，即以往使用过的商品、使用商品而增加的满意度以及对品牌的熟悉度。以往使用过，且使用商品的次数越多，得分越高；使用商品后的满意度越高，得分越高；顾客对该品牌越熟悉，得分越高，如图 7-5 所示。

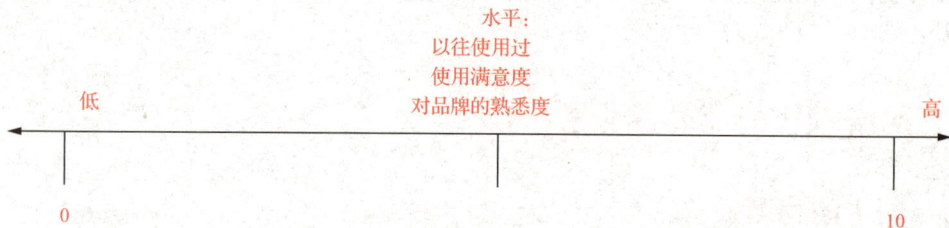

水平：
以往使用过
使用满意度
对品牌的熟悉度

低　　　　　　　　　　　　　　　　　　　　　　　　高

0　　　　　　　　　　　　　　　　　　　　　　　　　10

图7-5　给熟悉度和自信度打分

3. 顾客特征

商品的体验并不是零售环境的唯一决定因素。20 世纪 90 年代末期，许多网络零售商失败了，其教训就在于他们错误地认为网络本身具有充足的吸引力，具有绝对的营销优势。传统零售商会深入研究顾客的特点和行为，网络零售商同样应该借鉴此经验，识别顾客特征及其购物动机等。

通过考察顾客的购物情况，尼尔森（Nielsen）将顾客分为以下 6 类。

（1）社会购物者。该群体喜欢借鉴购物经历，可能通过家人、朋友或社交圈对愉快购物经历的描述而产生愉快购物经历的设想，从而选择某家商店进行购物。

（2）试验购物者。该群体愿意尝试新的店面、品种或购物方式，如网上购物或移动购物。

（3）便利购物者。该群体侧重于节约购物时间，目标性比较强，要求尽量避免实体购物的时间推延，如寻找停车场或结账的排队等候等。他们偏爱网上购物，认为此渠道可以去掉"不便利"的购物步骤。

（4）习惯一成不变者。该群体做事情（包括购物）总是采用一成不变的方式。

（5）价值购物者。该群体不但追求成本的节约，通常还会综合考虑商品质量、服务效率等因素。在相同服务水平、相同商品质量的情况下，网上购物成本更低，因此具有更高的价值。价值购物者会倾向于进行网上购物。

（6）道德购物者。该群体规模虽小但增长迅速。他们不关心购物渠道的选择，而更重视社会和道德问题，如商家是否重视社会责任，有没有减少包装浪费和污染等。道德购物者通常选择那些具有一定信任度并且符合道德规范的零售渠道。

我们根据各类购物者的特征可知其网上购物潜力从高到低依次是便利购物者、试验购物者、价值购物者、道德购物者、习惯一成不变者、社会购物者。

给顾客特征打分，总分为 30 分。ES 测试的第三步为先评估某种商品所面对的各类顾客（如社会购物者、道德购物者、便利购物者）所占比重，然后评估哪类顾客在市场中占主导地位，最后判断占主导地位的顾客种类是否拥有足够大的规模，能否维持网上购物的目标市场，即该群体的回报是否大于网络零售商组织营销资源的支出。

ES 测试从以上 3 个维度来评估某种商品是否适应网络零售。将各个因素的得分进行加总，可得到 ES 测试的最终得分，ES 测试的满分为 50 分。

7.2.2　网络零售的品类

1. 网络零售品类的发展

我国网络零售品类的发展经历了 3 个阶段：在第一阶段，以图书音像、日化用品为代表的标准化程度高、轻服务的品类最早成为各个电商平台线上销售的主营品类；在第二阶段，服饰、鞋包等非标准化、轻服务的品类的线上销售额高速增长，尤其生鲜类发展迅猛；在第三阶段，随着互联网对居民生活渗透的持续深入，一些非标准化的、重服务的品类，如家居家装、房产汽车等品类得到越来越快速的发展。

随着居民收入不断提高，居民消费结构中服务和享受型消费的占比进一步增加。在新的消费形势下，除了对实物商品的拓展以外，电商平台也开始向服务类商品进行延伸。一方面，越来越多的电商平台开始为销售的实物商品提供附加服务，如 3C 商品的维修、保养和回收服务，汽车的维修和保养服务，以及家电的安装和清洁服务等；另一方面，在实物商品之外，电商平台也开始提供更多的服务类商品，如宠物服务、旅游度假、教育培训等。

在互联网、移动支付与网络购物不断发展的同时，那些曾经在线上渗透率不高的非传统零售尤其是大额交易的品类，开始逐渐被各大电商平台视作发展的新蓝海，综合电商平台开始进一步拓展自身电商服务的宽度，房地产、医疗健康、拍卖等泛零售品类高速发展。以京东为例，京东健康发布的 2022 年中期业绩数据显示，2022 年京东健康活跃用户数为 1.3 亿，较上年同期净增超过 2 270 万。随着《药品网络销售监督管理办法》的发布，医药产业的更多商家可以通过入驻京东健康等规范化的电商平台，满足消费者网购药品的需求，获取发展良机。

2. 布尔塞模型及其应用

随着信息技术的发展，将会有更多的商品或服务通过网络来销售。在当前发展水平下，要预测一种商品或服务是否能在网上销售成功，可以运用布尔塞模型。

"布尔塞"的意思是"靶的中心"。布尔塞模型是由 30 个因素（或标准）构成的，是预测网上销售特定商品或服务成功概率的模型。如果该商品或服务在布尔塞模型中的得分很高，那么该商品或服务就极有可能在网上销售成功。

布尔塞模型的 30 个因素分别来自 6 类指标：目标市场、产品与品牌、分销、价格、促销和市场环境。企业或个人对每个标准所提出的问题进行回答，以确定商品或服务在网上销售成功的概率。对于企业要通过网络投放的商品或服务，可以根据每个标准打分：如果商品或服务根本就不符合标准，计为 0 分或 1 分；如果完全符合标准，计为 10 分；如果与标准非常接近，计 8～9 分；如果既不算太符合标准，但又不算太差，根据情况计 2～7 分。布尔塞模型的得分系统如表 7-1 所示。表 7-2 所示是运用布尔塞模型对某摄影器材进行的分析。表 7-3 所示是该摄影器材布尔塞模型的市场得分合计数。

表7-1　布尔塞模型的得分系统

评价	得分
极不相符	0 或 1
中等相符	2、3、4、5、6 或 7
大致相符	8 或 9
完全相符	10

表7-2　布尔塞模型应用——某摄影器材

产品：某摄影器材	公司：某公司	公司简介：某摄影器材销售商
布尔塞模型标准		**得分**
1. 目标市场		
没有专门瞄准计算机使用者市场		3
没有瞄准早期科技使用者市场		2
瞄准了高薪阶层		9
瞄准的是受过高等教育的阶层		8
男性和女性都购买该产品		10
目标市场的辨别与进入比较困难		3
网络用户只是目标市场的一部分		8
2. 产品与品牌		
与计算机关系不大		6
不必在购买前先看到产品		3
该产品容易识别、定购		7
有形产品（但也可数字化并方便地传送）		3
既不是高科技产品也不是"低"科技产品		4
几乎是一种"标准品"		8
不是新产品，没有独特性能与外观		5
主要在国内有市场		5
是一种市场比较集中的产品		6
公司的名气不大		3
3. 分销		
传统渠道能提供类似的产品		7
有较好的国内、国际分销能力		5
4. 价格		
价格适中		7
需要经常改变报价		3
5. 促销		
可以利用一些传统的广告创造商机		6
6. 市场环境		

产品：某摄影器材	公司：某公司	公司简介：某摄影器材销售商
布尔塞模型标准		得分
合法产品		9
网络可以降低成本及运送、服务费用		8
在网上或现实市场中都有类似的产品		9
社会认可产品		8
匿名并不重要		8
政治不是决定因素		9
经济发展缓慢		3
目标市场为本国（地区）及其他发达国家（地区）		5

表7-3　该摄影器材布尔塞模型的市场得分合计数

市场标准	得分	全部可能得分	得分率 /%
目标市场	43	70	61
产品与品牌	50	100	50
分销	12	20	60
价格	10	20	50
促销	6	10	60
市场环境	59	80	74
合计	180	300	60

最后的合计得分率意味着，如果该公司要利用网络来销售该摄影器材或者与该摄影器材相似的产品，获得成功的概率为60%。

7.2.3　网店设计

与实体商店的设计相比，网店设计对商品或服务的销售影响更大。网页布局、导航性与互动性、网页氛围是网店设计的重要因素。

1．网页布局

当前，网页的布局主要有 3 种形式：一是网格式网页布局（见图 7-6），页面上是一排排的货架，提供了一种垂直的选购方式，在超市类网店中占主导；二是自由式网页布局（见图 7-7），页面凌乱而有趣，在时装类网店很流行；三是跑道式网页布局（见图 7-8），它使用的是一种循环路线。

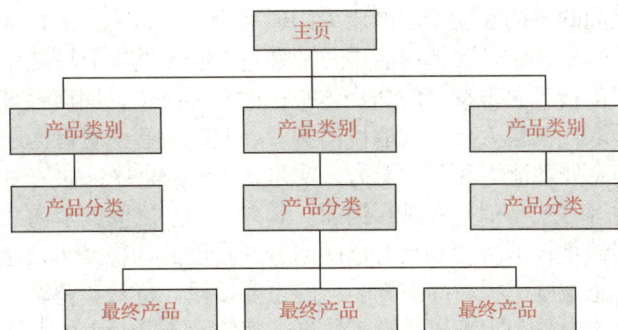

图7-6　网格式网页布局

174

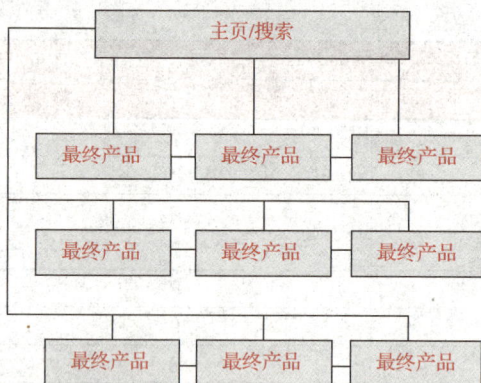

图7-7 自由式网页布局

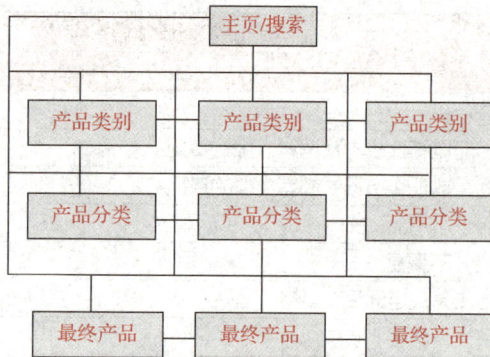

图7-8 跑道式网页布局

从布局来看，网格式网页布局强调产品分类，进入相应产品类别后才能浏览对应产品，中规中矩的布局会禁锢浏览者的搜索乐趣，搜索功能缺失的网格式网页布局缺少网页氛围；自由式网页布局则在网站中加入了搜索功能，浏览者可以从海量产品中搜索自己喜欢的产品，也可以在琳琅满目的产品中自由浏览，这增加了浏览的乐趣，但由于该种布局缺乏产品分类，使浏览者很难轻易查找到目标产品，在导航性方面具有一定劣势；而跑道式网页布局则结合了以上两种布局的优势，扬长避短，既保留了网格式网页布局的导航性优势，又凸显了自由式网页布局的网页氛围，并利用搜索功能将二者有效融合，是目前网络零售网站中比较受青睐的一种布局，京东商城等就采用了这种布局形式。

2. 导航性与互动性

（1）导航性。导航性是指引导浏览者简单有效地在网站中移动的能力，是网店设计的基础部分，简单来说就是让用户不会"迷路"。如果用户需要进入多个主题页面或者进行不同层次的搜索才能找到相关信息，他们往往会"迷路"，最后放弃搜索，失望地离开网店。成功的导航性设计就在于使网店的深度和冗余最小化，方便用户浏览。通过导航指导消费者完成网购是在线购物体验的必需要素，它能够对营造在线购物的氛围起到实质性的推动作用。很多消费者希望获得可靠和快捷方便的服务，方便的导航服务包括使用面包屑型网店架构、使用全屏模式、使用新的窗口工具、添加回到主页的链接、使用菜单路标等。这不仅可以提升消费者的浏览体验，而且可以鼓励消费者进入更多的页面。这些理想的导航工具能够帮助浏览者更方便快捷地完成购物，使浏览和购物真正成为一种享受，而不会使浏览者因为"迷路"而失去购物的兴趣。

（2）互动性。互动性是网店设计的又一个基本要素之一，既包括用户与网店之间的人机互动，又包括用户之间的双向互动（以网店为沟通平台）。首先，人机互动主要是指网店为用户提供的一些互动性服务。在实体商店中，消费者置身于购物氛围之中，服务人员热情、耐心的介绍和推荐使消费者获得良好的购物体验；而在网络中，网店很难为消费者提供面对面的服务，网店必须取代销售人员完成取悦消费者、及时解答消费者问题的职能，这就要求网店具备强有力的信息处理能力和互动能力，要建立相应的程序，如使用FAQ、在线答疑、电子邮件、电话沟通等方式与消费者进行沟通。其次，用户之间的双向互动也是网络零售的重要环节。越来越多的年轻消费者喜欢通过网络分享自己的购物经历，这成为网店挖掘潜在消费者、提高消费者忠诚度、提高品牌知名度的重要手段。论坛、博客、微信等都是消费者钟情的互动平台。网络中甚至出现了"晒客"这一特殊而不断壮大的群体，他们在分享购物体验的同时，无形之中刺激了他人的消费欲望。例如，小红书充分利用用户之间的双向互动，通过这种分享购物、讨论时尚的模式来获得更多用户。

3. 网页氛围

网页氛围主要从视觉、听觉、嗅觉以及个性化等方面来营造和体现。网页氛围类似于实体商店的氛围，能直接对消费者的满意度、购买数量、浏览时间等产生影响。

（1）视觉。视觉体现在使用的色彩、幻灯片、视频、商品的三维效果图、商品图片的排列、文本字体大小、能够互动的闪存媒体、全屏模式等方面。视觉效果是网络零售商用来吸引消费者的重要因素之一。视频是一种有效的视觉工具，播放简洁且能恰如其分地反映商品的视频能营造网上购物环境，使网购者更加兴奋。互动式 Flash 动画是另一种视觉工具，有助于营造网上购物的气氛。如蔻驰（Coach）公司就利用这种工具在公司网站上展示商品的目录。蔻驰公司还有一种值得称赞的工具——3D 虚拟壁橱，网购者输入确切的身高和体重等数据就能在线观看服装穿在身上的效果，使自己对商品有更加清晰的认识。

（2）听觉。消费者走入一家实体商店时，会被其播放音乐的类型、音量、音调、节奏等声音形式带入一种轻松、愉快的购物环境中，同时这也会被刺激购物潜意识。这种促销策略同样可以移植到网络虚拟环境中，让网络用户在浏览网店时也能够在一种放松的音乐环境中完成购物。例如，香奈儿公司在网页中提供背景音乐就为网购者营造了这种氛围。

（3）嗅觉。将嗅觉介入网络虚拟环境是人们面临的一大挑战，现代的科技进步已经使其成为现实。一种被称为 DigiScent 的嗅香软件通过类似话筒的装置与计算机连接并发出香气。网店可以利用这种嗅香软件销售那些特别倚重于嗅觉的商品，如食品、茶叶、香水等。此外，网店也可以通过派发样品解决这一问题。人们在第一次购买某种香味的商品后，通常会购买相似香味的其他商品。所以，有香味的商品的在线重复购买率会非常高。人们很容易记住某种香味，对特殊香味的联想通常不会随着年龄的增长而遗失。

（4）个性化。个性化的商品、服务已成为越来越多消费者的诉求。在当今社会，每个消费者都希望备受重视，受到尊重。提供及时的、尊重消费者个性化需求的商品或服务会提高消费者的购物满意度。

4. 导航性、互动性和网页氛围的关系

导航性、互动性和网页氛围三者在网店设计中相互联系、相互影响。导航性是网店设计的基础，对其他两者都会产生影响，但它自身却是独立存在的，不受其他因素影响。

（1）导航性首先会对网页氛围产生影响。用户如果能在网店中更自由、更便利、更有效率地浏览，他就会更乐意享受这个网店的氛围：良好的视觉感受、轻快的音乐、活泼的 Flash 动画，甚至是香味的熏陶。反之，如果一个网店的导航性很差，浏览速度很慢，就会令用户感到失望，那么用户可能就会失去耐心而离开，而网店也就失去了向用户展示网页氛围的机会。

（2）导航性同样会对互动性产生影响。用户如果能有效率地浏览，那么他就更渴望与网店进行互动，或更有兴趣将自己的感受记录下来与他人分享。换句话说，如果网店浏览速度过慢，或导航过于混乱，用户就不会在网店多待，甚至会选择永远舍弃该网店。

（3）网页氛围和互动性同样关系密切。享受到网页氛围的用户可能更倾向于寻求互动和沟通，这将会刺激用户的购物欲望。

三者的相互关系对网店设计提出了更大挑战，设计者必须将 3 个方面的内容进行通盘考虑。网络零售商如果想要提高顾客满意度，就必须关注上述内容，优化网店设计。网络零售商需要考虑从网页布局、导航性、互动性和网页氛围等方面来提高网站的性能。

5．网店设计的其他因素

在网店设计中，设计者还需要重视其他一些因素。

（1）注意细节。就内容开发而言，关注细节尤为重要，它能够避免在线销售的劣势，为顾客营造全面的购物体验。网店可以用图片近距离展示商品不同角度的细节特征，甚至是内部构造，还可以通过文字向顾客讲述品牌内涵、历史故事，描述商品特性等。

（2）尊重并保护顾客的隐私。相比于实体商店，网店会掌握顾客更多的信息，这也导致一些网络用户担心个人信息泄露。尽管大多数网店掌握顾客信息的目的是分析商品的受欢迎程度。例如，顾客目前对哪些商品感兴趣，顾客近期的购物频率、购物金额等，这些信息能帮助网店制订准确的营销计划。但是，网店一定要注意尊重和保护顾客的隐私。

（3）以顾客为中心。网络零售商要树立"以顾客为中心"的理念，探寻顾客内心真正的需求，在与顾客接触的每一个环节都要尽力做到最好。提供翔实的商品信息、便捷的网上购物体验、专业的咨询建议，以及准时的送货服务等，对于网络零售商而言也很重要，因为任何一个给顾客带来不愉快感受的细节都会影响网店的经营效果。

（4）强调商品包装。对于多数在网上销售的商品而言，尤其是对于价值比较高的商品而言，其包装关系到网店的形象及其对顾客的重视程度。因此网络零售商可以选用统一设计的包装盒、礼品袋，用统一的包装方式来表达对顾客的尊重。

（5）注重服务质量。网络零售商提供的服务是多方面的，包括内容服务、呼叫服务、支付流程服务、配送服务等。内容服务要翔实，及时更新，有吸引力；呼叫服务要注意在与顾客互动的过程中尽可能解决顾客的咨询、质疑、抱怨等问题，态度要和善可亲；支付流程服务要顺畅、便利，并保障顾客的个人隐私及支付的安全性；配送服务要注意快速、准确。高质量的服务不但会提高顾客的购物满意度，还会带来顾客的深度购物。

7.3　B2C网络零售模式

7.3.1　B2C网络零售模式的概念

B2C 网络零售模式是指以互联网为主要手段，由商家或企业通过网站向消费者提供商品或服务的一种商务模式。B2C 网络零售的主要形式有门户网站、电子零售商、内容提供商、交易经纪人及社区服务商等。从长远来看，B2C 网络零售模式将取得快速发展，并将最终在网络零售领域占据主体地位。

1．门户网站

门户网站是高度集成的信息与服务提供者。网络发展初期，网站数量比较少，人们在网上搜寻信息的能力较弱，搜寻成本较高，门户网站为人们了解更多的网络信息提供了方便；而今天，网络技术不断发展，尤其是信息搜索技术不断提高，门户网站成了网络的重要组成部分。门户网站除了具有强大的网络搜索功能外，还向人们提供了一系列高度集成的信息内容与服务，如新闻、电子邮件、即时信息、购物、软件下载、视频流等。从广义上来说，门户网站是搜索的起点，向用户提供易用的个性化界面，帮助用户找到相关的信息。新浪、搜狐、网易是门户网站成功的范例。

门户网站在发展中逐步形成了水平型门户网站和垂直型门户网站两种类型。水平型门户网站将市场定位于互联网上的所有用户，如美国在线、新浪、搜狐、网易等。垂直型门户网站将市场定位于某个特定的主题和特定的细分市场，如某艺术网将市场定位于大型艺术品，通过对信息交流、交易等多个方面功能的整合，将艺术机构的传统形象及服务带入互联网世界，建立多赢的商业模式。

门户网站的盈利模式主要有收取广告费、订阅费、交易费等，但并非每个门户网站都能够有很好的收益。事实上，排名前 10 的门户网站的流量约占据了整个门户网站市场搜索引擎流量的 90%。究其原因，很多排名靠前的门户网站是较早开展网上业务的网站，因而具有先行者的优势，从而可以不断积累品牌知名度。消费者信任可靠的网络服务提供商，而转移到其他网站会承担更多的成本，因此消费者对品牌门户网站更为偏好。

2. 电子零售商

电子零售商是在线的零售店，其规模各异，内容也相当丰富，既有像当当网一样的大型网上购物商店，又有一些只有一个 Web 页面的小商店。

1996 年前后，欧美国家出现了基于互联网的零售形式——电子零售。在随后的几年中，我国也产生了众多的网店。由于电子零售具有省时、方便、省钱等优点，因此赢得了越来越多消费者的青睐。

电子零售商通常分为两大类：一类是将传统实体商店与网店结合形成的网络销售商店，人们通常称之为"鼠标加水泥"型，如戴尔的网上商城、网上天虹商城等；另一类是没有实体商店、只有网店的虚拟销售商店，如天猫、京东等。然而，当前最为流行的还是 O2O（线上线下）模式，一些网络企业或品牌创业者为了给消费者提供更全面的服务，先在线上获得顾客，然后在线下让顾客获得更多的真实体验。

3. 内容提供商

内容提供商是通过信息中介商向最终消费者提供信息、数字产品等内容的信息生产商，或直接给专门信息需求者提供定制信息的信息生产商。内容提供商通过网络发布信息内容，如数字化新闻、音乐、流媒体、数据资源等，将市场定位于信息内容的服务，因此优质的信息内容是内容提供商模式的关键因素。信息内容的定义很广泛，包含知识产权的各种形式，即以有形媒体（如书本、光盘或者网页等）为载体的各种形式。

内容提供商的盈利模式主要有收取内容订阅费、会员推荐费、广告费等。由于内容服务行业的竞争日趋激烈，一些内容提供商提供的信息内容并不收费，如一些报纸和杂志的网络版均是免费的，它们主要通过网络广告或者借助网络平台进行企业合作促销、商品销售链接以及网友自助活动等获得收入。

4. 交易经纪人

交易经纪人是指通过电话或者电子邮件为消费者处理个人交易的网站。采用这种模式的多是提供金融服务、旅游服务及职业介绍服务等的网站。例如，在金融服务方面，招商银行、工商银行等推出的网上银行服务成为金融个人服务的新亮点；在旅游服务方面，以携程网、春秋旅行网等为代表的旅游电子商务网站也纷纷通过电话或电子邮件为旅游者提供信息服务；在职业介绍服务方面，中华英才网、前程无忧等是网上职业经纪人的代表。

交易经纪人的盈利模式主要是通过向每次交易成功的用户收取佣金来获得收入。例如，在网上股票交易中，无论是按单一费率还是按与交易规模相关的浮动费率收费，用户每成功进行一次股票交易，交易经纪人就获得一次收入；用户在线完成一次机票、景点门票及酒店客房的预订，交易经纪人便按一定比例获得提成；职业介绍网站一般是预先向招聘企业收取招聘职位排名的服务费，然后向求职者收取会员注册费用等，随后对招聘企业和求职者进行撮合、配对等服务。

5. 社区服务商

社区服务商是指那些创建数字化在线环境的网站，有相似兴趣、经历及需求的人们可以

178 在社区中交易、交流及共享信息。

网络社区服务商的构想来源于现实的社区服务，但现实的社区服务通常受到地域限制，并不能够很好地整合需求，从而无法实现个性化的服务；而网络社区服务商通过构建数字化的在线环境，将有相似需求的人联系在一起，甚至让人们利用在线身份扮演一些虚幻的角色。社区服务商的关键价值在于建立一个快速、方便、一站式的网站，使得用户可以在这里关注他们最感兴趣、最关心的事情。社区服务商的盈利模式较为多样化，包括收取信息订阅费、交易费、会员推荐费、广告费并获得销售收入等。

B2C电子商务各种模式的特点如表7-4所示。

表7-4　B2C电子商务各种模式的特点

模式类型	特点	举例	营利模式
门户网站	提供集成的综合性服务与内容，如搜索、新闻、购物、娱乐等	新浪、搜狐、网易	收取广告费、订阅费、交易费等
电子零售商	在线的零售商店，提供在线的零售服务	当当网、京东、苏宁易购	收取广告费、订阅费、交易费，取得商品销售收入等
内容提供商	以提供信息和娱乐服务为主，是网络中的传媒信息提供商	央视网、新华网	收取订阅费、会员推荐费、广告费等
交易经纪人	在线的交易处理人，帮助消费者完成在线交易	前程无忧、携程网	收取佣金等
社区服务商	建立网上平台，集中有共同兴趣、爱好、需求的人交流、交易、共享信息	健康村	收取信息订阅费、交易费、会员推荐费、广告费并获得销售收入等

另外，根据电子商务参与主体类型和交易主体在商务流程中的位置，B2C网络零售模式可分为4个类别，如表7-5所示。

表7-5　B2C网络零售模式的类别

类别		代表企业
制造商直销模式	只在网络销售	戴尔
	兼有实体店面	达芙妮、海尔
中间商模式	垂直型	凡客、苏宁红孩子、易迅
	综合型	京东、网易严选、唯品会、小红书
第三方交易平台模式		天猫
传统零售商网络销售模式		天虹、国美、苏宁

7.3.2　B2C网上购物的流程

消费者在网上购物的过程与在实体商店购物类似，但在每个具体的网店中购物的流程可能存在差异。B2C网上购物流程一般如图7-9所示。

（1）浏览商品。消费者通过网店提供的多种搜索方式，如关键字、分类、品牌等对网店经营的商品进行查询和浏览。

（2）选购商品。消费者按个人喜好或习惯搜索到所需的商品后，可以浏览该商品的使用性能、市场参考价格、用户评价以及本人在该店的购物积分等各项信息；然后在查询到的想要购买的商品后标有编号和品名的购物条中输入所需的数

实例7-2　服务平台品牌——京东服务+

量，并单击"订购"按钮，即可将商品放入购物车。购物车中会列出选购商品的各项信息，如商品编号、商品名称、商品单价、选购数量、会员价格小计等。在购物车中可以修改购买数量或将商品移出。如果还要选购其他商品，可单击"返回继续购物"按钮来实现。选好商品后可单击"去收银台"按钮付款。

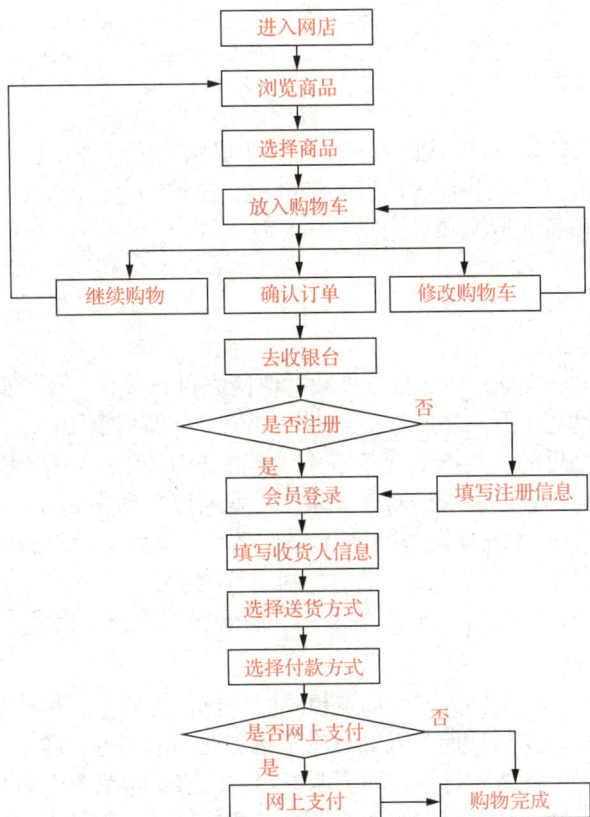

图7-9　B2C网上购物流程

（3）用户注册。为了便于对消费者进行管理，网店一般采用免费的会员注册制度。消费者如果是首次来访，建议注册为会员，单击页面导航条上的"会员注册"按钮，根据提示完成注册即可；另外也可在选购好商品后去收银台付款时再注册。

（4）选择送货方式。消费者在确定需购买的商品后，即可选择送货方式。送货方式一般有国内和国际的区别。国内送货一般有送货上门服务、国内普邮、国内快件等。国际送货一般采用国际快递，如 UPS、DHL 等。网店在确认了消费者所订购的商品后，可以根据消费者的要求在其希望的时间内邮寄商品或送货上门。

（5）支付货款。消费者在选购完商品后还必须确认一种支付方式，以便于网店查收账款。选择一种由系统给出的支付方式，执行决定购买操作，即向网店确定了此订单。如果选择在线支付，系统在消费者确认订单后会直接转入在线支付系统，让消费者直接在线付款。在线支付货款有多种方式：首先，可以用各商业银行发行的银行卡支付；其次，可以用微信、支付宝等工具支付。除了网上支付之外，货到付款也是众多消费者常用的付款方式之一，特别是在同城 B2C 交易中。其一般操作如下：消费者在收到货物及发票后将货款直接交给配送人员，并由配送人员带回消费者意见。

（6）查看订单状态。消费者登录平台，在"我的订单"栏中可以查看、跟踪或咨询所购商品的状态。商品的运行状态有等待审核、审核中、审核通过、已发货、已确认收货等。

（7）评价商家。消费者的评价对其他消费者或潜在消费者影响较大，直接关系到商家的信誉。收到商品并确认收货后，消费者就可以对该商品进行购物或使用评价，还可以对商家及物流服务进行评价。

7.4 移动零售

随着 4G 技术的成熟和 5G 时代的到来，智能手机的功能越来越强大，互联网、浏览器、移动线上支付、丰富交互应用程序等功能不断成熟，使移动电子商务的发展速度越来越快，消费者可以通过移动设备完成购物过程。

7.4.1 移动商务

1. 移动商务的定义

移动商务（M-Commerce）是指通过移动通信网络进行数据传输并且利用移动终端（智能手机、个人数字助理等）开展各种商业经营活动的一种新型电子商务模式。移动商务是与商务活动参与主体最贴近的一类电子商务模式，其商务活动以应用移动通信技术、使用移动终端为特性。由于用户与移动终端的对应关系，企业通过移动终端可以在第一时间准确地与用户进行沟通，使用户更多脱离设备网络环境的束缚，最大限度地驰骋于广阔的商务空间中。移动商务也可以应用于移动办公，是一种利用智能手机、个人数字助理实现企业办公信息化的全新方式。它是移动通信、PC 与互联网三者融合的信息化成果。

2. 移动商务的特点

移动商务改变着人们的生活方式与商业模式。相比传统商务，移动商务具有以下特点。

（1）移动支付。移动支付功能为人们提供了更加便捷的服务，越来越多的人通过智能手机进行缴水电费、话费，订餐，打车，购买电影票、机票、车票等生活业务。

（2）不受时间和空间限制。移动商务具有个性化的特征，弥补了传统商务需要有线接入的不足，让人们能随时随地地进行移动支付、服务预订、商务沟通、远程购物等，获得独特的体验。

（3）更加个性化。由于移动终端具有比 PC 端更强的可连通性与可定位性，因此企业可以更好地发挥主动性，为不同消费者提供个性化的定制服务。例如，酒店或餐饮预订系统通过自动定位顾客的位置，为顾客推荐周边的酒店和美食，其更有针对性的服务让顾客更满意。

（4）更加安全可靠。移动终端中所用的 SIM 卡具有强大的内置认证特性，其中 SIM 卡号的唯一性和存储的信息可以用来确认手机用户身份，可编程的 SIM 卡可以存储用户的银行卡号、CA 证书等信息。移动终端本身的密码锁认定功能也更具安全性，用户在进行支付时可通过短信认证来确保交易的安全性。

3. 移动商务提供的服务

当前，移动商务主要提供以下 8 种服务：①以社交、游戏、视频、有声书、运动健身为主的娱乐生活服务；②以手机网上商城为主的移动购物服务；③通过移动终端完成支付活动的移动支付业务；④以企业内部和企业之间的无线商务办公为主的移动办公服务；⑤为客户提供通过手机完成银行转账、查询、炒股等各类金融业务的移动金融服务；⑥通过与销售商进行合作，对接受移动广告的客户群、合作伙伴提供商品打折或免费递送服务，同时通过无线的方式提供信息发布、业务咨询、移动广告及促销服务；⑦通过移动在线系统提供以医疗咨询、医院挂号、信息跟踪等为主的无线医疗服务；⑧以移动应用服务提供商为主的移动技术支持服务。

7.4.2 移动零售电商

零售业历经近 200 年的发展变革，零售方式层出不穷。消费者通过各种各样的方式进行购物，包括传统店面购买、电子邮件订购、电话订购、电视购物、网上购物以及日益成为主流的移动购物。移动零售电商更多的是一种销售商品或提供服务的手段，突破了购物时间和地点的限制，为消费者提供了更大的灵活性。如果说基于 PC 端网上购物的优势是没有时间限制，那么移动零售电商的优势就在于可以让消费者随时随地地购买商品和定制服务。

1. 移动零售电商的商品与用户特征

移动零售电商提供的商品主要有两种类型：①实物商品，主要通过手机商城，如天猫、京东、亚马逊等 App 进行售卖；②虚拟商品和劳务，如音像下载、付费观看、付费订阅、广告支持等业务。

有别于 PC 端与 Pad 端，手机端具有如下特点，如表 7-6 所示。

表7-6　手机端与PC端及Pad端的特点比较

	优势	劣势	用户需求	用户场景
PC 端	屏幕大 体验好 效率高	不能随时随地打开使用 开机需要等待启动	有计划的需求 闲逛的需求	工作时间 有一段完整的时间 安心坐在计算机前
Pad 端	屏幕大小够用 体验不错 开机速度极快	不能随时随地打开使用	有计划的需求 闲逛的需求	放松地坐着或靠着 不愿意打开计算机 有一段相对完整的时间 相对比较安心地坐着
手机端	随时随地，即时性 可感知地理位置 可感知声音 可感知运动 可感知图像	屏幕小 体验没有 PC 端和 Pad 端好 使用键盘输入内容很困难	闲逛的需求 即时的需求	可能是站立状态 可能是放松地坐着或靠着 不愿意打开计算机 碎片时间 可能随时被打断 耐心比 PC 端用户差

2. 移动零售电商模式

以 B2C 电子商务为主的网上零售商店在移动端仍是应用最普遍、发展速度最快的。根据提供的商品类型，移动 B2C 电商可分为四大商业模式。

（1）以天猫为代表的平台型商城。其特点是平台知名度高、入驻商家多、顾客流量大、同类产品竞争激烈。

（2）以苏宁红孩子为代表的垂直型平台。垂直型平台的商品具有更大的相似性，满足具有同类需求的顾客，商品之间的竞争也更激烈。它专注于某垂直领域，自建物流体系，有利于形成自己的渠道品牌影响力。

（3）以京东为代表的综合型平台。京东、当当网等既有主打的自营商品，也建立了自有仓库，能够为顾客提供快速的物流配送服务。

（4）以美团为代表的团购网站。该类移动零售平台定位于为顾客发现值得信赖的商家，让顾客享受低折扣的优质服务。该模式的优势是一次性销售数量大，以超低价吸引顾客。商家仅需要支付少量费用就可以享受到移动互联网爆炸式的宣传效果。

3. 微店的崛起

微店是全球第一个云推广电子商务平台，是帮助卖家在手机移动端开店的 App。微店于 2013 年 8 月由深圳市云商微店网络技术有限公司投资创立。微店不像传统电商过度依赖于像天猫、京东、淘宝网这样的平台，而是更依赖于店主的客户，以及与客户保持联系的渠道，形成了一种去中心化、去流量化、去品牌化、聚合各类社交媒体流量的新商业模式。

要想运营微店，先要进行注册。注册后，微店店主就进入了全场优质正品的网上商城，里面的商品全部由厂家和批发商供货。店主只需要把自己微店的网址通过微信、QQ、博客、论坛、电子邮件等方式发布出去，让更多的访客进入微店购买他们所需要的商品，就能获得推广佣金。

微店的特点包括以下几个方面。

（1）使电商分工进一步细化。传统电子商务平台是提供一个模板网站，店主根据网站平台运营规则，自己来找货源、推广、销售商品、产生订单。微店的做法是：一方面，让不擅长网络推广的店主解放出来，只要处理好货源、客服、售后即可；另一方面，对于没有或缺乏货源的店主，不需要到处找货，也不需要一笔笔给消费者发快递，整个微店就是一座商城，涉及"衣、食、住、行、用、玩"，只要有人购买，自己就有佣金。云集微店平台还集成了多种基础服务，从供应链到 IT 系统、仓储配送、客服、内容（美工设计、营销文案）、培训等都包括在内。店主在购买开店服务包之后，即可获得全面的平台服务，不会美工文案不会选品都没有问题，"小白"经过培训后同样可实现一键开店。

（2）拥有独立的分销体系。介绍他人开微店，他们就成了你的分销商，消费者在你的分销商的微店产生了购买行为，你可以获得 30% 的推广佣金。分销越多，你得到的奖励越多。

（3）拥有独有的佣金分成法则。卖他人的产品，赚自己的佣金。注册一个微店，你就拥有了整个云端产品库的产品销售权，即获得了一座网上百货商城。消费者进入你的微店产生了购买行为，你可以获得 70% 的推广佣金。

（4）实现供应商信息双通道传播。在广度上，消费者在所有微店都可以找到你的产品，你的产品覆盖了我国主流网购人群。在深度上，你的产品除了能在自己的微店展示外，还能在自己分销体系内的所有微店上优先展示。而发展分销商的难度也不大，你直接或间接地把链接推出去，就有无数的网民成为你的直接分销商，他们的微店都会优先展示你的产品。这种关系是永久绑定的，无须你再出钱购买，可积累、可持续、可扩展。

微店打造了 S2B2C 的移动社交电商模式，帮助店主实现低门槛创业。在移动社交爆发的年代，S2B2C 模式赋能、自营正品保障、良好的激励机制是推动云集微店快速崛起的三大重要因素。移动社交逐渐成为人们工作和生活的中心，社交电商的市场规模还将继续扩大，但同时也将面临传统电商社交化的冲击。

4. 移动零售电商面临的问题与发展趋势

（1）面临的问题

① 移动终端的局限。智能手机本身屏幕小、体验没有 PC 端好、使用键盘输入内容很困难等。

② 技术的安全性。首先，4G、5G 技术的发展、通信速度的大幅度提高为智能手机用户进行购物提供了良好条件，同时无线网络的安全问题也越来越突出，如通信内容被窃听、通信双方的身份被假冒以及通信内容被篡改等。其次，个人隐私泄露及安全隐患问题仍是用户在进行移动支付时最担心的问题。另外，移动终端虽然体积小、重量轻、方便携带和使用，

但是也容易丢失和被盗。对个人而言，智能手机的丢失可能会使其他人看到移动设备上的数字证书和其他重要数据信息。而目前移动终端存在的最大问题是缺乏一个特定的用户实体认证机制。

（2）发展趋势

随着法律法规的不断完善、安全性的提高和网络信息技术的升级，移动电商的购物过程逐渐简化，这使得手机购物的数量和比例越来越大。在此环境下，移动零售逐渐形成了一些新的发展趋势。

① 全渠道、线上线下融合发展的趋势。一方面，在移动电商时代，消费者的需求和网购发展环境均有较大改变，消费者希望随时随地精准购买所需的商品和服务；另一方面，由于商品供大于求，单一渠道发展的增量空间有限，线上和线下均在布局全渠道发展。线下消费体验和线上购物便利的双向需求将带来线上和线下的融合，这是未来新零售时代的发展趋势。

② 社交化、内容化、粉丝化和场景化的移动电商新时代。一方面，以微博、微信等移动社交平台为依托，通过自媒体的粉丝经济模式的分享传播来获取消费者，消费者的购买需求会在碎片化的社交场景中被随时激发；另一方面，在移动电商时代，消费者的消费路径和习惯发生了很大的变化，消费需求场景化，移动购物模式多样。内容化、粉丝化和场景化成为吸引流量的新方式。

③ 垂直品类经济或人群经济成为发展新趋势。随着国民经济快速发展，人民生活水平提高，各方面的消费力量蓬勃发展。一方面，"00后"、女性等细分用户成为消费新动力；另一方面，用户更加注重商品品质，更多选择符合自身特征的商品。在此基础上，基于特定品类和特定人群的垂直经济成为新的发展趋势。

④ 大数据成为移动电商的核心驱动引擎。随着互联网计算处理技术的成熟发展，大数据逐渐应用到各行各业。移动电商流量红利渐失，大数据将成为新的利益推动点，精准匹配供求信息，做好个性化推荐、用户偏好预测、优化页面将极大地提高运营效率。

实例7-3　小红书

第三部分　课题实践

一、实训

实训　网上购物体验

假如你需要购买一批T恤（或其他需要的商品）作为班服。你先到天猫、京东或拼多多去查看该商品的情况，然后经过浏览比较，选定一家网店进行购买。

1. 实训目的和内容

①掌握网上购物的流程；②正确进行网上购物平台注册；③会在线支付；④会查看订单状况。

2. 实训操作指导

①浏览商品。通过网店提供的多种搜索方式，对你要购买的商品进行查询和浏览。

②选购商品。以京东平台为例，在查询到的想要购买的商品后单击"加入购物车"，

184 选择合适的尺码，并在"数量"选项中输入所需的数量，单击"确定"按钮，即可将商品放入购物车。如果计划有变，可以在购物车中修改购买数量。如果还要选购其他商品，可返回首页继续浏览商品并添加至购物车。选好商品后可通过单击"购物车"选项，合并商品一起结算。

③ 用户注册。单击页面导航条上的"会员注册"按钮，根据提示完成注册；或者在选购好商品后去收银台付款时再进行注册。

④ 配送货物。确定需购买的商品后，即可选择送货方式。注意配送的时间和配送费用。

⑤ 支付货款。确认订单后，必须确认一种支付方式以便于商店查收账款、按时发货。

⑥ 查看订单状态。在网店首页"我的订单"栏中可以随时查看、跟踪或咨询所购商品现在的状态。商品的运行状态有等待审核、审核中、审核通过、已发货、已确认收货等。

⑦ 评价商家。当成功收到了商品后，你就可以对该商品进行购物或使用评价，还可以对商家的服务进行评价。

3. 组织形式

① 每个学生根据以上购买流程进行操作；② 将每一步骤的操作画面截图并整理到一个Word文档中，同时对每一张图片进行简单说明，将文档以电子邮件附件的形式发给老师记录成绩。

4. 考核要点

① 操作流程正确；② 文档中图片说明准确。

二、思考练习题

思考以下问题并组织讨论，分小组进行观点分享。

（1）网络零售的优势与劣势分别有哪些？

（2）简述可以进行网络零售的商品的共同点。

（3）运用布尔塞模型分析网络销售家居用品的可能性。

（4）简述网店设计的3个重要因素及其相互关系。

（5）简述网络零售的模式。

（6）移动零售的优势与劣势各有哪些？其用户需求有什么不同？

（7）简述微店的商业模式。

（8）举例说明网上购物的流程。

三、实践练习题

（1）分别浏览天猫、京东和小红书3个电子商务平台，分析它们在运营模式上的异同，并说明它们各自的特色。

（2）每4个人一组，利用所在院校所拥有的网络资源和网店模拟系统软件进行B2C网店设计和交易。

（3）如果让你经营一家网店，你认为销售什么商品比较好？谈谈你的想法和计划。

（4）在自己的智能手机上下载安装天猫或京东等B2C网上商城的手机客户端，进行商品信息浏览，也可以练习手机购物和手机在线支付。

（5）浏览一个网店，通过问卷列表（见表7-7）来评价该网店的导航性如何。

表7-7　网站导航性效果评价问卷

序号	问题	答案
1	导航简单吗？	
2	导航有效率吗？	
3	导航迅速吗？	
4	网店版面易于使用吗？	
5	网店有一个好的菜单系统吗？	
6	总体上看，网店设计简单吗？	
7	总体来说，你喜欢吗？	

课题八
网络营销

知识目标

➢ 理解网络营销的基本概念
➢ 了解网络市场调研的工作程序
➢ 了解网络营销的常用工具
➢ 了解网络营销的常用方法

技能目标

➢ 掌握网络调研分析技能
➢ 掌握网络营销工具使用技能

建议学时

8 学时

第一部分　案例与分析

案例　戴尔的网络营销

　　戴尔是世界上成功的利用网络直销计算机的公司之一。迈克尔·戴尔于 1984 年创立戴尔。他的理念非常简单：按照客户要求制造计算机，并向客户直接发货，使戴尔能够最有效、明确地了解客户需求，继而迅速做出回应。直销模式消除了中间商环节，减少了不必要的成本，节约了时间，让戴尔能更好地理解客户的需要。直销模式允许戴尔以富有竞争性的价格为每一位客户定制计算机并提供丰富的配置。

　　在美国，戴尔是在商业客户、政府部门、教育机构和个人市场名列前茅的个人计算机供应商。目前戴尔在亚太地区 13 个市场开展直线订购业务，客户可以直接在线订购产品，并可在 7～10 天内收到订货。戴尔于 1998 年 8 月将直线订购模式引入中国，在上海、深圳等地建立了全球采购网点，以加强与直销的伙伴关系，提高全球采购效率。

案例分析

1. 戴尔的网上直销模式

戴尔发挥互联网的优势，进一步推广其直线订购模式，不断增强其竞争优势。戴尔通过首创的革命性的直线订购模式与大型跨国企业、政府部门、教育机构、中小型企业及个人消费者建立直接联系。在戴尔网站上，用户可以对全系列产品进行评比、配置，并获知相应的报价；用户也可以在线订购，随时监测产品制造及送货过程。戴尔和供应商共享包括产品质量和库存清单在内的信息，全球数十万个商业客户通过戴尔网站进行商务往来。

数字化定制生产和直销是戴尔重要的经营模式。戴尔通过网络与客户建立直接的联系，这样做的好处是可以用当时主流部件来组装计算机，及时交货、减少库存、加快流动资金周转速度、降低成本、提供更加完善的售后服务等。戴尔的网上营业额有 90% 来自中小企业和个人客户。尽管需求千差万别，但每台计算机都是根据客户的具体要求组装生产的。戴尔以低于竞争者的价格向客户提供个性化的服务，将交货时间从原来的 1 周缩短到 1～2 天，这不仅显著地降低了生产经营成本，而且还提高了客户满意度。

戴尔采用网上直销模式依靠的是第三方连锁直销平台。戴尔在美国销售产品更多的是依靠网络，基本上可以不要门店。戴尔网站实际提供了一个可跟踪和查询客户订单状况的接口，客户可以利用其查询从产品发出到产品送到自己手中整个过程的订单状况。戴尔的物流服务也是配合定制生产和直销这一政策而制定的。

戴尔的物流从确认订货开始，而确认订货以收到货款为标志。戴尔在收到货款之后需要 1～2 天时间进行生产准备、生产、测试、包装、发货准备等。

戴尔的网上直销模式对客户的价值体现在个性化生产上，同时精简的生产、销售、物流过程也可以省去一些中间成本。拥有覆盖面较大、反应迅速的物流网络和系统是戴尔网上直销模式成功的关键。如果戴尔按照承诺将所有的订货都直接从工厂送货上门，必然会造成过高的物流成本。因为用户分布的区域很广，订货量又少，因库存降低而减少的库存费用是无法弥补因送货不经济导致的运作成本上升的。在这种情况下，戴尔采取了一些其他措施，如戴尔在中国厦门的工厂将物流发货委托给了一家货运公司，并承诺在到款后 2～5 天送货上门，对某些偏远地区的用户每台计算机还要加收 200～300 元的运费。

2. 戴尔的网上直销流程

戴尔的网上直销流程分为 3 个阶段共 8 个步骤。

第一阶段：订货阶段。

第一步：订货处理。首先检查项目是否填写齐全，然后检查订单的付款条件，并按付款条件将订单分类。只有已确认付款的订单才会立即自动发出零部件采购订单并转入生产数据库中，该订单也才会立即转到生产部门进行下一步作业。客户可以通过互联网对产品的生产制造过程、发货日期，甚至运输公司的发货状况等进行网上跟踪。客户在表格中填入订单号和校验数据，将填好的表格提交以后即可得到查询结果。

第二步：预生产。戴尔在正式开始生产之前，需要等待零部件到货，这就叫作预生产。预生产的时间因客户所订的产品而异，主要取决于供应商的仓库中是否有现成的零部件。一般戴尔要确定一个订货前置时间，即需要等待零部件并且将订货送到客户手中的时间，该前置时间在戴尔向客户确认订货时通过电话或电子邮件通知给客户。

第二阶段：生产阶段。

第三步：配件准备。当订单转到生产部门时，所需的零部件清单也就自动生成，生产人

188 员将零部件备齐并通过传送带送到装配线上。

第四步：装配。组装人员将装配线上的零部件组装成计算机，然后进入测试过程。

第五步：测试。测试人员对组装好的计算机用戴尔特制的测试软件进行测试，通过测试后将计算机送到包装车间。

第六步：装箱。装箱人员将测试完的计算机放到包装箱中，同时要将鼠标、键盘、电源线、说明书及其他文档一同装入包装箱中。产品打好包后要密封，然后被装入相应的卡车运送给客户。

第三阶段：发运阶段。

第七步：送货准备。戴尔一般在生产完成的次日完成送货准备，但大订单及需要特殊装运作业的订单可能花的时间要长些。

第八步：发运。戴尔将客户所订货物发出，并按订单上的日期送到指定地点。戴尔设计了几种不同的送货方式，由客户订货时选择，一般情况下，所订货物将送到订单上的指定地点，即送货上门，同时戴尔还提供免费安装和测试服务。

第二部分　课题学习引导

互联网所具有的全球性、虚拟性、跨时空性和高增长性的特点，使网络虚拟市场成为一个潜力巨大的数字化新兴市场。通过互联网，企业不仅能实现与顾客的全天候信息交流，而且可以通过虚拟商业街、虚拟商店以及其他数字化信息符号向顾客展示、销售产品，提供服务。因此，以互联网为媒体的市场营销——网络营销，具有与传统市场营销完全不同的时空特性。互联网的快速发展为人们提供了一种全新的营销工具，对传统营销理念和方法提出了挑战。

8.1　网络营销概述

21世纪，人类社会迅速进入数字化时代，电子商务改变着工业化社会传统的、物化的营销模式。互联网对传统的市场营销最具革命性的影响就在于缩短了生产与消费之间的距离，减少了商品流通环节，使消费者可以直接在网上完成购买行为。网络与经济的紧密结合推动市场营销进入新的阶段——网络营销阶段。

8.1.1　网络营销的基本概念

网络营销（On-line Marketing或E-Marketing）是指以互联网为基础，利用数字化的信息和网络媒体的交互性来辅助营销目标实现的一种新型的市场营销方式。图8-1为网络营销示意图。基于这种通过互联网进行的"双向沟通"方式，企业可将其商品、服务及广告等信息存放在自己所建立的网站上，并通过互联网让消费者使用；消费者也可从企业的网站上获取所需要的信息，并且能订购商品或留置信息。

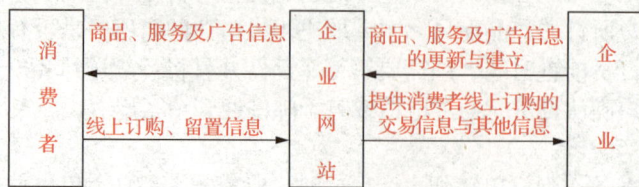

图8-1　网络营销示意图

8.1.2　网络营销的特点

互联网可以将企业、团体、组织及个人跨时空地联结在一起进行信息的交换。因此，网络营销呈现出以下一些特点。

（1）跨时空。营销的最终目的是占有市场份额。互联网能够超越时间和空间限制，使脱离时空限制进行交易变成可能，使企业有了更多时间和更大的空间进行营销，可每周7天、每天24小时随时随地提供全球性营销服务。

（2）多媒体。互联网被设计成可以传输多种媒体信息，如文字、声音、图像等，这使信息能以多种形式交换，可以充分发挥营销人员的创造性和能动性。

（3）交互式。互联网通过展示商品图像、在商品信息资料库中提供有关的查询来实现供需互动与双向沟通。

（4）整合性。互联网营销也是一种全程的营销渠道，可以将不同的传播营销活动进行统一设计规划和协调实施，以统一的传播资讯向消费者传达信息，避免因传播资讯不一致产生消极影响的问题。

（5）高效性。计算机及互联网运作高速高效，使企业能及时有效了解并满足消费者的需求。

（6）经济性。网络营销可以减少印刷与邮递成本，无店面销售可减少损耗、节约成本。

（7）技术性。网络营销是建立在以高技术为支撑的互联网的基础上的，企业实施网络营销必须有一定的技术投入和技术支持。

8.1.3　网络整合营销理论

整合营销（Integrated Marketing Communication，IMC）是指在基于互联网的网络营销中，将传统4P理论与以消费者为中心的4C理论进行有机整合，实现以消费者为中心的统一传播和双向沟通，用目标营销方法来开展企业的营销活动。

网络整合营销在理论上离开了在传统营销理论中占中心地位的4P理论，逐渐转向以4C理论为基础和前提。"4C"是指消费者（Customer）策略、成本（Cost）策略、沟通（Communication）策略和便捷（Convenience）策略。

在传统的市场营销理论中，产品、价格、渠道和促销被称为营销组合"4P"，是整个市场营销学的基本理论框架。传统的4P理论即产品（Product）策略、定价（Price）策略、渠道（Place）策略和促销（Promotion）策略，其基本出发点是企业利润，而没有把消费者需求放在与企业利润同等重要的位置上，它指导的营销决策是单向的。然而网络营销需要企业同时考虑消费者需求和企业利润。企业关于4P的每一个决策都应该给消费者带来价值，否则这个决策很难达到利润最大化的目的。但反过来讲，企业如果从4P对应的4C出发（而不是从利润最大化出发），在此前提下寻找能实现企业利润最大化的营销决策，则可能同时达到利润最大化和满足消费者需求这两个目标。网络营销的理论模式应该是：营销过程的起点是消费者的需求；营销决策的目的是在满足4C要求的前提下实现企业利润最大化；最终实现的是满足消费者需求和企业利润最大化。

8.1.4　SoLoMo理论模型

SoLoMo是美国KPCB风险投资公司合伙人John Doerr在2011年2月提出的一个网络营销理论模型。SoLoMo中的So即Social（社会化），Lo即Local（本地化），Mo即Mobile（移动化），三者合在一起，为涉足互联网的企业指出了重要的网络营销战略方向，即更加社会化、更加本地化和更加移动化。SoLoMo理念迅速风靡全球，基于SoLoMo的网络营销模式

190　已经被公认为未来互联网营销的发展趋势。

社会化是网络营销要更多地结合社交媒体。第一，社会化营销，即营销应当更多地借助社交媒体扩散品牌口碑。第二，社交购物。在互联网时代，熟人之间、陌生人之间借助社交媒体沟通信息，可以大大增加消费欲望，提高交易效率。一个企业网站的社会化功能越丰富，越能够通过网站的社会化体验来增强用户的黏性，这样用户在网站中的社会化程度越高，留在网站中做出各种社会行为的意愿也就越强烈。

本地化是企业要借助地理位置服务（Location Based Service，LBS），通过在线方式告知消费者特定地理位置的线下服务，以推广线下服务。地理位置服务推动了网络营销的本地化，使广告精准投放，成本更低。本地化最典型的应用就是O2O和共享经济。大众点评等O2O平台，以及滴滴出行等共享经济平台，将巨大的网上客流导入特定地理位置的线下消费，并利用搜索、排名和精准推荐等营销方法为消费者提供消费便利。

移动化是网络营销要适应强大的网络终端移动化潮流。今天，智能手机已经成为人们上网的主要工具。智能手机能更有效地占用用户碎片化的时间。例如，基于移动端而生的微信，操作简单、快速和便捷，同时微信支付使用户可以不受时间、地点限制进行各种微信O2O商贸活动，实现随时随地、线上线下的购物与交易，黏性更强。

8.1.5　网络营销的优势

网络营销是企业整体营销战略的一个组成部分，是建立在互联网基础之上，借助互联网来实现一定营销目标的一种营销手段。相比传统营销，网络营销具有以下优势。

（1）网络营销强调个性化的营销方式。网络营销的特点之一是以消费者为主导。网络消费者拥有比任何时候更大的选择自由，他们可以根据自己的个性特点和需求在全球范围内找寻满意的商品或服务，不受时间和地域的限制。个性消费的发展促使企业必须重新考虑其营销战略，以消费者的个性需求作为自己提供商品或服务的出发点，并且具有以较低成本进行多品种、小批量生产的能力，为个性化营销打好基础。

（2）网络营销能够实现全程营销的互动性。在网络环境下，企业可通过电子公告栏和电子邮件等方式，以极低的成本在营销的全过程对消费者进行即时的信息搜集，消费者则可随时随地发表意见或建议。这种双向互动的沟通方式增强了消费者的参与性和积极性，更重要的是它能使企业的营销决策有的放矢，从根本上提高消费者满意度。

（3）网络营销能够提高消费者购物的效率。在传统的购物方式下，一个买卖过程短则几分钟，长则数小时，加上为购买商品或服务而产生的往返路途和逗留时间，消费者需付出较多的时间和精力。网络购物的高效率节省了消费者的宝贵时间，使消费者在闲暇时可以做一些有益于身心的运动，并充分地享受生活。

（4）网络营销有明显的价格优势。网络营销能为企业节省巨额的促销和流通费用，使商品或服务的成本和价格降低成为可能；而消费者则可在全球范围内寻找更低价格的商品或服务，甚至可绕过中间商直接向生产者订货。

8.1.6　网络营销发展新趋势

随着网络规模的逐渐扩大，企业与互联网的结合更加紧密，网络营销所涉及的行业和领域越来越广泛；很多企业争相挤进网络营销的行列，力图更好地把自己的产品或服务推广出去。互联网、社交媒体的开放性和互动性促进了网络营销的不断发展与扩张。

2009年，微博的出现标志着自媒体时代的开始；2011年，微信的出现更是在自媒体基础上将互联网全面推入移动互联网时代；网络营销的方式变得丰富多样，精彩纷呈。移动互联网得以蓬勃发展，一方面在于传统互联网的很多特性继续发挥作用，另一方面在于移动互联网的独特性影响了业务的发展、商业模式的构建。

伴随着用户互联网使用习惯的逐步形成，以及用户移动化、碎片化时间的增加，用户对在移动状况下使用互联网的需求逐步强烈；同时从技术层面上来看，移动数据传输网络的高速化发展，移动终端的多媒体化、智能化变革，适用于移动终端的互联网标准协议的形成，使用户在移动状态下使用互联网的需求得以满足。

网络营销方式的不断变化影响着网络营销的思维。网络营销思维最初主要表现为技术思维，即以技术为导向，注重网站和推广技术本身；后来逐渐发展成流量思维，也就是我们常说的"流量为王"，企业通过流量盈利。而随着移动网络和新媒体的不断冲击，网络营销的营销思维产生了颠覆性的改变，技术和流量的重要性逐渐淡化。企业开展网络营销不再只关注如何发布产品，通过什么渠道发布产品，而是开始注重它们的品牌和粉丝，也就是常说的"粉丝经济"。企业主要依靠品牌影响力和粉丝忠诚度盈利，体现了粉丝思维和生态思维。创造消费者价值成为网络营销的出发点和落脚点。随着互联网的不断发展，网络营销呈现出不可阻挡的发展趋势。

（1）视频化。语音、图片和影像视频逐步代替文字内容，这就是视频化。短视频、"网红"直播等形式的直观视频化内容已成为网络营销的主阵地。5G技术让互联网上的内容传播体验更强，超高清的视频画质更具吸引力与冲击感，视频营销与传播不局限于图文，更多的是直观视频。特别是抖音、快手、小红书这类短视频营销与传播市场在持续增加。

（2）移动化。受移动互联网和智能手机发展的影响，网络应用平台呈现出大规模的移动化倾向。对于消费者来说，使用移动端设备最大的优势是可以随时随地打开使用，所以针对移动端的场景式营销可以说是任何企业都必须做的。

（3）智能化。新的智能搜索不追求PC端搜索那样的大而全，而是从语音识别、图像搜索、人脸识别、LBS等方面提高服务的精准度，催生效率更高的全新搜索交互方式。目前，5G、人工智能、云计算、大数据、虚拟现实等领域的发展推动着网络营销技术的进步，网络信息的采集、制作、发布和传播方式发生了巨大变化。如应用于网络媒体的各种智能终端、语音识别系统、图像识别系统、自动翻译系统、自动成像与虚拟成像系统等工具可以更好地进行信息提取与整合，实现精准营销。

（4）社会化。"自媒体代替了编辑主导"的表现就是社会化趋势。随着社交媒体的不断发展，信息发布和获取成本大大降低。信任度高、口碑效应、多级传播、准入门槛低等特点，使社交媒体成为各个企业最关注的营销领域。

可见，未来网络营销的核心还是"以人为主"，关注客户价值，以客户价值为中心。企业在吸引粉丝关注的基础上，进一步建立客户与客户之间、客户与企业之间的价值关系网络，强调客户价值，整合各种媒体和工具，从而实现客户个性化营销。

8.2 网络营销调研与策划

8.2.1 网络市场调研

1. 网络市场调研的定义

网络市场调研是指以科学的方法，借助于互联网，系统地、有目的地收集、整理、分析

192 和研究所有与市场有关的信息，特别是有关消费者的需求、购买动机和购买行为等方面的市场信息，从而提出解决问题的建议，以其作为营销决策的基础。网络市场调研是网络营销的基本职能之一，也是网站的基本功能之一。这种高效的调查手段也被许多调查咨询公司广泛应用。市场调研是营销链中的重要环节，企业离开了市场调研，就把握不了市场。企业进行市场调查是为了了解竞争对手的行动、跟上行业的发展潮流、发现新的商机、寻找国内外的战略合作伙伴，而互联网正是实现这些目标的最佳途径。从某种意义上说，全球互联网的海量信息、几万个搜索引擎的免费使用已对传统市场调研和营销策略产生了很大的影响。它大大丰富了市场调研的资料来源，扩展了传统的市场调研方法，特别是在互联网在线调查、定性调查和二手资料调查方面具有无可比拟的优势。

与传统市场调研方法相比，利用互联网进行市场调研有很多优点，主要表现在提高调研效率、节约调研费用、方便处理调查数据、不受地理区域限制等方面。因此，网络市场调研成为一种不可忽视的市场调研方法。

2. 网络市场调研的组织实施

网络市场调研与传统市场调研一样，应遵循一定的方法与步骤，以保证调研的质量。网络市场调研的工作程序一般包括以下几个步骤。

（1）明确问题与调研目标

进行网络市场调研，首先要明确问题与调研目标。如了解消费者对企业所提供的产品与服务的评价、调研产品或企业的知名度、调研企业网站的邮件订阅者对企业邮件服务的满意度、了解企业产品的潜在顾客群是否对本企业的新产品感兴趣等。

（2）确定市场调研的对象

网络消费者的购物场所是虚拟的网络世界，他们在网络中充分收集各种产品的信息，通过对比、分析再做出购买决策、完成整个购买过程。可见，网络市场调研的对象就是这些遨游网络世界的网民。

一般来说，网络市场调研的对象可分为3类。

① 企业产品的消费者。消费者在网购时必然要访问企业的网站，市场调研人员可通过互联网跟踪消费者，了解他们对企业产品的意见和建议。

② 企业的竞争者。市场调研人员可以进入竞争者的网站查询其面向公众公开的所有信息，比较本企业与竞争者的优势和劣势，并及时调整营销策略。

③ 企业合作者和行业内中立者。市场调研人员应经常关注企业合作者和行业内中立者的网站，有时这些网站上可能会提供一些极有价值的信息和评估分析报告。

市场调研人员在市场调研过程中应兼顾这3类对象，但也必须有所侧重。

（3）制订调研计划

网络市场调研的第三步是制订有效的信息搜索计划。具体来说，要确定资料来源、调研方法、调研手段。下面就相关的问题进行说明。

① 确定资料来源。确定收集的是二手资料还是一手资料（原始资料）。

② 确定调研方法。网络市场调研可以使用专题讨论法、问卷调查法和实验法。专题讨论法借用新闻组、邮件列表讨论组和网络论坛的形式进行。问卷调查法可以使用电子邮箱（主动出击）分发和在网站上刊登（被动）等形式。实验法则是选择多个可比的主体组，分别赋予其不同的实验方案，控制外部变量，并检查所观察到的差异是否具有统计上的显著性。

③ 确定调研手段。网络市场调研常用的调查手段包括：在线问卷，其特点是制作简单、分发迅速、回收方便；交互式计算机辅助电话访谈系统，利用一种应用程序在计算机辅助电话访谈系统上设计问卷并将其在网上传输，互联网服务器直接与数据库连接，对收

集到的被访者答案直接进行储存；网络调研软件系统，是专门为网络市场调研设计的问卷链接及传输软件，它包括整体问卷设计、网络服务器、数据库和数据传输程序；抽样方案，使用时要确定抽样单位、样本规模和抽样程序；网络交流，如电子邮箱传输问卷、参加网络论坛等。

（4）收集信息

在互联网上收集信息的主要途径是利用网络提交或下载表单。访问者经常会有意无意地漏掉一些信息。对于在线调研问卷，可以通过在页面中嵌入脚本或 CGI 程序进行实时监控。如果访问者遗漏了问卷上的一些内容，系统会拒绝访问者递交调查表或者在验证后将其重发给访问者要求补填。最终，访问者会收到证实问卷已完成的公告。在线调研问卷的缺点是无法保证问卷上所填信息的真实性。

（5）信息的整理与分析

收集到的信息往往是片段的、零散的，其中甚至夹杂着一些无用的信息，调研人员必须对获取和储存的信息加以处理，使之条理化，然后运用各种定性和定量的方法对处理后的信息进行分析研究，掌握市场营销活动的动向和发展趋势，探索解决问题的措施和办法。

（6）制作并提交报告

调研报告的撰写是整个调研活动的最后一个步骤，是网络市场调研成果的集中体现。它是经过对信息资料的分析，对所调研的问题得出结论，并提出实现调研目的的建设性意见，以供公司的决策者针对公司的情况及时调整营销策略。

3. 在线调研问卷制作与发布

在互联网上要求访问者填写在线调研问卷不是件容易的事，特别是在他们花时间和金钱上网了解其他与营销调研无关内容的时候。因此，在线调研问卷对顾客的提问应精练简要。要想准确把握在线调研问卷所含问题的数量和提问方法，市场调研人员应具备较强的综合能力并掌握有效的调查表设计技巧。每个行业中所提问题的最佳数量是不同的。同样，面对不同的研究对象有不同的提问技巧。要想使调研行之有效，应从实践中总结经验，以制作出一份完美的在线调研问卷。

（1）在线调研问卷的结构

一份在线调研问卷主要包括标题、卷首语、问卷指导、问题和结束语 5 部分。

① 标题用来概括说明调研主题，使被调研者对所要回答什么方面的问题有一个大致的了解。标题应简明扼要，易于引起被调研者的兴趣，例如"大学生消费状况调查""我与广告——公众广告意识调查"等；而不要简单采用"问卷调查"这样的标题，它容易引起被调研者不必要的怀疑而拒答。另外，在线调研问卷的标题一般应包括调研对象、调研内容及"调研问卷"字样，如"××省××市电子商务发展状况调研问卷"。

② 卷首语（调研说明）用来说明调研的意义和目的、调研项目和内容、对被调研者的期望和要求等，一般放在标题下面的开头部分。卷首语可采取比较简洁、开门见山的方式，也可进行一定的宣传，以引起被调研者对问卷的重视。

③ 问卷指导用来指导被调研者如何回答问题或解释问卷中某些信息的含义。问卷指导一般放在具体问题的后面，用括号括起来，如"下列说法正确的有（可选多项）"，其中的"（可选多项）"即为问卷指导。

④ 问题是在线调研问卷的主体和核心，是调研者与被调研者沟通信息的载体。问题的类型可分为开放型和封闭型。封闭型问卷即在提出问题的同时给出备选答案。封闭型问卷优势非常明显：节省时间、回收率高、便于对获得的信息进行统计处理和定量分析。

⑤ 结束语用来表达对被调研者的感谢，或提供一些奖品、优惠券等。

（2）在线调研问卷注意事项

人们越来越认识到，网络调研是一个了解顾客的重要渠道，但前提是必须设计一份好的在线调研问卷。设计在线调研问卷具体应注意以下事项。

① 问题力求简明扼要。网络调研会占用被调研者的上网时间，因此在线调研问卷应设计得简洁明了，尽可能减少填写问卷的时间和上网费用（如果填写一份问卷需要 10 分钟以上，相信多数人没有耐心），避免被调研者产生抵触情绪而拒绝填写或者敷衍了事。可有可无的问题或者没有太多实际价值的资料无须出现在问卷中，因为大多数人没有太多的耐心去回答一些无关紧要的问题，更何况是在互联网上填写在线调研问卷。

② 问题应该容易回答。好的在线调研问卷应该像一个好的网站一样实用，提问不要像在研究院提问那样——特别是当被调研者是一般读者时。试着站在被调研者的位置想想。

③ 答谢被调研者。给予被调研者适当的奖励和答谢对于网络调研来说是十分必要的，这既有利于调动网络用户参与网络调研的积极性，又可以弥补被调研者因接受调研而产生的费用（如网络使用费、电话费等）。答谢的有效办法是以身份证编号为依据进行计算机自动抽奖，获奖页面可以适当大一点，但奖品价值可以尽量小一些。

④ 避免使用引导性语句。问题不要有诱导性、暗示性和倾向性，以保证获得的答案客观、真实。如"你不赞成网络购物吗？"这类提法就具有诱导性，容易诱导被调研者回答失真，应改为"你对网络购物有何看法？"

⑤ 避免调研敏感的资料。为了尽量在人们不反感的情况下获取足够的信息，在线调研应尽可能避免调研敏感的资料，如住址、家庭电话、身份证号码等。

⑥ 避免直接提出肯定性问题。在设计问卷时，不能事先肯定被调研者有某种商品，例如"您用的自动刮胡刀架是什么品牌？""您家里的计算机是兼容机还是品牌机？""您爱喝什么品牌的汽水？"等。正确的设计方法是在肯定性问题之前增加"过滤"问题，例如，"您是否已经购买了自动刮胡刀架？""您的家庭是否已经购买了计算机？""您爱喝汽水吗？"等。

另外，在在线调研问卷中，被调研者经常会无意或者有意地遗漏一些信息。市场调研人员可通过设置一些应用程序来确定他们是否正确地填写了在线调研问卷。如果被调研者遗漏掉了在线调研问卷上的一些内容，在线调研问卷会重新发送给被调研者并要求补填，如果被调研者按要求完成了在线调研问卷，他们会在个人计算机上收到证实完成的反馈信息。

4. 在线调研问卷设计的常见问题

利用在线调研问卷获取信息是最常用的网络调研方法，是网络调研的基本形式之一。专业的、高水平的在线调研问卷是网络调研获得可靠信息的基础。

在线调研问卷设计的常见问题表现在以下 6 个方面。

① 调查内容过多。这是网络调研最常见的误区之一，应引起高度重视。如果一份在线调研问卷在 10 分钟之内还无法完成，一般的被调研者都难以忍受。除非这个调研对被调研者非常重要，或者其为了获得奖品才参与调研，即使完成了调研，调研结果的可信度也不高。

② 调研说明不够清晰。一般在线调研问卷首先会对此调研做出必要的说明。如果调研说明不够清晰，会降低人们的信任和参与兴趣，使参与人数减少、问卷回收率低。

③ 问题描述不专业或造成歧义。这种情况会造成被调研者难以选择最适合的选项，不仅影响调查结果的可信度，甚至可能使被调研者未完成全部内容即终止调研。

④ 遗漏重要的问题选项。问题的选项没有包含全部可能的因素并且没有"其他"选项，使被调研者无法从中选择其认为最合适的选项，这种状况会降低调研结果的可信度，因此至少不能遗漏重要的问题选项，尤其是不能产生倾向性的"遗漏"。

⑤ 问题没有实际价值。有些在线调研问卷在设计时缺乏严密的考虑，调研人员尽管将有必要的问题都罗列了出来，但在统计调研结果时发现，有些调研数据并没有实际价值或者与调研报告所需要的信息不尽一致，这样会降低调研报告的价值。

⑥ 过多地收集个人隐私信息。有些网络调研对被调研者的个人信息要求较多，如真实姓名、出生年月、学历、收入状况、地址、电话、电子邮箱，甚至包括身份证号码，很多人会拒绝参与这样的调研或者填写虚假信息，其结果是问卷的回收率较低，影响网络调研的效率和可信度。一般来说，应尽可能少地收集个人隐私信息。

8.2.2　网络营销策划

1. 网络营销策划的定义

网络营销策划是指企业在特定的网络营销环境和条件下，为达到一定的营销目标而制订的综合性的、具体的网络营销策略和活动计划。

网络营销策划是一项复杂的系统工程，属于思维活动。它以谋略、计策、计划等理性形式表现出来，可以直接用于指导企业的网络营销实践。它包括对网站页面设计的修改和完善，以及对搜索引擎优化、付费排名、与客户的互动等诸多方面的整合，是网络技术和营销经验协调作用的结果。一个成功的网络营销方案需要经过细致的规划设计。

2. 网络营销策划基本原则

（1）系统性原则。网络营销方案的策划人员必须以系统论为指导，对企业网络营销活动的各种要素进行整合和优化，使"六流"皆备，相得益彰。

（2）创新性原则。在个性化消费需求日益明显的网络环境中，通过创造与顾客的个性化需求相适应的特色产品或特色服务来提高产品或服务的效用和价值。

（3）操作性原则。网络营销策划形成的网络营销方案必须具有可操作性。网络营销方案一旦付诸实践，企业的每一个部门、每一个员工都应明确自己的目标、任务、责任以及完成任务的途径和方法，并懂得如何与其他部门或员工相互协作。

（4）经济性原则。网络营销策划必须以经济效益为核心。成功的网络营销策划应当是在策划和方案实施成本既定的情况下取得最大的经济收益，或花费最小的策划和方案实施成本取得目标经济收益。

3. 网络营销环境分析

利用 SWOT 分析方法等工具，对企业的市场机会进行分析。SWOT 分析方法是一种企业内外部分析方法，即根据企业自身的既定条件进行分析，找出企业的优势、劣势及核心竞争力。其中，S 代表 Strength（优势），W 代表 Weakness（劣势），O 代表 Opportunity（机会），T 代表 Threat（威胁）。S、W 是内部因素，O、T 是外部因素。按照企业竞争战略的完整概念，战略应是一个企业"能够做的"（即企业的强项和弱项）和"可能做的"（即环境的机会和威胁）之间的有机组合。

（1）市场机会的分析与评价

市场机会也称环境机会，是指市场上出现的对企业营销活动富有吸引力和利益空间的领域。在这些领域，企业拥有竞争优势。分析市场机会是企业营销管理的第一步，主要包括寻找新的市场机会、评价市场机会和实施有效的对策 3 方面的内容。

① 寻找新的市场机会。

寻找新的市场机会比较实用和规范的方法有"产品—市场扩展方格图"法等，如图 8-2 所示。

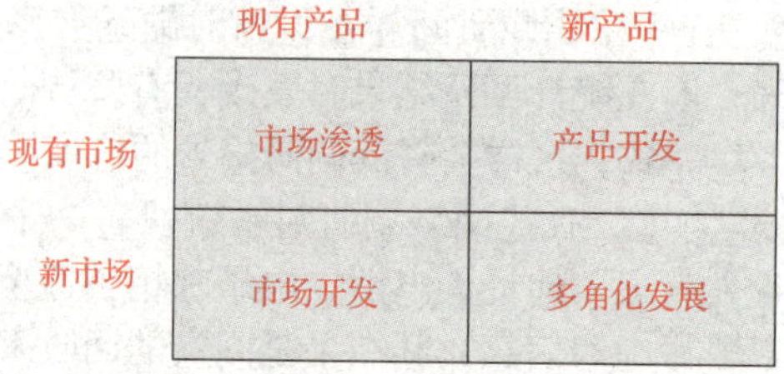

	现有产品	新产品
现有市场	市场渗透	产品开发
新市场	市场开发	多角化发展

图8-2 "产品—市场扩展方格图"法

这种方法将寻找新的市场机会的活动归纳为以下4种途径。

- 市场渗透。企业进一步扩大现有产品在现有市场上的销售。例如，通过采取降低价格、增加广告、改进广告内容和形式、改进服务质量、增加销售网点等方式提高现有产品的销量。
- 市场开发。企业为现有产品寻找新的细分市场。
- 产品开发。企业为现有市场提供新产品或改进现有产品以满足市场新的需求。
- 多角化发展。企业在其所属行业找不到有吸引力的市场机会时，可以到本行业以外的领域发展，实行跨行业多角化经营。

②评价市场机会。

评价市场机会的目的在于从企业发现的众多市场机会中确定企业的最佳市场营销机会。市场评价的标准取决于企业的营销目标和企业的资源，要既能够发挥企业的竞争优势，又符合企业的营销目标，且具备实现营销目标所必需的资源。

③实施有效的对策。

企业可以通过分析市场机会的潜在吸引力（盈利性）和成功概率（企业优势）来确定企业的最佳市场营销机会，从而实施有效的对策。市场机会分析矩阵如图8-3所示。

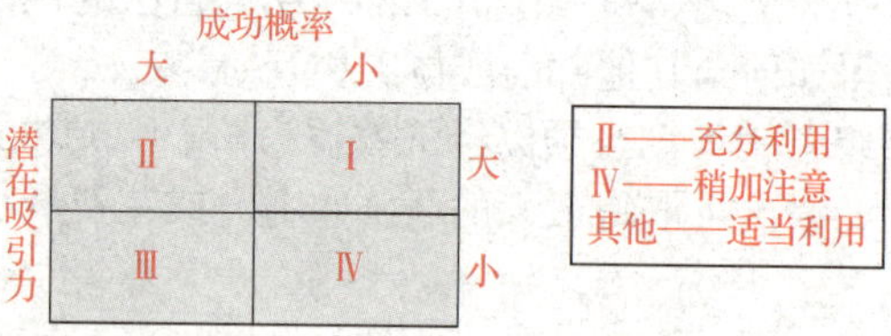

	成功概率		
	大	小	
潜在吸引力	Ⅱ	Ⅰ	大
	Ⅲ	Ⅳ	小

Ⅱ——充分利用
Ⅳ——稍加注意
其他——适当利用

图8-3 市场机会分析矩阵

处于Ⅰ位置的市场机会对企业的潜在吸引力大，但企业利用该市场机会的成功概率小，这说明企业缺乏资源和竞争优势。

处于Ⅱ位置的市场机会对企业的潜在吸引力大，且企业利用该市场机会的成功概率也大，该市场机会有极大可能为企业带来巨额利润，企业应对其充分利用。

处于Ⅲ位置的市场机会对企业的潜在吸引力小，但企业利用该市场机会的成功概率大，这说明企业有竞争优势和资源，但该市场机会的前景不理想。大企业可观察该市场机会的变化趋势；中小企业可以利用该市场机会，因为其产生的利润足以支撑中小企业生存和发展。

处于Ⅳ位置的市场机会不仅对企业的潜在吸引力小，且企业利用它的成功概率也小，企业应关注该市场机会的发展变化，审慎而适时地开展营销活动。

（2）环境威胁的分析与评价

环境威胁是指由环境中一些不利的发展趋势所形成的挑战。如果不能及时采取行动，这种不利的发展趋势将会损害企业的市场地位。企业要善于分析环境发展趋势，识别环境中的潜在威胁，并正确认识和评估威胁的出现概率及其对企业的影响程度。

企业对环境威胁的分析一般包含两个方面：一是分析环境威胁的潜在严重性，即影响程度；二是分析环境威胁出现的可能性，即出现概率。环境威胁分析矩阵如图 8-4 所示。

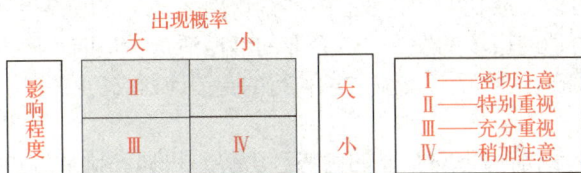

图8-4 环境威胁分析矩阵

处于Ⅱ位置的环境威胁的出现概率和对企业的影响程度较大，因此，企业要特别重视，制定相应的策略加以应对。

处于Ⅳ位置的环境威胁的出现概率和对企业的影响程度均小，因此，企业不必过于担心，但应注意其发展变化趋势。

处于Ⅰ位置的环境威胁的出现概率虽小，但如果出现，其对企业的影响程度较大，因此，企业要密切注意其发展变化趋势。

处于Ⅲ位置的环境威胁对企业的影响程度较小，但出现概率大，企业应关注其发展变化趋势。

（3）企业营销对策

企业通过对市场机会与环境威胁的分析，可以将业务分为 4 种类型，即理想业务、冒险业务、成熟业务和困难业务，如图 8-5 所示。

企业针对这 4 种机会与威胁水平不同的营销业务，应采取不同的对策。① 理想业务：必须抓住机遇，迅速行动；② 冒险业务：高利润、高风险，既不宜盲目冒进，也不应迟疑不决，错失良机，应扬长避短，创造条件，争取实现突破性的发展；③ 成熟业务：机会与威胁水平较低，可作为企业的常规业务，用以维持企业的正常运转；④ 困难业务：努力改变环境，走出困境；或者立即转移，摆脱无法扭转的困境。

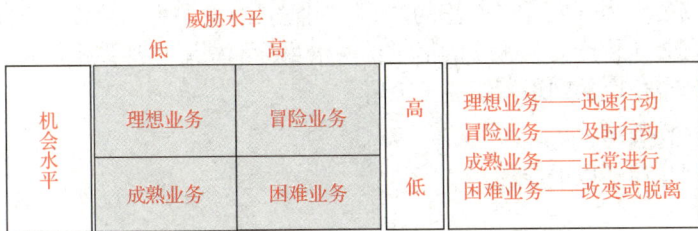

图8-5 市场机会与环境威胁矩阵

4. 网络营销方案的策划

网络营销方案的策划流程一般分为以下步骤：认识外部环境—寻找市场机会—设定营销业绩指标—制定竞争性营销策略—形成营销组合策略—预测营销收益—确定营销的控制方法。其具体实施步骤如下。

（1）收集整理营销信息

收集整理以下营销信息：①与企业营销有关的经济、社会、文化等资料；②与企业营销有关的权威机构的统计数据、学术研究资料；③所在行业的历史现状和发展资料；④准备进入市场的资料；⑤竞争者的资料；⑥企业各年度的营销计划与执行计划。

（2）综合思考

综合思考以下问题：①企业决策者的营销目标是否客观，是否有实现的可能？②企业的价格政策是否客观，能否取得成功？③企业有哪些销售网络，应该做哪些完善工作？④企业的营销组织、营销人员是否适应市场的发展？⑤企业的潜在消费者是谁，购买力如何？⑥竞争者在未来可能采取的竞争战略有哪些？⑦企业之前执行的营销计划成功或失败的原因是什么？

（3）综合分析

企业要在综合思考的前提下对企业的优势、劣势、机遇、挑战等进行综合分析。综合分析的目的是使即将形成的营销计划更具可行性。

对优势和劣势的分析包括：①与竞争者相比，企业具有的优势、劣势（必须是客观、全面、公正的）；②企业的服务水平、交货时间（时间的即时性）、价格定位、质量可靠性、开发能力、产品品种、品牌形象等。

对机遇与挑战的分析包括：①市场的变化会给企业带来哪些机遇和挑战；②善于抓住机遇、抓住变化，要将机遇转化为对企业有利的行为，同时要预测风险，将风险降到最低强度。

市场状况分析包括以下内容：①市场分析——市场：容量大小、竞争者的实力、购买者的行为、购买者的构成、市场趋势和国内外市场机会等；②产品和服务研究——与竞争者的产品进行比较、产品线研究、包装设计、更新产品的市场测试、评价新产品等；③市场营销策略研究——价格政策评估、分销渠道可行性研究、促销手段评估和广告媒体选择等。

（4）确定目标

网络营销目标不仅包括增加销售和利润，还包括提高市场占有率和产品知名度、开拓市场等。

（5）制定行动方案

制定行动方案的内容包括做什么、怎么做、在什么时间做、谁来做、花费多少等。行动方案一般分为针对销售商（渠道）的方案和针对消费者的营销方案。

（6）预算开支

善于经营的企业不仅要努力开发适销对路的产品、制定具有竞争力的价格、选择合适的分销渠道，还要及时、有效地将产品或服务的信息传递给目标消费者，加强生产者、经营者与消费者之间的联系，制定相应的网络营销促销策略。

5. 网络营销策划书的撰写

网络营销策划书的撰写包括以下步骤。

（1）明确企业任务

要设计网络营销方案，首先要明确或界定企业的任务和远景。任务和远景对企业的决策行为和经营活动起着鼓舞和指导作用。

企业任务是企业所特有的，包括公司的总体目标、经营范围以及关于未来管理行动的总的指导方针。它通常以任务报告书的形式确定下来。

（2）确定组织的网络营销目标

任务和远景界定了企业的基本目标，而网络营销目标的制定将以这些基本目标为指导。表述合理的企业网络营销目标，应当对具体的营销目的进行陈述，例如"品牌知名度达到50"等，还应详细说明达到这些成就的时间期限。

（3）SWOT分析

除了企业的任务、远景和目标之外，企业的资源和网络营销环境也是影响网络营销策划的两大因素。作为一种战略策划工具，SWOT分析有助于企业经理以批评的眼光审时度势，正确评估企业完成其基本任务的可能性和现实性，而且有助于正确地设置网络营销目标并制订旨在充分利用网络营销机会、实现这些目标的网络营销计划。

（4）网络营销定位

为了更好地满足网上消费者的需求，增加企业在网络市场的竞争优势和获利机会，从事网络营销的企业必须做好网络营销定位。网络营销定位是网络营销策划的战略制高点，网络营销定位失误，必然全盘皆输。只有抓准定位才有利于网络营销总体战略的实现。

（5）网络营销平台的设计

①网站分析，主要包括网站流量分析、站点页面分析、网站运用技术和设计分析、网络营销基础分析和网站运营分析等；②网站优化，主要包括网站结构优化、网页标签优化、网页压缩、超链接优化和页面内容优化等；③网站推广，主要包括搜索引擎排名提升、相关链接交换和网络广告投放等。

（6）网络营销组合策略

这是网络营销策划中的主体部分，包括4C策略——网上产品策略的设计，网上价格策略的设计，网上渠道策略的设计，网上促销策略的设计，以及建立网络公共关系。

（7）企业网络营销的费用预算

网络营销的费用预算应该包括两部分。第一部分是设计、建设网站的费用，如购买硬件的费用、购买或开发软件的费用、企业入网的费用、域名注册的费用等；第二部分是网站建成后运行的维护费用、推广费用、网上调查费用、信息发布费用、各种服务费用等。

8.3　网络营销推广

网络营销的职能是通过各种不同的网络营销方法来实现的，如搜索引擎营销、电子邮件营销、病毒式营销、网络广告营销、域名策略营销、新闻营销、微信营销、微博营销、短视频营销等。

8.3.1　搜索引擎营销

搜索引擎是在互联网上进行信息资源搜索和定位的基本工具，是为了帮助用户从成千上万个网站中快速有效地查询想要的信息而出现的。如果说互联网上的信息浩如烟海，那么搜索引擎就是信息海洋中的导航灯。

1. 搜索引擎营销的定义

搜索引擎营销（Search Engine Marketing，SEM）是指根据用户使用搜索引擎的方式，利用用户检索信息的机会尽可能地将营销信息传递给目标用户的营销方式。目前，搜索引擎营销仍然是主要的网站推广手段。

2. 搜索引擎营销的目标层次

搜索引擎营销的目标是把用户转换为消费者。在不同的发展阶段，它有着不同的阶段性目标。

（1）存在层：其目标是在主要的搜索引擎或分类目录中获得被收录的机会，这是搜索引擎营销的基础。

（2）表现层：其目标是在被搜索引擎收录的基础上尽可能获得好的排名。一般来说用户只会看搜索结果的前一部分，而忽视排名靠后的结果。

（3）关注层：其目标是提高网站的访问量和点击量。搜索引擎营销要实现访问量增加的

目标，则必须从整体上对网站进行优化设计，并充分利用关键词广告等有价值的搜索引擎营销专业服务。

（4）转化层：其目标是通过访问量的增加与转化，最终提高企业收益。转化层是前面3个目标层次的提升，是各种搜索引擎方法所实现效果的集中体现。转化层在搜索引擎营销中属于战略层次的目标。

3. 搜索引擎营销方法

下面重点介绍搜索引擎注册、搜索引擎优化、搜索引擎广告等搜索引擎营销方法。

（1）搜索引擎注册

网站是企业网络营销的主窗口，但通过网站宣传的前提是用户进入企业的网站。如何才能使搜索引擎查找到企业网站呢？那就需要进行搜索引擎注册。搜索引擎注册就是将企业的网站基本信息（尤其是URL）提交给搜索引擎。

要想让他人知道企业的网站，企业就要想办法让搜索引擎将其网站收录进去。但仅仅这样是不够的，像百度等有名的搜索引擎，每天申请登录的就有几千个网站，一般企业的网站虽然被其收录了，也许只能排在很靠后的位置。大部分搜索引擎使用计分或可能相关性的方法，即按照搜索关键字在数据库中文档的重要性、重复次数、分布情况及位置等来确定（或计算）返回文档或网站的排列顺序。因此，在搜索引擎注册中，最关键的问题是使用好关键字。

设定关键字时，要注意以下几点。①用足够数量的关键字。一般搜索引擎都限制关键字的数量，如要求25～50个关键字。最好用足这个数量的关键字，关键字越多，网站可能被找到的机会就越大。②描述企业网站的特征。要选择与站点内容最为贴切的两三个关键字，并且这些关键字首先要在标题中出现，其次在正文中也要尽量重复。③充分考虑访问者使用搜索词的习惯。如果你使用的关键字十分生僻，访问者根本不会或者很少使用，说明关键字选择是失败的。另一个小技巧是在网站主页加一个元标记，使网站对搜索引擎友好。元标记是页面上不显示出来的特殊HTML标记，它含有表示页面内容的关键字。有了元标记，搜索引擎就可用它来构造指向网站页面的索引。

（2）搜索引擎优化

搜索引擎优化（Search Engine Optimization，SEO）是指针对各种搜索引擎的检索特点，让网站建设和网页设计的基本要素更符合搜索引擎的检索原则，从而达到被搜索引擎收录并在检索结果中排名靠前的目的。

搜索引擎优化的目的是为网站提供生态式的自我营销解决方案，让网站在行业内占据领先地位，从而获得品牌收益。简单来说，搜索引擎注册是为了让网站获得排名，搜索引擎优化则是为了让网站获得更靠前的排名。

一个搜索引擎优化的网站，应该方便搜索引擎检索信息，并且返回的检索信息对用户来说有吸引力，这样才能达到搜索引擎营销的目的。搜索引擎优化本身并不是一项专门的技术或者工程，而是一种经营思想，将这种经营思想运用于网站建设之中，自然就会获得搜索引擎优化的效果。

搜索引擎优化应该重视网站内部的基本要素：网站结构、网站内容、网站功能和网站服务。搜索引擎优化尤其以网站结构和网站内容优化最为重要。一个网站的结构和内容优化做好了，那么至少完成了70%的搜索引擎优化工作。

搜索引擎优化应注意以下问题：①每个网页都应该有独立的、概要描述网页主体内容的网页标题；②尽量使用静态网页；③在页面中以文字信息为主而不是以图片或Flash动画为主；④网站外部链接要重视质量而不是数量；⑤网站保持合理的栏目结构；⑥网站有适量的文字信息，并且保持一定的更新频率；⑦每个网页都有专业设计的 META 标签。

搜索引擎优化的着眼点不能只是考虑搜索引擎的排名规则如何，更重要的是要为用户获取信息和服务提供方便。搜索引擎优化是以用户为导向的网站优化效果的自然体现，因为搜索引擎的检索原则是为用户提供与检索信息最相关的内容，如果一个网站/网页做到了这一点，自然会在搜索引擎检索结果中获得好的排名；反过来，如果不注意网站的基本要素优化而用其他的方式来提升排名效果是不太现实的。

搜索引擎优化必须做好以下工作。① 站内优化。目前电子商务界把新型的网站称为营销型网站，其实这就是对网站进行程序、域名、内容、板块、布局、目标关键字等多方面的优化调整，也就是要求网站设计适应搜索引擎检索，满足搜索引擎排名的指标，从而在搜索引擎检索中获得流量排名靠前、增强搜索引擎营销的效果，使网站有一个好的推广基础。② 站外优化。搜索引擎是通过网络爬虫收录网页的。网络爬虫（又被称为网页蜘蛛、网络机器人）是一种按照一定的规则自动抓取万维网信息的程序或者脚本。网络爬虫主要通过网页的超级链接来进行关联收录，因此我们需要为网站设计更多的外部链接，吸引更多的网络爬虫进入我们的网站，从而促进网站页面收录。

（3）搜索引擎广告

对于搜索引擎而言，靠网站优化获得好的排名是免费的，因此这应该是搜索引擎营销的首选，优化设计也是网站专业性的标志之一。但通常情况下，仅靠网站优化设计还不足以使多个重要关键词都获得好的排名，一种有效的方法是利用搜索引擎广告。搜索引擎广告投放的方法很简单，可以由企业自行操作，也可以委托专业服务商代理有关业务。

搜索引擎广告是付费搜索引擎营销的一种形式，也可称为关键词广告、付费搜索引擎关键词广告等，是自 2002 年之后网络广告中市场增长最快的网络广告模式。

搜索引擎广告的基本形式是：当用户利用某一关键词进行检索时，检索结果页面会出现与该关键词相关的广告内容。由于搜索引擎广告具有较高的定位，其效果比一般网络广告形式要好，因而获得了快速发展。

由于网络营销的任务之一就是尽可能多地创造用户发现企业的机会，因此，在可能的情况下，同时采用多种推广方式会比采用单一推广方式获得更好的效果。

8.3.2 电子邮件营销

1. 电子邮件营销的定义

电子邮件营销（E-mail Direct Marketing，EDM）是指通过电子邮件的方式向目标用户传递有价值信息的一种新型营销方式。

电子邮件自 1994 年诞生至今已有 30 年的历史，具备覆盖面广、成本低、效率高等特点，是企业主要的网络营销手段。

最早的电子邮件营销来源于垃圾邮件。根据中国互联网协会的相关规定，垃圾邮件包括下述属性：①收件人事先没有提出要求或者同意接收的广告、电子刊物、各种形式的宣传品等具有宣传性的电子邮件；②收件人无法拒收的电子邮件；③隐藏发件人身份、地址、标题等信息的电子邮件；④含有虚假的信息源、发件人、路由等信息的电子邮件。垃圾邮件的危害性主要包括：占用网络带宽，造成邮件服务器拥塞，进而降低整个网络的运行效率；侵犯收件人的隐私权，侵占收件人邮箱空间，清理需要耗费收件人的时间和精力；被黑客利用成为钓鱼邮件犯罪工具；严重影响 ISP 的服务形象；而妖言惑众、骗人钱财、传播色情等垃圾邮件已经对社会造成严重危害。

电子邮件并非专为营销而产生，但当电子邮件成为大众的信息传播工具时，其营销价值

也就逐渐体现了出来。而将电子邮件营销概念进一步推向成熟的是"许可营销"理论。

许可式电子邮件营销（Permission Email Marketing）是指在用户事先许可的前提下，通过电子邮件的方式向目标用户传递有价值信息的一种营销方式。这个概念需要同时具备 3 个基本要素：①事先得到用户许可；②通过电子邮件传递信息；③信息对用户有价值。许可式电子邮件营销具有针对性强、成本低、反馈率和精准度高的特点。许可式电子邮件营销遵循的基本原则包括：及时回复；避免无目标投递；"一对一"发送，尊重用户；内容言简意赅；附上联系方式；尊重用户隐私权等。

2. 电子邮件营销手段

开展电子邮件营销的基础之一是拥有潜在用户的电子邮箱地址资源。电子邮件营销的重要内容之一就是对用户电子邮件地址资源的获取和有效管理及应用。按照电子邮件地址资源的所有权，电子邮件营销常用的方式有内部列表和外部列表两种基本形式。

内部列表是企业/网站利用一定方式获得用户自愿注册的资料来开展的电子邮件营销方式，包括企业自己拥有的各类用户的注册资料，如免费服务用户、电子刊物用户等。这是企业开展网络营销的长期资源，也是电子邮件营销的重要内容。

外部列表是指利用专业服务商或者具有与专业服务商一样可以提供专业服务的机构提供的资料开展电子邮件营销的方式，企业自己并不拥有用户的电子邮件地址资料，也无须管理、维护这些用户资料。外部列表包括各种可以利用的电子邮件营销资源，常见的形式是专业服务商，如专业电子邮件营销服务商、专业网站等提供用户资料。

3. 获取邮件列表用户资源

网站的访问者是邮件列表用户的主要来源，网站推广效果与邮件列表订户数量有密切关系。通常情况下，我们可以采取一些推广措施来吸引用户的注意力。

（1）利用网站推广功能。网站本身就是很好的宣传阵地，应充分利用网站推广邮件列表。除了在网站首页设置订阅框外，还可以在网站主要页面设置邮件列表订阅框，同时给出必要的订阅说明，加深用户对邮件列表的印象。

（2）挖掘现有用户资源。在向用户提供其他信息服务时，不要忘记向他们介绍最新推出的邮件列表服务。

（3）提供奖励措施。通过邮件列表发送某些在线优惠券，或者要求只有加入邮件列表才能获得某些研究报告或者重要资料等。

（4）向他人推荐。邀请朋友和同行订阅，获得业内人士的认可。

（5）提供多渠道订阅。企业将自己的邮件列表加入更多合适的电子刊物分类目录中去，从而增加潜在用户了解邮件列表的机会。

（6）邮件列表服务商推荐。企业请求邮件列表服务商在其网站主要页面进行重点推广。

获取邮件列表用户资源是电子邮件营销中最为基础的工作内容，也是一项长期工作。企业应利用各种有效的方法和技巧获取邮件列表用户资源，真正做到专业的电子邮件营销。

8.3.3 病毒式营销

1. 病毒式营销的定义

病毒式营销（Viral Marketing）是指通过类似自我复制的病毒式的传播过程，利用已有的社交网络去提高品牌知名度或实现市场目标的一种营销方式。它是一种常用的网络营销方法，常用于网站推广、品牌推广等。病毒式营销利用的是用户的口碑传播，这种口碑传播在互联网上更为方便，可以像病毒一样迅速蔓延，因此病毒式营销是一种高效的信息传播方式。这种传播是用户之间自发进行的，是几乎不需要费用的网络营销手段。

2．病毒式营销的思路

病毒式营销是一种常用的网站营销推广手段。它借鉴病毒传播的方式，通过提供有价值的信息和服务，利用用户之间的主动传播来实现网络营销信息传递的目的。病毒式营销同时也是一种网络营销思想，其背后的含义是如何充分利用外部网络资源（尤其是免费资源）扩大网络营销信息的传播渠道。

很多病毒式营销的创意适用于小企业，例如提供一篇有价值的文章、一本电子书、一张优惠券、一张祝福卡、一则幽默故事、一个免费下载的游戏程序等，只要恰到好处地在其中表达出自己希望传播的信息即可。很多电子书是免费的，优秀的电子书可以在网民中广为流传，于是电子书成为病毒式营销的理想媒介。事实上，很多营销人员也在利用这种营销方法。

8.3.4　网络广告营销

20 世纪 90 年代，伴随着网络应用的迅速普及和发展，网络广告应运而生，成为网络营销的重要组成部分。

1．网络广告的定义

网络广告是指利用国际互联网载体，通过图文、多媒体形式发送的旨在推广产品、服务或站点的信息传播活动。它是一种由广告主自行或者委托他人设计、制作，在网络上发布或向目标消费者传送的非人员推广形式的有偿信息传播方式。与传统媒体广告相同，网络广告也包括 5 个基本要素，即广告主、广告费用、广告媒体、广告受众和广告信息。

2．网络广告的优势

与传统媒体广告相比，网络广告有着得天独厚的优势。

（1）广泛性。网络广告的传播范围广泛，不受时间与空间的限制，可以通过互联网把广告信息全天候不间断地传播到世界各地。世界上任何一个国家（地区）的互联网用户都可以通过互联网随时随地浏览广告信息，这种效果是传统媒体广告所无法达到的。

（2）主动性。众所周知，报纸广告、杂志广告、电视广告、广播广告、户外广告等都具有强制性，都是要千方百计地吸引受众的视觉和听觉，将广告信息强行灌输到受众的大脑中；而网络广告则属于按需广告，具有报纸广告的性质却不需要受众彻底浏览，网络广告的阅读取决于浏览者的意愿，它可让受众自由查询，将受众要找的信息集中呈现给受众，这样就节省了受众的时间，可避免无效的、被动的注意力集中，既经济又快速。

（3）易统计性。利用传统媒体做广告，很难准确地了解有多少人接收到了广告信息。以报纸广告为例，虽然报纸的读者是可以统计的，但是刊登在报纸上的广告有多少人阅读过只能估计推测而不能精确统计，至于电视、广播和户外广告等，其受众人数更难估计；而在互联网上，网络服务器大都设有访问记录软件，广告主通过这些软件可以随时获得访问者的详细访问记录，并且可以随时检测广告投放的有效程度并据此调整市场策略。

（4）交互性。这是网络广告的最大优势。网络广告采用交互式界面，可以使访问者对广告的阅读层次化。网络广告的载体基本上是多媒体、超文本格式文件，只要受众对某种产品感兴趣，仅需轻点鼠标就能进一步了解更多详细而生动的信息，从而使受众进一步"体验"产品、服务与品牌。

（5）实时性。在传统媒体上做广告，广告在发版后很难更改，即使可改动往往也需付出很大的经济代价；而在互联网上做广告能按照需要及时变更广告内容，且花费很小，不会造

204　成浪费。这样，经营决策就能得到及时的实施和推广。

（6）经济性。相对于平面媒体广告在图片拍摄、描绘、印刷等上的花费，以及电视广告在场景拍摄上的花费，网络广告可以用较低的成本达到图文并茂的效果。网络广告的这个特性使小型网络广告公司可以单独承担重大的广告项目。因此，网络广告的成本较低，在价格上具有极强的竞争力。

3. 网络广告的形式

网络广告有文字、图像、表格、声音、动画、三维空间、虚拟视觉等多种表现形式，可根据创意任意组合成多种多样的表现形式，直至实现令人炫目的广告效果。网络广告最初的形式就是网站本身。但目前对于大多数企业来说，建立网站要花费大量的资金，所以它们一般都采用网络广告的其他发布形式。

常见的网络广告形式有旗帜广告、按钮式广告、邮件列表广告、电子邮件广告、赞助式广告、竞赛和推广式广告等。

实例8-2　1号店把超市开到了墙上

8.3.5　域名策略营销

域名是企业在互联网上的特色标识，具有唯一性，也是计算机处理过程中 IP 地址的助记符。域名是企业开展电子商务必不可少的要素，它如同企业的名称、产品的商标一样，代表了企业在网络中的品牌和形象，是企业的无形资产。企业注册自己的域名，可以保护自己的无形资产，树立良好的形象，对网站的推广具有很重要的意义。

1. 域名的定义

域名是由个人或组织申请的独占使用的互联网标识。域名不但具有识别功能，还提供在互联网上进行信息交换和交易的虚拟地址。

企业在互联网上进行商业活动，同样存在被识别和选择的问题。由于域名是企业站点联系地址，是企业被识别和选择的对象，因此提高域名的知名度也就是提高企业站点的知名度，也就是提高企业被识别和选择的概率。域名在互联网上可以说是企业形象的化身，是在虚拟网络市场环境中商业活动的标识。所以，必须将域名作为一种商业资源来管理和使用。

正因为域名具有商标特性，某些域名已具有潜在价值。例如以 IBM 作为域名，访问者会很自然地联想到 IBM 公司，联想到该站点提供的服务或产品同样具有 IBM 公司一贯承诺的品质和价值。如果该域名被某人或组织抢先注册，注册者就可以利用该域名所附带的一些属性和价值。然而，被抢注域名的企业不但会承担丧失商业利润的风险，还会承担品牌形象受到无形损害的风险。

2. 域名注册

互联网这个信息时代的宠儿为越来越多的人所认识，电子商务、网络销售、网络广告等已成为商界关注的热点。"上网"已成为不少人的口头禅。但是，要想在网上建立服务器并发布信息，则必须首先注册自己的域名，只有有了自己的域名才能让他人访问自己的服务器。注册域名比较简单，例如可以登录域名注册网站，在域名注册一栏键入你意欲申请的域名，之后单击"查询"按钮，如果查询结果显示"已被注册"或"不可使用"，则表明你不能申请该域名；如果查询结果显示"可以注册"，则表明该域名未被注册，你就可以单击"在线注册"按钮并提供相关信息。这时域名并没有注册成功，你需要交纳费用后域名才会被正式提交到根库。

8.3.6　新闻营销

1．新闻营销的定义

新闻营销是指利用新闻为企业宣传的一种营销方式。在企业营销活动中，综合运用新闻报道传播手段能达到较好的传播效果。

企业在不损害公众利益的前提下，通过具有新闻价值的真实事件或者有计划地策划、组织各种形式的活动，制造"新闻热点"来吸引媒体和社会公众的注意与兴趣，以达到提高社会知名度、塑造企业良好形象并最终促进产品或服务销售的目的。

2．新闻营销的步骤

新闻营销包括新闻策划、新闻撰稿、媒体发布和发布跟踪4个步骤。

（1）新闻策划。①产品营销：新产品上市新闻、产品测评点评、买家体验新闻和产品联动新闻等。②企业营销：重大企业事件、参与慈善活动、行业特色事件和危机公关事件等。③CEO营销：CEO参与故事访谈、发表行业性观点、点评社会热点和获得荣誉及承担社会责任等。④文化营销：企业价值理念、企业文化观、企业成长历程和品牌故事等。

（2）新闻撰稿。网络新闻和传统新闻很大的区别就是即时性较强，传播速度快，且一般短小精悍，读起来非常快速。例如阿里巴巴作为电子商务标杆企业，经常被作为新闻话题来写，内容不限，甚至题材不限。

（3）媒体发布。新闻的发布可以求助百度新闻源列表，或者在专栏、博客等受众较广的平台进行，大部分新闻源、专栏、博客是免费的。

（4）发布跟踪。新闻标题被百度快照收录得越多也就意味着其传播的范围越广。

8.3.7　微信营销

1．微信营销的定义

微信是腾讯旗下的一款即时通信产品，支持发送语音、视频、图片和文字，还可以群聊。2011年4月，微信以英文名WeChat正式进入国际市场。

微信营销是指企业利用微信这种新兴的社会化媒体影响其受众，进行信息的快速传播、分享、反馈和互动，从而实现市场营销目标的一种营销方式。它是网络经济时代企业营销模式的一种创新，是伴随着微信的火热而兴起的一种网络营销方式。微信中不存在距离的限制，用户注册微信后，可与同样注册微信的朋友形成一种联系；通过微信，用户订阅自己所需的信息，商家通过提供用户需要的信息推广自己的产品或服务，从而实现点对点的营销。

2．微信营销的特点

（1）点对点精准营销。很多企业做微信营销的时候首先是把所有老客户加进来，然后想方设法把潜在目标人群加进来，这样企业进行营销的时候拥有极高的精准度，这也是微信营销的核心价值所在。微信拥有庞大的用户群，借助移动终端、天然的社交和位置定位等优势，每条信息都是可以推送的，能够让每个个体都有机会接收到这条信息，继而帮助企业实现点对点精准营销。例如酒类行业知名媒体佳酿网旗下的酒水招商微信公众号拥有近万名由酒厂、酒类营销机构和酒类经销商构成的粉丝，这些粉丝都是其潜在客户。

（2）强关系。微信点对点的产品形态决定了其能够通过互动的形式将普通关系发展成强关系，从而产生更大的价值。企业通过互动的形式与用户建立联系，互动就是聊天，可以解答疑惑、可以讲故事，甚至可以"卖萌"，用一切方式与用户形成朋友关系。用户不会相信陌生人，但是会信任你的朋友。由于微信公众号的粉丝都是主动订阅的，其中的信息也是用户主动获取的，因此不存在垃圾信息招致抵触的情况。

3．微信营销的优势

在移动互联网时代，人们基本都在使用微信，微信营销具有如下优势。

（1）微信实现了真正的对话。微信是一个非常方便的沟通工具，可实现一对一、一对多、多对多的沟通，使文字、图片、视频等都可通过"手指尖"便捷地发送，这为微信营销打下了坚实的基础。

（2）微信的曝光率较高。曝光率是衡量信息发布效果的一个指标。微信的曝光率是非常高的，和发送短信一样，直接到达客户手机，客户几乎百分百可以看到信息。

（3）展示方式便捷、亲和，让人无距离感。微信沟通就和平时的短信、电话沟通一样，甚至可以视频交流。所以使用微信沟通非常有亲和力。因此，微信营销的本质是面对面（Face to Face，F2F）营销。

（4）微信是一款有效的客户关系管理工具。微信公众平台是为企业服务的，通过它可以很好地进行客户关系管理。如果企业没有区分老客户、新客户等，然后把应该发给新客户的信息一箩筐发给老客户，这些信息对老客户来说就是垃圾信息；而微信可以对客户很好地进行归类，支持向某一类人群定时发送他们需要的信息，还支持与客户互动，设置查询、搜索等功能，所以微信是一个非常好的客户关系管理工具。

4．微信营销的技巧

（1）签名与位置。商家可以利用"个性签名"这个免费的广告位为自己做宣传。结合微信的另一特色应用"附近"，用户可以根据自己的地理位置查找周围的微信用户。如果"附近"使用者足够多，其广告效果恐怕不会比部分地区的户外广告差。

（2）二维码。用户可以通过扫描识别二维码来添加朋友、关注企业账户；企业则可以设定品牌的二维码，用折扣和优惠券来吸引用户关注，开拓 O2O 营销模式。

（3）社交营销。微信拥有比以往任何沟通工具都优越的功能，并且在此基础上，衍生出了很多非常实用又很有趣的功能应用，例如微信群、朋友圈都是很好的社交营销工具。

（4）公众平台。在微信公众平台上，每个人都可以用一个 QQ 号码来打造自己的微信公众号，并在微信公众平台上实现和特定群体的文字、图片、语音的全方位沟通和互动，这打通了企业与目标客户在移动端直接进行 F2F 营销的"任督二脉"。

8.3.8　微博营销

微博已经拥有十分广泛的用户基础。企业微博做得好不仅可以宣传企业形象，还可以宣传企业的产品及服务，促进交易达成。

1．微博营销的定义

微博（一般指新浪微博）营销是指通过微博这一社交平台，为企业、个人等创造价值的一种营销方式。每一个人都可以在新浪注册一个微博账户，然后通过更新自己的微博内容向网友传播企业、产品的信息，树立良好的企业形象和产品形象。

2．微博营销的优势

（1）操作简单，信息发布便捷。一条微博最多可以有 140 个字。用户只需要简单构思，就可以完成一条微博的发布。

（2）低成本。微博营销的成本比博客营销或论坛营销的成本低多了。

（3）针对性强。关注企业或产品的微博粉丝大多是其消费者或潜在消费者，企业可以对其进行精准营销。

（4）传播速度快。微博最显著的特征之一就是信息传播迅速。一条微博在触发微博引爆点的短时间内就可以抵达微博世界的每一个角落。

（5）可拉近距离。在微博中，政府机关可以和民众一起探讨社会问题，名人可以和粉丝互动，微博其实就是在拉近用户之间的距离。

（6）互动性强。企业能与粉丝即时沟通，及时获得用户反馈。

3．微博营销的技巧

在微博营销的过程中，吸引粉丝的技巧有以下几点。

（1）注重价值的传递。企业微博是一个给予平台，只有那些能为浏览者创造价值的微博内容才可能吸引他们，此时企业微博才可能达到期望的商业目的。企业只有认清这个因果关系，才可能从企业微博中受益。

（2）注重微博个性化。微博的特点是"关系""互动"，因此，企业微博应避免采用冷冰冰的方式发布消息，要有感情、有思考、有回应，有自己的特点与个性。

（3）注重发布的连续性。微博就像一本随时更新的电子杂志，要注重定时、定量、定向发布内容，让用户养成观看习惯。用户登录微博后，能够想着看看企业微博有什么新动态，这无疑是企业微博成功的最高境界，这虽很难达到，但企业微博需要尽可能多地出现在他们面前，引导他们养成观看习惯。

（4）注重互动性。微博的魅力在于互动，拥有一群不说话的粉丝是很危险的，因为他们慢慢会变成不看企业微博内容的粉丝，最后可能会离开。因此，互动性是使微博持续发展的关键。在微博中，企业微博可以适当与粉丝进行一些互动，例如举行有奖竞猜、抽奖活动等，这样可以提高微博活跃度，同时提高粉丝的活跃性，吸引更多的粉丝关注企业微博。

（5）注重方法与技巧。要想使企业微博有声有色、持续发展，单纯在内容上传递价值还不够，必须讲求一些方法与技巧。例如，对于微博话题的设定，表达方法就很重要。如果企业微博的博文是提问性的或带有悬念的，能引导粉丝思考与参与，那么浏览和回复的人自然就多，也容易给人留下印象；但如果是新闻稿一样的博文，粉丝便不太可能想参与。

8.3.9　短视频营销

随着新媒体时代的到来，以网络为核心的移动终端渐渐崛起。短视频因创作门槛低、制作简单、互动和社交属性强、易于传播分享等优点而迅速成为一种新型的网络营销载体，短视频营销也因此呈现爆发式的增长。

1．短视频营销的定义

新媒体时代，短视频成为一种时尚的营销方式，已经被大众广泛认可与接受。短视频的营销发展目前处于爆发阶段，越来越多的人投入短视频的营销大军中。

短视频是一种长度以秒计数，主要依托于移动智能终端实现快速拍摄与美化编辑，可在社交媒体上实时分享和无缝对接的新型视频形式。相对于传统长视频而言，短视频则是指在各种新媒体上播放的、适合在移动状态和短时休闲状态下观看的、高频推送的视频内容，几秒到几分钟不等。

短视频营销是指以短视频为主体，以内容为核心，以创意为导向，通过精细的策划进行产品营销与品牌传播的一种新型营销方式。它是企业借助短视频这种媒介形式进行社会化营销的一种方式。

2．短视频营销的特点

（1）内容覆盖广泛全面。虽然短视频的出现时间很短，但是其发展速度异常惊人。另外，短视频因为内容广泛，聚集了不同消费层次、年龄结构和文化水平的人群，所涉及的内容覆盖面广泛，而在之后还将进一步扩展内容，扩大覆盖面。

（2）短视频涉及内容丰富。自媒体时代背景下的短视频涵盖生活、服饰、美妆、互联

208 网、娱乐等多个不同类别的内容，与人们生活的各个领域息息相关，也逐步成为人们实际生活当中不可缺少的一部分。

（3）短视频网络传播度极高。人们可以随时进行短视频的分享，直观生动地体现自己的生活点滴和生活思考。

3. 短视频营销的优势

（1）指向明确，用户精准。在做短视频营销之前，我们都有一个共同的操作——明确账户定位。垂直定位账户针对目标用户的垂直领域，方向明确。我们要善于利用短视频营销的优势，学会抓住用户的痛点或社会需求点，在低成本的前提下最大限度地增强营销效果。

（2）"可持续发展"性的传播。经常观看短视频的朋友可能知道，我们今天看到的短视频可能早就发布了。这是因为优秀的短视频会受到持续关注，并受到用户的喜爱，系统将继续将该短视频推给更多的人。

（3）数据效果可视化。短视频营销较明显的一个特点是，营销人员可以分析短视频的传播效果数据，包括有多少人可能会关心，有多少人会观看短视频，转载多少次，评论数量有多少，互动次数有多少，等等。

（4）低成本。与传统广告营销的大量人力和精力投入相比，短视频营销的进入门槛较低，成本也相对较低。短视频在制作、传播、维护等方面的成本都更具竞争力。简单的团队加上好的创意就可以制作出受众喜爱的短视频，从而获取流量。

（5）传播速度快。短视频营销的高效性在于消费者可以直接通过观看短视频了解并购买产品。电视广告没有相关的产品链接，购买不便捷，因此消费者不容易产生购买行为；而短视频可以将产品的购买链接放置在展示产品界面的四周或是短视频播放的窗口周围，使用户可以实现"一键购买"。另外，用户在与短视频进行互动的过程中，不仅可以点赞、评论，还可以转发，从而使短视频得到广泛传播。

4. 短视频营销平台

（1）抖音

抖音于2016年9月上线，是北京抖音信息服务有限公司旗下的一款音乐创意短视频社交软件。用户可以在抖音中选择歌曲，配以短视频，形成自己的作品；也可以在抖音中认识更多朋友，了解各种奇闻趣事。抖音短视频的内容生产者主要有两类：一是"网红"、MCN机构，抖音通过与他们签约来保证优质视频内容的持续输出；二是普通用户，抖音通过"去中心化"机制分发内容，挖掘普通用户的爆款内容，维持用户的活跃度。

抖音用户一般都是年轻用户，35岁以下用户占比接近80%。抖音配乐以电音、舞曲为主，短视频分为两派——舞蹈派与创意派，其共同的特点是都很有节奏感。抖音短视频有一个很明显的特点是，时长较短。用户在观看短视频时，不需要进行选择、播放、快进等操作，只要用手指滑动手机屏幕就可以持续观看多个短视频，方便快速浏览。另外，抖音中的内容比较简单易懂，大量创新有趣的内容呈现在用户面前，让用户刷起抖音就容易"上瘾"，把大量的时间和精力花费在抖音中。2021年5月26日，抖音官方宣布14岁以下实名认证用户将在登录后直接进入青少年模式，且进入后无法退出。对于14~18岁的实名用户，抖音将在内容推荐、社交、搜索等方面提供更严格的安全保护，如禁止对陌生人显示除头像和昵称以外的个人公开信息。抖音成为国内各大短视频平台中首家推出如此严格保护青少年措施的平台。

（2）快手

快手是北京快手科技有限公司旗下的产品。快手的前身叫"GIF快手"，诞生于2011年3月，最初是一款用来制作、分享GIF图片的手机应用。2013年10月，"GIF快手"从工具转型为短视频社交平台，是用户记录和分享生产、生活的平台。2014 年 11 月，"GIF 快手"改名为"快手"。随着智能手机、平板电脑的普及和移动流量成本的下降，快手在 2015 年以后迎来市场。2022 年 1 月 30 日消息，快手和央视虎年春晚达成合作，用户可以在快手、快手极速版、快手概念版、云试听快 TV 等快手官方平台观看 2022 年央视春晚，并参与 22 亿元红包活动。

2016 年初，快手上线直播功能，并将直播低调地放在"关注"栏里，此时直播在快手仅具附属功能。快手在产品推广上，一直依靠短视频社区自身的用户和内容进行运营，走的是平民化的运营路线。在快手中，用户可以用照片和短视频记录自己的生活点滴，也可以通过直播与粉丝实时互动。快手的内容覆盖生活的方方面面，用户遍布全国各地。在这里，人们能找到自己喜欢的内容，找到自己感兴趣的人，看到更真实有趣的世界，也可以让世界发现真实有趣的自己。

（3）美拍

美拍是一款受年轻人喜爱的软件，可以直播、制作短视频。它于 2014 年 5 月上线后，连续 24 天蝉联 App Store 免费总榜冠军，并获得当月 App Store 全球非游戏类下载量第一。2016 年 1 月，美拍推出"直播"功能，同年 6 月推出"礼物系统"功能，不管是拍摄短视频还是直播都可以接受粉丝的在线送礼，迅速成为最有代表性的娱乐直播平台。参与直播的不仅有名人，还包括"网红"、国际机构、媒体、品牌等。美拍推出全球独家表情文，让照片也能"说话"。用户只要在照片模式下上传任意一张照片，并自由添加表情、文字、语音，就能让照片"活起来"。美拍抓住了很多人爱美的心理，其编剪功能使得短视频的拍摄效果很不一样，无时无刻不在阐述着"我的短视频我做主"的快乐。所以美拍带来的是拍摄过程中的快乐和乐趣，用户拿起手机，短短 10 秒就可以享受这份快乐。

美拍初期凭借其专业的图形图像处理能力获得了大量对画质有需求的用户。美拍的用户以公司职员居多，他们喜欢展现自己高质量的生活与品位。之后，美拍通过不断丰富自己的功能，细分视频类别，全面覆盖用户需求，增强了对用户的吸引力。其中，直播不仅丰富了美拍的功能，还为用户提供了与粉丝交流、互动的机会，还提供了维护粉丝的通道和更加直接的流量变现渠道。

（4）小红书

小红书于 2013 年 6 月在上海成立。小红书是一个生活方式平台和消费决策入口。在小红书社区，用户通过文字、图片、短视频笔记分享记录"Z 时代"年轻人的正能量和美好生活，小红书成了连接消费者和优秀品牌的纽带。小红书社区每天产生数 10 亿次的笔记曝光，内容覆盖护肤、彩妆、美食、旅行、影视、读书、健身等各个生活领域。在小红书中，来自用户的数千万条真实的消费体验，汇成全球最大的消费类口碑库，也让小红书成了品牌方看重的"智库"。小红书通过机器学习对海量信息和用户进行精准、高效匹配。小红书数据中台数据显示，截至 2021 年 11 月，小红书月活跃用户数已达到 2 亿。小红书用户呈年轻化趋势，年龄主要集中在 18 ～ 34 岁，占比为 83.31%；以女性用户为主，其中女性用户占比为 90.41%，男性用户占比为 9.59%。在小红书中，72% 的用户是"90 后"，50% 的用户在一、二线城市。

小红书旗下设有电商业务，2017 年 12 月，小红书电商被《人民日报》授予代表中国消费科技产业的"中国品牌奖"。2021 年 12 月，小红书入选《中国十大独角兽》榜单第七名。小红书的品牌活动有"6·6 周年庆"和"红色星期五"。在每年这两个时间节点，小红书都会举行大规模的促销活动，这有点类似于淘宝的"双十一"。

除了抖音、快手、美拍、小红书等目前较为火爆的短视频平台外，梨视频、抖音火山版等也是常见的短视频平台。其中，梨视频以新闻事件和纪录片内容为主；抖音火山版视频内容丰富，包括风景、游戏、书画、表演、时尚等，很有特色。

第三部分　课题实践

一、实训

实训8-1　戴尔笔记本电脑在线定制体验

戴尔是伴随互联网发展起来的一家新型的 IT 企业，其享誉业内外的网上直销业务降低了公司的经营成本，促进了公司的快速发展。在这种销售模式中，其网站起到了非常重要的作用。

1. 实训目的和内容

①了解戴尔网站的功能、设计风格特色；②掌握在线定制产品的业务流程；③分析网站落实 4C 理论的措施；④体验搜索引擎优化策略。

2. 实训操作指导

（1）访问戴尔网站。登录戴尔网站账户，点击笔记本电脑的链接访问。

（2）体验产品个性化定制。挑选自己喜欢的笔记本电脑型号，再选择个性化的配件。例如选择 Inspiron 灵越笔记本电脑，在产品规格页面有"定制"链接。

（3）分析戴尔网站 4C 理论。讨论戴尔网站是如何落实 4C 理论的。

（4）分析戴尔网站的搜索引擎优化策略。查看戴尔网站首页 HTML 代码，分析该网站是如何进行搜索引擎优化的。

实训8-2　制定促进家乡旅游发展的网络营销策划

通过对家乡环境进行综合分析，制定促进家乡旅游发展的网络营销策划。

1. 实训目的和内容

①能够结合大数据技术手段，有针对性地为企业分析互联网营销环境带来的挑战与机遇；②通过"乡村旅游"网络营销策划任务，弘扬劳动精神，培养爱国爱家的情怀。

2. 实训操作指导

（1）利用大数据技术手段收集家乡旅游业的资料。

（2）利用 SWOT 分析方法对家乡旅游业进行综合分析。

（3）制定促进家乡旅游发展的网络营销策划。

3. 实践活动评价表

实践活动评价标准、评分等具体情况如表 8-1 所示。

表8-1　实践活动评价表

评价标准	分值 / 分	组内评分 / 分	教师评分 / 分
内容丰富	30		
条理清楚	35		
方案具有建设性	35		
总分			

实训8-3　为家乡特色产品策划广告词

选择家乡的特色产品，为其策划一段广告词，并且将其在自己的微信公众号（或订阅号）等新媒体平台上发布。

1. 实训目的和内容

为深入学习贯彻党的二十大精神，参与乡村振兴，培养爱国爱家情怀，为家乡产品代言，感受网络广告的魅力。

2. 实训操作指导

（1）选好家乡需要推广的产品，了解其产品属性。

（2）根据产品的特点，找准消费者的痛点和痒点，策划包含产品卖点的广告。

（3）找准平台发布广告，为家乡产品代言。

（4）在全班分享广告。

3. 实践活动评价表

实践活动评价标准、评分等具体情况如表8-2所示。

表8-2 实践活动评价表

评价标准	分值 / 分	组内评分 / 分	教师评分 / 分
平台的适应性	30		
广告的转发率	35		
广告的阅读量	35		
总分			

二、思考练习题

思考以下问题并组织小组讨论，分小组进行观点分享。

（1）简述网络营销的概念与特点。

（2）简述网络营销与传统营销的区别。

（3）简述搜索引擎在网络营销中的作用。

（4）简述搜索引擎注册中设置关键字应注意的事项。

（5）简述电子邮件营销的定义和开展电子邮件营销的基础条件。

（6）什么是病毒式营销？病毒式营销的思想是什么？

（7）简述网络广告的概念与特点。

（8）微信的本质是什么？

三、实践练习题

（1）近年来，我国的家用轿车市场发展迅速，一家位于省会城市的汽车经销商为了了解该市场的潜力和未来发展趋势，希望利用互联网获得如下信息：①我国目前家用轿车市场的规模；②该市场的增长趋势；③目前该市场的领导品牌；④其他有关的因素。假如你是该经销商市场部的一位营销人员，请你利用互联网获得上述信息，写一份市场调研报告。

（2）在调查宝上，以"本校电子商务专业毕业生就业情况"为题制作一份网上调研问卷，要求问题数量不少于10个，问题类型在3种以上，并将该问卷推送给20名以上的毕业生填写。

课题九
客户关系管理

9

知识目标

➤ 理解客户关系管理的内涵
➤ 了解客户关系管理的内容
➤ 理解客户关系生命周期的含义
➤ 理解客户价值的内涵
➤ 了解 CRM 系统的功能

技能目标

➤ 掌握获取目标客户的步骤
➤ 掌握提高客户满意度的技巧
➤ 掌握提高客户忠诚度的方法
➤ 掌握防止客户流失的策略

建议学时

6 学时

第一部分 案例与分析

案例 京东PLUS会员开启"PLUS家庭共享计划"内测

　　2023 年 4 月，京东 PLUS 会员页面开启了"PLUS 家庭共享计划"内测。凡是有内测资格的用户可以将一张免费的家庭副卡分享给其他人。副卡用户可以享受跟主卡用户同等的会员权益。家庭共享会员的模式在境外并不罕见，包括流媒体平台 Netflix、HBO，以及游戏平台 Nintendo Online 等，都支持类似的家庭会员模式。一些线下会员商店，如山姆等，同样支持将副卡给亲友使用。不过在国内，无论是视频平台还是电商平台，几乎都未尝试过家庭会员模式。

　　京东踏出的这一步对于行业而言有着重要的借鉴意义。从内测用户提供的页面可以看到，京东 PLUS 家庭共享计划的主副卡用户虽然享有同等特权，但也并不设有增加权益。因此严格来说，PLUS 会员的家庭共享计划只是在不改变原有权益和价格的情况下增加一个使用者。京东 PLUS 会员业务部会籍权益负责人表示："如何让用户有更好的消费体验，在平台有更多留存，这是京东各事业群工作的重点方向之一。"这次的家庭共享计划是对用户消费体验的一次升级，同时，在电商行业的存量竞争时代，进一步挖掘家庭用户的消费潜力也是京东尝试家庭会员的目的之一。

截至 2022 年底，京东 PLUS 会员数已经增长到 3 400 万。京东曾经透露，PLUS 会员的平均年消费额是非会员的 10 倍之多。而用户对于付费会员的要求其实也很简单，对于一些必要功能，服务能配得上价格就行；至于一些增值服务，则需要做到物超所值才有吸引力。这是会员付费的底层逻辑。

如今电商平台纷纷开启"服务战"、围绕存量用户做文章，付费会员其实就是一个很好的突破口。在不影响基础业务的前提下，电商平台可以借此满足高质量用户的一些定制化需求。当然，对于用户而言，"加量不加价"肯定是最好的。京东所推出的家庭会员不仅顺应了这一需求，还能起到培养用户"会员习惯"、吸引更多新会员的作用。过去几年，京东 PLUS 会员数量虽然在保持高速增长，但京东的整体月活跃用户数只能勉强保持稳定，只有"6·18""双十一"等大促期间才有较高的增幅。换言之，付费会员的增长早晚也会陷入瓶颈，京东需要找到其他方法吸纳新会员，例如从原有会员入手，挖掘家庭消费潜力。京东此前就做过统计，京东 PLUS 会员中有 80% 是家庭型用户。也正是因此，京东的 PLUS 会员还从家庭消费出发，尝试了医药、家居等品类特权卡。

京东如今推出的家庭会员虽然可能会降低单个会员的用户价值，但也会收获更高频次的消费，以及来自家庭用户的强大黏性，这才是京东最为需要的。只要能够进一步摸索出家庭会员新的方向，其对于京东巩固存量用户来说依旧意义重大。

无论是电商会员还是家庭会员，京东都算是走在了最前面，这也跟京东的平台定位有关。从电商个人会员到家庭会员的进一步探索还是需要京东先行探路。在电商行业增量见顶的今天，电商个人会员以及家庭会员的模式也许能够成为破局的关键。

第二部分　课题学习引导

21 世纪是服务制胜的时代，谁真正了解客户、拥有客户并有效地服务于客户，谁就能成功，而客户关系管理正是快捷、精准实现这一任务的有效手段。

9.1　客户关系管理的基本概念

9.1.1　客户与客户关系

1. 客户

客户是指购买企业产品或服务的个人或组织。客户的范畴包括：①消费者，购买最终产品或服务的零售客户，通常是个人或家庭；② B2B 客户，将购买的产品或服务附加在自己的产品上一同出售的客户（例如麦当劳将可口可乐附加到套餐中出售）；③渠道客户，购买产品，将其作为企业在当地的代表并出售所购产品的客户（例如沃尔玛购买可口可乐出售给消费者）；④内部客户，企业（或联盟公司）内部的员工。

2．客户关系

客户关系指的是<u>企业在经营管理过程中与客户所建立的各种联系</u>。这些联系可能是单纯的交易关系，可能是通信/信息联系，可能是与客户之间特殊的接触关系，也可能是因双方利益而形成的联盟关系。

客户关系的建立为企业的经营管理提供了一个重要思路，使企业建立了以客户价值为核心的商业模式。当客户的个性化需求被企业满足时，客户会积极与企业进行沟通并且向企业提供信息作为回报，这就会形成良好的客户关系。客户关系所隐含的意义在于：客户为企业提供机会，向企业传达他们需要的是什么；企业要领会并且运用所接收的信息，将其转化为产品或服务提供给客户。客户传达给企业的信息越多，企业就越能找到客户真正的需求，提供客户真正需要的产品或服务，如此客户在企业的消费与投资就会越来越多。这意味着客户需求的满足与企业利润的提高，也就是客户与企业的双赢。客户关系的建立如图 9-1 所示。

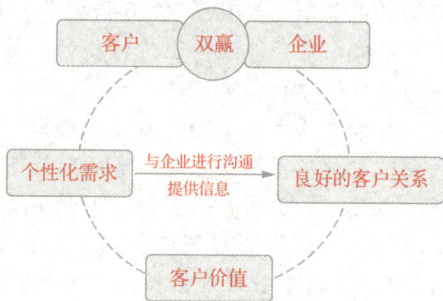

图9-1　客户关系的建立

9.1.2　客户关系管理的概念

1．客户关系管理的定义

不同的研究机构、专家学者和相关企业在定义客户关系管理时，侧重点有所不同，因此并未形成统一的定义，其中具有代表性的定义如表 9-1 所示。

表9-1　客户关系管理的定义

定义者	侧重点	定义
SAS 公司	技术	客户关系管理是一个过程，企业通过这个过程最大化地收集与利用客户信息，提高客户的忠诚度，延长客户关系生命周期
麦肯锡公司	关系	客户关系管理是持续的关系营销，企业应该寻求最有价值的客户，以不同的产品和渠道来满足不同客户的需求，并与客户保持沟通，根据客户消费行为的改变而调整企业战略
美国营销协会	关系	客户关系管理是协助企业与客户建立良好关系、使双方都获利的管理模式
菲利普·科特勒	价值	客户关系管理是通过传递客户价值和满意度来建立和维持客户关系的整个过程

本书认为，<u>客户关系管理就是企业对客户特征、需求变化、市场趋势及竞争对手等相关信息进行获取、提炼与解读，从而持续提供满足客户需求与期望的产品或服务，进而保持客户满意度与忠诚度</u>。

2．客户关系管理的内涵

客户关系管理可以从 3 个层次理解：交易关系管理、信息管理及价值管理。

（1）交易关系管理，即在交易过程中，为客户提供快捷并且周到的服务，与客户建立并维护一种紧密信任的关系。交易关系管理在电子商务中体现为客服管理，包括售前、售中及售后管理。在产品同质化、差异性不显著的情况下，良好的交易关系管理有利于企业保持客户的满意度与忠诚度。

（2）信息管理，即企业对客户信息的获取、提炼以及良好运用的过程。企业要做到比竞争对手与客户自身更了解客户，首先就要从客户那里获取信息，这里的信息包括客户主观偏好、需求信息，也包括客户所留下的各种客观数据信息（如网页浏览、购买记录等）以及市场需求变化趋势。因此客户关系管理是一种技术或者流程，用来收集并提供有助于企业制定战略决策所需的信息。

（3）价值管理，即企业根据所掌握的客户需求与偏好为客户创造价值。从客户得到的价值来讲，价值是企业可以提供给客户的独特产品或服务，是让客户愿意开心买单的原因。从企业得到的价值来讲，价值是客户在企业的投资与消费。价值管理是一个双赢过程：企业向客户提供价值，也就是满足客户需求与期望；客户向企业提供价值，也就是保持忠诚度，让企业有利可图。

9.1.3　客户关系管理的内容

客户关系管理的内容主要包括获取更多数量的优质新客户（关系更多）、提高现有客户的赢利性（关系更深），以及延长客户关系生命周期（关系更久）3 个方面，如图 9-2 所示。

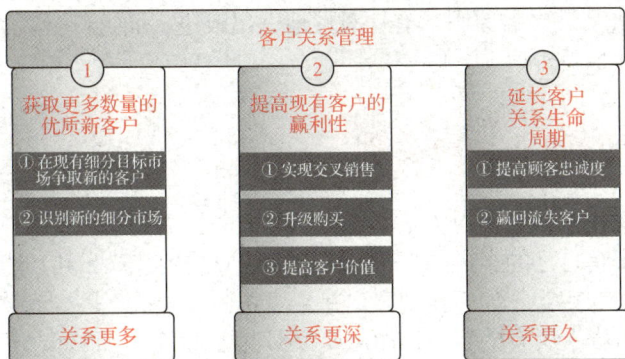

图9-2　客户关系管理的内容

1．获取更多数量的优质新客户

获取更多数量的优质新客户，即增加客户数量，可以分解为两个方面的内容。

（1）在现有细分目标市场争取新的客户。企业在现有细分目标市场吸引全新潜在客户，以及吸引竞争对手的客户。例如星巴克依旧以不变的价格销售着焦糖玛奇朵、美式咖啡以及抹茶星冰乐等产品，品牌定位没有变，目标客户群也没有变，只是通过客户关系管理策略去吸引更多之前并没有饮用咖啡习惯的潜在客户来购买，或者去吸引之前在 Costa 咖啡消费的客户来星巴克购买咖啡。

（2）识别新的细分市场。许多企业在发展初期只服务于一个细分市场。随着实力的提升与经验的不断积累，企业可以通过探索新的细分市场来获取更多客户。例如，伊利、蒙牛等乳制品企业在发展前期面对大众消费者推出平价产品，后来逐渐完善细分市场，针对高端细分市场推出高价格产品，如金典、特仑苏、安慕希、纯甄等；也针对幼儿市场推出 QQ 星、未来星等产品。

2．提高现有客户的赢利性

提高现有客户的赢利性即促进客户关系质量的提高，使客户对企业的信任度不断提高，同时价值贡献不断增长，可以分解为 3 个方面的内容。

（1）实现交叉销售。企业增加客户使用同一家企业产品或服务的种类。例如宝洁公司通过客户关系管理策略，增加现有客户对其旗下各种类产品（洗发用品、护发用品、护肤用品、化妆品、婴儿护理用品等）的选择；又如携程通过客户关系管理策略，促使使用其机票预订服务的客户同时使用其酒店、餐饮预订等服务。

（2）升级购买。客户由购买低赢利性的产品转向购买高赢利性的产品，强调客户消费行为的升级。例如，苹果客户从购买 Macbook air 128G，到升级购买 Macbook pro 256G；宝马客户从购买 3 系产品到升级购买 8 系产品。

（3）提高客户价值。企业需要为客户提供不同于竞争对手的产品或服务。

3. 延长客户关系生命周期

延长客户关系生命周期即让企业和客户之间的关系更为长久，可以分解为两个方面的内容。

（1）提高客户忠诚度。激发客户对企业的产品或服务产生强烈的持续购买的欲望。亚马逊的战略就是保持客户忠诚，其 59% 的营业额几乎来自忠诚客户。一般而言，老客户所创造的营业额是新客户的 5 倍。因此，相对于不断改进战略去吸引新客户，维系现有客户并与其建立更长久的客户关系则更为重要。

（2）赢回流失客户。客户流失率降低 5%，企业利润可以提高 25% ～ 85%（因行业存在差异），因此企业要尽力赢回流失客户。对于长期客户的流失，企业需要调查其流失的原因，有针对性地做出改进，而这部分流失客户的意见往往对企业最具价值。

实例9-1　践行高质量发展　天猫"双十一"迈入新阶段

9.2　获取客户与建立客户关系

对企业而言，成功地建立客户关系不仅意味着把产品或服务卖给客户，更在于了解谁是自己的客户，并且了解自己的客户的真正需求。企业应找到客户，并且能比其他竞争对手更好地满足客户的需求与期望。如何找到客户并且建立客户关系，是本节学习的重点。任何企业都不可能服务于市场上所有的客户，而需要根据自身的实力与目标，有针对性地锁定目标客户。因此企业需要对市场进行细分，识别自身的目标客户并且努力建立客户关系。

9.2.1　市场细分

市场细分是从客户个性化需求的角度对客户进行分类，把实际和潜在的客户划分为不同的客户群体的市场分割过程。市场细分的实质是对客户需求的界定。通过市场细分，企业可以认识到每个细分市场上客户需求的差异、需求被满足的程度，从而有针对性地服务客户。

市场细分主要包括以下两个方面内容。

1. 确定市场细分的依据

企业需要根据消费群体在需求上的差异性以及差异产生的深层原因确定用来细分市场的依据。常用的市场细分依据如表 9-2 所示。

表9-2　市场细分依据

细分依据	细分因素
地理依据	国家、地区或所在城市的规模等
规模依据	年龄、性别、家庭规模、收入、国籍、职业等（个人客户）；行业、企业的规模、注册资金、经营范围、经营期限、注册地点、企业法定代表人等（企业客户）
行为依据	购买时机、追求的利益、使用者的状况、使用率、对品牌的忠诚度等
社会心理依据	个性、生活态度、受教育程度、价值取向、生活方式、生命周期阶段等（个人客户）；组织气氛、企业文化等（企业客户）

2. 选定细分市场

企业根据选定的细分依据，将整个市场划分为一系列的细分市场，每一个细分市场均由一组寻求相似利益、具有相似偏好的客户组成；接着对每个细分市场的客户需求和期望进行判断，同时也对企业自身满足客户需求的能力进行判断；结合前两方面的判断，企业选择有能力服务，并且具有市场潜力的细分市场。

9.2.2 识别目标客户

任何企业的资源都是有限的，需要在选定的细分市场中找到目标客户，并且对有限的资源进行有效组合，为与其"门当户对"的客户提供服务。在寻找目标客户的过程中，企业要熟练掌握和灵活运用以下常用的方法，如表9-3所示。

表9-3 识别目标客户的方法

识别方法	操作步骤
公共媒体信息寻找法	从各种电话黄页、企业网站、广告、报纸、杂志或协会等处获取企业名录
统计年鉴寻找法	统计年鉴是各城市统计局根据国家数据统计的要求对地方企业经济进行汇总分析的资料，它包含企业销售、产值、利税等各种统计数据分析，可以通过地方的图书发行机构购买
会议寻找法	企业应关注城市的酒店、宾馆、大型会议展馆，及时收集各企业、机关、组织举行的各种展览、贸易活动、市场推介会、促销会、培训会等信息
委托调查公司	许多城市中都有专业的从事信息调查的公司，企业可以通过与其合作获得有效的信息
老客户介绍与推荐	企业可通过老客户收集新客户和供应商名单并进行跟进。这种寻找目标客户的方式是所有方式中最为有效的，并且获得的客户信息比较准确和翔实，更有利于企业对新客户的开发
锁定具备二次购买可能性的老客户	老客户资源就是最好的资源，利用企业客户俱乐部提供的资料，通过激励政策，挖掘老客户升级版的需求
锁定竞争对手的客户	关注竞争对手的网站及其发布信息的渠道和市场活动
网络寻找法	企业可以根据自己的经营范围登录专业网站，浏览国内外的需求信息，也可以发布信息吸引客户；可以通过多种网络交流渠道，如论坛、社交媒体寻找客户；可以在自己的企业网站上设计产品宣传页，吸引潜在的客户来与自己联系

9.2.3 建立客户关系

寻找到客户不等于可以与客户建立关系，企业还需要吸引客户与说服客户。面对众多的产品或服务供应商，客户只有被企业吸引，才会与企业建立关系。

1. 吸引目标客户

吸引目标客户的措施包括以下几个方面。

（1）提供适当的产品或服务。如今的电子商务市场竞争激烈，许多传统企业也加入在线销售的队伍。企业要想在众多电商企业中脱颖而出，赢得客户的喜爱与信任，首先要提供可以满足客户需求与期待的产品或服务。例如，网易严选提供的产品具有较高的品质、简约的外观设计，迎合了广大对生活品质具有较高要求但又不会选购奢侈品的客户群体需求。

（2）保障产品或服务的质量。许多企业过度关注产品创新、外观及功能设计，反而忽视了最基本的产品质量。

（3）凸显产品或服务的特色。产品或服务具有与众不同的特色更易吸引客户。例如，花＋（Flower Plus）颠覆了人们多在节日、纪念日购买礼品花的模式，通过手机端下单、包月制宅配，向客户灌输"随时随地用鲜花点亮生活、点亮心情"的理念，推广日常用花的消费模式。众多客户表示，包月鲜花（每周顺丰送花到家）为他们带来了更多的惊喜。

（4）塑造品牌形象。每家企业都在为树立品牌形象付诸持续的努力，吸引目标客户是良好、知名品牌的关键作用之一。

（5）提高产品或服务的附加值。附加值是产品或服务超出基本与核心功能的，可以提升客户对产品或服务评价的，为客户带来超出预期的惊喜的部分。在大众观念里，消费者选择淘宝等电商平台购物是出于产品或服务的价格优势，但要提高产品或服务的附加值则是一个难题。

（6）确定适当的价格。价格是产品或服务是否具备吸引力的关键因素之一。目前，还有众多电商企业靠低价、大批量销售吸引客户。随着消费升级，越来越多的客户不再执着于低价产品，而是以产品质量为前提，优先选择性价比高的产品。

（7）选择恰当的分销渠道。企业需要根据自身需要与目标客户特征选择适合自己的分销渠道。

（8）进行有吸引力的推广活动。推广就是向目标客户宣传与传播自身的品牌/产品。随着新媒体的发展，企业的推广方式较传统推广发生了巨大改变，企业通过社交媒体、官方网站、公众号等新媒体与客户进行在线互动。

2. 客户关系的建立

客户被企业所吸引并不意味着就会顺理成章地购买企业的产品或服务，企业需要在客户提出询问或异议时，给予及时与专业的回复，消除客户的疑虑，提升客户的购买意愿，最终达成初次交易，建立客户关系。这一环节需要客服人员具备一定的沟通技巧与专业素养，如图9-3所示。

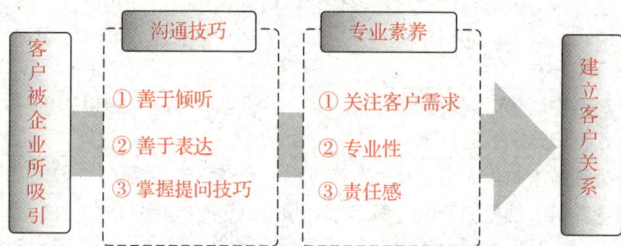

图9-3　客服人员需要具备的沟通技巧与专业素养

客服人员需具备的沟通技巧如下。

（1）善于倾听。从与客户的谈话中确定客户的客观问题与主观情感，不要打断客户讲话，并且适时表达自己的意见，在肯定对方谈话价值的同时，与客户进行商议。

（2）善于表达。客服人员的表达与沟通能力十分重要。客服人员是否可以准确表达，并给客户专业与体贴的回复，是促成交易的关键。

（3）掌握提问技巧。首先提一个开放式的问题，如"有什么需要我帮忙的吗"；然后转提封闭式问题，如"是否对我们产品的质量有疑问"。能正确、大量地提出封闭式问题，充分说明客服人员理解了客户的诉求与问题。

实例9-2　电商寻找与建立客户关系的方式——推荐引擎

客服人员需具备的专业素养如下。

① 关注客户需求。客服人员是与客户最近距离接触的企业员工，他们是否可以及时察觉客户需求，从而有针对性地为客户提供服务，这是建立客户关系的关键。同时，客服人员需要收集、总结与反馈客户的诉求与反映，成为企业与客户间沟通的有力桥梁。

② 专业性。在与客户沟通、互动的过程中，客服人员需要表现出较高的知识水平，帮助客户对产品或服务进行深入了解，促成交易。

③ 责任感。客服人员应该抱着对客户与企业负责的态度，认真对待每次与客户接触并为客户服务的机会。

9.3 维持客户关系

在与客户建立关系后，企业需要把握客户关系生命周期，在不同阶段采取相应的管理措施持续提高客户满意度与忠诚度，从而尽可能延长客户关系生命周期。

9.3.1 客户关系生命周期

客户关系生命周期指的是客户从潜在客户到与企业建立关系，进而成为企业长期保留和维护的对象的阶段化状态。处于不同关系阶段的客户对企业具有不同的需求、期望与行为模式。客户关系生命周期为企业理解与管理客户提供了明确的框架，这个框架把客户关系划分为 4 个阶段：考察期、形成期、稳定期以及退化期，如图 9-4 所示。

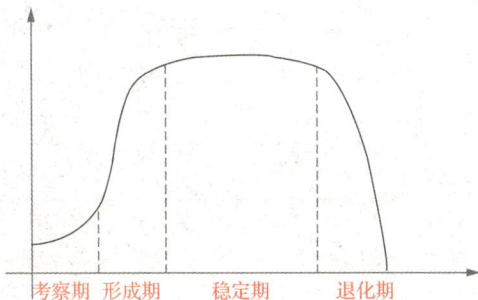

图9-4 客户关系生命周期

1. 客户关系生命周期的阶段划分

（1）考察期。考察期是客户关系的探索与试验阶段，是客户关系的孕育期。在这一阶段，双方考察与体验对方的实力、诚意及特点。考察期内，客户关系的基本特征具有不确定性，因此此阶段的中心目标是评估彼此的潜在价值和降低不确定性。在这一阶段，企业获得了潜在客户的回应，双方形成多种形式的交流互动，并且客户开始下一些尝试性的订单。

（2）形成期。形成期是客户关系快速发展的阶段。企业在考察期所获取的客户通过产品或服务的交换过程转变为真正的客户，这个过程为企业与客户都带来价值，客户有意向与企业进行更多的交易。在这一阶段，双方从关系中获得的回报日益增多，交互依赖的范围和深度也日益增加，逐渐认识到对方有能力提供令自己满意的价值和履行其在关系中担负的职责，因此愿意承诺一种长期关系。随着了解和信任的加深，双方关系日趋成熟，双方的风险承受意愿增强，交易不断增加。

（3）稳定期。稳定期是客户关系发展的最高阶段。此阶段，客户已经与企业建立相对紧密的联系，双方对彼此提供的价值高度满意，完成了大量的交易。同时，为了长期维持稳定的关系，双方都进行了大量有形和无形的投入。在这一阶段，企业需要尽可能地通过真正把握客户的需要与期望，并且提供恰当的解决方案来巩固与加深这种紧密关系。企业需要专注维护客户关系和保留客户，尽可能保持客户满意度，确保企业与客户彼此价值的提高，将客户转变为忠诚客户并且维持其忠诚度。这一阶段的工作重点在于完善售后服务以及理解与满足客户的新期望与需求。

（4）退化期。退化期是客户关系逆转的阶段。引起关系退化的原因有很多，如市场上提供同种产品或服务的新竞争对手的加入，现有竞争对手提出全新营销策略，客户存在品牌摇摆行为，企业自身原因导致的客户对企业产品或服务的不满意，竞争者促销活动等造成的客户冲动性购买或者高要求客户的猎奇行为。此时，企业有两种选择：一是加大对客户的投入，重新恢复与客户的关系，进行客户关系的二次开发；二是不再过多投入，渐渐放弃这些客户。

2. 各阶段的利润变化趋势

影响企业在客户关系中所获取利润的主要因素有交易量、交易价格、成本、间接效益

220 等。由于这些因素随着客户关系生命周期的演进而变化，因此企业从客户关系中所获取的利润也随之改变，如图9-5所示。

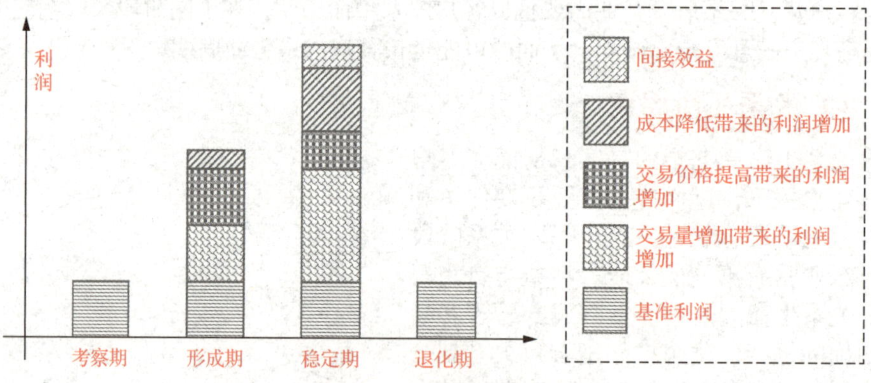

图9-5　利润随客户关系生命周期的演进而变化

（1）考察期。由于此阶段客户关系存在较高的不确定性，客户只是试探性地下少量订单，交易量很小；客户不愿为此支付过多的金钱；同时企业为了吸引和获取客户，会增加服务成本、营销成本以及交易成本；客户所带来的间接效益几乎不存在，企业只能获取一些基准利润，客户对企业的利润贡献不大。

（2）形成期。随着企业与客户了解和信任的持续加深，关系日趋成熟，业务逐步扩大。企业的投入和考察期相比要少得多，主要是发展投入，目的是进一步推进与客户的关系，提高客户的满意度、忠诚度。此阶段，交易量快速增加；客户的支付意愿也随着满意度的提高而加强；尤其随着与客户越来越默契，企业为维系客户的服务成本、营销成本及交易成本明显下降；客户开始产生传播企业正面口碑的意愿与行为。企业主要获得的是客户的基本购买量、增加购买量所带来的利润收益，甚至后期也可能获得交叉购买带来的利润。

（3）稳定期。企业与客户的交互依赖水平达到整个关系发展过程中的最高点，双方关系处于一种相对稳定的状态。企业与客户间的交易量达到最大并且可以维持较长的时间；同时，由于企业对客户独特需求与期望的理解更加深刻，可以为客户提供更个性化、更具有价值的产品或服务，客户愿意为此支付更多的金钱；此时企业的金钱投入较少，主要与客户进行情感交流；客户为企业做出较大的贡献，会主动传播企业正面口碑和为企业推荐新客户。

（4）退化期。企业与客户间的关系出现问题，交易量回落；客户对企业提供的价值不满意，支付意愿大幅度减弱；如果此时企业不愿意继续维持客户关系，则不会再投入相应的费用；客户有可能带来负面的企业口碑，此阶段企业利润快速下滑。

9.3.2　客户满意度管理

1. 客户满意的定义

客户满意是客户的一种心理感受，是客户需求得到满足后形成的一种愉悦感或状态。

客户满意度可用公式表示：

$$客户满意度 = 客户体验 - 客户期望$$

当客户体验与客户期望一致时，上述差值为零，客户是基本满意的。当客户体验超出客户期望时，上述差值为正数，客户感到"物超所值"，就会很高兴，甚至赞叹。这个正数数值越大，客户满意度越高。相反，当差值为负数时，即客户体验低于客户期望时，客户是不满意的。这个负数数值越大，客户满意度越低。

2. 提高客户满意度

根据客户满意度的公式，企业可以从客户期望与客户体验两个方面入手，提高客户满意度。

（1）把握客户期望

客户期望是指客户从各种渠道获得产品或服务的价格等信息后在内心对企业的产品或服务等形成的一种"标准"。客户获得这些信息的渠道包括客户过去购买的经验、周围人们的言论、该企业发布的广告以及企业对产品或服务的许诺等。

除了从各种渠道收集的有关产品或服务的信息会影响客户的期望外，产品或服务属性对客户的重要程度也会影响客户期望。拥有对客户越重要的产品或服务属性，客户的期望越高；反之，拥有对客户越不重要的产品或服务属性，客户的期望就越小。客户期望影响客户满意度，从而影响企业的销量和收入。

根据客户满意度的公式，降低客户期望可以提高客户满意度，但有可能抑制客户购买意愿；相反，提高客户期望有利于吸引客户购买，但有可能降低客户满意度。因此，企业还需要适度把握客户的购买意愿。

（2）提升客户体验

企业所提供的一切东西，无论是产品还是服务，都会涉及客户体验。客户体验是客户根据自己与企业的互动产生的印象和感觉。一个企业如果试图向其客户传递理想的客户体验，势必要在产品、服务、人员以及过程管理等方面有上佳的表现。当然，由于客户的经历、背景、需求等方面的差异，不同的客户对同一产品或服务的体验感知水平并不一致。

根据客户满意度的公式，客户满意度与客户体验同方向变化，在客户期望一定的情况下，客户体验越好，客户满意度越高。因此，企业需要在与客户的每次接触中，尽可能提升客户体验。

实例9-3　信仰品位与创新的网易，正在抓住用户

9.3.3　客户忠诚度管理

1. 客户忠诚的概念

客户对企业提供的产品或服务形成依附性偏好时，会对企业产生高度的认同和满意，产生对企业的产品或服务重复购买的行为趋向，这就是客户忠诚。企业的大部分销售收入来自一部分的忠诚客户，所以忠诚客户是企业利润增长的重要推动力，是企业盈利的源泉和成长的基石，是企业最大的无形资产。客户忠诚的内涵可以从以下两个方面来理解。

（1）态度取向。态度取向代表了客户对企业的产品或服务持积极情感的程度，也反映了客户将产品或服务推荐给其他客户的意愿。当企业的营销行为或品牌个性与客户的生活方式或价值观念相吻合时，客户会对企业或品牌产生情感，甚至引以为荣，并将它作为自己的精神寄托，进而表现出持续购买的欲望。

（2）行为重复。行为重复是指客户重复并持续地购买某一企业的产品或服务，它以客户购买产品或服务的比例、购买的顺序等指标来衡量。这种持续的购买行为可能出自客户对企业产品或服务的好感和喜爱，也可能是由于客户的购买冲动、企业的促销活动、客户的消费习惯、客户的转移成本过高或企业的市场垄断地位等与感情无关的因素。

2. 客户忠诚的类型

根据客户忠诚的态度取向、行为重复两方面的内涵，客户忠诚可分为态度忠诚和行为忠诚。根据态度忠诚和行为忠诚程度高低的组合，客户忠诚可分为图9-6所示的4种类型。

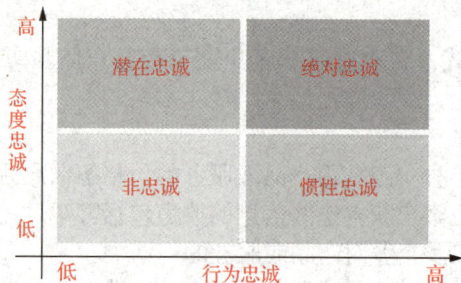

图9-6　客户忠诚的类型

（1）低态度忠诚、低行为忠诚——非忠诚。出于多种原因，某些客户对一定的产品或服务不会产生忠诚感，这种客户不能发展成为企业的忠诚客户，一般来说，企业要避免把目光投向这样的客户。

（2）高态度忠诚、低行为忠诚——潜在忠诚。这种类型的客户对企业的产品或服务情有独钟，但出于购买力不足或对产品或服务不再有需求等因素，没有重复购买。这种客户会成为企业的业余推销员，对企业产品或服务会广为宣传，会向其朋友和家人推荐企业的产品或服务，这样其朋友、家人等也可能发展为企业的潜在客户，因此他们对企业而言也很有价值。

（3）低态度忠诚、高行为忠诚——惯性忠诚。其忠诚来自外在因素，一旦外在因素（如价格、地点等）发生变化，他们就不再购买企业的产品或服务。

（4）高态度忠诚、高行为忠诚——绝对忠诚。这种类型的客户是典型的感情或品牌忠诚客户，是真正的忠诚客户，既有态度上的认同，又有行为上的持久性，对企业来说是最有经济价值的。客户对企业的产品或服务不仅情有独钟，重复购买，而且乐此不疲地宣传其好处，热心地向他人推荐其产品或服务。

3. 提高客户忠诚度

提高客户忠诚度的策略包括以下几个。

（1）提高客户满意度。客户满意度越高，则该客户的购买量越多，其对企业及其品牌越忠诚。无论行业竞争情况如何，客户忠诚度都会随着客户满意度的提高而提高。如若不满意，大多数客户会无言地离去，不给企业任何留住他们的机会。所以说，提高客户满意度是提高客户忠诚度的重要策略之一。

（2）提高客户价值。企业和客户之间的关系终究是一种追求各自利益与满足的价值交换关系，客户忠诚的对象是企业提供的优异价值，而不仅仅是特定的某家企业或某种产品或服务。企业让渡给客户价值的多少决定了客户对其忠诚的程度。

（3）关注客户特征。客户特征是影响客户忠诚度的重要因素，如客户的经济条件、文化背景对客户的忠诚度影响很大。一般而言，高收入人群对自己认可的品牌忠诚度高，低收入人群对自己认可的品牌忠诚度低。因为一旦竞争品牌提供价格优惠或折扣，低收入人群很容易转换品牌，而高收入人群相对来说对价格不太敏感。因此，了解客户特征有助于培养客户忠诚。

（4）提高转换成本。转换成本是指企业设置的客户退出壁垒。客户如要离开现有的品牌，必定要付出代价，如若这样的代价客户不愿付出或者超出了客户的承受范围，客户便会留下来继续购买原品牌。

（5）加强客户互动。企业与客户之间的互动应当是双向的：一方面是企业与客户的沟通，是指企业积极保持与客户的联系，通过人员沟通和非人员沟通的形式，把企业的产品或服务信息及时传递给客户，使客户了解并且认同企业及其产品或服务；另一方面是客户与企业的沟通，是指企业要为客户提供各种沟通渠道，并使客户可以随时随地与企业进行沟通。

（6）注重客户关怀。客户关怀是企业通过对客户行为的深入了解，主动把握客户的需求，通过持续的、差异化的服务手段，为客户提供合适的服务或产品，最终提高客户的满意度与忠诚度。客户关怀的主要特点是有针对性、体贴性、精细化。

（7）关注竞争对手的表现。关注竞争对手的表现，从中借鉴其为人称道的做法，避免犯竞争对手犯过的错误。

4. 客户忠诚度的衡量

客户忠诚度是客户对企业产品或服务的态度倾向性或行为重复性的程度。企业需要对客户的忠诚度进行衡量，从而有针对性地为不同忠诚度的客户提供产品或服务。实践中，客户忠诚度可以由客户调查、客户自愿反馈、正式市场调研、客户数据分析、服务一线员工报告、客户实际参与及服务组织的特定活动等方式来衡量。

客户忠诚度的衡量因素如下。

（1）重复购买的次数。一段时间内，客户对某一种产品或服务重复购买的次数。

（2）交叉购买的数量。客户购买企业多种产品或服务的数量。

（3）增加购买的数量。客户进行追加或升级购买，即客户购买某一特定产品或服务的升级品、附加品，或者其他用以加强其原有功能或者用途的产品或服务。

（4）购买时挑选产品或服务的时间。客户在购买产品或服务时挑选的时间越短，忠诚度往往就越高。

（5）对待竞争产品或服务的态度。客户对竞争者表现出越来越多的偏好，表明客户对该企业的忠诚度下降。客户如果对竞争企业的拉拢和诱惑具有"免疫力"，则对该企业忠诚度较高。

（6）对产品或服务价格的敏感程度。对产品或服务价格的敏感程度越低，客户忠诚度越高。

（7）对产品或服务质量事故的宽容度。客户对出现的质量事故越宽容，则说明其对产品或服务的忠诚度越高，能够忍受企业偶尔的失误，不会立即流失。

（8）客户生命周期。在多数企业中，相比短期的客户，能长期留在企业中的客户忠诚度较高。

（9）客户满意度。客户的满意度越高，越容易变得忠诚，为企业带来的收入和利润也就越多。

（10）向其他客户推荐和介绍（客户口碑）的力度。忠诚的客户会对企业进行正面的口头宣传，会向其朋友或家人推荐企业的产品或服务，因此客户忠诚度与客户向其他客户推荐和介绍的力度一般呈正相关关系。

9.3.4　防止客户流失

客户流失是指企业的客户由于种种原因转而购买其他企业的产品或服务的现象。由于当今市场竞争的白热化及客户购买行为的个性化，许多企业管理者都对这种流失不以为意。事实上，客户流失不断损耗着企业的人力、财力、物力。不重视对客户流失原因的分析，往往是成功企业逐渐丧失竞争优势的开始。

1. 造成客户流失的因素

（1）核心服务出现失误。核心服务出现失误是导致客户流失的最主要因素。例如，在一次产品或服务交易过程中发生了多项失误，或者在一次产品或服务交易过程中发生一项重大的失误，都会导致客户流失。

（2）客服人员的失误。客服人员的失误（如不关心、不礼貌、没有反应、无知无能等）是导致客户流失的一大因素。例如，没有倾听客户意见；服务态度不好；与客户缺少沟通，忽视了客户的提问；客服缺乏经验，能力不足，难以使客户对产品或服务树立信心。

（3）价格因素。价格因素还可细分成4种子因素：一是高价，即客户由于产品或服务的价格高于自己的心理预期价格而转换商家；二是价格提高，即客户由于价格提高而流失；三是不公平的价格措施，即客户认为与其他客户或其他企业相比，价格不公平；四是欺诈价格，即客户因为感到价格不实而流失。

（4）不方便因素。不方便因素包括客户对等待服务的时间、等待预约的时间等方面产生不方便的感觉。

（5）对失误的反应不当。有时候客户流失并不是因为产品或服务出现失误，而是企业对此做出了一些不恰当的反应，具体包括3个方面：第一，产品或服务供应商对客户指出的失误虽然做出了正面反应（如改正错误或补偿损失），但这种反应十分勉强和被动，缺乏诚意；第二，对客户的抱怨和投诉没有反应；第三，对客户指出的失误蓄意做出负面的反应，把错误归咎于客户。

（6）竞争因素。客户因为竞争对手提供更为个性化的、更可靠或更高质量的产品或服务，而转向竞争对手，即便这种商家转换有时是以损失金钱和便利为代价的。

2．防止客户流失的策略

（1）实施全面质量管理。提供高质量的产品或服务，是为客户创造价值和客户满意的前提，而实施全面质量管理，可以有效控制影响质量的各个环节、各个因素，是创造优质产品或服务的关键。

（2）重视客户投诉管理。客户投诉是客户对企业产品或服务不满的反映，它表明企业在经营管理中存在缺陷。有些企业对客户投诉持敌视的态度，对客户的抱怨感到厌恶和不满，认为他们会有损企业的声誉，给企业带来麻烦。这种看法是不对的，客户对企业的负面评价往往是启发企业做出改进与提升的动力与源泉。

（3）提高员工满意度。员工满意度的提高会促使员工提供给客户的服务质量的提高，最终会促成客户满意度的提高。

（4）建立以客户为中心的组织机构。拥有忠诚客户的巨大经济效益让许多企业深刻地认识到，与客户互动的最终目的并不是交易，而是建立持久忠诚的客户关系。这种观念要求每一个部门、每一个员工都以客户为中心，所有的工作都建立在让客户满意的基础上，为客户增加价值，以客户满意为中心，提升客户体验，让客户长期满意。

（5）建立客户关系的评价体系。客户关系的正确评价对于防范客户流失有着很重要的作用。企业只有及时地对客户关系的牢固程度做出衡量，才有可能在制定防范措施时有的放矢。

3．挽回流失客户的措施

在客户流失前，企业要极力防范，而当客户关系破裂，客户流失已成为事实后，企业要采取挽救措施，竭力挽回有价值的流失客户，最大限度地争取与他们"重归于好"。

挽回流失客户的具体措施如下。

（1）调查原因，缓解不满

首先，企业要积极地与流失客户联系，访问流失客户，诚恳地表达歉意，减少他们的不满；然后，企业要了解客户流失的原因，虚心听取他们的意见、看法，给他们反映问题的机会。

（2）对症下药，争取挽回

企业要根据客户流失的原因制定相应的对策，尽力争取及早挽回流失客户。

（3）分门别类，区别对待

在资源有限的情况下，企业应该根据客户的重要性来分配投入挽回流失客户的资源，要对不同级别的流失客户采取不同的态度。

① 对有重要价值的流失客户要极力挽回。一般来说，流失前能够给企业带来较大价值的客户被挽回后也将给企业带来较大的价值，因此企业要不遗余力地在第一时间将其挽回。

② 对普通的流失客户可见机行事。企业可根据自身实力和需要对普通的流失客户进行适当挽回。

③ 基本放弃对小客户的挽回。由于小客户能带来的价值低，对企业又很苛刻，数量多且很零散，挽回他们需要很多成本，因此企业对这类客户可以不予挽回。

（4）必要时彻底放弃

有时需要彻底放弃一些不值得挽回的流失客户，以下几种客户就不值得挽回：①不可能再带来利润的客户；②无法履行合同规定的客户；③无理取闹、损害员工士气的客户；④需要超过合理限度，妨碍企业对其他客户服务的客户；⑤声望太差，与之建立业务关系会损害企业形象和声誉的客户；⑥信用差，应收账款长期拖欠，影响企业财务正常运转的客户。

9.4 提高客户价值

9.4.1 客户价值的含义

越来越多的企业开始重视以创造客户价值为核心的战略导向。对客户价值的理解归纳起来有两种。第一，客户让渡价值。客户价值的方向是"企业→客户"，即企业为客户创造价值，其受益者和所有者是客户。第二，客户终身价值。客户价值的方向是"客户→企业"，即客户为企业创造价值，其受益者和所有者是企业。客户价值的两个方向如图9-7所示。

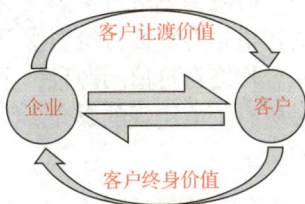

图9-7 客户价值的两个方向

客户价值的内涵包括以下两个方面。一方面，企业在充分考虑客户的期望价值之后，通过其提供的产品或服务，使客户获得符合他们期望的让渡价值，并产生满意感，形成重复购买意向和行为。同时，客户会认为只有该企业能够为他们提供最高让渡价值，而不受竞争者的诱惑，从而对该企业提供的价值产生忠诚。另一方面，企业不仅从客户那里获得交易的利润，而且在与客户保持的长期关系中获得更多的利润，也就是获取客户终身价值。

1. 客户让渡价值

客户让渡价值是指企业转移的、客户感受得到的实际价值，表现为客户购买总价值与客户购买总成本之间的差额。该价值是由企业创造并交付给客户的，价值的感受主体是客户，受益者也是客户。

客户购买总价值是指客户购买某一产品或服务所期望获得的一组利益，它包括产品价值、服务价值、人员价值和形象价值等。客户购买总成本是指客户为购买某一产品或服务所耗费的时间、精神、体力以及所支付的货币资金等，因此客户购买总成本包括时间成本、精神成本、体力成本和货币成本等。客户让渡价值的构成如图9-8所示。

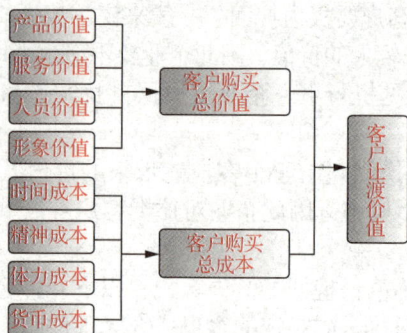

图9-8　客户让渡价值的构成

2. 客户终身价值

客户终身价值是指客户生命周期内，除去为吸引、维系客户所发生的各种成本并且考虑收益的时间价值，企业能从客户那里获得的所有收益之和。该价值是由客户提供给企业的，并且是在一定的时间内产生的，其感受主体和受益者都是企业。

从企业的角度来看，客户关系是一种投资，获得一个客户就意味着获得一项资产，可以在未来给自身带来利润。然而，客户关系需要花费成本去维护，因此在评估客户终身价值的时候，企业要考虑客户在未来所要花费企业的全部成本以及可以为企业带来的全部利润这两个方面的差额。

3. 客户让渡价值与客户终身价值的关系

客户让渡价值与客户终身价值是一个价值创造过程的两种活动结果，如图9-9所示。在这个价值创造过程中，企业与客户同时既为创造者又为受益者，缺少任何一方，这个价值创造过程都不存在。客户让渡价值的提供是客户终身价值受益的前提，客户终身价值的获得是客户让渡价值创造的结果。客户是客户终身价值的源泉，企业为客户让渡价值的创造提供支持和帮助，良好客户关系的维持是所有价值实现的媒介。因此，客户价值是在关系互动过程中由双方创造出来并交付给对方的。

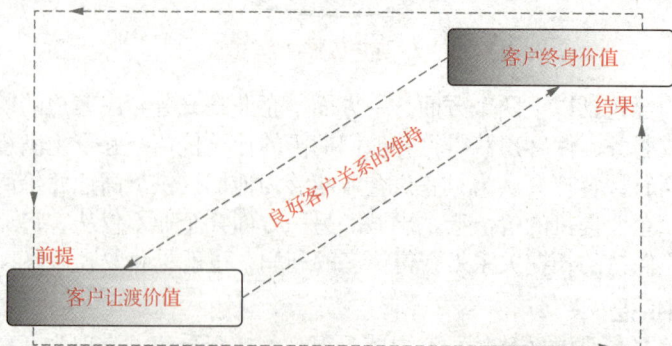

图9-9　客户让渡价值与客户终身价值间的关系

9.4.2　客户价值管理

1. 提高客户让渡价值

企业可从两个方面着手提高客户让渡价值：一是改进产品或服务，改善企业形象，提高产品或服务的总价值；二是降低生产与销售成本，减少客户购买产品或服务的时间、精神与体力的耗费，从而降低货币与非货币成本。

（1）提高客户购买总价值

① 提高产品价值。产品价值是由产品的质量、功能、规格、式样、特色等因素所产生的价值。产品价值是客户需求的核心内容之一，产品价值的高低也是客户选择产品时所考虑的首要因素。

② 提高服务价值。服务可分为追加服务与核心服务两大类：追加服务是伴随产品实体的购买而发生的服务，该服务仅仅是生产经营的追加要素（如安装服务等）；核心服务是客户所要购买的对象，该服务本身为客户创造了价值（如美容、娱乐及理财等服务）。

③ 提高人员价值。提高企业员工的知识水平、业务能力、职业素养、应变能力等所产生的价值。

④ 提高形象价值。提高企业品牌及其产品或服务在社会公众中形成的总体形象所产生的价值。形象价值与产品价值、服务价值、人员价值密切相关，是这 3 种价值综合作用的反映和结果。

（2）降低客户购买总成本

① 降低时间成本。时间成本是客户为想得到所期望的产品或服务而必须处于等待状态的代价。为降低客户购买的时间成本，企业经营者必须对提供产品或服务有强烈的责任感，做好充足的准备，在渠道的广泛度和密集度等方面做出周密的安排；同时要提高工作效率，在保证产品质量的前提下，尽可能减少客户的时间成本，如尽快发货、缩短物流时间等。

② 降低精神和体力成本。精神和体力成本是指客户在购买、使用产品时精神和体力的消耗与付出，涉及产品购买、使用过程的复杂程度，以及客户对产品存有的疑问（质量、功能、与描述是否相符等）。对此，企业需要通过有效的服务措施和畅通的信息沟通来有效降低这些成本。

③ 降低货币成本。货币成本是客户在购买商品过程中所要支付的最重要的成本，也是客户在消费过程中最为关心的要素。因此，通过技术创新、改进生产以及再造业务流程等方式，提高生产效率来降低产品价格是企业降低客户购买总成本的根本途径。

2. 客户类别管理

基于当前价值及潜在价值，客户可被分成 4 类，如图 9-10 所示。

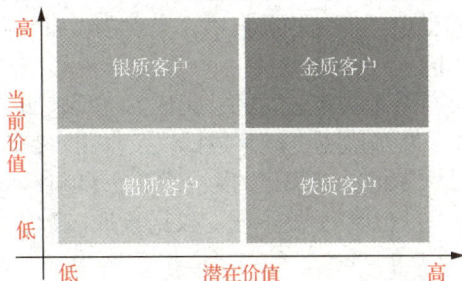

图9-10 客户价值矩阵

（1）低当前价值，低潜在价值——铅质客户。此类客户对企业来说是一个负担，因为他们从来不会对企业的收入有积极的贡献。增加这类客户不会增加平均客户终身价值，因此增加或保留这类客户的努力都是没有成效的。

（2）低当前价值，高潜在价值——铁质客户。此类客户主要为当前购买力不足、而未来购买力看好的客户，或者当前没有购买需求而未来必定产生购买需求的客户。这类客户在将来有可能为企业带来更高的收入流，企业应该投入更多的精力来与这类客户建立长期的关系，以保留这类客户并将其潜在价值转换成真实的现金流。

（3）高当前价值，低潜在价值——银质客户。企业可以通过提供附加的产品或服务将之转化为高潜在价值的客户。

（4）高当前价值，高潜在价值——金质客户。此类客户对企业来说是真正的资产。即使需要投入更多的费用，企业也应尽力保留和维持此类客户。

9.4.3　客户关系管理系统

从信息技术角度来看，客户关系管理（Customer Relationship Management，CRM）是一种管理技术，CRM 系统是以客户关系为导向的一套计算机化的网络系统，其目的是有效收集、汇总、分析以及共享各类客户数据，积累客户知识，有效支持客户关系的策略，实现客户价值的提高。

CRM 系统集成了 CRM 思想和最新信息技术成果，帮助企业最终实现以客户价值为中心的管理模式。为了赢得客户，提高客户满意度，并最终形成稳定客户群，企业必须准确把握客户需求，提供合适的营销手段和良好的售后服务。CRM 系统有助于全面管理企业与客户建立的各种关系，以获得新客户，巩固现有客户，提高客户价值。

本部分首先介绍 CRM 系统的模块，然后介绍 CRM 系统的结构，最后讲解如何选择适合企业的 CRM 系统。

1. CRM系统模块

（1）销售模块：提高销售过程的自动化程度，提升销售效果，主要包括现场销售管理、电话销售管理与销售佣金管理等功能。

（2）营销模块：对市场营销活动加以计划、执行、监视和分析，帮助营销部门执行和管理多样的、多渠道的营销活动，实时跟踪营销活动的效果。

（3）客户服务模块：提高与客户支持、现场服务和仓库修理相关业务流程的自动化程度，主要包括现有客户管理（客户动态档案管理、联系人管理、任务管理）、客户生命周期管理、服务技术人员档案管理等功能。

（4）呼叫中心模块：利用电话促进销售、管理和服务，主要包括电话管理员管理（呼入/呼出电话处理、呼叫中心运营管理）、语音集成服务、报表统计分析、管理分析等功能。

（5）电子商务模块：借助电子商务相关技术，实现在线商务的整个流程，主要包括网上商店、电子货币与支付等功能。

（6）数据仓库模块：支持管理决策过程的、集成的、反映历史变化的数据集合，主要包括提供底层数据、提取数据、集成数据、储存数据以及供用户查询数据等功能。

（7）数据挖掘模块：从大量的、有噪声的、模糊的、随机的数据中，提取隐含的、具有潜在利用价值的信息和知识，包括数据整理、数据集成、数据筛选、数据转换、数据挖掘等。

2. CRM系统的结构

一个完整的 CRM 系统可以分为 3 个层次：界面层、功能层与支持层。界面层是 CRM 系统向用户交互、获取或输出信息的接口，包含呼叫中心和电子商务两个模块。功能层由执行 CRM 基本功能的各个系统构成，包含销售、营销和客户服务 3 个模块。支持层则包括 CRM 系统的数据仓库、数据挖掘等模块，是保证整个 CRM 系统正常运行的基础。

与这 3 个层次相对应，CRM 系统分为如下 3 类，如图 9-11 所示。

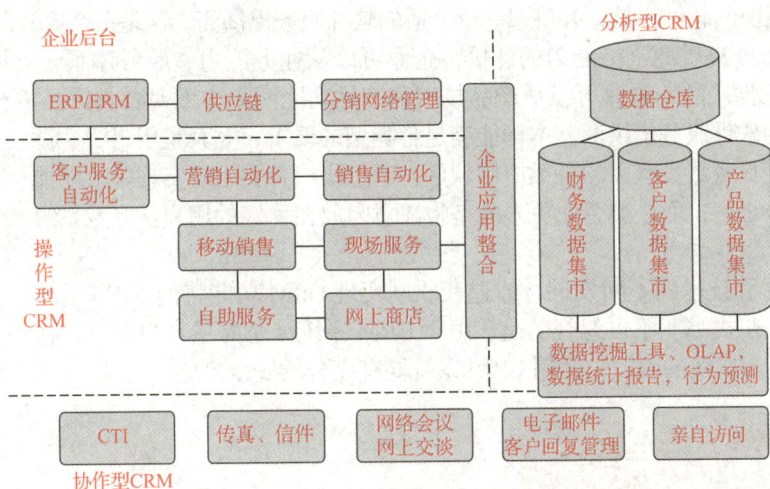

图9-11 CRM系统的类型

（1）对应界面层，与客户进行沟通所需要的手段（如电话、传真、邮件等）的集成和自动化处理——协作型CRM。协作型CRM一般有呼叫中心、客户多渠道联络中心、帮助台以及自助服务帮助导航，具有多媒体、多渠道整合能力的客户多渠道联络中心是其主要发展趋势。它将市场部、销售部和服务部3个部门紧密地结合在一起，支持它们之间的协作，使企业各部门之间协作顺利，数据一致。例如，支持中心人员通过电话指导客户修理设备，这个修理活动需要员工和客户共同参与，因此是协同的。

（2）对应功能层，对销售、营销和客户服务3个模块业务流程的信息化——操作型CRM。操作型CRM可让各部门的业务人员在日常工作中共享客户资源、减少信息滞留，是CRM系统的基本类型。操作型CRM使企业作为一个统一的信息平台面对客户，可大大减少客户在与企业接触的过程中产生的种种不协调。

（3）对应支持层，对前面两个层次所积累下的信息进行加工处理，产生客户智能，为企业的战略战术决策做支持——分析型CRM。分析型CRM以数据仓库和数据挖掘模块为基础，支持、发掘和理解客户行为。分析型CRM将交易操作所积累的大量数据进行过滤，然后将其存储到数据仓库中，再利用数据挖掘技术建立各种行为预测模型，最后利用图表、曲线等将企业各种关键运行指标以及客户/市场情况向操作型CRM发布，达到成功决策的目的。

3. CRM系统的选择

CRM是一个与企业战略发展密切相关的信息管理项目，企业在分析CRM需求时必须做好战略研究工作。

对企业战略规划进行有效的调整或修改，可以保证项目目标与战略规划的一致性。在制订战略规划后，企业还需要思考执行这些战略的具体措施。例如，假设某企业的战略规划是"提高客户满意度"，则必须思考提高客户满意度的各项具体措施。当各项具体措施明确后，企业需要思考保证这些具体措施成功实施的工作流程。假设某企业计划通过"缩短客户等待时间"来"提高客户满意度"，就必须进一步思考如何规划工作流程才能缩短客户等待时间。

一旦这些基本问题得以明确，企业就可以开始寻求解决这些基本问题的技术了。CRM系统的实现途径往往有3个，即自主开发、购买软件产品、与软件服务提供商联合开发。企业应该根据实际需求及财务能力具体分析，选择适合自身的系统。多数企业要想在较短时间内靠自己的力量自主开发并运用高效的CRM系统，投入大、见效慢，因此并不是最佳选择。选择一

230　款适合自身情况的软件产品，并挑选一个合适的软件服务提供商，这是一个比较合理的方案。

对软件服务提供商资格能力的评价，企业可以从业务能力、服务体系、成长状况等维度进行；对于软件产品，企业可以从产品技术和产品功能两个方面对备选产品进行有效评价。一般中大型的软件服务提供商基本都能满足各类型的要求，尤其是甲骨文、微软等企业已经具备数量众多的各类应用软件，通过集成各类系统实现强大功能是它们的优势之一；而小型企业更多的是将注意力放在良好的用户交互及系统易用性方面。

随着云计算技术的不断发展，通过互联网实现 CRM 功能将使 CRM 系统的性价比进一步提高。不可忽视的是，由于 CRM 系统涉及海量客户信息，在云计算技术还未成熟的阶段，运用 CRM 系统要有充分的安全措施。

实例9-4　更懂你的订阅式电商——Apollo Box

第三部分　课题实践

一、实训

实训　完成客户满意度问卷调查与分析

客户满意度问卷调查是通过调查问卷的设计、发放与回收，测量一家企业或一个行业在满足客户购买产品的期望方面所达到的程度。通过调查与分析，可以找出导致客户满意或不满意的关键因素。

1. 实训目的和内容

①掌握问卷调查的实施步骤；②掌握问卷的内容、结构以及设计时的注意事项；③能够通过调查与分析，找出影响客户满意度的因素并提出有效方案。

2. 实训操作指导

（1）确定调查内容

调查内容主要包括以下几个方面：产品内在质量，产品功能需求，产品服务需求，产品外延需求，产品外观、包装、防护需求，产品价格需求，等等。

（2）设计调查问卷

根据调查内容，设计调查问卷的问题。本实训以"京东超市"为例设计如下调查问卷。

①您的性别：（　　　）。

　　A. 男　　　　　　　　　　B. 女

②您所处的年龄段：（　　　）。

　　A. 20 岁及以下　　　　　B. 21 ～ 30 岁　　　　　C. 31 ～ 40 岁

　　D. 41 ～ 50 岁　　　　　E. 51 岁及以上

③您是通过何种途径知道京东超市的?（　　　）

　　A. 电视媒体　　　　　　B. 网络

　　C. 朋友介绍　　　　　　D. 其他

④您在线上超市购物的频率：（　　　）。

　　A. 一周 3 ～ 4 次　　　　B. 一周 1 ～ 2 次

　　C. 两周 1 次　　　　　　D. 基本不去

⑤您对京东品牌的熟悉程度：（　　　）。
  A．不了解   B．不太熟悉
  C．一般熟悉   D．非常熟悉

⑥您每月在京东超市购物大约花费：（　　　）。
  A．1 000 元以上   B．500 ～ 1 000 元
  C．100 ～ 500 元   D．0 ～ 100 元

⑦您对京东超市商品价格是否满意？（　　　）
  A．满意   B．较满意   C．一般
  D．较不满意   E．不满意

⑧您对京东超市商品质量是否满意？（　　　）
  A．满意   B．较满意   C．一般
  D．较不满意   E．不满意

⑨您对京东超市的购物页面设计感觉如何？（　　　）
  A．满意   B．较满意   C．一般
  D．较不满意   E．不满意

⑩您觉得京东超市现有商品的品种：（　　　）。
  A．齐全   B．基本满足购物需要
  C．少，更新慢   D．不全，太过单一
  E．其他

⑪您对京东超市产品的包装是否满意？（　　　）
  A．满意   B．较满意   C．一般
  D．较不满意   E．不满意

⑫您觉得京东超市客服的总体服务态度如何？（　　　）
  A．极好，服务周到   B．一般，勉强可以接受
  C．恶劣，缺乏耐心   D．其他

⑬您对购物过程中商品的查找与选购操作方便性的感受如何？（　　　）
  A．满意   B．较满意   C．一般
  D．较不满意   E．不满意

⑭您是否会向亲朋好友推荐京东超市？（　　　）
  A．不会   B．偶尔   C．经常

⑮您的意见与建议：＿＿＿＿＿＿＿＿＿＿＿＿＿＿＿＿＿＿。

（3）发放与回收问卷。可以在现场向企业客户发放纸质问卷，也可以通过问卷星在线发放问卷。

（4）提出改进计划。在对收集的客户满意度信息进行分析后，根据统计结果，提出有利于企业改进的方案。

二、思考练习题

以小组为单位对以下问题进行思考与讨论，小组间分享观点。

（1）要建立良好的客户关系，是否维持好企业与客户的交易关系就足够了？

（2）是否应该对所有客户一视同仁，投入相同的精力？

（3）客户满意与客户忠诚之间具有怎样的关系？客户满意是否一定会导致客户忠诚？

232 （4）请总结不同客户关系生命周期的客户关系管理策略。

（5）在社交媒体盛行时代，客户对企业的需求是否发生了转变？企业与客户的沟通方式与内容发生了怎样的转变？

（6）客服人员应具备怎样的技能？

（7）客户投诉是企业的麻烦吗？

（8）企业应该怎样对待流失的客户？

（9）如何看待 CRM 系统对客户关系管理的作用与意义？

（10）企业应该"盘剥"客户，还是"取悦"客户？

三、实践练习题

（1）比较两家银行的信用卡忠诚度计划，分析奖励积分对于客户持续使用信用卡的影响。

（2）深入社会和相关企业，调查不同行业客户细分的情况。可在移动通信行业、金融行业、汽车行业、手机行业、餐饮行业等行业自选感兴趣的行业（可多选）。

（3）参与在线客服工作，体验与总结客服技巧（可选做）。

（4）联系 2～3 家企业，调研其处理客户投诉的方法，根据实际调研的结果进行分析。

附录
电子商务常用词汇

英文缩写	英文全称	中文
AES	Advanced Encryption Standard	高级加密标准
AI	Artificial Intelligence	人工智能
App	Application	应用程序
AR	Augmented Reality	增强现实技术
ATM	Automated Teller Machine	自动出纳（柜员）机
B2B	Business to Business E-commerce	企业对企业的电子商务
B2C	Business to Customer E-commerce	企业对消费者的电子商务
B2G	Business to Government E-commerce	企业对政府的电子商务
BCA	Brand CA	品牌认证中心
BI	Business Intelligence	商业智能
BNPL	Buy Now Pay Later	先买后付
C2C	Customer to Customer E-commerce	消费者对消费者的电子商务
CA	Certificate Authority	认证中心
CAT	Credit Authorization Terminal	信用授权终端
CBEC	Cross-Border Electronic Commerce	跨境电子商务
CFCA	China Financial Certification Authority	中国金融认证中心
CIMS	Computer Integrated Manufacturing System	计算机集成制造系统
CNFN	China National Financial Network	中国国家金融网络
CNNIC	China Internet Network Information Center	中国互联网络信息中心
COD	Cash On Delivery	货到付款
CRL	Certificate Revocation List	证书吊销列表
CRM	Customer Relationship Management	客户关系管理
CTI	Computer Telephoney Integration	计算机电话集成
DDN	Digital Data Network	数字数据网
DES	Data Encryption Standard	数据加密标准
DNS	Domain Name System	域名系统
DSA	Digital Signature Algorithm	数字签名算法
DTS	Digital Time-Stamp	数字时间戳
EB	Electronic Business	广义的电子商务
EC	Electronic Commerce	狭义的电子商务
E-cash	Electronic Cash	电子现金
ECC	Elliptic Curve Cryptography	椭圆曲线算法
E-check	Electronic Check	电子支票

英文缩写	英文全称	中文
ECR	Effective Customer Response	有效客户反应
EDI	Electronic Data Interchange	电子数据交换
EDM	E-mail Direct Marketing	电子邮件营销
EDP	Electronic Data Processing	电子数据处理
EFT	Electronic Funds Transfer	电子资金转账
EM	Electronic Market	电子交易市场
EOS	Electronic Order System	电子订货系统
E-purse	Electronic Purse	电子钱包
ERP	Enterprise Resource Planning	企业资源计划
ET	Electronic Trade	电子贸易
FAQ	Frequently Asked Questions	热门问答
FMS	Flexible Manufacturing System	柔性制造系统
FPL	Fourth Party Logistics	第四方物流
FTP	File Transfer Protocol	文件传输协议
FW	Fire Wall	防火墙
GCA	Geographical CA	区域性认证中心
GIS	Geographical Information System	地理信息系统
GPS	Global Positioning System	全球定位系统
HTML	HyperText Markup Language	超文本标记语言
HTTP	HyperText Transfer Protocol	超文本传输协议
HTTPS	HTTP over SSL	超文本传输安全协议
IaaS	Infrastructure as a Service	基础设施即服务
IAP	Internet Access Provider	互联网接入服务商
IC	Integrated Circuit	集成电路
ICP	Internet Content Provider	互联网内容提供商
ICT	Information and Communications Technology	信息通信技术
IDC	International Data Company	国际数据公司
IMAP	Internet Message Access Protocol	互联网邮件访问协议
IMC	Integrated Marketing Communication	整合营销
IP	Internet Protocol	网际协议
IPP	Internet Presence Provider	网络平台服务商
IQR	Interactive Query Response	交互式应答系统
ISDN	Integrated Services Digital Network	综合业务数字网
ISO	International Standards Organization	国际标准化组织
ISP	Internet Service Provider	互联网服务提供商
ITU	International Telecommunication Union	国际电信联盟（联合国机构）
JIT	Just In Time	及时生产
LAN	Local Area Network	局域网
M-Commerce	Mobile Commerce	移动商务
MCA	Merchant CA	商户认证中心
MIS	Management Information System	管理信息系统
MRP Ⅱ	Manufacturing Resource Planning	制造资源计划
NFC	Near Field Communication	近场通信
O2O	Online to Offline	线上订购、线下消费

英文缩写	英文全称	中文
OAS	Office Automation System	办公自动化系统
PaaS	Platform as a Service	平台即服务
PG	Payment Gateway	支付网关
PGCA	Payment Gateway CA	支付网关认证中心
PKI	Public Key Infrastructure	公钥基础设施
POP	Post Office Protocol	邮局协议
POS	Point Of Sales	销售点
PSTN	Public Switched Telephone Network	公用交换电话网
QR	Quick Response	快速反应
RA	Registration Authority	注册机构
RCA	Root CA	根认证中心
RFID	Radio Frequency Identification Technology	射频识别技术
RTB	Real Time Bidding	实时竞价
SaaS	Software as a Service	软件即服务
S/MIME	Secure/Multipurpose Internet Mail Extensions	安全多用途互联网邮件扩展协议
SCM	Supply Chain Management	供应链管理
SET	Secure Electronic Transaction	安全电子交易
SEM	Search Engine Marketing	搜索引擎营销
SEO	Search Engine Optimization	搜索引擎优化
SHA	Secure Hash Algorithm	安全散列算法
SMS	Storage Management System	存储管理系统
SMTP	Simple Mail Transfer Protocol	简单邮件传输协议
TCP	Transfer Control Protocol	传输控制协议
TDI	Trade Data Interchange	贸易数据互换系统
TPL	Third Party Logistics	第三方物流
TSA	Time Stamp Authority	时间戳权威
URL	Uniform Resource Locator	统一资源定位符
VAN	Value Added Network	增值网络
VPN	Virtual Private Network	虚拟专用网络
VR	Virtual Reality	虚拟现实
WAN	Wide Area Network	广域网
WAP	Wireless Application Protocol	无线应用协议
WWW	World Wide Web	万维网
XML	eXtensible Markup Language	可扩展标记语言

主要参考文献

[1] 邵兵家. 电子商务概论 [M]. 4 版. 北京：高等教育出版社，2019.

[2] 赵礼强，荆浩，马佳. 电子商务理论与实务 [M]. 2 版. 北京：清华大学出版社，2019.

[3] 白东蕊，岳云康. 电子商务概论 [M]. 5 版. 北京：人民邮电出版社，2022.

[4] 仝新顺，于博. 电子商务概论 [M]. 3 版. 北京：清华大学出版社，2023.

[5] 王玉珍. 电子商务概论 [M]. 2 版. 北京：清华大学出版社，2020.

[6] 戴建中. 电子商务概论 [M]. 4 版. 北京：清华大学出版社，2022.

[7] 周曙东. 电子商务概论 [M]. 5 版. 南京：东南大学出版社，2019.

[8] 唐春林. 电子商务概论 [M]. 5 版. 北京：科学出版社，2022.

[9] 卢金钟，张淑涵. 新编电子商务概论 [M]. 3 版. 北京：清华大学出版社，2022.

[10] 国家职业分类大典修订工作委员会. 中华人民共和国职业分类大典（2022 年版）[M]. 北京：中国劳动社会保障出版社，2022.

[11] 王忠元. 电子商务法规 [M]. 北京：中国人民大学出版社，2010.

[12] 严晓红. 电子商务法律法规 [M]. 北京：清华大学出版社，2010.

[13] 孔令秋. 电子商务法规 [M]. 北京：北京交通大学出版社，2011.

[14] 韩晓平. 电子商务法律法规 [M]. 2 版. 北京：机械工业出版社，2015.

[15] 邓之宏，常立军. 电子商务物流 [M]. 北京：北京大学出版社，2020.

[16] 符静波，袁唯，刘国碧. 互联网贸易实务 [M]. 长沙：中南大学出版社，2020.

[17] 姚歆，赵敏. 奢侈品网上零售 [M]. 北京：对外经济贸易大学出版社，2010.

[18] 冯英健. 新网络营销：微课版 [M]. 北京：人民邮电出版社，2018.

[19] 陈德人. 网络营销与策划：理论、案例与实训：微课版 [M]. 北京：人民邮电出版社，2019.

[20] 何佳讯. 战略品牌管理：企业与顾客协同战略. 北京：中国人民大学出版社，2021.

[21] 栾港. 客户关系管理理论与应用 [M]. 3 版. 北京：人民邮电出版社，2023.

[22] 苏朝晖. 客户关系管理 [M]. 3 版. 北京：人民邮电出版社，2022.

[23] 王永贵，马双. 客户关系管理 [M]. 2 版. 北京：清华大学出版社，2021.

[24] 王永贵. 服务营销 [M]. 2 版. 北京：清华大学出版社，2023.